POLYPTIQUES DE L'ÉGLISE DU MANS.

CONFESSEURS PONTIFES.

I.

Le Mans, Imp. de Monnoyer.

VIE

DE

SAINT JULIEN

ET

DES AUTRES CONFESSEURS PONTIFES,

SES SUCCESSEURS.

TRADUCTION DES MANUSCRITS DE L'ÉGLISE DU MANS, INÉDITS OU PUBLIÉS
PAR LES BOLLANDISTES, D. MABILLON, BALUZE, ETC. ;

PAR M. L'ABBÉ A. VOISIN,

Ancien Vicaire de Saint-Nicolas de Blois, Membre de la Société d'Agriculture, Sciences et
Arts de la Sarthe ; de la Société Française pour la conservation des monuments, etc.

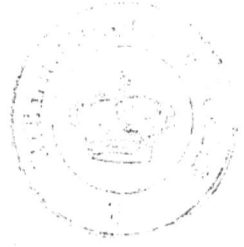

LE MANS,

ADOLPHE LANIER, LIBRAIRE-ÉDITEUR.

PARIS,

TECHENER, LIBRAIRE, | DERACHE, LIBRAIRE,
Place du Louvre, 12. | Rue du Bouloy, 7.

1844.

INTRODUCTION.

« Ce n'est pas sans raison que le Prophète royal a dit que Dieu est admirable en ses saincts. Car encore que notre Seigneur soit merveilleux ès choses de la terre, et en toutes les œuvres de ses mains, comme chante le même David : neantmoins nous voyons reluire avec beaucoup plus davantage sa toute puissance, sa sapience, sa providence et bonté ès ames et vertus des saincts.

« De manière que tout ainsi que la lumière du soleil obscurcit la clarté des étoiles, qui se cachent à son lever : de même la beauté et agencement de toutes les créatures corporelles s'évanouit et ne paraît rien au prix de la splendeur, de la grâce et beauté des saincts ès quels notre Seigneur est plus admirable qu'en toutes les autres choses, et beaucoup davantage honoré et glorifié en eux.

« C'est la cause principale pour laquelle on doit écrire les vies des saincts tant pour la gloire qui en redonde sur celui qui les a fait saincts, les ornant et enrichissant de tant et de si singuliers dons et grâces : comme aussi pour les grands biens qu'en reçoit oute l'Eglise triomphante et militante.

« Car en premier lieu, c'est une chose bien raisonnable que nous honorions et servions ceux qui ont si bien sceu honorer et servir notre Seigneur, et que nous augmentions la gloire accidentelle de ceux qui ont toujours visé à amplifier et dilater celle de Dieu : et puisque luy-mesme honore ceux qui l'honorent, comme dit notre Seigneur, c'est bien raison que les hommes honorent celui que Dieu honore.

« Le Prophète royal David considérant cette debte légitime, disait : *Seigneur, mon âme, mon cœur honore vos amis autant qu'il luy est possible.* Et en un autre psalme, il nous exhorte de louer notre Seigneur en ses saincts. C'est aussi une chose fort utile et profitable, d'implorer la faveur et le secours de nos frères, jà victorieux et asseurez, à ce que par leurs prières et intercessions nous arrivions au port tranquille où ils ont abordé, et soyons participans de leurs triomphes.

« Davantage, c'est une très-grande gloire pour toute l'Eglise catholique, de sçavoir les innumérables et illustres enfants qu'elle a engendrez. En outre, c'est un fort bouclier et rempart contre les infidelles qui l'impugnent, et un marteau contre les heretiques. De manière que pour les convaincre, et pour interpréter les choses douteuses et les passages difficiles de la sainte Ecriture, c'est une grande lumière que la vie et les exemples des saincts. C'est pourquoy sainct Hierosme dit que la vie des saincts est l'interprétation des Escritures sainctes.

« Que nous servent donc les vies des saincts, sinon d'un modelle et un miroir que nous devons tousjours avoir devant les yeux pour y voir nos vices et souillures, afin de les corriger? et les vertus héroïques des saincts pour réveiller notre tepidité, taschant à les imiter.

« Voilà pourquoy l'Eglise a tousjours procuré qu'on escrivist les vies et morts des martyrs. Cela se voit par les sept Notaires que le pape Clément, martyr, disciple de saint Pierre, establit pour recueillir les faits des martyrs : et par les sept Diacres et sept Sous-Diacres, que saint Fabian, aussi pape martyr, ajouta aux sept Notaires, afin que tout se passast avec plus grande assurance et authorité.

« L'on a tousjours tenu en l'Eglise catholique pour très-digne et louable occupation d'escrire les vies des saincts : tant pour le grand profit qu'en reçoivent ceux qui les lisent en intention d'apprendre, comme pour les grandes difficultez que rencontrent ceux qui tâchent à les écrire dignement (1). »

Tels sont les sentiments, telles sont les considérations qui nous portent à publier dans cet ouvrage la vie des Confesseurs pontifes qui se sont sanctifiés par d'éclatantes vertus sur le siège épiscopal de la

---

(1) Les Fleurs des Vies des Saints. Introd.

ville du Mans. A ne considérer que nos faibles talents, nous n'aurions point osé prendre une semblable tâche, mais le Seigneur sait s'il nous a été possible de la récuser. Témoin de nos efforts et de nos intentions pures, qu'il daigne, ce même Seigneur, bénir ces travaux et les faire fructifier dans le cœur des pasteurs et des pieux fidèles auxquels nous les destinons! D'ailleurs, nous osons croire qu'il n'y a point une trop grande témérité de notre part à compter sur l'indulgence dont nous sentons le besoin extrême, et nous supplions le lecteur bienveillant de prendre lui-même la peine de corriger les fautes nombreuses qui nous sont échappées.

Dernièrement, un auteur rempli de zèle a publié l'histoire de la vie des Saints du Maine, mêlée à celle de la plupart des autres saints; mais cet ouvrage, destiné spécialement aux simples fidèles, comme lecture édifiante pour chaque jour de l'année, ne renferme qu'un abrégé trop incomplet pour répondre à l'énoncé de notre titre, et parsemé quelquefois de détails qui ne peuvent se justifier par le témoignage de nos documents les plus anciens. Il s'est trouvé déjà plusieurs auteurs qui ont publié l'histoire des évêques du Mans : au dix-septième siècle, Corvaisier se chargea le premier de prendre cette tâche, et bientôt après le bénédictin Bondonnet s'empressa de relever les erreurs nombreuses de son devancier, en donnant la contre-partie, pour ainsi dire, du même ouvrage. Mais on sait assez quelle a été la manière d'écrire l'histoire dans nos derniers siècles, et combien il nous est nécessaire aujourd'hui d'aller puiser aux sources mêmes, afin de prouver que, pour écrire l'histoire des temps éloignés, il faut la suivre fidèlement, et non la composer à son gré. En 1572, J. Moreau de Laval, chanoine du Mans, recueillit tout ce qu'il put trouver des actes des mêmes évêques dans le trésor de la cathédrale, et en composa un corps d'histoire en latin ; ce travail est resté manuscrit, ainsi que plusieurs autres sur le même sujet : le plus remarquable parmi ces derniers est sorti de la plume du bénédictin Dom Briant. La bibliothèque royale possède en outre un travail à peu près semblable à celui de J. Moreau ; dans ses *Analecta* Mabillon a eu soin d'en publier une partie. Ce dernier ouvrage contient également la copie d'un manuscrit du XIIIe siècle, manuscrit conservé dans la bibliothèque du Mans et connu sous le nom de *Pontifical*, ou *Gestes des Evêques de la ville du Mans*. D'autres manuscrits sur la vie des saints qui se sont sanctifiés dans le Maine ont été publiés séparément par plusieurs hagiographes, et surtout par les Bollandistes ; mais on peut le dire, il n'existe point encore d'ouvrage spécial sur les saints du Maine et semblable à celui que nous publions ici. Nous avons puisé largement à toutes nos sources historiques ; nous avons traduit fidèlement nos documents les plus anciens et les plus précieux ; nous les présentons aux hommes judicieux de notre siècle, à ceux que n'aveuglent point les préjugés irréligieux ou le scepticisme des derniers temps, et nous leur disons : prenez et jugez. Lorsqu'il nous est arrivé d'exposer notre opinion particulière, nous ne l'avons fait qu'avec réserve, en priant le lecteur d'adopter ou de rejeter à son gré nos assertions.

Nous croyons avoir rendu quelque service en publiant ces travaux ; car les documents que nous avons rassemblés et mis en ordre, après les avoir traduits, ne se trouvent qu'entre les mains d'un fort petit nombre de personnes : tels sont différents manuscrits et les ouvrages de Mabillon, de Baluze et des Bollandistes. Le style d'ailleurs en est souvent fort obscur et peu agréable. Personne n'ignore combien l'histoire de nos églises de France est redevable aux savants Bénédictins des derniers siècles, et particulièrement aux auteurs du *Gallia Christiana*; mais on sait également que ce précieux monument reste inachevé : il s'arrête justement à notre province ecclésiastique, ce que nous avons tout lieu de regretter bien vivement, puisque nous avons entre les mains tous les matériaux, préparés par les Bénédictins eux-mêmes, pour compléter le quatorzième volume qui manque ; nous ne demandons qu'un éditeur. En attendant, nous préludons par ces essais ; car nous ne pouvons souffrir que l'histoire de notre célèbre église du Mans reste encore à publier, tandis que nous possédons les documents les plus précieux et les plus dignes d'un véritable intérêt. Dans notre témérité nous avons commencé l'œuvre, et nous faisons des vœux ardents pour que l'on daigne encourager nos efforts, ou que d'autres moins inhabiles achèvent ce que nous aurons ébauché. Nous donnons d'abord la vie des saints évêques du Mans, et si notre ouvrage obtient le succès dont on nous flatte déjà, nous nous empresserons de livrer à la publicité un travail semblable sur la vie des Confesseurs non pontifes qui se sont sanctifiés dans le Maine; sur l'histoire de l'église du Mans, et sur celle des monastères du même diocèse.

La dévotion à la personne adorable de notre Seigneur a repris au milieu de nous, on le sait, une vigueur nouvelle; le culte de sa très-sainte mère s'étend et s'accroît également chaque jour; il faut que le culte des saints et la confiance dans leur puissant patronage renaissent aussi de même avec l'antique foi de nos ayeux. Le temps n'est point à la superstition, et l'on sait d'ailleurs tout ce que le catholicisme a fait pour déraciner celle-ci jusqu'au fond des cœurs. Mais n'était-ce pas pitié de voir pendant ces derniers siècles que, sous prétexte de rendre à la raison ses droits méconnus, l'on s'efforçât d'ôter à la religion tout ce qu'elle renferme de doux, de consolant, de simple, de poétique? Qui donc pourrait ne pas sentir encore son âme navrée de douleur au souvenir de cette rage des enfers qui poussait alors d'indignes chrétiens à jeter aux vents, à fouler aux pieds, ou à traîner dans le cloaque les restes sacrés des martyrs de Jésus-Christ et ceux de ses généreux confesseurs? Nos pères avaient élevé en l'honneur des saints et de leurs reliques précieuses, les temples les plus gigantesques, les plus merveilleux; les autels les plus somptueux, les statues les plus riches, les prodiges les plus étonnants des arts, et leurs indignes enfants, armés d'une fureur que les Barbares mêmes connurent à peine, entassèrent de toutes parts les plus désolantes ruines, et rien de ce qui touchait au culte des saints ne fut épargné. Cependant leur mémoire restait encore en grande vénération dans les écrits des anciens, et le parfum le plus exquis de la poésie s'attachait encore aux merveilleux récits de leur vie. Ces tant douces légendes avaient fait le bonheur des grands siècles chrétiens du moyen-âge, qui les avait gravées sur la pierre, sur les métaux, sur les verrières, et plus solidement encore au fond des cœurs; mais l'œuvre de destruction n'épargna rien, et tous les documents historiques qui ne pouvaient s'accommoder avec les exigences sacrilèges de cette époque, furent rejetés sans pitié, sans aucun examen sérieux, et presque toujours avec une insigne mauvaise foi. Les temps aujourd'hui sont changés; la lumière commence à paraître au milieu des ténèbres amoncelées comme à plaisir; l'histoire puisée aux sources mêmes est appelée à comparaître devant la justice de notre siècle, et à dire son dernier mot. L'œuvre de la réhabilitation commence; les ruines des édifices religieux se relèvent; de toutes parts on recherche les reliques des saints pour les entourer d'une grande vénération; des voix nombreuses et imposantes se font entendre, et réclament pour nos églises leur noble parure, leurs riches statues, leur liturgie sublime, leur chant pompeux d'autrefois. Et, chose vraiment étonnante! ce sont de simples laïques, des chrétiens d'une orthodoxie justement suspecte, quelques-uns des chefs de notre école historique, et des protestans mêmes, qui les premiers, pour ainsi dire, sont venus combattre la mauvaise foi de leurs devanciers; réclamer à leur tour, au nom de la raison, de la foi, de la science et de la vérité trop indignement outragées, le témoignage de l'histoire et la réhabilitation des pieuses légendes des saints, et qui sont venus redemander pour la religion cette couronne de fleurs que lui avaient arrachée des enfants mille fois ingrats.

De pieux chrétiens, animés des sentiments les plus nobles, n'ont point tardé à publier avec amour et foi des travaux justement célèbres sur la vie de différents saints illustres, et partout ils ont trouvé un écho fidèle dans nos cœurs. Tout fait présumer que la dévotion et la confiance à l'égard des saints en recevront un nouvel éclat, en même temps que l'histoire aura retrouvé un charme étonnant et un lustre tout nouveau. Nous aussi nous avons voulu, selon nos moyens, payer notre dette envers la sainte église du Mans, à laquelle nous sommes attaché par le fond des entrailles ; nous avons essayé de rétablir des faits nombreux et importants de son histoire, rejetés trop légèrement, ou rapportés jusqu'ici d'une manière trop infidèle ; nous avons voulu surtout raviver dans le cœur de nos frères la mémoire et la vénération des glorieux apôtres du Maine et de leurs dignes successeurs, qui se sont distingués par leur sainteté, sur le même siège ; nous avons voulu apporter, nous aussi, notre pierre au monument de l'avenir.

L'ouvrage que nous donnons ici n'est pour ainsi dire qu'une traduction très-simple et très-fidèle, au préjudice même le plus souvent de l'élégance du style ; et c'est pour cela que nous nous sommes contenté d'indiquer les lieux où l'on trouvera les pièces que nous avons reproduites et mises en ordre, sans les accompagner d'une marque spéciale. Dans des dissertations particulières nous avons abordé plusieurs difficultés sérieuses, sans prétendre pourtant les dirimer en dernier ressort, et sans vouloir imposer à qui que ce soit une opinion à nous personnelle. C'est ainsi que nous avons communiqué le fruit de nos recherches sur l'origine des Cénomans, sur l'introduction du christianisme dans les Gaules, sur la mission de saint Julien, etc., etc. Car il nous est impossible de croire que l'histoire ait dit son dernier mot au sujet de ces différents points, ou plutôt, il nous semble qu'ils ont été traités dans nos derniers temps avec cette légèreté, cet esprit de dénigrement et cette insigne mauvaise foi que nous avons signalée : voyez plutôt les ouvrages du prêtre de Launoy, que l'on surnommait en son temps *le grand dénicheur de saints*; puis ensuite prenez la peine de lire avec attention la préface mise en tête de ces mêmes œuvres. N'est-on pas allé jusqu'à se prévaloir exclusivement, pour ainsi dire, de l'autorité de saint Grégoire de Tours pour avancer que la mission des premiers apôtres de la Gaule date seulement de la seconde moitié du troisième siècle ! Mais nous à notre tour nous invoquons aussi la même autorité pour soutenir que la foi chrétienne se répandit dans les Gaules dès le temps des Apôtres, et nous invoquons celle de nos anciens manuscrits pour affirmer que probablement la mission de saint Julien eût lieu peu de temps après la mort des Apôtres. Nous nous empressons de citer des textes :

« Dès la naissance de la religion catholique, on respira les principes de la foi sainte dans la Gaule. » — « Saint Martial vint de l'Orient accompagné de deux prêtres. » — « Saint Ursin fut envoyé à Bourges par les disciples mêmes des Apôtres. » — « Saint Eutrope, martyr également, fut envoyé en Gaule par l'évêque saint Clément pour la ville de Saintes, et il reçut du même pape la consécration pontificale, comme on le rapporte. » — « Saint Saturnin fut également ordonné par les disciples des Apôtres, comme on le rapporte, et envoyé à Toulouse. » — « Saint Gatien vint probablement dans le même temps, et il mourut après avoir acquis à l'Eglise des peuples entiers et dilaté partout la foi du Christ (1). » — Etc., etc.

Ainsi, lorsque l'on nous objectera le témoignage de saint Grégoire, nous invoquerons ce même témoignage à notre tour, et si l'on veut se prévaloir d'une expression peu claire de Sulpice Sévère, nous aurons recours à son contemporain Paul Orose (2) et aux actes des martyrs de la Gaule. Nous demanderons si saint Pothin, le glorieux martyr de Lyon, ne fut pas évêque de cette même ville dès le commencement du second siècle, et même, s'il est quelque monument qui atteste que nul autre pontife ne le précéda sur le même siège? Nous demanderons pourquoi son illustre successeur, saint Irenée, représente les églises de la Celtique comme florissantes à son époque, et atteste que la foi chrétienne s'était déjà répandue sur toute la terre et jusqu'aux extrémités du monde les plus lointaines? Nous demanderons pourquoi Tertullien assure à la fin du second

---

(1) Greg. Tur., Hist, l. IX, c. 39. — L. de glor. conf., c. 27. — *Ibid'* c. 80, et Hist., l. I, c. 31. — Hist., c. 30 et 48. — Lib. mirac., c. 56, et c.
(2) Hist., l. VII.

siècle également que les diverses nations des Gaules, toutes les contrées des Espagnes et le pays des Bretons, inaccessibles aux Romains, sont imbus de la connaissance de JésusChrist? Que signifient donc ces témoignages unanimes de saint Justin et d'Egésipe; ces épîtres adressées à tous les évêques des Gaules par les papes saint Anicet, saint Eleuthère, Callixte et Lucius? Le concile de Vaison, en 442, le célèbre Hincmar de Rheims, saint Léon IX et Yves de Chartres ne reconnaissent-ils pas comme authentique l'épître dans laquelle saint Clément assure lui-même qu'il a envoyé un certain nombre de missionnaires dans les Gaules et les Espagnes? Dans son épître aux Corinthiens, ce pape affirme en outre que saint Paul a prêché l'Evangile jusque sur les limites de l'Occident. L'illustre Rhaban Maur, dans la vie de sainte Madeleine, conservée à Oxford, parle positivement des soixante-dix disciples du second ordre, qui furent choisis par saint Pierre pour aller évangéliser les nations, du nombre desquels vingt-sept furent envoyés dans les Gaules par le Saint Siège. Les noms de tous ces apôtres sont parvenus jusqu'à nous avec de nombreux détails sur leur vie et leur mort, et la tradition, de concert avec nos anciens manuscrits, range parmi ceux-ci l'apôtre du Maine, le glorieux saint Julien. Nous nous faisons un devoir de citer ici quelques passages tracés dès les premiers temps sur l'histoire de la vie du même saint, par le romain Sergius; passages placés en tête du recueil publié par Mabillon, mais néanmoins omis par ce très-estimable auteur, passages qui se lisaient anciennement comme leçons pour l'office de saint Julien et que nous reproduisons comme un de nos documents historiques les plus précieux et les plus remarquables :

« Le premier évêque du Mans, saint Julien, naquit à Rome d'une famille distinguée dans la noblesse ; dès sa jeunesse, il fut appliqué à l'étude des saintes lettres dans cette même ville; il suivit la doctrine des Apôtres, et par eux il fut appelé à se ranger parmi les soixante-dix disciples que ces mêmes Apôtres choisirent et jugèrent dignes et aptes pour aller répandre au milieu des nations les semences de l'Evangile. Par une providence divine à l'égard de ces hommes de Dieu qu'ils avaient élus, ils résolurent de leur confier des sièges épiscopaux, afin de pouvoir élever plus facilement au ministère du saint autel ceux qu'ils gagneraient par leurs prédications. Ce fut du milieu de ces confesseurs que saint Julien fut tiré, qu'il fut choisi en toute confiance, et qu'il fut consacré apostoliquement par imposition de la main pour cet office des disciples susdits. Ce fut dans ce ministère qu'il travailla d'une manière pleine de sagesse et de prudence, jour et nuit, jusqu'à la mort des Apôtres, s'appliquant à suivre fidèlement leurs exemples et à insister sur leur doctrine. Mais le chef des Apôtres, saint Pierre,

monta au ciel, et saint Julien, continuant de suivre
la doctrine et les préceptes des Apôtres jusqu'au
temps de l'apostolat de saint Clément, troisième successeur de saint Pierre, mérita de gagner un grand
nombre d'âmes au Seigneur. Saint Clément, ayant
ainsi succédé dans la dignité suprême de l'apostolat,
consacra comme évêque, selon le précepte qu'il en
avait reçu de saint Pierre, saint Julien, qui était
plein de zèle pour l'étude des choses sacrées et pour
les bonnes œuvres; ensuite, il l'envoya dans les
Gaules avec saint Denys et les autres compagnons
de ses travaux, pour prêcher et exercer le ministère
pastoral.

« Conduit par le Seigneur, saint Julien parvint,
après d'immenses labeurs, dans le pays des Cénomans, où il enseigna d'une manière fort sage la foi
en la sainte Trinité et les autres préceptes ecclésiastiques et apostoliques. Or, cet évêque, qui avait suivi
la discipline de saint Pierre et l'exemple des autres
Apôtres, se faisait tellement remarquer par ses
bonnes œuvres, qu'il plaisait, grâce à Dieu, à tous
les gens de bien et à tous les peuples chrétiens. Les
païens l'aimaient parce que ce n'était point en pro-
férant des exécrations contre leurs divinités, mais en
raisonnant d'après leurs livres et leurs cérémonies,
qu'il leur découvrait l'origine de ceux qu'ils regar-
daient et honoraient comme des Dieux; il leur dé-
montrait d'une manière évidente ce qu'ils avaient

fait, comment ils avaient erré, comment ils étaient tombés, et il assurait ces mêmes gentils qu'ils pourraient obtenir miséricorde du Seigneur, en abandonnant le culte de ces divinités. Mais les chrétiens surtout le chérissaient, parce que, selon les instructions qu'il avait reçues des Apôtres et de leurs successeurs, et selon ce qu'il avait appris du Siège Apostolique, il avait inscrit nommément les pauvres de chaque région; ensuite, selon ce qu'il avait également appris des Apôtres et de leurs successeurs, il ne laissait point ceux qui avaient été purifiés et qui demandaient le baptême, ou ceux qui étaient sanctifiés, implorer en mendiant la charité publique; mais il disait aux personnes de moyenne condition et aux riches, de ne pas souffrir que les pauvres, baptisés et purifiés par la consécration baptismale, fussent souillés par les dons des païens.

« Orné de semblables vertus et de beaucoup d'autres, et plein de pouvoir auprès de Dieu, il était agréable aux personnes raisonnables, sans se mettre en peine de plaire aux personnes qui ne l'étaient pas; car il s'appliquait à plaire à Dieu plutôt qu'aux hommes, et il craignait peu les injures des personnes sans raison. Aussi l'on vit une multitude se rassembler auprès de lui pour recevoir le baptême, et après avoir été régénérés et instruits des vérités de la foi, ils étaient envoyés par saint Julien dans différentes régions, dans divers pays où ils se répandaient de côté et d'autre; ils prêchaient, et des miracles accompagnaient leur parole; ils gagnaient un grand nombre d'âmes à Jésus-Christ.

« Ce saint évêque se faisait ainsi remarquer par le don des plus grandes vertus; il s'illustra par sa grande éloquence et sa sagesse, et il était très-versé dans la connaissance des sept arts libéraux. En effet, il avait une telle vivacité d'esprit, et il était doué d'une si heureuse mémoire, qu'il pouvait parfaitement retenir tout ce qui lui avait été enseigné par les orateurs et les philosophes. Ses actions montrèrent ce que furent sa prudence et la haute capacité de son intelligence; car ce fut en étudiant avec curiosité toutes sortes d'ouvrages, qu'il parvint aux sommités de la science évangélique, et ce fut là qu'il fixa le cours de cette même curiosité, en se retenant fortement lui-même. En effet, pendant le temps qu'il approfondissait les ténèbres des ouvrages sur les sciences diverses, qu'il y consacrait ses soins et qu'il instruisait un grand nombre de disciples, il se donnait tout entier à ces travaux. Mais lorsqu'il se mit à entrer dans la voie de la doctrine évangélique et à suivre les préceptes de la discipline des Apôtres, il recommandait à ses propres disciples d'abandonner le soin des arts profanes pour s'attacher aux doctrines évangéliques et apostoliques. En consé_quence, il leur disait : « Attachons-nous aux choses que nous devons garder dans notre cœur, et abandonnons tout ce que nous devons rejeter. Car si je ne gardais pas fortement ce que j'ai trouvé, je perdrais tout le fruit de mes recherches laborieuses. Mais si j'ai cherché une doctrine plus vraie et meilleure que la discipline philosophique des arts libéraux, c'était pour trouver cette doctrine; et je l'ai trouvée pour prendre cette voie et la suivre. Ce sera donc là le résultat de mon investigation laborieuse; car si je quittais cette doctrine, je paraîtrais avoir vécu inutilement et avoir cherché en vain. »

« Cependant de semblables recommandations firent que les sectateurs de la philosophie lui résistèrent fortement, tandis que les adorateurs de Dieu le chérissaient vivement. Il se trouva même dans le susdit pays des Cénomans un grand nombre qui le haïssaient, et parmi eux il y avait un des plus distingués par sa noblesse, qui, à la vue de la multitude immense convertie à la foi en Dieu par la prédication dudit saint Julien, fit venir auprès de lui les patrons des régions, et après leur avoir donné de l'argent, les engagea à fomenter une sédition contre le nom chrétien. Quelques-uns y ayant consenti, une sédition s'éleva parmi le peuple des Cénomans, au sujet de la puissance et de la doctrine de saint Julien. Ils s'attaquaient mutuellement; les uns disaient : « Quel mal a-t-il fait, ou plutôt, à quelle bonne œuvre a-t-il fait défaut? Tous les malades qu'il a visités, il les a guéris. Jamais il n'a fait de tort à personne, mais au contraire, il s'est rendu utile à tous. »

« D'autres néanmoins, poussés par un esprit satanique, disaient : « En agissant ainsi par son art magique, il détruit le culte de nos dieux. Il affirme que Jupiter n'est pas un dieu, et qu'Hercule, le dieu qui nous conserve, est un esprit immonde. Il dit que la sainte déesse Vénus n'est qu'une courtisane; ses blasphèmes vont jusqu'à prétendre que la sainte déesse Vesta fut brûlée dans les flammes. C'est ainsi qu'il traite la sainte déesse Minerve, Diane, Mercure, Saturne et Mars; non seulement il blasphême leurs noms, mais il empêche même de sacrifier à nos dieux. » De son côté, saint Julien leur disait : « Mon désir était de voir la clémence de vos seigneuries venir à des sentiments raisonnables, et de vous voir répondre non par une sédition du peuple, mais par la raison. Car lors même que des dogues nombreux se mettraient à aboyer et à nous déchirer, est-ce qu'ils pourraient nous ôter ce que nous sommes, quand ils aboyent sans raison ? La sédition, commencée toujours par des gens sans aveu, montre qu'elle n'a rien de certain, rien de vrai pour faire taire la conscience de l'homme raisonnable qui commence à discuter avec son propre cœur sur l'affaire de son salut, et qui cherche à connaître le vrai Dieu pour lui soumettre sa foi et sa raison. »

« Par la puissance de Dieu et par de semblables discours, suivis de miracles, il détourna du culte des idoles un grand nombre de ces gens irraisonnables ; il les convertit au vrai Dieu ; leur fit embrasser la foi, et les baptisa au nom de la sainte Trinité. Saint Julien opérait ainsi des miracles sans nombre au nom du Christ ; il guérissait les aveugles et les autres infirmes par ses prières, etc.

Le même auteur rapporte les miracles de saint Julien tels qu'on les trouve dans le recueil fait par le moine Lethald, vers le dixième siècle, à l'exception toutefois d'un miracle opéré à Poncé sur le Loir. On lit également qu'après avoir ressuscité le fils de Jouinien ou Jovinien, saint Julien baptisa 20,000 personnes ; que toutes les idoles furent renversées, et que le saint Pontife passa sept jours entiers à instruire le peuple, confirmant et donnant le Saint-Esprit par l'imposition des mains, selon la tradition des Apôtres, dans le temple de Jésus-Christ. Le manuscrit du XIIIe siècle, que nous possédons sur les actes de nos évêques, contient en outre ce qui suit :

« L'auteur de cette vie de saint Julien fut un romain nommé Sergius, qui a recueilli et transcrit dans un autre livre les vertus et les miracles du même saint, à cause de l'étendue de ce volume ; il y a joint l'hymne angélique qui fut chanté par les anges au moment de sa mort et qui fut entendu par lui-même et par ses disciples, et par une foule de personnes. Avertis par ce chant et cet hymne angélique, par ces voix des anges, qui retentissaient au loin, beaucoup de personnes connurent la mort de saint Julien, et averties par la voix des anges, elles coururent à ses funérailles; en sorte que l'on vit une foule innombrable se rassembler. »

Le même manuscrit offre en outre les détails suivants :

« Saint Julien, comme l'attestent ses épîtres, était âgé de douze ans, au moment de la passion du Sauveur; il assure lui-même dans ces épîtres, qu'il vit le soleil s'obscurcir et la lune refuser sa lumière, et qu'il était alors âgé de douze ans. On trouve même dans la vie et dans les actes de saint Clément, son maître, le souvenir du saint susdit et de la discipline qu'il reçut, et quelques-uns de ses autres actes. Mais si quelqu'un veut connaître mieux toutes ces choses, qu'il lise le volume écrit sur les actes des évêques du Mans; il y pourra trouver ce qui, grâce à Dieu, a été recueilli sur les actes du même saint, et connaître les actes pour chaque époque. Or ledit saint Julien vécut au temps des empereurs Domitien, Nerva et Trajan, sous lesquels saint Jean, Apôtre et évangéliste, écrivit l'Apocalypse et son Evangile, et entra dans son repos éternel.

« Le même saint Julien publia dans un style relevé des traités sur la divinité, les anges et les mystères célestes, et il composa également, avec beaucoup de profondeur, quelques traités sur le ministère du corps et du sang de N. S. Jésus-Christ, et sur différentes parties du ministère ecclésiastique. Nous avons encore en notre possession ces traités, ainsi que quelques autres écrits en grec, car il était habile dans l'une et l'autre langue; nous conservons jusqu'à ce jour ces ouvrages au sein de notre église-mère (1). »

On le voit, nous avons cité des textes nombreux et formels, empruntés à saint Grégoire de Tours et à d'autres autorités non moins imposantes : textes que nous pourrions multiplier sans fin s'il nous était donné de faire un traité spécial sur la mission des premiers apôtres de la Gaule. Nous avons cité des passages remplis de détails très-précis et bien frappants, sur l'histoire de la vie de saint Julien, attribuée à un contemporain, le romain Sergius. Et en effet, il nous est impossible de croire que l'on ait négligé d'écrire la vie de l'apôtre du Maine, peu de temps après sa mort, puisque l'usage de donner ainsi les actes des Apôtres, des premiers saints et des martyrs, s'observait avec tant de fidélité dès le commencement du christianisme, et que cet usage a été suivi constamment pour le plus grand nombre des successeurs du même saint Julien. D'ailleurs, que

---

(1) Ces traités furent brûlés par les Calvinistes, lorsque la cathédrale fut pillée, selon le témoignage de quelques manuscrits contemporains.

l'on veuille bien examiner avec soin, sans prévention, tous ces actes, très-authentiques pour la plupart; les chartes et les testaments que nous reproduisons; qu'ensuite on lise avec le même soin la vie de saint Julien que nous venons d'indiquer, et il sera, selon nous, facile de croire que cette œuvre peut bien dater des premiers siècles. Ces actes de saint Julien et de ses premiers succcesseurs sont cités par un auteur du neuvième siècle, et dans la forme qu'ils conservent encore. Au dixième siècle, Lethald donne la vie du saint apôtre des Cénomans, d'après les nombreux détails attribués à Sergius. Enfin, au treizième siècle, l'auteur du *Pontifical* que nous possédons, appuie ces mêmes documents historiques et la date de la mission de saint Julien sur les ouvrages attribués à ce saint pontife lui-même, ouvrages que l'auteur avait sous les yeux.

Telles sont les raisons d'autorité qui nous portent à présenter une nouvelle fois à la critique nos traditions les plus anciennes sur la vie de saint Julien, en les appuyant selon notre pouvoir. En ce moment, on restaure avec le zèle le plus louable le tombeau de saint Julien avec ceux de ses premiers successeurs, afin de rétablir le culte de ces glorieux patrons du diocèse du Mans; pour obtenir ce but plus sûrement encore, nous avons voulu restaurer la vie de ces mêmes saints, et relever les ruines entassées comme à plaisir dans ces derniers temps. Voilà ce que nous nous sommes proposé; quant au succès, il est tout entier sous la dépendance de l'Esprit-saint, *qui souffle où il veut*. La restauration des tombeaux de nos saints évêques nous a donc semblé une occasion favorable pour restaurer les documents historiques que nous possédons sur la vie de ces mêmes confesseurs pontifes, et d'un autre côté, les traits perfides lancés contre l'épiscopat dans nos jours, doivent engager les vrais fidèles à entourer de nouveaux hommages la chaire où siègent si dignement les pasteurs des peuples. Qu'ils daignent, ces saints pontifes, sourire à nos essais et bénir nos efforts!

Cet ouvrage, nous l'offrons à la gloire du Pontife éternel, du pasteur souverain des âmes, dont saint Julien et ses illustres successeurs furent de si dignes représentants auprès de nous; à la gloire de la toute sainte et benoîte Vierge Marie, première patronne de l'église du Mans; à la gloire du puissant chef des Apôtres, auprès de qui saint Julien puisa ses vertus, sa science et ses pouvoirs sacrés, et enfin, à la gloire de la sainte et noble Eglise du Mans: les saints Pontifes dont nous donnons ici la vie, furent ses fondateurs, ses fidèles époux, et sont encore ses patrons immortels.

Cet ouvrage, nous vous le dédions, Eglise sainte de Rome, reine et mère de toutes les églises; car vous serez toujours la première dans notre souvenir: vous serez toujours le principal objet de nos respects, de notre affection, de notre joie et de nos cantiques d'allégresse. O mère féconde! vous enfantez sans cesse à votre époux dans toutes les extrémités de l'univers, et votre inépuisable tendresse ne connaît d'autres bornes que celles de l'éternité. O sainte mère! reconnaissez dans la noble Eglise du Mans une fille bien digne de vous et qui toujours vous demeura fidèle. Reconnaissez dans saint Julien, saint Thuribe et saint Pavace, nos illustres apôtres, les fondateurs de notre sainte Eglise; reconnaissez aux traits que nous reproduisons, vos admirables enfants, vos premiers nés pour ainsi dire. Votre sein les enfanta et les nourrit du lait le plus pur, et votre charité nous les donna pour être nos pères et nos puissants protecteurs. Que votre cœur maternel tressaille au souvenir de vos bienfaits, et se plaise à compter quelque peu le nombre des saints dont vous avez peuplé les cieux. Vous aimerez, nous en sommes sûr, à relire la vie de nos saints apôtres, dont toute la gloire réjaillit sur vous et fut votre ouvrage; mais vous aimerez également à relire la vie de leurs dignes successeurs, qui furent vos fils par adoption et que vous comblâtes bien souvent de vos faveurs les plus insignes; depuis longtemps déjà vous avez même élevé des autels en l'honneur de quelques-uns d'entre eux.

Cet ouvrage, nous vous le dédions, Pontife vénérable de l'Eglise du Mans, digne successeur de tant de saints et illustres docteurs ; nous vous l'offrons comme un nouveau tribut de notre obéissance canonique et de notre reconnaissance filiale. De vous nous n'avons reçu jusqu'à ce jour que les faveurs les plus rares et les preuves les moins équivoques de vos sentiments à notre égard; votre fidélité si connue envers le siège de saint Pierre et les titres glorieux qui vous y attachent, tout nous porte à croire que vous accueillerez favorablement ce fruit de nos labeurs, tout imparfait qu'il est ; puissiez-vous y reconnaître le cachet de vos sages et doctes leçons! Nous le dédions aux vénérables Pontifes qui viendront dans la suite s'asseoir sur le même siège; afin qu'ils puissent mieux connaître les modèles de leur conduite, et qu'ils se proposent de suivre fidèlement les nobles traces de leurs saints prédécesseurs.

Cet ouvrage, nous vous le dédions, très-révérend Abbé de Solesmes ; car il est le fruit des travaux du cloître, travaux que nous avons entrepris par vos ordres et en vertu de l'obéissance monastique. Enfin, nous le dédions à nos frères dans le saint sacerdoce de Jésus-Christ, et d'une manière toute spéciale, à ces âmes généreuses qu'enflamme un nouveau zèle religieux, digne des grands âges de la foi.

Cet ouvrage, nous le soumettons, pour le fond et pour la forme, au jugement infaillible et souverain de la sainte Eglise romaine, et nous déclarons, pour nous conformer au décret du pape Urbain VIII, que nous n'avons nullement prétendu porter atteinte aux droits sacrés du Saint Siège, en donnant les titres de saint, de bienheureux ou de vénérable à plusieurs évêques du Mans et autres personnages, auxquels l'Eglise ne les a point accordés. Il appartient au Pontife suprême de refuser ces titres ou de les ratifier; nous avons voulu seulement nous conformer à l'usage ordinaire de parler.

Si cet ouvrage, enfin, renferme des fautes et des erreurs nombreuses, celles-ci ne sont imputables qu'à nous; mais le succès qui déjà favorise ce travail, et le mérite qu'il peut avoir, appartiennent uniquement au Seigneur. A lui seul l'honneur et la gloire dans tous les siècles des siècles. Ainsi soit-il.

CHAPITRE Ier

ORIGINE DES CÉNOMANS.

Av. J.-C.

L'histoire nous représente les Cénomans établis dans la troisième partie des Gaules nommée Celtique, ou couverte de forêts (1), plus de huit siècles avant notre ère, et comme une division des Aulerces placés entre la Seine, la Loire et l'Océan.

Il paraît certain qu'ils appartenaient à la grande famille des Vénètes ou anciens Slaves, sortis des bords de la mer Caspienne et des chaînes du Taurus, pour se répandre dans toute l'Europe, plus de douze siècles avant J.-C. On sait que ces peuples fameux, désignés sous le nom de Mèdes blancs ou schismatiques, de Serbes, de Slaves, etc., tracèrent de bonne heure deux grandes voies pour le commerce à travers les Gaules et le long du Danube ; que l'historien Procope a donné un fidèle tableau de leurs mœurs et de leurs usages ; et qu'ils avaient des colonies au midi de l'Espagne, avant l'arrivée des Phéniciens dans ces lieux. Sous le nom d'Hénètes et de Paphlagons, il en vint au siège de

1194

Troye (2), et après la ruine de cette ville fameuse, ayant perdu leur roi Pylémène, ils allèrent sous la conduite d'Anténor fonder avec ses Troyens des colonies et une nouvelle

---

(1) Celtarum, quæ pars Galliæ tertia. *Tit. Liv. l.* 2. Cel-tek, *forêt-pays*, ou Gaël-tek, des *habitans des bois-pays*. Cambden's Brit.

(2) Ill. Ch. II, v. 850.

Troye sur les bords de la mer Adriatique, près des lieux où l'on voit encore ces anciens Vénitiens (1) ou Vénètes. « Leur émigration au-delà des Alpes est attestée, dit Timagènes, par le témoignage constant de tous les habitants du pays, *et je l'ai lu gravé sur leurs monuments* (2). » Strabon a donc raison d'avancer que les Vénètes gaulois ne diffèrent point de ceux de la mer adriatique, et l'on ne s'étonne guère en les voyant, plusieurs siècles après, reprendre la route de l'Italie ou celle du Danube (3). On a donc de fortes raisons pour croire qu'ils se sont établis dans la plus grande partie de la Gaule centrale ou Celtique et de la Gaule maritime ou Armorique sous les noms de Vénètes ou plus exactement Hénètes; Wénètes, Namnètes; Antes ou Andes, comme les Vénètes du Tanaïs; Venuses et Toureniens ou Turons, etc. Ces noms de Vénètes et Vendes paraissent conservés non seulement dans celui de Vannes, mais dans ceux de Vendée et de Vendômois (4).

Ainsi, il est à peu près certain que les Aulerces appartenaient à la même famille, puisque Pline, d'après Caton, l'assure positivement des Aulerces Cénomans, en avançant qu'ils étaient Troyens d'origine (5); et l'on s'explique facilement pourquoi ces derniers nommèrent le chef-lieu de leur cité Windinum ou Vend-dunum, *ville des Vendes*, de même que Vendôme, appelée anciennement Vendorum-dunum, Vendus-nisus (6), Vendis-ama, etc. Le plus ancien auteur qui

---

(1) Virg. Enéi. I. — Tit. Liv. l. 1.
(2) Am. Marc. XV. 9.
(3) Tit. Liv., l. V., c. 23 et 34.
(4) Cyp. Rob., c. d'hist. m.
(5) Venetos Cenomanos, Trojana stirpe ortos, *Plin.*, t. III. 19.
(6) Plus exactement peut-être, Vindumisus.

J.-C. donne ce nom à la ville des Cénomans, est Ptolémée, ou plutôt Marinus de Tyr, dont il a seulement revu l'ouvrage, tiré d'un ancien atlas Tyrien (1); et l'on ne peut s'empêcher de reconnaître sa position à l'endroit où le Mans se trouve aujourd'hui. Un mamelon isolé, plateau triangulaire de 550^m. environ de longueur sur 200 dans la plus grande largeur, protégé d'un côté par la rivière, de l'autre par des marais, tandis qu'une vaste tranchée défendait le troisième ; tel était l'emplacement que, selon l'antique usage, les Cénomans choisirent pour leur capitale, qui portait justement le titre de *Dunum*, colline fortifiée, lieu où se rendait la justice, d'après les langues anciennes. Le nom d'Alonnes, *temple sacré* en celtique, les ruines considérables que l'on rencontre auprès de ce lieu, le nom de Vieux-Mans qu'on lui a donné quelquefois, de très-anciennes médailles trouvées dans les ruines, avaient engagé plusieurs auteurs modernes à placer en cet endroit l'antique Windinum ; mais les fouilles opérées dernièrement ont amené seulement la découverte d'une villa considérable, d'un cimetière et d'une forteresse nommée la *Tour-aux-Fées*.

Dans l'ancienne cité du Mans, au contraire, il paraît qu'il existait quelques monuments du culte druidique, deux larges tables de pierre, par exemple, appelées *pierres au lait*, qui se voyaient auprès de la cathédrale au siècle dernier, ayant pu servir d'autel, et une autre belle pierre en forme de cône aplati, placée à l'angle N. O. de la même église. Les autels, dans tous les temps, ont consisté ainsi en une table de pierre portée sur quelques autres, et Vénus était

---

(1) Rech. hist. de Heeren, vol. 3, app. c.

représentée assez généralement, même chez les Grecs, jusqu'aux derniers temps, sous la forme d'une pierre conique en obélisque grossier. Dans les îles de la mer Méditerranée, ces symboles sont très-communs sous le nom de *norax* ou pierres de Vénus; on les trouve encore en abondance en plusieurs contrées, et surtout vers l'ouest de la France. Saint Martin, qui fit détruire le fameux cône en pierre du château d'Amboise, renversa aussi vers Oisé un temple de Vénus, placé non loin de plusieurs peulvans remarquables; saint Baumer convertit en temple chrétien un temple dédié également à Vénus, à peu de distance de Connerré et d'un lieu où l'on voit encore un beau peulvan et de vastes dolmens; ce qui porterait à croire que la pierre conique dont nous parlons pourrait avoir servi à représenter la même divinité, en supposant qu'elle appartenait réellement au culte druidique. On ne s'étonne point, d'ailleurs, de voir le magisme ou druidisme en grande faveur chez les Cénomans, puisque cette religion a dominé longtemps dans l'univers, et que les Vénètes ont dû tout naturellement l'apporter de la Perse.

Pour voisins, les Cénomans avaient, d'un côté, les Arviens ou habitants des bords de l'Erve, que Ptolémée représente comme un peuple particulier avec une capitale nommée Vagoritum (1), et l'on s'accorde généralement à placer cette ville auprès de Sauges (Mayenne), dans l'endroit appelé *la Cité*. On y voit au sommet d'un côteau, un large plateau triangulaire protégé d'un côté par le vallon et la

---

(1) Vagoritum, qui d'après le celtique semblerait annoncer plutôt une position au bord de la Vaige, à quelque distance de l'Erve, a été placé par quelques-uns auprès de Vaiges, Vag-o-rit, *de-la Vaige passage*.

v. J.-C.

rivière d'Erve, de l'autre par un second vallon ; les restes de murs et de constructions peu soignées, quelques débris de poterie, etc. La longueur de la forteresse était d'environ 500^m sur 200 en largeur; la hauteur des rochers à pic, qui la bornaient au N. et au N. O., est de plus de 20^m. On s'est peu occupé jusqu'à ce jour de recueillir, dans le pays surtout, les divers documents qui pourraient jeter quelque lueur sur l'histoire de cette cité, presque entièrement inconnue aux anciens auteurs, quoiqu'elle subsistât encore aux premiers siècles de notre ère; on le sait par les médailles que l'on y rencontre et les ruines qui n'annoncent pas une longue vétusté. Les anciens actes de nos évêques portent que saint Julien fonda une église à peu de distance, et de bonne heure les Arviens ne furent pas distingués des Cénomans, avec lesquels on a dû les confondre ordinairement : si l'on consentait à les ranger parmi les Aulerces, il faudrait dire que cette grande nation occupait au moins les départements de la Sarthe, de la Mayenne, d'Ile-et-Vilaine en partie, de l'Orne, de l'Eure, d'Eure-et-Loir en partie, et de Loir-et-Cher, également vers le S. O.

Au nord des Arviens, les Cénomans avaient pour voisins les Aulerces Diablintes, dont la capitale était Noiodunum, que l'on traduit par Château-neuf, et que certains auteurs ont placé aux environs de Dol. Le plus grand nombre s'accorde néanmoins aujourd'hui à mettre l'emplacement de cette ville à Jublains, où l'on trouve une forteresse considérable et un assez grand nombre de constructions importantes, travaillées avec soin. Noiodunum conservait encore son nom au Ve siècle, on le trouve ainsi sur les cartes de Peutinger, et son état distinct du Mans, au moins pour le civil ; car nos monuments historiques les plus anciens prétendent que saint Julien y eut des possessions ; qu'il y fonda une église, et que saint Bertrand y possédait une riche villa. Quoiqu'il en soit, Jublains a toujours été sous la dépendance de l'église du Mans ; mais l'histoire se refuse positivement à y reconnaître le siège d'un évêché. On prétend dans le pays que cette ville a été détruite par les ravages des Normands, et que les habitants se sont réfugiés au château de Laval, élevé à cette époque. On s'étonne d'ailleurs de trouver encore au milieu de ses ruines des poutres bien conservées et des enduits qui paraissent tout-à-fait récents. S'il est vrai que Jublains fut la capitale des Diablintes, et que leur nation s'étendit dans une partie de l'Ile-et-Vilaine, dans le département de l'Orne et une partie d'Eure-et-Loir, on sera forcé d'y reconnaître plusieurs villes considérables : Alençon, d'après quelques modernes, réclamerait les honneurs du chef-lieu, et Nogent-le-Rotrou, suivant quelques autres. Le département de l'Orne offre en outre plusieurs forteresses ruinées qui furent autrefois considérables ; en sorte que la tribu des Diablintes n'aurait été inférieure en rien à celle des Cénomans, avant l'invasion des étrangers et l'enclavement de leurs cantons dans les cités voisines. On a voulu placer en outre parmi les Diablintes la peuplade des Ambibariens dont Ambrière aurait été la capitale ; mais l'histoire ne nous a donné encore que le nom peut-être d'un simple canton. On peut observer, au reste, que tous ces peuples diffèrent d'une manière assez sensible des Cénomans proprement dits, qui occupaient à peine le département de la Sarthe, et que leur pays est encore rempli de souvenirs et de monuments de l'époque druidique.

Pour ce qui est des Cénomans, on a vu combien on se

J.-C. trompait peu, il y a trois siècles, lorsqu'on remontait leur origine jusqu'au temps de la ruine de Troye et qu'on leur donnait pour premier roi un des fils de Priam. Plus de douze siècles avant J.-C., ils habitaient la Paphlagonie, occupée par les Vénètes, au rapport de plusieurs anciens auteurs et d'Homère entr'autres ; la cime du mont Ky-Tôrus, les bords du Parthenius, Saë-Samos, Kromna (Amastris), Egialée et la haute Hérythis(1). Ce furent déjà des dissensions civiles qui les portèrent à fuir leur riche patrie et leurs

1194 palais superbes (2), pour voler au secours des Troyens, avec lesquels ils se réfugièrent sur les bords du Pô ou Eridan (3).

1000 On a tout lieu de croire qu'ils vinrent s'établir dans les Gaules environ mille ans avant notre ère, puisqu'on les voit reprendre quatre siècles après la route de l'Italie pour y fonder des colonies, pressés déjà par une population surabondante ; c'est ce que Timagènes insinue en avançant, qu'après la prise de Troye, quelques corps d'armée dispersés en tous lieux, occupèrent dans la Gaule les portions du terrain inhabité (4). De bonne heure, ils furent soumis aux Bituriges, dont le roi gouvernait toute la Celtique (5), et lorsque le célèbre Ambigatus envoyait l'armée d'expédition

600 sous les ordres de Bellovèse, son neveu, pour fonder la colonie Cisalpine, leurs troupes placées sous la conduite d'Elikovèse ou Elitovius, servirent d'arrière-garde. Ils

---

(1) Ill. ch. II, v. 850.
(2) *Ibid.* — Tit.-Liv., l. 1.
(3) Tit.-Liv., l. 1. — Virg., En. 1.
(4) Amm.-Marc. XV. 9.
(5) Tit.-Liv., l. 2, — l. 5 ch. 34.

occupèrent pendant quelque temps les environs de Marseille qui servit de place d'armes, de port et de magasin général pour l'armée (1); ils protégèrent les Phocéens qui s'y fixèrent et, marchant sur les traces de Bellovèse, ils vinrent s'établir dans les lieux où l'on voit Vérone et Brescia (2). Une colonie d'Aulerces resta cependant de ce côté-ci des Alpes; on les a connus sous le nom de Brannovices, et ceux des bords du Pô continuèrent à entretenir de fréquentes relations pour le commerce avec leurs alliés des bords du Rhône (3). Ils firent alliance de bonne heure avec les Romains, et Tite-Live rapporte qu'ils furent les seuls à leur rester fidèles, lorsqu'Annibal eut remporté sur eux la sanglante victoire de Trébie; mais après quelques variations politiques, ils furent entièrement soumis, comme les autres peuples de l'Italie, à leur fière république. Ils reçurent la foi chrétienne de l'apôtre S. Barnabé, de S. Anatholon et de S. Sergius, père spirituel des glorieux martyrs, S. Gervais et S. Prothais, que l'église du Mans honore comme ses patrons. Enfin, l'on remarque que la capitale de la confédération insubrienne (4) prit le même nom que le chef-lieu des Aulerces Eburovices (5) et que la Gaule Cisalpine a fourni le plus grand nombre des hommes qui ont illustré Rome dans tous les temps.

---

(1) « Auctor est Cato, Venetos Cenomanos, Trojanâ stirpe ortos, juxtà Massiliam habitasse in Volscis. » Plin., l. 3.

(2) Tit-Liv., l. 2.

(3) Am. Marc. xv. 9. — Hist. litt. de Fr., t. 1.

(4) L'Ombrie se divisait à peu près comme le pays des Ceni-Mahni d'Angleterre, l'Ollombrie, l'Isombrie, la Vilombrie. On y trouvait aussi les Cénomans et les Anamans, etc.

(5) Milan, *Mediolanum*, *Mediou-lan*, pâturages-terres.

v. J.-C.   Quant au reste des Cénomans de la Gaule Transalpine, on a voulu leur trouver encore d'autres frères du même nom dans la Grande-Bretagne, aux environs de Londres, où habitaient des peuples nommés par les Bretons *Cenimahni* ou Kentois (habitans du centre), *Bricenimahni* ou Brikentes, vers le pays haut, *Icenimahni*, vers le pays inférieur (1); ce qui porterait à les regarder aussi comme des Ceni-mahni, habitant le milieu du pays entre les Aulerces Eburovices et les Aulerces Diablinthes ; de telle sorte que leur nom de Cénomans viendrait de leur position au centre du royaume et de leur nation.

L'histoire ne les nomme point d'une manière expresse parmi les compagnons de Sigovèse, qui s'avancèrent le long du Danube, se disséminèrent en Illyrie, en Bohême et jusqu'aux frontières de la Grèce, où ils ne tardèrent pas à vouloir s'établir en vainqueurs; et qui se fixèrent enfin sur les rives du Bosphore. Mais il paraît certain, d'après le rapport de Tite-Live et d'autres anciens auteurs, que leur cité et le royaume dont ils faisaient partie, étaient élevés au sixième et au septième siècle avant J.-C., à un haut point de richesses et de puissance (2); car les Phéniciens et les Grecs parcouraient en tous sens les Gaules pour le commerce et y avaient établi un grand nombre de comptoirs. Ce mélange de Grecs et de Gaulois est attesté par Timagènes, Tacite,

---

(1) *Cambden's Brit.* Cyni-oid, Obry-Cyni-aid, Ush-Cyni-aid. Cen, dans un grand nombre de langues anciennes et dans le celtique, *centre*; Cyn, dans le Gallois m.; — O et Y dans les dialectes celtiques... *de, du*; — Aid ou Man, Mahn, *habitant, homme* dans les langues Indo-Germaines. CEN-O-MAN, *centre du-habitant*.

(2) Tit.-Liv., l. 2.

Solin, Am. Marcellin, etc. Strabon avance que le grec était la langue écrite des Gaulois (1); leurs monnaies avaient pour type le denier de Philippe (2); leurs caractères étaient empruntés aux Grecs (3) et le gaulois ou le grec étaient employés avec la même facilité dans la conversation (4); les villes même les plus considérables le disputaient aux villes les plus célèbres de la Grèce pour l'antiquité de leur fondation, pour la civilisation, l'importance et la richesse (5). Cependant nous ne connaissons que très imparfaitement l'histoire de ces cités fameuses et les noms des grands hommes qu'elles ont produit. Nous savons encore que les Asiatiques exercèrent une influence considérable sur les mœurs et la religion des Gaulois; car les armées des Assyriens et des autres grands peuples de l'Asie centrale ravagèrent plusieurs fois notre pays, et leurs courtiers y affluaient sans cesse.

Leur valeur guerrière était connue du monde entier; ils étaient extrêmement redoutés chez les Grecs et les Romains mêmes : ils cultivèrent les sciences avec succès, la philosophie, la littérature, l'astronomie, la physique, la géographie, la médecine, etc.; mais on regrettera toujours que les ouvrages de leurs historiens si bien connus de Timagènes, ne soient pas parvenus jusqu'à nous.

Enfin, lorsque les armées romaines eurent détruit toutes les cités marchandes de la Grèce et de l'Asie mineure, tout

---

(1) Strab., l. 4, 181.
(2) Rev. Numis. *passim.*
(3) Comm. Cæs. de bell. gall.
(4) Hist. litt. de Fr., t. 1.
(5) *Ibidem.*

.J.-C. le commerce de l'Orient et de l'Occident, toute la gloire pour ainsi dire de ces dernières villes se concentra dans les ports et les principales villes de la Gaule méridionale. Cependant, cet état florissant reçut de vives atteintes par l'invasion des hordes nombreuses de Kymris ou Cimmériens, qui chassés par d'autres Scythes, refluèrent dans le nord de l'Europe, pénétrèrent dans les îles de la Grande-Bretagne et au milieu des différens peuples de la Gaule, de l'est à l'ouest et du nord au midi. Les brigandages de ces barbares les avaient rendus un objet d'effroi et on les accusait d'être un peuple anthropophage. Ils campaient sur des chariots, existant pour la plupart à l'état nomade, et entrainant avec eux, dans leurs incursions, leurs femmes, leurs troupeaux et leurs immenses richesses, fruit du pillage des nations civilisées. Ils furent suivis et souvent accompagnés par des hordes de Saces ou Germains, non moins redoutables, et bientôt par eux l'Europe entière fut ravagée dans tous les sens. On les a connus sous les noms différents de Kymri ou Cimbres, de Sigambriens ou Sicambres, de Boïens, de Teutons, de Belges, de Saxons, de Francs, etc.

101 Une de leurs grandes invasions, connue sous le nom des Teuto-Cimbres, était arrêtée le 12 juillet 101 ans avant J.-C., lorsqu'en ce moment même Jules César ouvrait les yeux à la lumière.

Les Romains avaient souvent réussi à repousser et à exterminer de nombreuses hordes de ces barbares, qui mirent leur république à deux doigts de sa perte, lorsque Marseille implora leur secours contre les Ligures qui les pressaient sans cesse. Ils arrivent et refoulent ces derniers dans le pays des Allobroges, où Rome constitue une province, tandis qu'une nouvelle colonie s'établit à Aix.

Jules César était chargé pour cinq ans de gouverner cette province, lorsqu'à l'instigation des Marseillais, une partie des Eduens d'Autun, l'appela pour repousser l'invasion des Germains de la Souabe et des Helvétiens qui pénétraient de tous côtés pour s'emparer de la partie orientale des Gaules. Mais lorsqu'il se retirait après une victoire complète, les Belges se liguèrent contre lui ; il les combattit vigoureusement et après la défaite des Nerviens, il envoya sa septième légion en expédition entre l'embouchure de la Seine et de la Loire, c'est-à-dire en Armorique.

Le jeune P. Crassus qui la commandait ne rencontrant ni armée sur pied, ni résistance dans les villes, écrivit à César que toute l'Armorique était soumise au peuple romain. Cependant l'hiver commençait, les sept légions furent cantonnées sur la rive droite de la Loire ; mais les vivres manquèrent ; les Préfets et les Tribuns militaires parcoururent les cités pour s'en procurer : à l'exemple des Vénètes on fit sur eux main basse de tous côtés, et on demanda du secours aux Bretons de l'Ile dans la ligue qui fut aussitôt formée pour repousser ces fiers conquérants. César arrive et marche en personne contre les Vénètes, tandis qu'il envoie Q. Sabinus contre les cités des côtes du nord. Les Aulerces alors avec leurs voisins égorgent les membres de leur Sénat, qui ne voulaient pas consentir à la guerre, et vont joindre leurs forces à celles de Viridovix ; mais bientôt ils sont trahis par la fortune ; l'Armorique est soumise et l'armée victorieuse prend ses quartiers d'hiver chez les Aulerces et dans les pays voisins. Dans les campagnes suivantes, de nouvelles insurrections éclatèrent : quand Labienus campait auprès de Paris, les cités environnantes s'armèrent pour se ranger sous les ordres de Camuloginix, de la nation des Aulerces :

quand à la diète générale tenue à Autun, les Gaulois voulurent établir à Alexia leur dernier boulevard, les Cénomans envoyèrent cinq mille hommes, et même après leur entière défaite, plus tard, ils se révoltèrent encore avec les autres Armoricains; mais tous leurs efforts furent inutiles. Leur pays fut traversé par des voies militaires qui se coupaient dans tous les sens, et couvert de points fortifiés, de places où les Romains tenaient bonne garnison.

Lorsqu'Auguste divivisa la Gaule en quatre grandes régions, les Cénomans reconnurent Lyon pour leur métropole : quand la province Lyonnaise fut partagée, ils dépendirent encore du même métropolitain; et ce ne fut que sous Honorius, lorsque les dix-sept provinces furent établies, qu'ils reconnurent pour leur métropole la ville de Tours. On ne voit point qu'avant cette époque la cité des Turons ait eu quelques privilèges et quelqu'autorité sur celle des Cénomans.

Lorsqu'Auguste établit en métropole la ville naissante de Lyon (Lugdunum), les Romains commencèrent à tracer de là quatre grandes voies qui devaient sillonner la Gaule des Alpes au Rhin, à l'Océan, aux Pyrénées et aux extrémités de la Narbonaise « Afin dit un auteur moderne, que le
» christianisme marchât, pour ainsi dire à grandes jour-
» nées, sur ces vastes chemins que la politique romaine
» avait ouverts d'un bout de l'empire à l'autre pour le pas-
» sage des légions (1) » Aussi les Cénomans n'ont point perdu le souvenir et la trace d'une grande voie, qui dès les temps les plus reculés se dirigeait de leur ville au camp de

---

(1) Villemain, *Polythéisme*.

Sougé; puis à Blois et à Bourges, leur capitale pendant longtemps, pour rejoindre la voie de Lyon, devenue désormais leur métropole : indépendamment de la voie militaire de Tours, tracée sur les cartes du Bas-Empire, et l'autre non moins remarquable par Rennes, le Mans, Orléans, etc., traversant le centre de la Gaule, qui facilitaient les communications de ces villes de la Lyonnaise avec leur chef-lieu. Il est à croire que pendant la domination romaine, le Mans eût un officier particulier pour gouverner la province ; il est décoré du titre de Préfet, vers la fin du quatrième siècle, au temps même où Tours est constitué en métropole : on l'avait placé dans cette cité pour contenir les Germains de la Souabe et les autres barbares occupés à défricher les terres.

On le sait, les provinces gauloises étaient séparées entr'elles par de vastes solitudes, par des terrains incultes, ou couverts d'épaisses forêts, que les Romains adjugèrent au fisc impérial et qu'ils donnèrent à défricher aux vétérans et aux barbares, à titre de bénéfice militaire. Les premiers rois Francs suivirent la même coutume à l'égard de leurs officiers, et bien souvent ils abandonnèrent ces terrains pour la fondation des monastères, auprès desquels de nouvelles villes ne tardaient pas à se former. L'officier qui gouvernait la ville au temps de S. Julien, est décoré, dans la vie de ce saint, du nom de prince et de juge : parce qu'il remplissait sans doute les fonctions de juge et avait une dignité qui répondait à celle de sénéchal ou de comte. Dans la vie de S. Thuribe, le second évêque du Mans, il est parlé d'un officier distingué, nommé Cajanus, qui tenait à titre de bénéfice militaire, au sentiment de quelques-uns, de grandes possessions sur les bords de l'Anille et de la Braye, et à qui ceux de son *pagus* donnaient le titre de Duc (1). Quand Rome fut prise par les barbares qui mirent fin à son empire, les cités armoricaines chassèrent ses officiers, et formant une confédération, se gouvernèrent elles-mêmes ; mais elles ne tardèrent pas, celle du Mans entr'autres, à tomber sous le pouvoir des hordes étrangères qui depuis la fin du troisième siècle infestaient les rivages de la mer et s'y établirent au quatrième. S. Jérôme nous assure que toute la Lyonnaise fut ravagée par ces terribles enfants du Nord, et un poète contemporain ajoute : « Si l'Océan tout entier avait envahi la » Gaule, ses vastes eaux auraient épargné plus de cités que » n'en ont épargné les barbares. » L'infortuné Regnomir, frère du roi de Cambray, avait placé au Mans le siège de son état, lorsqu'il périt sous les coups de Clovis, son parent, qui envoya ses soldats pour s'emparer de la province : tout fut mis à feu et à sang ; la ville fut prise et pillée, et tout le pays ravagé. On ne peut attribuer qu'à cette époque (2) la destruction des cités des Arviens et des Diablintes surtout ; car elles conservent encore leur état distinct dans la *Notice de l'Empire* et sur les cartes dites de Peutinger, quoique les forts paraissent avoir été abandonnés subitement après le règne des tyrans, si l'on s'en rapporte aux médailles qu'on y découvre.

Clovis et ses premiers successeurs envoyèrent au Mans des comtes dont les noms se trouvent conservés dans les actes dressés à l'époque, et parcoururent eux-mêmes plu-

---

(1) Anal. Mabill., t. 3. — Act. Sanct. Vit. S. Thurib.
(2) Le souvenir de cette destruction par les enfants du Nord s'est conservée dans le pays.

sieurs fois, tour à tour, les villæ du domaine royal qu'ils y possédaient. Dans l'onzième siècle, ces comtes devinrent héréditaires : le Maine vint, par acquisition, dans la famille des rois d'Angleterre, ducs de Normandie et d'Anjou, et revint à la couronne de France après l'assassinat du jeune Arthur. S. Louis le donna à son frère Charles ; puis Louis XI le reprit : Henri et François, ducs d'Anjou, le possédèrent ensuite ; et après leur mort, il resta au roi de France.

Au temps des Romains, le Mans ne le cédait à aucune autre des cités voisines pour ses établissements : on a cru que sa forteresse occupait les hauteurs d'Alonnes ; car pendant la paix, les soldats ne restaient point dans l'intérieur des villes. Son étendue, d'ailleurs, égalait au moins celle de Tours ; l'élégance et la solidité de ses superbes murailles, son vaste amphithéâtre, ses nombreux aqueducs, ses thermes et les magnifiques villæ qui l'entouraient, ne le cédaient à nuls autres. Sous les rois Carlovingiens, elle passait pour une des principales villes de France, et aujourd'hui elle peut encore s'énorgueillir de sa haute antiquité, de son importance et du grand nombre des hommes distingués qu'elle a produits.

Mais c'est sous le rapport religieux surtout que le Mans peut et doit, à bon droit, s'énorgueillir de le disputer aux cités les plus vantées ; comme nous verrons aux chapitres suivants.

CHAPITRE II

INTRODUCTION DU CHRISTIANISME DANS LES GAULES.

« Vraiment le frisson vous saisit lorsque vous considérez le tableau de la religion et des mœurs dans l'empire romain. Et c'était à ces hommes dégradés par la lâcheté et la bassesse, par une inextinguible soif de rapine, de débauche et de toutes sortes de voluptés contre nature, par l'amour du sang : c'était à une société aussi gangrenée, aussi décomposée par tous les vices, que les apôtres devaient porter la foi nouvelle! quel succès pouvaient-ils humainement espérer? »

« Cependant le paganisme avait aussi ses *hommes de désir*, qui, mécontents de la religion du peuple, si vide d'idées élevées et consolantes, nourrissaient un secret pressentiment d'une doctrine plus pure, d'une doctrine divinement certaine, dont ils appelaient avec ardeur la manifestation. Purs et intacts au milieu de la peste des vices dominants, ce furent ces hommes de bonne volonté, ces hommes choisis auxquels les messagers divins s'adressèrent particulièrement et qui accueillirent, pleins de joie, la parole du salut. Rien, dès ce moment, ne les arrêta : ils suivirent le puissant attrait qui les pressait et devinrent de zélés disciples de l'évangile. »

« Selon une tradition très ancienne et digne de foi (1), le Sauveur avait enjoint à ses apôtres de rester douze années à Jérusalem et et dans la Judée, avant de partir pour leurs lointaines missions. Ce terme expiré, ils se séparèrent pour ne plus jamais se réunir ici-bas (2). »

Sans parler des nombreuses églises d'Orient, fondées par eux jusqu'aux extrémités de l'Asie, on sait que la plus grande partie de l'Afrique et de l'Europe se convertit à leur voix et à celle des premiers chrétiens qui se dispersèrent partout l'empire romain ; et que Rome fut certainement la première ville d'Italie où se forma une église. Saint Pierre y exerça pendant vint-cinq années les fonctions de son apostolat, comme Eusèbe et saint Jérôme l'attestent, c'est-à-dire depuis l'an 42 après J.-C., la deuxième année du règne de Claude, jusqu'à son martyre, en l'an 67. Il se rendit à Rome pour mettre un terme aux séductions de Simon-le-Majicien ; il y fonda une église, qui était si nombreuse déjà au commencement de la persécution de Néron, que Tacite parle d'une multitude immense de chrétiens condamnés et suppliciés de la manière la plus cruelle ; et après avoir ordonné successivement quelques uns de ses disciples pour la gouverner, il termina le cours de son apostolat dans l'Occident. Il fut aidé puissamment par saint Paul, qui de l'aurore au couchant fut un héros de la foi chrétienne, prêcha le salut dans tout l'empire romain, et pénétra jusqu'aux limites de l'Occident, comme nous le rapporte saint Clément, son collaborateur. Aussi l'on s'accorde généralement à

---

(1) Apollonius apud Euseb. H. E. 5, 18. — Clem. Alex. *Strom.* 6, 5.
(1) Ibid.

croire qu'il mit à exécution le projet de visiter l'Espagne, dont il avait parlé dans son épitre aux Romains (1), et l'on présume qu'en s'y rendant par le midi des Gaules, il visita les églises que S. Pierre y avait déjà fondées. Outre S. Paul, l'illustre chef de l'Eglise fut merveilleusement secondé par l'apôtre S. Barnabé et par S. Luc, qui évangelisèrent en deçà et au-delà des Alpes, et par une très-grande partie des soixante-douze disciples qui furent envoyés comme évêques régionnaires pour des provinces entières. Saint Epaphrodite fut envoyé évêque à Terracine ; saint Patras, à Penna dans l'Abruzze ; saint Marc, à Aquilée, où saint Hermagoras lui succéda l'an 50 ; saint Apollinaire, d'Antioche, à Ravennes ; saint Paulin, d'Antioche, à Lucques, où il vint avec cinq collègues ; à Pavie, saint Syrus, de la Galilée, avec quatre collaborateurs seulement, dont deux furent ses successeurs : il évangélisa le nord de l'Italie jusqu'à Genève, et pénétra jusqu'en Autriche ; saint Prodoscimus, à Padoue : il y mourut en 159, âgé de 114 ans ; saint Romulus ; saint Britius, pour toute l'Ombrie : il était d'Antioche, et il accompagna saint Pierre à Rome, avec sa famille ; ses collègues furent mis à mort, et cependant bientôt il établit un assez grand nombre d'églises : enfin, Putéoli avait son évêque lorsque saint Paul y arriva. En un mot, dès l'an 50, l'Italie tout entière était parcourue dans tous les sens par ces infatigables ouvriers évangéliques, dont quelques-uns exercèrent pendant près d'un siècle, leurs fonctions épiscopales, tandis

---

(1) S. Clément, contemporain de S. Paul. — *Fragment sur le Canon ;* Routh, reliquiæ sacræ, IV, 4. — S. Jérôme ; S. Cyrille de Jérusalem ; S. Epiphanes, Théodoret, etc.

que quelques autres, comme saint Maurus de Barie, furent martyrisés dès le temps de Domitien (1).

Non seulement, saint Pierre envoya des évêques dans le nord de l'Italie et dans le midi; mais encore dans la Sicile, où Philippe d'Agyrium fonda l'église de Palerme, et S. Marcien, venu du fond de la Syrie, celle de Syracuse, etc. L'Afrique proconsulaire ne tarda point à en recevoir; car, vers la fin du second siècle, Tertullien prétend que dans les villes mêmes, les fidèles y formaient la majorité des habitans. La multitude de prêtres et de diacres, dont S. Cyprien parle dans ses lettres, prouve combien l'église de Carthage, la capitale, était considérable au milieu du troisième siècle. Et comme la persécution ne se fit sentir qu'assez tard dans cette province, on a tout lieu de croire qu'un grand nombre de fidèles persécutés à Rome, s'y réfugièrent, et que la foi s'y développa largement. Mais par quelle fatalité la Gaule, si soumise à cette époque, si paisible, si bien civilisée par les institutions d'Auguste, si bien coupée dans tous les sens par de larges voies, si célèbre par son commerce; la Gaule où les Asiatiques, les Grecs et les Romains affluaient chaque jour; où Rome avait fondé des colonies si florissantes; où elle allait prendre ses guerriers, ses poètes, ses orateurs, ses sénateurs, ses hommes célèbres dans tous les genres; la Gaule, si voisine de Genève, de Milan et de Rome même, par la mer; par quelle fatalité, disons-nous, aurait-elle échappé à la vive sollicitude de l'illustre chef des Apôtres et au zèle brûlant de ses dignes coopérateurs, qui pouvaient s'y transporter, pour ainsi dire en quelques heures? Et lorsque l'histoire a con-

---

(1) Ughelli. It. Sacr. *passim*. — Selvaggio, Ant. Christ. Instit.

servé fidèlement la liste complète des premiers évêques de la plupart des églises de l'Asie, de la Grèce et de l'Italie, comment la Gaule aurait-elle oublié le souvenir de ceux qui lui apportèrent la foi, et qui se rendirent aussi célèbres par leurs vertus que par leurs miracles. On le sait d'ailleurs, Eusèbe et Théodoret l'assurent, saint Paul évangélisa non seulement l'Espagne; mais aussi la Grande-Bretagne : d'après Origène et Tertullien, plusieurs églises y florissaient de leur temps, et le christianisme avait pénétré dès-lors dans les pays plus reculés au septentrion, là où les armes romaines n'avaient pas même paru.

On sait que vers la fin du second siècle, le chef breton Lucius envoya demander des missionnaires au pape saint Eleuthère (1), et que la persécution de Dioclétien atteignit les chrétiens de cette terre des saints. On sait enfin qu'elle sévit également dans toute la Germanie, l'Autriche, la Bavière, le Tyrol (2), où la foi s'était répandue dès le commencement. Aussi saint Irenée ne craignait pas d'avancer que « l'église s'était étendue sur toute la terre et jusqu'aux extrémités du monde les plus lointaines » avant le temps où il écrivait.

Deux opinions ont prévalu depuis plusieurs siècles sur l'établissement du christianisme dans la Gaule; l'une, plus ancienne, appuyée par le plus grand nombre et par une autorité plus forte, que nous embrassons de grand cœur; l'autre, qui paraît fondée seulement sur un passage mal interprété de saint Grégoire de Tours, et qui a été admise dernièrement par une école trop connue pour son scepticisme. C'est pourquoi nous ne craignons pas d'avancer que l'évan-

---

(1) Annal. Eccl. Britan.　　(2) Annal. Eccl. German.

gile a été prêché dans la Gaule aussitôt que dans les diverses contrées de l'Italie, de la Sicile, de l'Afrique, de la Grèce, de l'Allemagne, de l'Espagne et de la Grande-Bretagne ; c'est-à-dire, dès la seconde moitié du premier siècle. La tradition la plus constante et la plus respectable, parmi le peuple et parmi les savants (1), conservée fidèlement dans la Provence, assure que le premier apôtre de cette partie des Gaules et le premier évêque de Marseille fut saint Lazare, l'ami du divin Sauveur, qui vint accompagné de ses illustres sœurs, sainte Marthe et sainte Marie-Magdeleine : elle aussi l'amie sainte de Jésus ; et de saint Maximin (2). Ce n'est point en vain que dernièrement encore cet admirable berceau de la religion dans nos contrées, exposait aux regards et à la vénération des fidèles les précieux restes et le glorieux tombeau de l'une de ces femmes admirables, qui contribuèrent si ardemment à la propagation de l'évangile, et terminèrent dans notre noble patrie leur vie si pleine d'œuvres de charité et de pénitence. Si l'histoire ne nous a point conservé le souvenir de l'apostolat de saint Paul dans la Gaule, elle nous a transmis celui de ses disciples les plus célèbres.

D'après le témoignage d'Epiphanes, S. Luc y fit briller la lumière de la foi nouvelle : d'après l'antique tradition, constatée par le pape S. Zozime dans sa lettre cinquième, aux pontifes de la Gaule, par douze évêques, réunis de trois provinces différentes, dans leur lettre à S. Léon, dès le milieu

---

(1) Gal. Christ. T. I. p. 632. — Act. Sanct. vit. S. Mar. Magd. — Baroni. T. I. — M. S. Hist. Bibl. Vatic.

(2) Ibid.

du cinquième siècle (1) ; et d'après S. Grégoire de Tours lui-
même, S. Trophime, autre disciple et compagnon de S. Paul,
fut envoyé par le saint Siège comme métropolitain à Arles,
la célèbre colonie militaire de Rome, où siégea le Préfet
du prétoire, *en sorte que delà comme d'une source merveilleuse toutes les Gaules reçurent* le bienfait *de la foi* (2). L'antiquité s'accorde également avec l'historien Eusèbe, pour
assurer que l'illustre apôtre des Gentils laissa en outre à
Vienne Crescent, son disciple, pour y gouverner l'église,
et saint Grégoire cite encore les autres envoyés par le saint
Siége au commencement : saint Gatien, à Tours (3), saint
Paul, à Narbonne; saint Denys, envoyé, comme il était
d'usage, avec son prêtre et son diacre, pour Paris et les pays
voisins; pour l'Auvergne, saint Austremoine; saint Martial,

---

(1) Conc. Gall. T. I.

(2) Epist. V. S. Sozim. Gallia Christ. T. I. p. 250. — Ado vienn. in chronico. — Hist. eccl. T. I. p. 189.

(3) Gall. Chr. Vet. « Apparet contradicere sibi et *vulgari epochæ asserentium Gatianum Turonensem à Clemente missum*. T. I. p. 734. » Dans l'édition de S. Grégoire de Tours donnée par le savant D. Ruinart, on peut voir quel est, d'après ce dernier, le sens véritable que l'on doit attribuer au passage en question ; passage qui a donné le change à un si grand nombre. S. Grégoire ignore l'époque précise où vint son illustre prédécesseur S. Gatien, il se fonde, pour avancer que ce fût au temps de Dèce, sur un passage des actes de S. Saturnin où il n'est nullement parlé de ce saint : « Sub Decio et Grato, consulibus, sicut fideli recordatione retinetur, primum ac summum Tolosana civitas S. Saturninum habere cœperat sacerdotem. » Ce qui n'empêche pas le même auteur de répéter ailleurs : « Saturninus verò martyr, ut fertur, ab Apostolorum discipulis ordinatus, in urbem Tolosatium est directus. » *Au reste*, continue-t-il, *voilà ceux qui furent envoyés* d'abord; mais il ne dit point qu'ils vinrent en même temps : ailleurs, il suppose le contraire.

venu de l'Orient, à Limoges; et saint Saturnin à Toulouse. Plusieurs autres églises, vers le nord de la Gaule, prétendent également avoir reçu des évêques dès les premiers temps; entr'autres, celles de Toul, de Cologne et de Trèves, et ce n'est pas sans raison : on le sait, « pour les chrétiens primitifs, un évêque était pour chaque chrétienté le centre et le lien de cette association forte et généreuse, qui chaque jour mutilée, survivait à la haine et aux persécutions. Instruits par les plus saints évêques de l'insigne grandeur de l'épiscopat, les peuples nouveaux qu'enfantait tous les jours la foi l'avaient placé si haut dans leurs respects, qu'il leur était devenu impossible d'oublier ceux qui l'avaient successivement exercé au milieu d'eux. Tel évêque avait apporté le saint évangile, tel autre avait opéré ce prodige fameux, dont la gloire vivait tous les jours; celui-ci avait arrosé de son sang les fondements de la nouvelle église; une mort plus paisible était venue clore enfin la carrière laborieuse de celui-là, tous ces noms bénis étaient devenus l'héritage commun et jamais ils n'étaient prononcés dans l'assemblée sainte qu'ils ne réveillassent les souvenirs les plus chers. »

Non, non, il ne sera pas sans appel, le déplorable jugement porté avec une grande légèreté par une école coupable, au siècle dernier, et l'on ne fera pas taire aussi facilement de nos jours ce magnifique concert des hommes les plus instruits et les plus pieux de tous les siècles, et même de ces temps plus modernes ! Non, non, ce n'est point en vain, illustre France, que tu te glorifieras d'avoir reçu l'évangile de la bouche même des fidèles amis du Sauveur, qui t'a donné une part si grande dans son affection! « Ce n'est point en vain, illustre Paris, reine des villes, que tu tressailleras au souvenir du glorieux Aréopagite et de ses dignes collaborateurs, qui, pour jeter plus sûrement dans ton sein les fondements de la foi, empourprés du sang de l'agneau, ont consacré par leur propre sang les limites de l'Occident, et ont chaussé le cothurne tragique dans tes murs!... Ni toi, noble Trèves; car en qualité de seconde Rome, il ne te fallait rien moins que les grands docteurs Eucher, Valère et Maternus pour t'apporter le bienfait de la foi!.. Toul, cité des Leukes, tu peux bien te réjouir d'avoir eu pour apôtre le disciple chéri du chef des Apôtres; et toi, Limoges, d'avoir eu non seulement son disciple; mais son jeune parent, le saint fils du Christ, Martial (1)! »

Et quand il serait vrai de dire qu'un grand nombre de légendes furent altérées en France au IXe siècle, elles n'en seraient pas moins extrêmement respectables, les antiques traditions qui placent dans les deux premiers siècles de notre ère l'arrivée des saints Savinien et Potentien à Sens; Nicaise à Rouen; Eutrope, à Saintes; Ursin, à Bourges; Altin, à Orléans; Lucien, à Beauvais; Lin, à Besançon; Clément, à Metz; Memmie, à Châlons-sur-Marne; Sixte, à Rheims; Sinice, à Soissons; Front, à Périgueux; George, dans le Velay; Saintain, à Meaux et à Verdun; Exupère, à Bayeux; Rieule, à Senlis; Taurin, à Evreux; et enfin, saint Julien, au Mans (2). Ce nombre n'a rien qui nous effraie; car celui des apôtres de l'Italie, de la Grèce et de l'Asie-Mineure n'était pas moindre à cette même époque; et si les églises de la Gaule n'eussent été fondées qu'à la fin du troisième siècle et même dans le quatrième, saint Irenée ne les aurait pas

---

(1) Act. Sanct. vit. S. Deicolœ, T. II. Jan.
(2) Hist. de l'Egl. Gal. T. I.

représentées comme florissantes à son époque et comme existant depuis longues années. Saint Cyprien n'aurait pas supposé la même chose, et écrit en 252 contre l'archevêque d'Arles, Marcien, si saint Trophime n'avait évangélisé cette ville qu'en cette même année. En un mot, il faudrait dévorer des absurdités sans nombre, et révoquer en doute l'authenticité des monuments les plus sacrés pour soutenir plus longtemps une opinion contraire.

Viendra-t-on objecter que les documents précis sur l'époque exacte où ces ouvriers évangéliques commencèrent à prêcher se fait désirer; et que des lacunes existent dans les listes conservées sur ceux qui se succédèrent dans l'épiscopat? Mais ce sont là de nouvelles preuves en faveur de l'opinion précitée. Les actes des martyrs étaient recueillis avec soin dès les premiers temps; S. Fabien établit même à Rome sept sous-diacres pour surveiller les notaires qui les consignaient dans des actes précieux (1); les églises se les communiquaient, comme celles de la Celtique l'observèrent à l'égard des églises d'Orient (2); cependant, on ne voit pas que les auteurs de ces pièces si touchantes, si poétiques, se soient appliqués à préciser exactement l'époque de la plupart des faits qu'ils racontent, dans un temps où la science chronologique était si peu cultivée. Si des lacunes se trouvent à la liste des évêques, c'est que l'on inscrivait au canon les noms seulement de ceux qui s'étaient distingués par leur vie sainte; c'est que l'histoire nous montre le christianisme cédant pour quelque temps dans les Gaules aux efforts de l'impiété et de la barbarie,

---

(1) Act. Sanct. Jan. Vit. S. Fab..
(2) Hist. Eccl. T. I. 1. 3.

après les heureux succès de la première prédication ; car les insurrections, les persécutions et l'invasion des hordes septentrionales se réunirent à la fois et pendant de longs siècles : et lorsque tous les ouvrages de nos historiens avant S. Grégoire de Tours ont péri, et qu'un voile ténébreux enveloppe l'état de la Gaule pendant les premiers siècles de notre ère, comment s'étonner si notre histoire ecclésiastique présente ces lacunes qui se rencontrent également dans celle des autres contrées, évangélisées assurément dès le commencement.

Ainsi donc, nous pouvons répéter avec l'ancien auteur de la vie de saint Valère de Trèves (1) : « Lorsque le bienheureux saint Pierre, apôtre, eut fondé solidement sur la roche, par une première confession l'église d'Antioche, et illustré par ses prédications le Pont, la Galatie, la Cappadoce, l'Asie et la Bithynie, par une disposition providentielle, il entra à Rome au commencement du règne de Claude-César ; il prêcha l'évangile avec l'ardeur et la fermeté les plus constantes, confirma ses paroles par les plus éclatants miracles, et gouverna pendant vingt-cinq années avec un courage invincible l'église de Rome. Après y avoir planté solidement la foi et l'avoir répandue de toutes parts dans l'Italie, averti enfin par l'Esprit-saint, il se mit en devoir de faire porter en Gaule et en Allemagne la parole du salut. »

Lyon, la ville favorite des empereurs, capitale de la Celtique, Lyon, si voisine de l'Italie et de Genève, convertie dès les premiers temps (2), ne dut pas être oubliée par les illustres apôtres des bords du Rhône, et lorsqu'à Smyrne

---

(1) Act. Sanct. Jan. Vit. S. Valer. Trevir.
(2) Ital. Sacr. Ughel.

l'école ecclésiastique de saint Polycarpe brillait d'un vif éclat, elle mérita d'obtenir pour évêque le vénérable saint Pothin, l'homme du désir, auquel succéda le docte saint Irenée, l'homme de la paix. Une partie de la province Lyonnaise fut évangélisée avec un grand soin dans le même temps par les disciples du même maître qui accompagnèrent ces deux grands évêques et tous scellèrent par leur sang cette foi qu'ils avaient prêchée avec tant d'ardeur. « Nous sommes venus du levant, disait saint Bénigne à son juge, moi et mes frères que tu as mis à mort, envoyés par saint Polycarpe, pour annoncer aux nations la parole de Dieu, que rien ne peut corrompre, et le nom du Christ; afin que la lumière qui illumine tous les hommes, c'est-à-dire, le Christ envoyé du ciel, se manifeste à tous (1). » Non seulement les pays voisins de Lyon, de Langres, d'Autun et de Viviers ressentirent les effets du zèle brûlant de ces ouvriers évangéliques; mais aussi, comme on le pense, les lieux voisins d'Antibes, de Fréjus et de Toulon (2). Eusèbe nous fait une admirable peinture de l'ardeur infatigable qui animait les premiers prédicateurs; ayant à peine reçu le précieux don de la foi, ils s'expatriaient en foule pour la porter dans les contrées lointaines. Les illustres disciples de saint Polycarpe l'établirent solidement dans les cœurs, la défendirent avec un grand courage contre les hérétiques, la scellèrent de leurs sueurs et de leur sang; emmenèrent dans leur glorieux triomphe plusieurs de leurs fervents prosélytes, et en laissèrent un grand nombre qui se distinguèrent autant par leur science

---

(1) Act. Sanct. Jan. Vit. S. Valer Trevir.
(2) Ibid. V. S. Polyc.

profonde que par leur éminente vertu. Dans les contrées qu'ils ont parcourues, on trouve souvent encore des monuments de leur époque, tout empreints de cet étonnant mysticisme qui convenait aux disciples du sublime exilé de Pathmos, avec une liturgie qui trahit jusqu'à ces derniers temps son caractère oriental.

On le sait, dès qu'un prédicateur était parvenu à grouper autour de lui quelques croyans dans une ville, il imposait les mains à ceux que les fidèles avaient choisis : il ordonnait des prêtres, destinés à la prédication et à la célébration des mystères ; des diacres, occupés à la distribution des aumônes et au service de l'autel ; et chaque église avait une école où l'on enseignait les élémens de la religion aux cathéchumènes, l'écriture-sainte et une théologie plus élevée aux clercs qui aspiraient au sacerdoce. Quand on voit des hommes comme saint Hippolyte sortir de l'école de Lyon, on peut bien penser que son influence agit sur toute la Lyonnaise, et que si l'évangile n'y avait pas été répandu, cette province n'aurait pas attendu un siècle encore pour ouvrir les yeux à la lumière de la foi.

CHAPITRE III.

MISSION DE SAINT JULIEN.

En quel temps et par qui saint Julien fut envoyé au Mans? Telles sont les deux premières questions que nous nous proposons dans ce chapitre; mille fois heureux, si nous pouvons les résoudre selon la vérité, et l'agrément de nos lecteurs.

Lethald, qui écrivait avec soin la vie de saint Julien, vers le commencement du onzième siècle, déclare que d'après les anciens *gestes* de ce saint, il vint au même temps que saint Denis (1) : or, d'après les savantes dissertations des Bénédictins et des Bollandistes, nous nous faisons un devoir de croire, avec la mère de toutes les églises, que cet illustre martyr n'est pas différent du savant Aréopagite, converti par saint Paul, et qu'il a fondé par son sang cette glorieuse prééminence qui distingue entre toutes les villes l'Athènes de la France. Tous les monuments antérieurs à ce même Léthald, un grand nombre de martyrologes imprimés ou manuscrits, le martyrologe romain, et une foule de pièces postérieures au siècle où cet auteur a vécu, s'accordent à placer la mission de saint Julien vers la fin du premier siècle : aussi comme les auteurs du Gallia-

(1) Act. Sanct. Jan. Vit. S. Jul. Cenom.

Christ., avec le savant D. Bouquet l'observent, il fut le premier à soutenir avec chaleur l'opinion attribuée à saint Grégoire de Tours ; il leva le premier l'étendard, au mépris de l'autorité de la tradition conservée jusqu'à son époque. Au reste, voici comme il s'en explique lui-même dans sa lettre dédicatoire : « Quant au temps où florissait ce grand saint, j'ai cru le trouver dans un livre de Grégoire de Tours; mais je ne me suis fondé que sur une simple conjecture (1). » Maintenant, il nous semble qu'il faut autre chose que cette simple conjecture pour détruire l'autorité de tous les siècles jusqu'à nos jours ; car il n'est pour ainsi dire aucun siècle depuis saint Julien où l'on ne trouve des assertions irréfragables et contraires à cette opinion téméraire. Le savant D. Ruinart a démontré d'ailleurs qu'il y avait eu méprise (2), et qu'après tout, l'illustre et premier historiographe des Francs, s'appuyait lui-même seulement sur une simple conjecture, fondée sur un passage de la légende de saint Saturnin. Puis enfin, l'auteur de ces derniers actes invoquait le souvenir de ses contemporains (3).

Or, voici à quoi se réduisent tous ces raisonnements : « Parmi ceux qui ont écrit, dit saint Grégoire de Tours, sur la vie de saint Saturnin, les uns ont avancé qu'il avait été envoyé à Toulouse par les disciples des apôtres (4), par saint Clément ; et d'autres qu'il était venu sous le con-

---

(1) Act. Sanct. Jan. Vit. S. Jul. *append.*
(2) S. Greg. Tur. oper. Hist. eccl. lib. I. c. 28. *nota.*
(3) *Ibid.*
(4) Saturninus verò martyr, ut fertur, ab Apostolorum discipulis ordinatus, in urbem Tolosatium est directus.

— 32 —

sulat de Dèce et de Gratus, c'est-à-dire l'an 250 (1). Je présume que saint Gratien fût envoyé à cette même époque. Au reste, voilà sept évêques qui vinrent d'abord (2) :... » Lethald continue : « Quelques auteurs de la vie de saint Saturnin ont pensé que l'on pouvait rapporter à l'an 250 la mission de ce saint ; Grégoire de Tours présume que celle de saint Gatien eut lieu à la même époque; j'imagine à mon tour que saint Julien vint au même temps. » Des jansénistes ajoutent au siècle dernier : « Il fut envoyé de Tours par saint Gatien, qui l'avait instruit soigneusement dans les sciences ecclésiastiques. »

Nous osons croire, à notre tour également, que de tels raisonnements ne trouveront plus grâce devant le tribunal de la science et de la foi chrétienne, si éclairé dans nos jours; que l'église de Toulouse aimera encore à proclamer que saint Saturnin fut ordonné par les disciples des apôtres ; celle de Tours, que saint Gatien fut envoyé par saint Clément, comme elle en a toujours gravé le souvenir dans ses diptyques (3) ; et celle du Mans, que saint Julien reçut des mêmes mains et au même temps sa mission, comme la plupart des monuments historiques s'accordent à le prouver (4). Ne vaudrait-il pas mieux avouer notre ignorance sur le moment précis où l'évangile nous fut apporté par ces

---

(1) Hist. Eccl. lib. I. c. 28.
(2) Ibid.
(3) Eccl. Turon. auct. Maan. *Præf.*
(4) Voir les différ. M. S. de la biblioth. du Mans, n°s 11, 214, 97, 98, 245, etc. le martyr. rom., — Vinc. de Beauv., — Pierre de Noëls, — S. Antonin, — Guill. Durand, — les chron. de Lim. et d'Auxerre, — les anc. Brév., etc.

illustres évêques, que de prétendre, au 6.ᵉ siècle, le fixer à l'an 250, lorsque vers le milieu du 5.ᵉ, le souverain Pontife et les évêques de trois provinces de la Gaule déclarent que « saint Trophime, ordonné par saint Paul, fut envoyé par le saint Siège à Arles, d'où la foi se répandit comme par torrens dans toute la Gaule, » et lorsque tous les monuments historiques s'accordent à le prouver. Il nous semble que de pareilles suppositions ne pourront jamais former une démonstration véritable : ce qui est certain, c'est qu'avant saint Grégoire on était partagé déjà sur l'époque précise de la mission de saint Saturnin ; c'est que dans ses actes il n'est nullement question de saint Gatien, et que saint Grégoire n'a pas dit le plus petit mot sur saint Julien du Mans. Nous serions donc porté bien plutôt à croire que l'arrivée de ces dignes ouvriers évangéliques datait des deux premiers siècles de notre ère, puisqu'avant le sixième, le souvenir en paraissait déjà environné des ténèbres d'une grande antiquité.

L'église du Mans possède d'anciens actes sur ses évêques, publiés au T. III des *Analecta*, par le docte et pieux Mabillon, qui en reconnaît la première partie comme ayant été composée sur de très-anciens documents avant le neuvième siècle (1). En effet, Severus, fils de Carus, auteur de la vie de saint Thuribe, prétend, sur le manuscrit de la reine de Suède, avoir vu, entendu et appris de personnes très-sûres, la plupart des faits qu'il raconte (2). L'auteur de la vie de saint Pavace assure qu'il l'a écrite au temps et par

---

(1) Pag. 399-394.
(2) Act. Sanct. apr. vit. S. Thur.

l'ordre de saint Liboire, vers la fin du quatrième siècle (1). Celui qui a écrit celle de saint Principe, assure qu'il tient plusieurs actions mémorables de la bouche même de ses disciples, etc. (2). Les actes que nous possédons en supposent également d'autres anciens et très-détaillés, qu'ils ne font qu'abréger; Lethald les a tous consultés et en donne une partie plus considérable (3). Au reste, on y lit ces mots: « Gestes de saint Julien, premier évêque du Mans, qui vécut sous les empereurs Dèce, Nerva et Trajan, pendant le règne desquels l'apôtre et évangéliste saint Jean écrivit l'évangile et l'apocalypse (4). » Si l'on consent à admettre cette date, il faudra dire que notre saint mourut vers la fin du règne de Trajan, l'an 117, ayant reçu sa mission vers l'an 70 (5), et qu'il fut contemporain des apôtres S. Pierre, S. Paul et S. Jean, lequel mourut peu de temps avant S. Clément; contemporain de S. Ignace, de S. Polycarpe et du glorieux évêque de Lyon, S. Pothin: ce qui n'a rien que de très-vraisemblable d'après ce que nous avons exposé précédemment. Quant au nom de Dèce, il paraît évidemment mis par erreur pour celui de Domitien, comme plusieurs manuscrits, la *Légende dorée* de Jean Moreau entr'autres, l'ont écrit. Ce dernier empereur monta sur le trône à la place de Titus, son frère, le 13 septembre, l'an 81, et ce fut sous la fin de son règne que S. Jean, après son martyre, fut relégué dans l'île de Pathmos, où il écrivit son apocalypse.

---

(1) Act. Sanct. Jul. vit. S. Pavac.
(2) Vet. Annal. Mabill. T. III. — Act. Sanct. Jan. vit. S. Jul.
(3) Ibidem.
(4) Vet. Anal. T. III.
(5) Voir les manuscrits précités.

Domitien laissa les rênes de l'empire à Nerva le 17 septembre, l'an 96, et ce prince accorda la liberté aux exilés. Le saint vieillard revint à Ephèse, écrivit son évangile étant âgé de plus de 90 ans, et mourut dans la même ville sous Trajan, dans l'année 99.° de J.-C. (1). Il est facile de présumer que S. Julien, né l'an 21, choisi et ordonné au nombre des soixante-dix disciples du second ordre par S. Pierre, avant l'an 68, sacré évêque et envoyé dans les Gaules par saint Clément, son successeur, vers l'an 70, comme les épitres de notre saint, beaucoup d'anciens auteurs et la plupart des anciens manuscrits l'assurent ; il est dis-je facile de présumer qu'il vécut plusieurs années encore après saint Jean ; car on sait qu'il mourut dans un âge très-avancé, étant aussi, comme il paraît, plus que nonagénaire. Nous croyons donc pouvoir rejeter l'opinion de Lethald, appuyée sur une fausse conjecture, pour embrasser celle qui paraît seule conforme à l'histoire, aux monuments les plus anciens et les plus nombreux, et à la saine raison.

Or, on sait quel a été depuis le commencement jusqu'à nos jours l'usage constant de la mère de toutes les Eglises lorsqu'elle confère une mission semblable ; et quand les actes et les épitres des apôtres ne le diraient pas, l'illustre saint Clément, lui-même le déclarerait : « Les apôtres prêchant dans les pays et dans les villes, ont établi les prémices d'entr'eux, après les avoir éprouvés par le Saint-Esprit, pour évêques et pour diacres de ceux qui devaient croire.

---

(1) Hist. Eccl. T. I. l. 2.
(2) Voir à la bibliothèque du Mans les M. S. N⁰ˢ 214, 97, 98, etc.
(3) Idem. M. S. N° 245, Leg. aur. fol. 151.

Et ce n'a pas été une nouveauté. Il y avait longtemps que l'Ecriture parlait d'évêques et de diacres. Nos apôtres, éclairés par N. S. J.-C. ont connu parfaitement qu'il y aurait de la contention pour le nom de l'épiscopat, c'est pourquoi ils ont établi ceux que nous avons dit, et ont donné ordre qu'après leur mort, d'autres hommes éprouvés succèdent à leur ministère. Ceux donc qui ont été établis par eux, ou ensuite par d'autres hommes excellents, du consentement de toute l'église, et qui ont servi sans reproche le troupeau de J.-C., humblement, paisiblement et sans bassesse, à qui tous ont rendu bon témoignage pendant longtemps, nous ne croyons pas juste de les rejetter du ministère. » (1) On voit par là comment on suivait le précepte tracé par saint Paul dans sa 1.re Ep. à Thim. ch. III, pour l'institution des évêques qui étaient longuement éprouvés, reconnus comme les prémices du sacerdoce et approuvés, pour ainsi-dire, par tous leurs confrères, dont ils recevaient les lettres de communion. On voit, en outre, que le même soin était pris pour leur donner des diacres dignes de les seconder dans toutes les fonctions de leur important ministère, et pour nous en faire une idée véritable, il suffirait de rappeler ici les noms de saint Etienne, de saint Laurent et de l'illustre martyre de Sarragosse, saint Vincent. L'histoire nous apprend donc que les apôtres ont envoyé un très-grand nombre d'évêques accompagnés d'un diacre et souvent de quelques autres disciples, à qui l'église rendait un excellent témoignage, pour annoncer l'évangile dans les contrées lointaines et y fonder de nouvelles

---

(1) Hist. Eccl. T. I, p. 215.

sociétés chrétiennes (1). Nous trouvons encore que, pour insigne de l'épiscopat, on leur remettait dès lors le bâton pastoral (2), bâton qui a été pendant si longtemps précieusement conservé dans plusieurs anciennes églises (3), et que très-souvent ces hardis missionnaires, après l'heureux succès de leurs prédications, retournaient visiter le tombeau des apôtres et saint Pierre, toujours vivant sur son siège (4). Nous savons également, d'une manière certaine, que les premières églises furent établies dans la maison de quelque riche néophyte (5) et dans les cimetières, sous la forme de dômes (6). Elles eurent pour type le cénacle où les apôtres reçurent l'Esprit-Saint (7), et « dès l'origine, l'architecture chrétienne, ainsi que tout ce qui se rattacha au culte, eut des formes traditionnelles et symboliques, qui n'étaient bien connues que des initiés. Art spiritualiste, qui prit en Orient son origine, art de mosaïques, de marbres, raide et grandiose dans les sculptures, inépuisable en ornements, rehaussés d'or et de peintures éclatantes, pures et chastes dans leurs lignes. Le plus souvent l'autel en pierre était porté sur quatre colonnes et élevé sur la tombe d'un martyr. Auprès de l'église, étaient des logements nombreux, ou diaconies, destinés aux prêtres et aux pénitens. Une

---

(1) Ital. Sacr. Ughel. *passim*. — Hist. eccl. T. I.
(2) Discipl. de l'Egl. T. I.
(3) Act. Sanct. Jan. vit. S. Val. Trev.
(4) Ital. Sacr. — Hist. eccl.
(5) Act. des Apôt. — Epitr. de S. Paul. — Hist. Fr. Greg. Turon. I-29. — Hist. eccl. T. I.
(6) Aringhi, T. II.
(7) Binterim... T. IV.

cour, entourée de portiques pour les cathéchumènes, contenait au milieu la piscine, le bain mystérieux de l'Ichthys divin, le bain froid des maisons romaines (1). »

On aurait donc tort de s'étonner en voyant l'ancien auteur des actes de saint Julien avancer que ce glorieux apôtre du Maine, après avoir été instruit dès son enfance dans les sciences sacrées et imbu de la doctrine des apôtres, fût envoyé comme évêque, accompagné de son prêtre et de son diacre, de la même manière que saint Denis vint avec saint Rustique et saint Eleuthère (2); qu'il portait en arrivant son bâton pastoral, avec lequel il opéra un prodige; qu'il convertit en église la maison du premier de la ville, et en construisit une autre dans le cimetière des chrétiens, où il choisit son tombeau; qu'il retourna à Rome, et laissa son siège à ses deux collaborateurs, qui l'occupèrent successivement. En un mot, il nous semble qu'il faut être de mauvaise foi, ou ignorer entièrement l'histoire de la religion chrétienne à son origine, pour refuser d'admettre les différentes circonstances rapportées dans les actes dont nous parlons. Saint Julien était très-certainement décoré du titre d'évêque, puisque l'on ne pouvait envoyer un simple prêtre fonder de nouvelles églises; puisque généralement nos premiers apôtres dans les gaules avaient le même titre, et que tous les monuments s'accordent pour le lui décerner. Si les *Actes* ne le disaient pas, son nom seul et la mission qu'il reçut du saint Siége porteraient à le croire citoyen de Rome, en même temps que sa haute dignité nous fait ad-

---

(1) Univ. Cath. T. XII. — Ichthys, nom symb. de N. S. J. C.
(2) Vet. Anal. Mab. T. III.

mettre facilement sa naissance de parens illustres (1). Ils n'étaient pas rares, à cette époque, les évêques sortis d'un rang distingué et devenus les dignes émules du grand Aréopagite, qui répandit dans le midi et le centre de la Gaule cet admirable mysticisme, si bien développé ensuite par les célèbres disciples de l'école de Smyrne. Pour ce qui est de son âge, il a pu suivre dans son enfance les instructions des Apôtres, recevoir sa mission vers l'an 70, et exercer son apostolat pendant une quarantaine d'années; car on assure qu'il mourut dans un âge très-avancé, et l'on connaît parmi ses contemporains plusieurs qui furent envoyés évêques à la fleur de l'âge comme saint Martial, et qui exercèrent pendant près d'un siècle leurs fonctions sacrées. Les saints apôtres Pierre et Paul consacrèrent par leur sang le chef-lieu de la chrétienté, le 29 juin de l'an 67 (2); il est vraisemblable que saint Lin, leur successeur (3), fut remplacé peu de temps après par saint Clément, dont la mort n'arriva qu'en l'année centième de J.-C. (4). Ce qui semble expliquer très-clairement comment saint Julien reçut sa mission de saint Clément, vers l'an 70, et retourna plusieurs anné́s après pour revoir son illustre maître, et lui exposer les heureux fruits de son apostolat.

Si l'on nous rapporte qu'il fonda deux églises, l'une en l'honneur de la très-sainte Vierge; l'autre en l'honneur de

---

(1) D'après le témoignage de Suétone, on donnait le nom de Juliani aux vétérans qui avaient aidé Jules César dans ses glorieuses conquêtes, et soumis les premiers nos provinces à la puissance romaine.

(2) Hist. Eccl. T. I, l. 2. p. 191.

(3) Ibid. p. 260.

(4) Ibid. p. 259.

ses glorieux patrons, saint Pierre et saint Paul, nous ne nous en étonnerons point ; car nous lisons la même chose des apôtres de l'Italie (1). Nous savons que généralement les premières églises étaient placées sous l'invocation de saint Pierre et saint Paul, et nous voyons un des successeurs de saint Julien, saint Bertrand, dédier en l'honneur de saint Germain, son maître, une église qu'il venait de construire (2). Il est même parlé de statues en bronze dressées dans ces églises par des disciples de saint Pierre à leur puissant et illustre patron (3) ; et, selon l'usage de l'église de Rome, l'autel était dressé sur la tombe, ou sur les reliques de quelque martyr (4). En lisant les actes des Apôtres et ceux de ces premiers martyrs, il est facile de s'assurer qu'aux premiers siècles, les fidèles vendaient leurs biens et en déposaient le prix aux pieds des apôtres qui constituaient alors ces communes ou communautés, prenant le nom d'églises; qu'un grand nombre de dons étaient faits pour le soulagement des pauvres et les frais du culte religieux dans l'église principale surtout; que des fidèles de l'un et de l'autre sexe se dévouaient au service des saints autels, et menaient, dans des logements voisins de la cathédrale, une vie qu'on pourrait appeler monastique; que les clers apprirent de bonne heure le chant des psaumes, les solennités du culte et l'ornementation des églises (5), qui

---

(1) Ital. Sacra. Ughel. T. I. p. 5-166-841. — T. V. p. 394, etc.
(2) Vet. Anal. Mabill. T. III.
(3) Ughel. T. I.
(4) S. Ambros. epist. 22. n° 1.
(5) Greg. Tur. de Glor. mart. I, 49. — De Glor. conf. 80, Hist. Eccles. Fr. 1-19.

étaient assez souvent d'une grandeur prodigieuse, comme celle où furent déposés les corps des martyrs de Lyon (2). Enfin, que l'on prenait aussi un soin tout particulier du cimetière choisi pour les chrétiens (3).

Une grande partie de nos basiliques les plus anciennes et les plus vénérables sont celles qui s'élevèrent au milieu de ces précieux polyandres, et chaque jour leur crypte, hélas! maintenant trop abandonnée, dévoile à nos yeux ses profondeurs mystérieuses, ses magnifiques tombeaux et leurs inscriptions sublimes (4). C'était là cependant que nos grands hommes autrefois venaient méditer, comme aux catacombes de Rome Tertullien, saint Grégoire-le-Grand, saint Augustin, saint Jérôme, etc., et c'est là qu'ils désiraient ardemment d'avoir leur sépulture (5).

Pour ce qui est des miracles opérés par saint Julien, il est certain qu'il dut en faire; car il faudra toujours admettre celui d'avoir converti toute une province à la foi nouvelle, et ce prodige en suppose d'autres nécessairement. Qu'il ait obtenu le premier par le moyen de son bâton pastoral, c'est encore ce que la foi admettra sans peine, puisqu'il était le symbole précieux du grand pouvoir que saint Clément lui avait conféré, d'après les ordres antérieurs de saint Pierre lui-même (5), et que plusieurs autres évêques ses contemporains opérèrent aussi des prodiges de la même manière, selon que leurs actes nous le rapportent (6). Qu'il ait, comme

---

(2) *Miræ magnitudinis*, ibidem.
(3) V. Aringhi, Buonarotti, Boldetti, etc.
(4) Bullet. monum. — Annal. de Philos. chrét.
(5) Vet. anal. T. III. test. de S. Had., etc., etc.
(5) Act. Var. episc. Cenom. M. S.
(6) Act. Sanct. vit. S. Mansuet. — Vit. S. Valer. Trev., etc., etc.

un nouveau Moïse, fait sortir en abondance l'eau du rocher, c'est ce qu'on ne pourrait nier en présence de tous les monuments historiques les plus anciens, de la tradition immémoriale et de cette source merveilleuse, image bien touchante de cette foi sacrée qui allait de-là se répandre par torrents dans ce vaste diocèse, un des plus beaux de la chrétienté. Depuis le même instant, le ruisseau d'eau vive n'a cessé de couler de la pierre; et la foi avec l'autorité émanée de la pierre, posée par J.-C. pour fondement à son Eglise, n'ont cessé de se répandre de ce même centre, consacré pour la première fois par ce miracle. Ne voyons-nous pas dans la même province un prodige semblable s'opérer par la puissance de plusieurs autres saints, de saint Thuribe, successeur de saint Julien, de saint Céneré, etc. ?

Les autres miracles de saint Julien ne nous sembleront pas moins admissibles; car le souvenir en est resté profondément gravé dans le cœur des populations, où l'on rapporte qu'ils se sont opérés. On se plait encore à raconter les différentes particularités qui accompagnèrent son arrivée dans ces lieux; les contradictions, les persécutions qu'il y éprouva de la part de plusieurs personnes, dont on désigne les descendants; les localités même où il s'arrêta momentanément, etc. Et de plus, dans ces mêmes lieux des monuments se sont élevés de bonne heure pour en conserver la mémoire.

On regardera donc comme avérés les faits produits dans nos différents manuscrits, copiés sur d'autres très-anciens. Celui qui a écrit la vie de saint Béraire, par exemple, ne peut rendre compte de deux pièces authentiques, parce que leur longue vétusté l'empêche de les lire (1). L'auteur

---

(1) Vet. Anal. T. III. — Act. Sanct. Jan. vit. S. Jul.

des *gestes* de saint Aldric écrit, l'an 857, que les restes de saint Julien n'ont été transportés à la cathédrale par cet illustre évêque, que parce qu'on ne pouvait plus entretenir les lampes à son tombeau, et y célébrer d'une manière convenable l'office divin; il assure, en outre, que ces restes précieux y étaient déposés depuis plus de 600 ans (1). Dans les siècles qui ont précédé saint Aldric, on voit des pièces très-authentiques, comme le testament de saint Bertrand, qui dit positivement qu'en son temps, au vi.^{e} siècle, la vénérable basilique du Pré contenait ce dépôt sacré, et qui abandonne en sa faveur plusieurs *villæ*, pour l'entretien du *luminaire* et pour les autres frais du culte, selon que, dès les premiers temps, on le pratiquait (2). C'est pour celà que nous ne pouvons concevoir les assertions mensongères exposées sans aucunes preuves et sans fondement dans un ouvrage moderne, intitulé *Dict. Stat.* etc. *de la Sarthe*, au sujet de la mission de saint Julien.

Nous ne pouvons maintenant omettre de rapporter ici le sentiment adopté par un assez grand nombre d'anciens auteurs, tels que Vinc. de Beauvais (3), Pierre de Noëls (4), ceux qui ont composé les anciens bréviaires d'Orléans (5) et de Paris (6), les chroniques de Limoges et d'Auxerre, J. de Voragine, arch. de Gênes, dans sa légende dorée, dont

---

(1) Miscell. T. I. — Gest. S. Aldr. — Manuscrits précités.
(2) Vet. Anal. T. III. — Act. Sanct. Vit. S. Bertr. et S. Had.
(3) Spec. Hist. L. IX. Chap. 113.
(4) L. III. Ch. 35.
(5) 27 Jan.
(6) 28 Jan.

nous possédons un' exemplaire du XIIIe siècle (1), saint Antonin (2), Guill. Durand (3) et plusieurs autres, qui prétendent, appuyés nous. ne savons sur quels titres, que saint Julien du Mans est le même que Simon le lépreux, dont il est parlé dans l'Evangile. Leur autorité, toute respectable qu'elle est par son ancienneté et par son poids, ne nous semble pas admissible en présence des monuments plus nombreux et plus anciens encore, qui nous montrent saint Julien naissant à Rome, recevant l'instruction des Apôtres dès son enfance et destiné par eux aux fonctions de l'apostolat.

Nous ne pouvons préciser peut-être l'époque de sa mission, puisqu'au rapport de saint Epiphanes et de Tertullien, saint Clément était évêque à Rome dès le vivant de saint Pierre, et qu'il adressa sa lettre aux Corinthiens avant l'an 70; mais nous croyons devoir embrasser préférablement l'opinion que nous avons émise et appuyée précédemment. Nous ne méprisons pas néanmoins cette dernière ; nous souhaitons, au contraire, que d'autres après nous plus heureux et plus intelligents y donnent quelque fondement solide.

Nous pouvons remarquer ici que saint Irenée, Eusèbe, saint Epiphanes, saint Optat, saint Augustin, le catalogue libérien, les Constit. Apost., Rufin, etc., n'ayant pu s'accorder pour nous transmettre la liste de succession des papes et le temps de leur pontificat, il n'est pas surprenant que l'histoire de nos évêques présente des difficultés à son ori-

---

(1) Bibl. du Mans, N° 2.
(2) L. VI. Ch. 25.
(3) L. VII.

gine. Nous nous estimerons heureux si dans ce chapitre nous avons réussi à en vaincre quelques unes. Dans le suivant, nous allons donner la vie de notre glorieux Saint, d'après nos documents historiques, les plus anciens et les plus dignes de foi. Pour ce qui est de ses miracles, nous suivons le plus souvent Lethald, qui n'en avait admis que très-peu et après les avoir soumis, comme il le dit expressément dans sa lettre dédicatoire à l'évêque Avesgaud, à la critique la plus sérieuse (1). Après tout, nous nous sommes fait un devoir de traduire le plus littéralement possible, au préjudice même de l'élégance du style, afin de conserver avec plus d'intégrité ces monuments si précieux pour notre histoire, et afin que chacun puisse les juger à son gré. Enfin, nous résumons ce chapitre :

On ne peut guère préciser avec une justesse rigoureuse l'époque de la mission de saint Julien : d'après ses épitres, il naquit la 7.e année de l'empire de Claude Tibère ; il avait 12 ans la 4.e année de la 202.e olympiade, la 35.e de l'ère chrétienne ; il suivit les instructions des apôtres saint Pierre et saint Paul depuis l'âge de 20 ans, ou un peu plus, jusqu'à celui d'environ 45. Tous nos manuscrits anciens s'accordent généralement pour placer sa mission après l'an 67, après la mort de saint Pierre, et pour lui marquer 47 ans d'épiscopat, que plusieurs font commencer le 17 novembre, l'an 70, et finir le 27 janvier de l'année 117.

---

(1) Act. Sanct. Jan. vit. S. Julian. *Vid. Supplem.*

CHAPITRE III.

VIE DE SAINT JULIEN.

Ici (1) *commencent les gestes de saint Julien, premier évêque de la ville du Mans, qui vécut au temps des empereurs Domitien, Nerva et Trajan, sous lesquels également saint Jean, apôtre et évangéliste, écrivit l'apocalypse et son évangile.*

Le premier évêque de la ville du Mans fut saint Julien, sorti d'une famille de nobles Romains; dès l'enfance, instruit sagement dans les saintes lettres; ordonné par les apôtres au nombre des soixante-dix disciples qu'ils choisirent pour aller prêcher l'évangile aux nations; formé dans la suite avec le soin le plus éclairé aux fonctions du ministère pastoral par saint Clément, pape de Rome, successeur de l'apôtre saint Pierre; sacré par lui évêque selon les règles canoniques, et envoyé pour prêcher parmi nous, accompagné de saint Thuribe, prêtre, et de saint Pavace, diacre. Il fut donc, comme nous venons de le dire, un des soixante-dix disciples, et de même que le susdit saint Clément, homme apostolique, envoya pour prêcher, dans ces parties de la Gaule, saint Denis, en lui adjoignant des

---

(1) Traduit de l'anc. M. S. intitulé : *Gesta episc. Cenom.* publié par Mabillon. *Vet. Anal. T. III.*

collaborateurs, connaissant d'ailleurs que les erreurs du paganisme y dominaient avec plus d'empire (ce même saint dans la suite, annonçant la parole de Dieu, fut livré par la perfidie des prêtres des idoles, et reçut auprès de la ville de Paris la couronne du martyre) : ainsi il envoya dans le même temps notre saint Julien dans ces contrées, c'est-à-dire, dans les Gaules, où il apprit que l'erreur de la gentilité exerçait une puissance trop funeste ; afin de la combattre, afin de prêcher la foi en Jésus-Christ, de féconder au sein de ces nations avec sagesse, de dispenser avec un haut savoir les semences de la parole de Dieu.

Lors donc que saint Julien venait au Mans, avant d'entrer dans cette ville, mais à une petite distance cependant (1), il s'était assis plein de chagrin et de tristesse en un endroit où il se mit à réfléchir sur ce qu'il avait à faire, pensant que s'il y entrait ainsi personne ne consentirait à le recevoir, qu'il serait repoussé après avoir été chargé d'affronts, et qu'il n'obtiendrait aucun succès. L'esprit plein de ces pensées et le cœur serré par l'angoisse, il reçut du ciel une consolation si puissante qu'il ne balança plus à remplir le but de la mission qu'il avait entreprise. Bientôt il se lève, enfonce en terre le bâton qu'il tenait à la main, et qu'il avait reçu également de saint Clément dans son ordination, puis tout à coup à cet endroit-même une fontaine d'eau vive venant à soudre, sort de terre ; on l'appela *Centonomius*, à raison de la joie parfaite que le saint mérita de recevoir en ce lieu. Ceux qui habitaient l'intérieur de la ville et le dehors des murs ayant vu le prodige opéré au nom de Jésus-

---

(1) A 300 m. environ de la porte de la ville, vers le S. O.

Christ, et la fontaine d'eau vive couler d'un endroit où personne ne pouvait soupçonner de l'eau, furent tout remplis d'admiration. Se mettant alors à envisager le bienheureux évêque saint Julien, ils le pressèrent de questions pour savoir qui il était, d'où il venait, et à quel dessein? saint Julien, s'empressant aussi pour satisfaire à leurs demandes, leur dit : Je suis l'envoyé du Christ Jésus de Nazareth, qui a pris un corps humain dans le sein de la Vierge Marie, a souffert, a été crucifié et enseveli pour le salut de nous tous; qui est aussi ressuscité le troisième jour, est monté ensuite au ciel, d'où il descendra encore au jour du jugement pour juger tout le genre-humain et rendre à chacun selon ses œuvres.

Or, le peuple de ce pays était idolâtre et n'avait jamais entendu auparavant prêcher ou même nommer le Christ, n'avait jamais vu d'évêque et n'avait aucune connaissance de la religion chrétienne. C'étaient plutôt les idoles qu'il adorait, les démons auxquels il rendait un culte, les montagnes, les arbres et les pierres levées qu'il vénérait. Etant donc attentifs à la prédication de saint Julien, ces hommes sentirent au fond de leur âme un instinct céleste confirmant la vérité de ces paroles, qui paraissaient à leur cœur douces comme le miel : ils écoutaient bien volontiers saint Julien et voulaient, disaient-ils, croire au Christ qu'il prêchait.

Mais cette ville où il avait été envoyé, était gardée avec un grand déploiement de forces à cause du voisinage de

---

(1) En creusant, il y a quelques années pour un puits artésien, dans la direction du même vallon, à quelques hectomètres au delà, on a pu s'assurer que ce terrain manquait de sources d'eau, étant composé d'une argile épaisse.

l'ennemi (1), et personne n'y entrait, ou ne sortait avant d'avoir rendu un compte exact aux gardiens des portes. Cependant, aussitôt qu'on y annonça l'arrivée de saint Julien, évêque venu de Rome, et que le bruit de sa prédication se répandit de toutes parts, des personnes accoururent d'elles-mêmes en grand nombre, et, après avoir non-seulement suivi ses instructions, mais aussi après avoir été témoins des prodiges qu'il opérait au nom du Christ, elles reçurent de lui le baptême au nom du Père, du Fils et du Saint Esprit, et crurent en Jésus-Christ.

Le premier magistrat de la cité en ayant connaissance, le fit venir pour voir les merveilles qu'il faisait et pour entendre celles de sa doctrine. Pendant qu'il se rendait à son invitation, il donna l'usage de la vue à un aveugle aux portes du palais. A cette nouvelle, l'éminent personnage s'avança humblement et tout contrit, pour recevoir avec bonté le saint évêque, et pour faire tout ce qu'il lui indiquerait, selon qu'il en était inspiré de Dieu, comme nous le croyons. Aussitôt donc que ce seigneur, nommé Defensor, vit ce romain vénérable avec les insignes de l'épiscopat, c'est-à-dire saint Julien, il s'inclina devant lui, et après qu'il eût été marqué du signe de la croix, ils s'embrassèrent et se donnèrent un mutuel baiser. Saint Julien lui prêche à l'instant Jésus-Christ; lui raconte les merveilles de la toute-puissance de Dieu; lui persuade d'embrasser, avec tous ceux qui l'entourent, la foi nouvelle, et lui annonce les heureux effets et la récompense qu'ils ont droit d'attendre. Poussés par une inspiration céleste, ils répondent qu'ils sont prêts à le faire.

---

(1) Propter vicinos æmulos.

Alors l'illustre saint ordonne d'apporter de l'eau et de la placer dans un certain vase en pierre, ayant la forme d'un tonneau : il baptisa d'abord le seigneur dont nous parlons, ensuite sa femme nommée Goda, et enfin il mit au rang des chrétiens sa famille entière.

Dès le lendemain, il se présenta un si grand nombre de personnes pour recevoir le baptême, qu'on ne saurait l'évaluer précisément. C'est pourquoi l'évêque saint Julien demanda au magistrat Defensor une maison pour y établir une église, afin que le peuple pût s'y réunir pour recevoir le baptême; pour entendre les instructions, et y remplir les autres préceptes du culte divin. Ce chef puissant souscrivit volontiers à cette demande et, plein de reconnaissance, donna le palais, où il avait coutume de siéger au milieu de ses sénateurs, au saint évêque, qui éleva un autel, le consacra d'une manière solennelle, avec le monument, en l'honneur de la sainte Vierge Marie et de saint Pierre, le prince des Apôtres, et y plaça de leurs reliques.

Pendant la solennité de cette consécration et dédicace du temple, le préfet avec les principaux de sa cité, offrirent en dons à Dieu et au saint, soixante livres (1) d'or très-pur, cent talents d'argent et une innombrable quantité d'habits précieux et d'animaux de différent genre.

Ce même gouverneur fit un discours pour exhorter à venir trouver l'évêque et faire ce qu'il commanderait ; menaçant, en cas de refus, de soumettre les rebelles à la torture. Ce qui était inutile, puisque tout le peuple venait de bon cœur en grande affluence vers saint

---

(1) *Pondera*, marcs ou livres; *voy.* Duc. gloss.

Julien; recevait dans ladite église les instructions sur les vérités de la foi ; puis le baptême, et tous se faisaient chrétiens.

Ainsi l'illustre Defensor dota de son plein gré l'église que saint Julien consacra, en abandonnant de ses biens et de ses richesses, pour que l'on y exerçât les fonctions du culte divin ; il dédia tous ses dons à notre seigneur J.-C. De plus, pour imiter ce qui se pratiquait chez le peuple d'Israël, à l'égard des prêtres et des lévites servant Dieu, il donna d'après le consentement et la stipulation expresse des magistrats, à ladite église de sainte Marie et de saint Pierre, tout ce qui était dans la cité et sous les murs; c'est-à-dire, les rues au-dedans et au-dehors de la ville, les vignes, les champs et les bois qui sont à l'entour. Le tout fut livré dès lors à ladite église de Sainte-Marie et de Saint-Pierre. Ce qui comprenait l'espace entre le côteau situé au-delà de la Sarthe, jusqu'à celui qui est au-delà de l'Huisne. Dans la donation qu'il fit des terres de son patrimoine à cette église, on trouve aussi quelques-unes de ses petites villæ : Chaufour (1), Voivres (2), Challes (3), toutes trois avec leurs dépendances; la forêt située au nord de la ville, sur les bords de la Sarthe, avec les édifices, les saussaies (4) et

---

(1) Calle-marcium ou Calle-marejum, littéralement : (Duc. gloss.) *Marché de la voie;* syn. Calle-forum, Chau-four. Cette voie est connue auprès du Mans sous le nom de Vieille-Estre; Strata vetus, dans les anciens diplômes. Elle conserve la même désignation dans son prolongement à l'est, vers Orléans.

(2) Vode-Brium, Voivres, peu éloigné de Chaufour.

(3) Callisamen, Challes, placé sur une autre voie très-large qui se dirigeait par le camp de Sougé vers Blois et Bourges.

(4) Salnariæ, Saussaies. *Duc. gloss.*

toutes les appartenances ; le Vivier (1), la Halle (2) ? Champagné (3) et le Pont-de-Gennes (4) avec d'autres villages et d'autres terres, dont nous n'insérons point ici les noms pour abréger.

Telles sont les possessions que livrèrent Defensor et tous les magistrats chargés du soin de la cité, à ladite église, pour y faire célébrer l'office divin, et cela pour le repos de leurs âmes. Mais en outre, ce même Defensor avec le consentement, l'encouragement et sous la stipulation expresse de tous les Grands, donna le *vicus* de Jublains (5), celui de Ceaulcé (6), celui de Lavardin (7) et tous les autres bourgs que l'on sait avoir existé autrefois dans la province du Maine, en suppliant saint Julien d'y établir des églises, des prêtres et d'autres ministres, afin que les peuples qui ne pouvaient venir à la ville, à cause de leur grande multitude, pussent s'adresser à eux, être instruits et baptisés, et devenir chrétiens selon les lois établies par l'Église. Saint

---

(1) Viveregium, mis pour Vivarium (Duc. gloss.). *Villa cui vocabulum Vivereus in territorio matris ecclesiæ*, etc., Le Vivier auprès du Mans. S. Bertrand y fonda le monastère de la Couture, Cultura Dei.

(2) Ala, la Halle (Duc. gloss.), Villa auprès du Mans.

(3) Campaniacus, Champagné, Campanii-villa.

(4) Geneda, le Pont-de-Gennes, auprès de Montfort.

(5) *Vicus Diablinticus*, Jublains, forteresse du canton des Diablintes, chef-lieu de la *condita Diablintica*.

(6) *Celsiacus vicus*, au milieu du Passais, où l'on a voulu placer les *Ambibari* ; pays divisé en Passais normand et Passais manceau.

(7) *Labricinis*, quelquefois écrit *vicus Lavarzinensis* ou *Lavar-dinensis*, Lavardin sur le Loir, près de Montoire, capitale du Bas-Vendômois ; chef-lieu de la *condita Labricensis*, qui s'étendait jusqu'à Maison-Celle.

Julien s'empressa de le faire le mieux possible ; il ne cessait ni jour ni nuit de prêcher, de baptiser, de donner l'Esprit saint dans la Confirmation, et de faire tout ce qui concernait le culte divin. Or, le peuple le chérissait comme sa vie propre, voyant que des miracles et des prodiges sans nombre accompagnaient ses œuvres, et dès-lors, la piété chrétienne, la foi éclairée et l'amour pour le service divin croissaient de jour en jour, et se répandaient de toutes parts avec un progrès immense. Tels sont les soins qui occupèrent saint Julien l'espace d'environ sept ans. Voyant tout le peuple, avec le chef en tête, plein d'une ardeur sainte, mais lié cependant par de nombreuses unions entre parents proches, car les hommes prenaient pour épouses leurs parentes, il pria le gouverneur et son peuple de le laisser aller à Rome pour interroger le successeur des Apôtres en cette ville, c'est-à-dire saint Clément, dont il avait été le disciple, sur ce qu'il devait faire à cet égard et pour ce qui regardait leurs autres besoins spirituels. Mais ce même magistrat répondit avec le peuple qu'ils ne le laisseraient aller sans eux dans quelque lieu que ce fût ; car ils l'aimaient, comme nous l'avons dit, autant qu'eux-mêmes. Le bienheureux évêque saint Julien répliqua qu'il ne pouvait négliger en aucune manière une chose de cette importance, comme il le leur avait déjà dit expressément : que s'ils ne voulaient pas consentir à l'y laisser aller autrement, alors que quelques-uns d'entre eux vinssent pour l'accompagner.

Cela se fit, nous n'en doutons point, par une permission divine, afin que ces chrétiens vissent les cérémonies du culte divin entourées d'une plus grande majesté dans l'église de Rome ; afin que cela contribuât à leur avancement spirituel, et qu'ils revinssent dans leur pays plus instruits et plus saints. Ainsi donc ce puissant seigneur avec les nobles de la cité disposèrent tout pour leur départ. Ils conduisirent d'une manière très-distinguée saint Julien jusqu'à Rome ; allèrent prier au tombeau des saints Apôtres et des autres saints, et parvinrent ainsi jusqu'à l'évêque apostolique de cette ville, saint Clément, qui reçut avec des paroles douces et pleines de bonté son fils spirituel, saint Julien, et en même temps tous ceux qui étaient venus avec lui ; il ressentit une grande joie de tout ce qu'il apprit de leur bouche, et de ce qu'il vit. Saint Clément, évêque apostolique de l'Eglise romaine, donna à saint Julien des reliques d'un grand nombre de saints : il l'instruisit sur toutes les questions qu'il avait à lui proposer ; lui permit de retourner à son siége avec les personnes qui l'accompagnaient, et lui recommanda de s'appliquer à perfectionner de plus en plus l'œuvre qu'il avait si bien commencée.

Saint Julien se retira ensuite avec tous ceux qui l'avaient accompagné, après avoir reçu de son maître, saint Clément, pape de Rome, sa bénédiction, son agrément, et avoir pris congé de lui. Il quitta la ville, et protégé par Dieu dans son voyage, il put regagner sain et sauf, avec tout son monde, la ville du Mans. En apportant avec lui les reliques qui lui avaient été données par ledit saint Clément, homme apostolique de Rome, et en déposant dans l'église qu'il avait consacrée à la sainte Vierge et à saint Pierre, ces restes précieux d'un grand nombre de saints, chéris du Seigneur, en vertu de leurs mérites, le Dieu tout-puissant fit paraître des prodiges sans nombre le long de la route et dans la ville : de nombreux aveugles recouvrèrent la vue ; des infirmes, la santé ; les boiteux, l'usage de leurs jambes ; les démons abandonnèrent les corps qu'ils possédaient ; les lépreux furent guéris; les muets parlèrent; il y eut enfin des miracles sans nombre qu'il serait trop long de raconter ici.

Après le retour de Rome, Defensor et tous les Grands qui l'avaient suivi, donnèrent, en l'honneur des reliques précieuses de saints célèbres, dont nous avons parlé, et en faveur de ladite église, dédiée au Mans par saint Julien, des portions de leurs propriétés, qu'ils cédèrent par titres et à la charge d'exercer le culte divin. Or, voici les villæ qu'après le retour de Rome, le gouverneur ou *prince*, accorda en faveur de ladite basilique : Launay (1), Tresson (2), Clefs (3), Couture (4), Vieu-Vic (5), Pruillé, près de la petite rivière nommée la Veuve (6), Coulaines (7), *Caderæ* (8), la Fresnaye (9), *Aloniacum* (10), et beaucoup d'autres : il serait trop long de les énumérer ici. Il consacra donc au Seigneur, et livra dès-lors avec les conditions nécessaires à ladite église et au saint évêque ces *villæ* avec toutes leurs dépendances ; adjurant ceux qui voudraient dans la suite détourner la propriété de ces biens,

---

(1) Alnetum ou Alnidum, Launay (Mayenne). Voy. le dict. d'Expil.

(2) Triciones ou Tritiones, Tressons, *les pressoirs*.

(3) Cledæ ou Clidæ. Lieu situé à peu de distance du Loir (Maine-et-Loire).

(4) *Culturæ*, Coutures, sur la même rivière.

(5) Vetus-Vicus, Vieu-Vic (Mayenne).

(6) Pruillé-l'Eguillé, ou *le trompé par fourberie*. Guile, vieux français: *fourberie*.

(7) Colonica, Coulaines près du bourg de S.-Mars-de-Cré (Sarthe). Un concile y fut rassemblé, au temps de saint Aldric (*Cenomania*).

(8) Caderæ, lieu inconnu.

(9) Fraxinetum ou Fraxinidum, Fresnaye. L'évêque présentait à la cure de la Fresnaye.

(10) Aloniacum, Allonnes ?

d'en rendre compte devant le tribunal de Jésus-Christ au jour de son jugement terrible, et les menaçant de la damnation des impies; plaise à Dieu qu'il n'en soit point ainsi. Les officiers et les Grands du pays qui entouraient le gouverneur donnèrent également de leurs biens et de leurs terres, chacun du mieux qu'il pût, selon ses facultés ; car tous abandonnèrent quelque chose et le livrèrent avec les clauses nécessaires. Nous avons négligé d'en rapporter le détail pour prévenir l'ennui de ceux qui copieront ou liront ceci.

Ainsi donc une grande partie des gens de distinction de cette contrée donnaient à ladite église tout ce qu'ils possédaient ; quelques-uns, en outre, vendaient leurs biens à cause de leur âge avancé, en apportaient le prix au saint en faveur de son église, où ils menaient la vie régulière et mettaient tout en commun, selon le précepte de l'Apôtre.

Le bienheureux saint Julien fonda également des églises dans chaque bourg, y mit des prêtres et fixa un cens annuel à y percevoir en faveur de la cathédrale du Mans, l'église mère, qu'il dédia dès le commencement en l'honneur de la Sainte Vierge et de saint Pierre, et où plus tard il plaça de précieuses reliques de saints, qu'il rapporta solennellement de Rome.

Il fonda, en outre, une église au-delà de la Sarthe, en l'honneur des saints Apôtres, laquelle fut très-bien dotée par les nobles et les principaux de ce pays. Il y plaça un de ses prêtres nommé Zacharie et d'autres ministres des saints autels pour s'y consacrer à Dieu et y célébrer l'office divin ; et il la soumit pour l'avenir à l'église cathédrale. Il établit par un acte en bonne forme et prescrivit audit prêtre ou supérieur qu'à l'avenir, au jour de la Purification, à la

S. Pierre et à l'Assomption de la sainte mère de Dieu, il placerait tous les clercs de la ville et tous les pauvres qui habitaient entre les murs de la dite ville, dans la maison construite à ce dessein auprès de la cathédrale, et qu'aux frais de la dite église des Apôtres, il leur fournirait un repas convenable, en l'honneur de sainte Marie et de saint Pierre. Tel est le cens que saint Julien exigea de cette église, pour chaque année, en faveur de la cathédrale.

Ce même saint évêque fit 27 ordinations au Mans dans la cathédrale ; il y consacra 186 prêtres pour les différents lieux de son diocèse ; 22 diacres, presque autant de sous-diacres, avec 637 acolytes, exorcistes, lecteurs et portiers qu'il plaça au Mans et dans les bourgs précités. Il dédia dans la même province 90 églises en différents endroits ; il y plaça les prêtres dont nous venons de parler, et en exigea un cens pour la cathédrale, afin d'y entretenir les lampes et les cierges.

Il occupa son siège dans ladite ville du Mans, pendant 47 ans, 3 mois et 10 jours ; il mourut tranquillement le 5 des calendes de février, et fut enseveli au-delà de la Sarthe dans l'église où ses disciples avaient préparé le lieu de sa sépulture. Pour ce qui est des innombrables prodiges qui s'opérèrent en son nom, pendant sa vie et après sa mort, nous ne les insérons point ici, parce qu'on les trouve écrits sur un autre titre qui contient également sa vie.

Nous demandons aussi par les prières du même saint Julien, d'être délivrés de tous maux et de jouir éternellement, maintenant et à jamais de toutes sortes de biens. Ainsi soit-il.

Lethald, appuyé sans doute sur de bonnes autorités, puisées dans la lecture des anciens manuscrits, ajoute différents détails que nous allons donner en récapitulant ce qui précède :

Né dans la ville de Rome, de parents illustres, saint Julien avait atteint déjà l'âge de douze ans, lorsqu'il fut témoin de l'éclipse du soleil arrivée à la mort de N. S. J.-C. (1). Saint Pierre étant venu dans cette même ville environ neuf ans après, il suivit ses instructions, étant bien jeune encore, et il fut établi dans la suite par cet illustre apôtre au nombre des soixante-douze disciples du second ordre, destinés à étendre et à continuer l'œuvre entreprise par ceux que le Sauveur choisit lui-même. L'humble successeur de J.-C. avait envoyé dans son patriarchat d'Occident et dans les Gaules en particulier plusieurs de ces derniers, lorsqu'un an après sa mort, saint Clément dirigea dans les mêmes contrées saint Denis l'Aréopagite, avec plusieurs collaborateurs illustres, voyant que les erreurs du paganisme y dominaient encore avec un nouvel empire. La même cause l'engagea quelque temps après à envoyer dans l'antique et célèbre province des Cénomans, au-delà de celle destinée à saint Denys et à ses dignes coopérateurs, saint Julien avec deux compagnons, l'un prêtre, l'autre diacre, pour convertir ce pays plongé dans les ténèbres de l'idolâtrie. Une foi vive, un grand amour pour la justice et une douce éloquence, distinguaient cet ardent apôtre qui vint au Mans sans crainte, fort de la vivacité de sa foi et armé du glaive de l'Esprit saint, pour détruire l'empire de l'erreur et fouler aux pieds les vanités du démon. Il demeura quelque temps dans une petite hôtellerie, à peu de distance d'une des portes principales de la cité, que l'on gardait avec soin à cause du voisinage de l'ennemi. Il ne cessait jour et nuit d'aviser aux moyens d'accomplir sa mission; car la

---

(1) Epit. de S. Jul. — Anc. M. S. — Anc. Brév. du Mans, etc.

nouveauté des doctrines qu'il prêchait était un sujet de scandale pour les uns et de risée pour les autres, et il prévoyait bien qu'il serait accueilli peu favorablement s'il pénétrait dans la ville. Tandis que son cœur était ainsi livré à l'angoisse, il reçut du ciel une vive consolation, et s'armant d'une foi nouvelle, il se lève et frappe le sol de son bâton pastoral, que saint Clément lui avait remis dans son ordination, selon l'usage des premiers temps et comme on le pratique de nos jours. La terre s'entr'ouvre et laisse couler une eau limpide et abondante dans ces lieux où elle est si rare. On s'étonne alors, on s'assemble; on est ravi d'admiration. Le saint continue ses prédications et ses miracles : par le signe de la croix il guérit des maladies de toute sorte. Plusieurs se sentent frappés par la grâce et convertis; ils se rangent au nombre des catéchumènes et reçoivent le baptême à cette source merveilleuse, bienfait si précieux pour la cité. Le bruit de ces conversions et de ces prodiges inouis se répand par les rues et dans les fauxbourgs; le gouverneur lui-même s'étonne et envoie des officiers prier saint Julien de le venir trouver. Un nouveau miracle s'opère à la porte de son palais; la grâce le touche; il brûle du désir d'apprendre la foi nouvelle, et après les instructions nécessaires et les jeûnes accoutumés, il reçoit le baptême avec une foule de personnes de sa famille, de tout sexe, de tout âge et de toute condition, dans une sorte de basilique de son palais, où il assemblait ses conseillers; elle venait d'être convertie en église, dédiée à la sainte mère de Dieu et au glorieux apôtre S. Pierre. Cette première cathédrale, placée à l'angle des murs de la cité, occupait la partie de la nef actuelle avec le bas-côté, situés ves l'occident. Auprès, furent préparées des diaconies pour le logement des clercs, pour celui des réguliers consacrés au service des autels, et des pauvres, dont on prenait le plus grand soin aux premiers siècles de l'Église. « Il ne convient pas, disait notre saint aux personnes riches, que les pauvres, après leur baptême, soient forcés de mendier leur pain de la main des payens et des idolâtres. » Il conservait leurs noms inscrits afin de les pourvoir des choses nécessaires à la vie, et s'intéressant aussi d'une manière particulière au sort des pauvres voyageurs, il avait procuré la fondation de plusieurs hospices, placés aux portes de la ville, pour les recevoir (1). C'est pour cela qu'il est vénéré comme patron des voyageurs, et qu'on l'invoquait à dessein de rencontrer de bonnes hôtelleries (2). Il prit soin également de choisir au-delà de la rivière le champ du repos, ou cimetière des chrétiens; il y jeta les fondements d'une église, que ses successeurs achevèrent, et qui fut consacrée en l'honneur des apôtres saint Pierre et saint Paul. Il se mit à parcourir son vaste diocèse, et à chaque pas éclataient de nouveaux miracles, suivis de conversions nombreuses; souvent aussi des persécutions terribles s'élevaient contre lui, lorsqu'armé du signe de la croix il terrassait les idoles tant vénérées. A la prière des magistrats, il établit dans les *Vici*, ou bourgs considérables, des prêtres et d'autres clercs en assez grand nombre, pour desservir les églises qu'il y fonda. C'est ainsi que, pendant près de sept ans, il n'épargna aucuns soins et aucune peine pour répandre les semences de la foi dans toutes les parties de la vaste province confiée à son zèle pieux. Les vestiges de ses pas sont restés empreints dans le

---

(1) Anc. Brév. du Mans; — anc. M. S.
(2) Ce qui paraît se rapporter plutôt à un autre saint Julien.

souvenir des peuples qu'il a visités et dans le sol même (1) qu'il a foulé; de telle sorte que sa présence est encore après tant de siècles toute pleine d'actualité, pour ainsi dire. Il retourna ensuite dans sa patrie pour rendre compte de sa mission et consulter sur les intérêts spirituels de son peuple, ce qui arriva, comme il paraît, dans la huitième année du règne de l'empereur Vespasien, la dixième et dernière année, selon quelques-uns (2), du pontificat de saint Clément. Notre saint revint bientôt au Mans, où il rapporta des reliques de plusieurs saints célèbres; on sait avec quelle ardeur et quelle vénération l'on recueillait, dès le commencement, ces restes précieux, au mépris même des plus grands dangers. Il passa quarante années encore dans les saintes fonctions de son apostolat, donnant l'exemple des plus belles vertus, consolidant son œuvre par ses institutions, ses prédications et ses ouvrages. Il possédait avec une égale facilité le latin et le grec; il écrivit quelques épîtres, selon l'usage des Apôtres et de leurs disciples, et laissa des traités sur la divinité, les anges, les mystères célestes, et sur le très-auguste sacrement de l'autel. Ces ouvrages étaient écrits dans un style fort relevé, sans doute comme celui de son glorieux contemporain saint Denys, livre que l'Eglise romaine appelle *admirable et tout céleste*; les exemplaires manuscrits ont péri par la main des Calvinistes lors du pillage de la cathédrale du Mans, et il ne nous en reste plus aucuns débris. Affaibli par ses travaux et ses veilles, chargé

---

(1) Auprès de Saint-Julien-en-Champagne et de Neuvy, on montre une pierre sur laquelle on prétend que son pied est marqué.

(2) Lib. pont. Catal. Buch. — Epiph. hær. 27, c. 6. — Eus., Hist. Ecc. — Hier. de Script.

du poids des années, notre saint apôtre s'associa, pour coadjuteur, son digne collaborateur S. Thuribe, et se retira dans la solitude, au bord de la Sarthe, à une demi-journée de marche loin de la ville, pour se mieux préparer à mourir. Il y demeura quelque temps sans avoir aucune infirmité grave à supporter, parlant continuellement des douceurs de la vie céleste à ceux qui venaient l'écouter. Il attendait avec joie et sérénité l'heure où il recevrait de son juste juge la couronne dûe à ses travaux et à ses combats. Sentant enfin approcher le terme de sa vie, il appelle autour de lui ses frères et ses fils dans le Seigneur, leur désigne pour son successeur S. Thuribe, que d'un concert unanime le peuple demandait; puis levant ses yeux au ciel, rendant pendant longtemps à Dieu de grandes actions de grâces et le bénissant mille fois, il recommande au souverain pasteur les brebis qu'il lui a conquises, et dans un transport de joie et d'amour, il rend au ciel son âme bienheureuse enrichie par tant de mérites. La nouvelle aussitôt s'en répandit de toutes parts, et l'on ne peut imaginer quelle multitude se rassembla. On accourait des champs, des bourgs et des châteaux voisins. On voyait, d'un côté, des chœurs nombreux de clercs qui chantaient des psaumes; de l'autre, des troupes de vierges consacrées au Seigneur, qui faisaient entendre de saints cantiques. Ici, les habitants de la ville avec l'élite de la noblesse; là, ceux de la campagne, qui prêtaient leurs bras pour la pompe funèbre. On plaça sur une litière attelée de plusieurs chevaux les dépouilles saintes que l'on transporta au Mans, et que l'on déposa dans la basilique de Saint-Pierre et Saint-Paul, au cimetière des chrétiens. Là, ce corps saint a prouvé très-souvent qu'il vivait encore dans le Seigneur; car jusqu'au siècle dernier, des fidèles, en grand nombre, affluaient à ce tombeau où les infirmes recouvraient la santé, et chacun éprouvait que ses désirs et ses vœux étaient exaucés. La plus grande partie de ces reliques saintes fut cependant exhumée par saint Aldric avec la pompe la plus solennelle, au milieu du IXe siècle, et placée dans la cathédrale, qui porte de nos jours encore le nom de saint Julien. Elles furent soustraites à la fureur des Normands quelques années après; à celle des soldats pendant les différentes guerres, et surtout après le meurtre du jeune Arthur; à celle des Calvinistes; à celle des impies pendant nos derniers troubles civils, et aux désastres qui plusieurs fois ont ravagé la cathédrale. Une portion de ces ossements précieux a été retirée d'un lieu abject depuis peu d'années, une autre a été rapportée de l'Anjou; plusieurs églises en possèdent des fragments notables : celle de Paderborn, entr'autres, en reçut l'an 1143 avec une lettre munie des sceaux de l'évêque Geoffroi et du chapitre de la cathédrale. Enfin, la basilique de Saint-Pierre et Saint-Paul du Pré, aujourd'hui Saint-Julien-du-Pré, conserve les restes du tombeau de cet illustre saint, avec une partie des ossements de cette bouche si pure et si éloquente, qui a converti tant d'âmes au Seigneur, et commandé avec tant d'empire à la nature entière. Le pontificat de saint Julien daterait, selon le sentiment de plusieurs auteurs anciens, du 17 novembre de l'an 70, jusqu'au 27 janvier 117.

Nous croyons devoir rapporter ici le passage inséré au manuscrit du XIIIe siècle, dans la vie de saint Julien. D. Mabillon n'en a donné qu'une copie inexacte dans son 3e vol. des *Anal.*, et l'appréciation qu'il en fait ne nous paraît pas admissible sans un nouvel examen. Il est certain qu'aux premiers siècles de notre ère, les principaux officiers civils percevaient des redevances en nature ; de l'huile, par exemple, pour l'entretien de plusieurs lampes (1); et que nos premiers évêques du Mans laissèrent des portions de leur domaine pour le luminaire de la cathédrale. Tertullien nous assure que de son temps on y consacrait des sommes considérables, et l'histoire, au ve comme au ixe siècle, nous montre avec quel luxe on entretenait les lampes et les cierges dans les basiliques et sur le tombeau des saints. Nous serions donc porté à croire que saint Julien exigea, des lieux que nous allons mentionner, quelques redevances en nature et en espèces pour sa cathédrale, parce que cet usage nous semble dater des premiers siècles ; parce que les noms des localités que l'on désigne dans ce passage sont cités pour la plupart dans nos documents historiques les plus anciens ; et que, dans ces mêmes lieux, on conserve fidèlement le souvenir de la mission de saint Julien. Enfin, les églises que l'on y voit sont restées, en beaucoup d'endroits, jusqu'à ces derniers temps, sous le patronnage de l'évêque du Mans, ou du chapitre de la cathédrale.

Les noms que l'on cite ont dû nécessairement subir quelques altérations importantes, ou perdre même leur identité sous la main du temps et celle du copiste au xiiie siècle : nous avons essayé de les traduire par les noms plus modernes auxquels ils paraissent correspondre. Cependant notre travail, quoique fait avec un grand soin, nous paraît nécessiter encore de plus longues recherches et un résultat plus satisfaisant pour quelques noms presque entièrement méconnaissables.

---

(1) Cours d'hist. mod. T. I.

BOURGS OBLIGÉS A UN CENS ANNUEL POUR LA CATHÉDRALE,
AU TEMPS DE SAINT JULIEN.

NOMS anciens.	CIRE.	HUILE.	TRIENS	NOMS modernes présumés.	ETYMOLOGIES PROBABLES.
De vico Diablintico.	4 liv. fort.	6 liv.	2 (plus 12 deniers d'arg. plus 4 id. pour les gard. de la cathédrale.)	Jublains.	*Vicus Diablintium*, bourg des Diablintes. *Diab-lit*, côtes-du-Nord.
Celsiaco.	1	2	2	Ceaulcé.	*Celsi-res, domin., villa ve, villa de Celse.*
Labricinis.	4	6	1	Lavardin.	*Lavricini, Lavarzinum, Lavard-dinum*, ort de Lavard. Près de *Ville-Lavard*.
Silviaco.	2	3	1	Sillé.	*Sylvii villa*, domaine de Silvius.
Intramnis.	2	3	2	Entrames.	*Inter-amnes*, entre la Mayenne, la Jouanne et l'Ouette.
Corma.	3	4	1	Cormes.	*Valatium, Vedacium.*
Vedatio.	1	2	2	Vaas.	*Valatium, Vedacium.*
Artinis.	4	6	1	Artins.	*Artinœ*, Artena, Arênes en celtique.
Brucilonno.	2	4	1	Brûlon.	*Brocilonum, Brogilonum*, grand-breuil.
Conedralio.	3	4	2	Connerré.	*Conedrarium, Condrarium?* lieu du trésor.
Bello-faido.	1	2	1	Beaufay.	*Bellum-faidum, Bellus-fagus.*
Saugonna.	2	3	1	Saône.	*Saugonna, Saxona, Saiona.*
Saviniaco.	2	3	1	Savigné.	*Savini-villa*, ville-Savin, *villa de Sabinus.*
Asciaco.	1	2	1	Assé.	*Auscii-villa, villa d'Auscius.*
Caviliaco.	2	3	1	Chevillé.	*Cavili-villa, villa de Cabilius.*
Gauronno.	2	3	1	Gorron.	*Gauronnum*, barrière?

BOURGS OBLIGÉS A UN CENS ANNUEL POUR LA CATHÉDRALE,
AU TEMPS DE SAINT JULIEN.

NOMS anciens.	CIRE.	HUILE.	TRIENS.	NOMS modernes présumés.	ETYMOLOGIES PROBABLES.
De Chalannia.	2.	3.	2.	Chahaignes.	*Chalannia, Frahannia.*
Vivonio.	2.	3.	1.	Vivoin.	*Vivonium.*
Salica.	1.	2.	1.	Sauges.	*Salica, Saleca,* lieu fortifié.
Baladon.	1.	2.	1.	Ballon.	*Bala-dun,* fort de *Bala.*
Jacono.	1.	2.	1.	Bonnétable?	*Jaconum,* étable. (*Duc. gloss.*)
Padriniaco.	2.	3.	1.	Parrigné.	*Padrinii-villa, villa* de Padrinius.
Andoliaco.	2.	3.	1.	Andouillé.	*Andeoli-villa, villa-d'Andéole.*
Domno-Georgio.	2.	3.	1.	S.-Georges.	
Burgo deno.	1.	2.	1.	Bourg-le-Roy?	Anc. Bourg-l'Evêque.
Verno.	1.	2.	1.	Vernie.	Du printemps.
Centon.	2.	3.	1.	Ceton.	*Aliàs :* Sancton.
Vigobris.	1.	2.	1.	Vibraye.	*Aliàs :* Vicus-Brigiæ.
Baliau.	1.	2.	1.	Baillou.	
Cerviaco.	2.	3.	1.	Sargé.	*Aliàs :* Sarviacum. *Villa* de Servius.
Saviniaco super Brigiam.	2.	3.	1.	Savigny-sur-Braye.	*Sabinæ-villa, villa* de Savine.
Lucaniaco.	2.	3.	1.	Lunay.	*Lucanæ-villa, villa* de Lucanie.
Ruilliaco.	1.	2.	1.	Ruillé.	*Ruelli-villa, villa* de Ruël.
Noviomo.	3.	4.	2.	Noyen.	Bourg-neuf.

CHAPITRE V.

PREMIERS MIRACLES DE SAINT JULIEN.

Le principal miracle que le Seigneur opéra par les mains de saint Julien, est assurément d'avoir converti, sans moyens humains, une province entière à la foi chrétienne ; et tellement, que sur la foi de nos manuscrits anciens, tous ces premiers néophytes, comme ceux du premier âge de l'Eglise, ou ceux que la foi enfante de nos jours encore au Nouveau-Monde, n'avaient tous qu'un cœur et qu'une âme. Les riches donnaient leur bien, ou le vendaient pour en déposer le prix au pied de ce fervent apôtre, et tous devenaient à l'égard de leurs amis, de leurs parents, de leurs concitoyens, de zélés missionnaires, tandis qu'un grand nombre se dévouait au ministère des autels ; ce que nous croyons sans peine, en voyant ce qui se passe de nos jours mêmes dans les pays où brille pour la première fois la lumière de l'Evangile. C'est leur portrait qu'Eusèbe a tracé avec les paroles suivantes : « La plupart de ces disciples apostoliques, dans le cœur desquels l'amour divin avait allumé un extraordinaire amour de la sagesse, distribuaient d'abord tout leur bien aux pauvres pour accomplir le commandement du Sauveur ; ensuite ils allaient dans les pays éloignés prêcher Jésus-Christ à ceux qui auparavant n'avaient jamais ouï parler de la doctrine chrétienne, et ils répandaient le livre des saints évangiles; puis après avoir posé les fondements de l'Eglise dans ces contrées, après avoir établi des pasteurs pour le soin des fidèles, ils se rendaient chez d'autres peuples. Aidés de la grâce et de l'assistance divine, ils opéraient aussi beaucoup de miracles, de sorte que des foules entières, qui les entendaient pour la première fois, ouvraient aussitôt leur cœur à l'adoration du vrai Dieu. » C'est ainsi que nous voyons, entr'autres, le puissant gouverneur de la cité des Cénomans, Defensor, abandonner une partie de ses riches *villæ* en faveur de la cathédrale, élevée dans son palais, et partir pour évangéliser la cité des Angevins, dont il fut, dit-on, le premier évêque (1). C'est ainsi que sous saint Thuribe, l'illustre Cajanus abandonna également son palais et ses richesses, et devint un missionnaire très-zèlé dans sa contrée, où ses compatriotes lui décernaient le titre de Duc (2). C'est ainsi que nos premiers évêques opérèrent une foule de prodiges, *aidés de la grâce et de l'assistance divine*; de telle sorte que nous devons croire facilement les auteurs anciens, qui nous assurent que les miracles se multipliaient sous leurs pas, et que les démons, selon la promesse du Sauveur, s'enfuyaient à leur voix. Saint Cyprien, Minucius Félix, Lactance, Firmicus Maternus, mentionnent cette puissance des chrétiens sur les démons, comme un fait journalier à leur époque; tandis qu'Origène et un grand nombre des anciens Pères de l'Eglise déclarent avoir vu eux-mêmes, et souvent, des chrétiens guérir les maladies les plus incurables par une

---

(1) Gall. Christ. Vet. T. II.
(2) Act. Sanct. apr. vit. S. Thur. — Anal. Mabil. T. III.

simple invocation de Dieu ou du nom de Jésus. Ce qui nous porte à dire que, si l'histoire nous manquait, on serait cependant forcé d'avouer que, pour convertir une province entière, saint Julien opéra plusieurs miracles éclatants. On aurait tort également de croire que cette conversion surprenante d'un peuple naturellement impatient de tout joug, comme les autres de l'Armorique, et adonné comme eux aux superstitions les plus grossières (superstitions que dix-huit siècles n'ont pu déraciner entièrement encore); on aurait, disons-nous, tort de croire que cette conversion se fit avec une grande facilité, et ne devint pas pour notre illustre apôtre une cause de chagrins, de pénibles labeurs, de longues persécutions, et en même temps, une source de mérites qui ont préparé sa couronne. L'histoire semble s'accorder, au contraire, avec la tradition pour nous apprendre que de toutes parts on ne lui épargnait ni les affronts ni les mauvais traitements, ainsi que nous le verrons à l'instant.

Son premier miracle eut lieu, comme nous l'avons rapporté déjà, lorsqu'en arrivant auprès de la cité du Mans, soigneusement fermée, et où l'eau manquait presqu'entièrement, il eût un vif désir de soulager, comme un autre Moïse, son peuple réduit à cette extrémité, afin de gagner l'esprit et le cœur de ces pauvres idolâtres, en les touchant par cet acte de sa puissance et de sa charité. Voici la manière dont Letbald rapporte ce prodige :

L'homme de Dieu se dirige vers un endroit qu'il croit propice à son dessein : il enfonce dans le sol la pointe du bâton qu'il tenait, et en présence de ceux qui l'environnent, il s'adresse au ciel en ces termes : « Seigneur, notre Dieu, qui jadis au désert avez étanché la soif de votre peuple en faisant jaillir de l'eau d'un dur rocher, prêtez aussi l'oreille à notre prière : nous sommes vos serviteurs ; ouvrez le trésor de votre miséricorde, et ordonnez qu'une fontaine d'eau vive perce la dureté de ce sol ; afin que ceux qui sont ici présents connaissent que vous êtes le vrai Dieu, qui avez envoyé, dans la plénitude des siècles, votre fils sur la terre, pour introduire dans la véritable terre de promission ceux qui croyent en vous. »

Lorsque les fidèles eurent répondu *Ainsi soit-il*, aussitôt on aperçut une fontaine d'eau très-vive qui s'échappait avec force pour donner une preuve de la grande puissance de Dieu, et démontrer à tous les assistants les mérites du saint évêque. A cette vue, ceux qui croyaient déjà sont corroborés dans la foi, et ceux qui étaient plongés encore dans les erreurs du paganisme tombent au pied de saint Julien, et demandent à être initiés aux mystères sacrés. On se plut donc à appeler cette fontaine *Centonomius* (1), parce que la joie de la posséder, en augmentant les progrès de la foi, multiplia le nombre des néophytes ; dans ses eaux beaucoup de personnes dépouillèrent le vieil homme au sacrement de baptême, et revêtirent le nouveau, *créé selon Dieu, dans la justice et la sainteté de la vérité*. (2) Dès-lors, ce ne furent pas seulement des gens du peuple, mais des hommes d'une haute noblesse, qui, déposant les insignes militaires et courbant sous le joug du Seigneur leurs têtes

---

(1) La plupart des anciens écrits portent ce même mot *Centonomius*, que l'on dérive de *Centum*; quelques-uns, celui de Sancti-nomius.

(2) Il n'est point parlé ici, ni même dans les autres anciens M. S., de cette jeune fille, donnée dans les siècles derniers comme seul témoin, pour ainsi dire, de l'étonnante merveille qu'elle court apprendre à la ville.

jadis si altières, s'attachèrent au saint évêque, et trouvèrent leur bonheur à marcher sur ses traces sacrées.

L'éclat de sa charité brûlante, annonçant le soleil de justice, comme l'étoile du matin, avait brillé déjà sur toute la province, lorsque le gouverneur de la cité, nommé Defensor, guerrier couvert de gloire, abondamment pourvu des honneurs fragiles de ce monde, frappé de la nouveauté de tant de merveilles, envoya des messagers pour prier le saint Pontife, si digne selon le cœur de Dieu, de daigner le venir trouver.

Ici, le fidèle ministre de Jésus-Christ fait éclater encore un nouveau prodige; il rencontre, aux portes de l'entrée principale du palais, un aveugle qui se jette à ses genoux et implore son assistance. Saint Julien invoque le nom de Jésus-Christ, imprime le signe de la croix sur ses yeux fermés à la lumière, et à l'instant les rétablit à leur premier éclat. Le Prince (1), au bruit de cette merveille, accourt, et prosterné, supplie le saint évêque de le rendre digne de prendre part à la vie éternelle. Instruit avec le plus grand soin par le vénérable Pontife, et après le jeûne prescrit, il reçoit de lui le baptême avec toute sa famille et avec une foule de personnes de distinction.

Admirons ici la providence admirable du Seigneur, qui accorde le premier de ces miracles pour le salut du peuple entier, et le second, pour ouvrir les yeux des puissants du siècle, si l'on peut parler ainsi. C'est encore dans le même but que la puissance divine parut dans son éclat pour les prodiges suivants.

---

(1) Autrement le premier de la ville, car le mot *Princeps civitatis*, chez les Romains, était équivalent de *Primus civitatis; Plin., lib.7, c. 3.* — Ovid. 6. Fast. — etc.

Il y avait au Mans un Seigneur puissant et noble, nommé Anastase, qui n'avait point encore embrassé la foi chrétienne. Son fils, attaqué par une maladie grave, arriva aux portes de la mort, puis enfin ferma les yeux à la lumière. Le père, alors ne pouvant supporter la douleur de cette privation, accourt vers le saint en poussant des cris : «Julien, serviteur de Dieu, qui assurez que Jésus-Christ est vrai Dieu, je vous en conjure, rendez-moi, au nom de celui que vous prêchez; rendez-moi mon fils. » — « Anastase, lui répond saint Julien, si vous reconnaissez pour dieu Jésus-Christ que je prêche, non seulement votre fils va vous être rendu présentement ; mais vous obtiendrez vous-même un jour la vie éternelle. » — Anastase en fait le serment : « Si la vie est accordée à mon fils, de nouveau, je confesse que Jésus-Christ est vrai Dieu, et pour jamais je renonce aux idoles. « Le saint Pontife se rend à sa demeure, où le corps de son fils gisait inanimé : tous versaient des larmes, et considéraient ce qu'allait faire l'homme de Dieu : il prend la main du défunt, lève vers le ciel ses yeux baignés de pleurs, et s'écrie : « Seigneur Jésus, qui ressuscitâtes autrefois au milieu de la foule le fils de la veuve, porté hors des murs de la ville, et qui, par la vertu de votre puissance, avez rappelé du tombeau Lazare, mort depuis quatre jours et livré déjà à la corruption, ordonnez que cet enfant ressuscite, afin que cette résurrection corporelle soit pour un grand nombre la cause de celle de leur âme, et que ceux qui sont ici connaissent que vous êtes le Christ, fils du Dieu vivant, qui par l'ordre de votre Père avez sauvé le monde. Vous à qui nous rendons de justes actions de grâces dans tous les siècles des siècles. »

Les fidèles répondirent *Ainsi soit il*. L'enfant se leva

plein de santé, comme au sortir d'un doux sommeil : ce fut pour tous les parents, qui pleuraient de joie, un sujet d'ineffable consolation, et pour les autres assistants, un motif pressant d'embrasser la religion chrétienne. Ainsi donc, bientôt Anastase, son père, fit avec toute sa famille profession de la foi véritable, reçut la grâce du baptême et se rangea au nombre des fidèles.

Notre Seigneur daigna dans la suite opérer, pour l'honneur et la gloire de son nom, un miracle semblable, à la prière de saint Julien. Un jour que ce saint apôtre avait quitté la ville du Mans pour aller gagner à Jésus-Christ des âmes qui périssaient, et qu'il visitait les différentes contrées de son diocèse, il rencontre un défunt que l'on emportait ; une grande foule de peuple accompagnait le convoi : c'était un adolescent, fils d'un homme de distinction nommé Jouinien (1). Le saint Pontife arrive : plein de sa confiance ordinaire en Dieu, il ordonne de déposer le corps du défunt ; il fait un geste de la main pour commander le silence, et s'adresse au père du défunt à haute et intelligible voix :

« Jouinien, le Christ que je prêche, qui s'est fait homme pour racheter les hommes, a ressuscité les morts, a mis en fuite les démons, par sa seule parole ; et, pour montrer le pouvoir de sa divinité, a opéré au milieu des hommes tous les prodiges qu'il a voulu. Si, abandonnant vos vaines idoles, vous consentez du fond de votre cœur à croire qu'il est Dieu, et à purifier votre âme par les eaux du baptême,

---

(1) *Jovinianus.* Beaucoup de noms propres des Romains se conservent parmi nous : *Juventius*, Jovence ou Jouvence ; *Juvenalis*, Jouineau ou Jouaneau, Johanneau ; *Jovinus*, Jouin ; *Jovinianus*, Jouinien.

vous aurez à vous réjouir de votre propre salut et de la résurrection de votre fils. »

Jouinien alors, avec tous ceux du convoi, se jette à genoux, implore la miséricorde du saint, et lui dit en pleurant : « Julien, grand serviteur de Dieu, si vous me rendez cet unique gage de ma tendresse, le seul objet de ma consolation sur la terre, non seulement je confesserai que Jésus-Christ est vrai Dieu ; mais tout ce peuple aussi méprisera la vaine fiction de ses dieux, et embrassera de tout cœur la foi que vous annoncez. » Le Pontife, rempli de l'esprit de Dieu, met les genoux en terre, élève ses yeux et ses mains au ciel, en disant à haute voix : « Seigneur Jésus-Christ, qui êtes présent partout, qui avez bien voulu vous faire homme pour nous racheter, et qui, venant au milieu des mortels, avez arraché le genre humain tout entier à la mort par l'étendard de votre croix, ordonnez que ce jeune adolescent ressuscite, afin que, par la vertu d'un si grand prodige, la foi s'affermisse dans le cœur de ceux qui déjà croyent en vous, et qu'elle subjugue ceux qui ne croyent pas encore en votre nom ; ô Fils unique du Dieu vivant, que nous confessons régner et dominer avec le Père et l'Esprit-saint dans les siècles des siècles. » Les fidèles qui étaient présents répondent *Ainsi soit-il* : le jeune homme sort de sa bière, comme échappé à un profond sommeil, et d'une voix distincte se met à crier à tous ceux qui l'environnent, frappés de l'étrangeté du miracle : « Vraiment, il est bien grand, le Dieu que Julien, son serviteur, annonce. » Il dit également à son père : « Assurément jusqu'ici nous avons vécu loin du vrai Dieu, et les dieux que nous honorons sont des démons ; car je les ai vus dans l'enfer, et j'ai vu qu'il n'était pour eux aucune trêve dans leurs tourments. »

Tous élèvent alors des cris vers le ciel ; chantent la grandeur de Jésus-Christ, publient qu'il est vrai Dieu : puis en signe d'adoration, se prosternent devant saint Julien, son serviteur, malgré ses refus et ses efforts multipliés pour l'éviter. C'est ainsi qu'en ce lieu l'illustre apôtre recueillit une abondante moisson.

On le vit dès-lors s'avancer comme le porte-étendard d'une armée divine, précédé par les uns, suivi par les autres, et répandant partout sur ses traces des semences de vie, il vint loger à un domaine nommé Pruillé. Les ténèbres de la nuit allaient bientôt envelopper la terre ; il fit chercher une hôtellerie. Mais au moment même qu'il arrivait, le jeune fils du possesseur de cette terre sentit la maladie qui le tourmentait s'aggraver ; il mourut. On l'annonça à saint Julien : alors il ne veut point aller loger ailleurs, selon ce que Salomon écrit : il vaut mieux entrer dans une maison de deuil, qu'en celle où l'on célèbre le festin. Il vint apporter la joie du salut à cette famille affligée ; il s'approche de la demeure où gisait le jeune enfant, et se retire pour prendre son logement dans un des endroits écartés. Il se fait apporter devant lui le corps du défunt, et là, hors de la présence du père ou de la mère, et même sans aucuns témoins, si ce n'est quelques imitateurs de sa vie sainte, restés pour l'accompagner dans sa prière, il se prosterne sur le pavé de l'appartement, et passe en veilles la nuit entière. L'ardeur de son oraison fut si puissante, qu'elle pénétra au haut des cieux, en sorte qu'on vit en même temps le saint Pontife se lever de la poussière, et l'enfant sortir des bras de la mort. L'aurore ayant chassé les ténèbres de la nuit, le père et la mère, avec un grand nombre de voisins, entrent et trouvent plein de santé celui qu'ils avaient apporté mort. Frappés de la nouveauté d'un prodige si grand, ils poussent au ciel des cris d'allégresse, et changent en larmes de joie leurs larmes de tristesse. Aussitôt on les voit courber la tête sous le joug de la foi chrétienne ; confier cet enfant, qu'ils avaient désiré pour héritier de leurs biens terrestres, à ce saint maître, afin qu'il le formât à la science céleste, et lui abandonner tout l'héritage de leur domaine précité.

Au bruit de ce prodige, les voisins accourent ; les uns marchent à la suite du saint ; les autres se jettent dans l'appartement où il s'était prosterné, couvrent de nombreux baisers la place où ses pieds avaient posé, et pour prendre part à la bénédiction qui s'y attachait, ils recherchent à l'envi la trace qu'il laisse de ses pas. Alors, touché des prières de ces gens qui le suivent, il se détourne, élève la main, les bénit, et tous ceux d'entre eux qui avaient quelque infirmité recouvrent aussitôt leur première santé.

Saint Julien quitta donc Pruillé et s'avança vers le bourg de Ruillé sur le Loir. Sur le point d'y arriver, il rencontra des gens envoyés au-devant de lui par le Seigneur du lieu pour le prier de venir au plus tôt : il n'avait qu'une fille unique ; l'esprit immonde la possédait, et l'agitait cruellement. Le saint Pontife se présente ; on lui amène cette jeune fille furieuse ; et, prosternés à ses pieds, les parents implorent sa pitié. Mais le malin esprit, ne pouvant supporter la présence de saint Julien, s'enfuit à sa première injonction, quittant ce corps qu'il possédait si injustement, et laissant au milieu des assistants stupéfaits et empressés à proclamer la gloire de Jésus-Christ, cette jeune fille entièrement rétablie en son premier état. Il arriva par-là que cette guérison fut pour tous les habitants de ce bourg la cause de la guérison plus précieuse de leurs âmes ; car on les vit tous renoncer aux vaines fictions de l'idolâtrie; et après avoir reçu une nouvelle naissance dans les eaux du baptême, ils prirent part à l'adoption des fils de Dieu. Le même Seigneur abandonna en toute humilité au saint Pontife la possession du bourg avec tout ce qui en dépendait, en le suppliant très-instamment d'y fonder une église. Le bon évêque s'y prêta de la meilleure grâce, et avec reconnaissance; tandis que, par ses prédications saintes, il gagna un très-grand nombre d'âmes au Seigneur.

Toutefois, n'allons pas croire que ce grand apôtre opéra tant de merveilles, et obtint un tel succès sans endurer de pénibles labeurs, et sans être exposé aux embûches de l'ancien ennemi, lorsque l'Apôtre nous le dit très-clairement: « Tous ceux qui veulent vivre pieusement en Jésus-Christ souffrent la persécution. » Cet adversaire, si fécond en ruses, qui osa s'attaquer à Jésus-Christ, médiateur entre Dieu et les hommes, homme lui-même, comme s'il eût trouvé en lui quelque chose qui lui appartint, ne cessait, au contraire, d'employer toutes sortes de tentations, de dresser toutes ses batteries contre saint Julien, membre de ce divin chef, comme contre un inexpugnable rempart. Car tel on voit un nouvel agriculteur entrer dans un bois épais; employer le fer et la flamme tour-à-tour, pour préparer à recevoir les semences une terre stérile jusqu'alors, ainsi l'on vit notre saint s'enfoncer sur les terres du Maine; s'efforcer de renverser les chênes séculaires et les vieux hêtres, c'est-à-dire, les vaines et stériles fictions d'un paganisme suranné; employer le fer de la correction pour punir les fautes des pécheurs, et le feu de la charité pour rendre propre à mériter de recevoir les semences de l'amour divin ce sol déjà purifié.

Quelques idolâtres restaient encore, échappés au naufrage de leurs erreurs comme les débris d'un navire; ne pouvant supporter de voir la gloire de Jésus-Christ se répandre, tandis que l'on méprisait l'éclat des simulacres de leurs dieux; ils se soulèvent de concert contre le saint; crient à haute voix qu'il use de maléfices, et que, sous le voile de la piété, il séduit par de vains prestiges l'esprit du peuple. « C'est un imposteur qui fascine les regards ; il assure être Dieu un homme mort sur la croix ; il renverse le culte des dieux immortels que l'empire romain tout entier depuis si longtemps adore; il le faut brûler vif, pour effrayer tout autre fourbe ou téméraire par son exemple, afin que désormais personne n'ose en aucune manière s'élever ainsi contre les intérêts de la république, et contre la vénération due aux divinités, qui ont créé, et qui soutiennent l'univers. »

Non seulement saint Julien ne s'effraye point de leurs menaces ; mais il se prépare avec plus de confiance pour ce combat contre le démon, et il se hâte d'arriver à l'endroit où le zèle qui les inspirait si mal leur avait fait placer le siège de leur erreur.

Il y avait dans un temple, au bourg nommé Artins, une statue de Jupiter avec d'innombrables simulacres des faux dieux, qu'aux temps passés le paganisme, trompé par différentes erreurs, avait érigés pour la perte des peuples à venir. Lorsque, revêtu de l'armure de la foi, protégé par le casque du salut, armé du glaive de l'Esprit saint, le glorieux Pontife se prépare à les détruire, une troupe de gens ignobles sortis de la campagne de côté et d'autre, s'arme pour la défense des dieux, qui ne pouvaient leur apporter aucun secours, et résiste avec la plus grande obstination. Inaccessible à la crainte, saint Julien entre dans le temple

— 79 —

au milieu des cris de ces insensés qui frémissent de colère ; il invoque le nom de Jésus-Christ, vrai Dieu, et, par la seule puissance de son commandement, il réduit en poussière une énorme statue, effrayante à voir.

Mais afin que ces gens insensés connussent à quel objet jusqu'alors ils avaient rendu les honneurs de la divinité, on vit sortir de la statue renversée un énorme serpent, qui, se jettant contre ses propres adorateurs, en fit périr un grand nombre par son souffle empesté et par les coups terribles de sa queue, en sorte que ceux qui naguère en vociférant accusaient saint Julien d'user de maléfices, et employaient tous leurs efforts pour le faire brûler vif, implorent alors son secours contre leur dieu. Le saint athlète du Seigneur élève sa main droite en faisant un signe de croix, et commande au serpent de s'enfuir au plus tôt sans blesser personne, et de se retirer dans des lieux éloignés du commerce des hommes. A cet ordre, le cruel reptile disparaît en toute hâte (1), et il ne lui reste plus le pouvoir de nuire à ceux que désormais il ne peut plus séduire par ses artifices. Tous dès-lors se réunissent avec joie pour renverser le temple de l'imposture, s'estiment heureux d'entendre l'exposé des dogmes chrétiens, et reçoivent enfin une nouvelle naissance dans les eaux saintes, où les plonge la main du glorieux Pontife.

La nouvelle de ce prodige vole aussitôt de bouche en bouche par toute la province, et dissipe toutes les ombres de

---

(1) On se plaît encore à montrer auprès du bourg d'Artins les descendants de ceux que la tradition prétend avoir été les auteurs de la sédition élevée contre saint Julien, et à désigner dans les rochers aux bords du Loir, jusqu'à Vendôme, les cavernes occupées autrefois par d'énormes serpents. S. Beat ou Bié délivra cette dernière ville d'un de ces monstres, plus communs jadis en nos contrées.

l'ancienne erreur, de telle sorte que dès cet instant on put trouver à peine un seul homme qui refusât de reconnaître Jésus-Christ pour Dieu et unique Seigneur. L'illustre Defensor, dont nous avons parlé plus haut, en ayant eu connaissance également, fut rempli d'une grande joie ; il se hâta d'aller au-devant de saint Julien, en le suppliant de daigner venir en son palais, pour qu'ils remerciassent en commun notre Seigneur Jésus-Christ, dispensateur de tous les biens, à l'occasion de cet éclatant triomphe remporté sur l'ennemi du genre humain, et pour prendre part en même temps à un saint et chaste banquet. L'homme de Dieu ne refusa point d'acquiescer à sa demande ; car ils étaient assez attachés l'un à l'autre par les liens d'une véritable charité, telle que la religion la donne, pour que saint Julien s'empressât de se rendre à son désir. Mais pendant qu'ils cheminaient ensemble, ils trouvèrent dans un champ cultivé un enfant enlacé dans les replis tortueux d'un très-grand serpent, qui lui pressait les pieds, les bras et le corps tout entier. Le saint évêque laissa derrière lui tous ceux qui se trouvaient là, et, s'approchant du lieu, fit cette prière : « Mon Seigneur Jésus-Christ, par votre croix vous avez racheté le genre humain, à qui le serpent avait fait perdre la gloire du Paradis, délivrez cet enfant du serpent qui le presse ; que ce reptile périsse, et que, voyant cette innocente créature préservée par vous de tout mal, ceux qui sont ici connaissent que vous êtes le défenseur et le protecteur de tous ceux qui espèrent en vous. » Il cessait de prier, et ceux qui se trouvaient là venaient de répondre *Amen*, lorsque le serpent creva par le milieu du corps, et l'enfant resta sain et sauf parmi les assistants, qui tous ne cessaient d'en louer le Seigneur.

Saint Julien arrive cependant au palais du premier de la cité : on le reçoit avec la plus grande allégresse, et il se fait un concours de personnes de tout sexe et de tout âge pour voir cet homme de Dieu ; car l'éclat de ses vertus brillait comme un flambeau, de manière à enflammer du désir de le contempler ceux mêmes qui demeuraient à une grande distance. Sur ses pas alors se présentent deux énergumènes qui implorent de lui leur guérison. Le saint Pontife invoque le nom de Jésus-Christ ; met en fuite le démon, et les rend à leur créateur après les avoir éclairés par ses instructions salutaires.

Ce beau jour fut donc embelli par les heureux transports de la joie, et pendant tout ce saint banquet, le discours roula sur la gloire que le nom de Jésus-Christ venait de recevoir, sur les coups mortels portés au pouvoir du démon, et sur tout ce qui se rapporte au soin des âmes véritablement pleines de la crainte du Seigneur. L'illustre Defensor fit voir ensuite au saint tout son ameublement, en le suppliant de vouloir bien le prendre et l'employer à quel usage il lui plairait. Mais saint Julien n'en voulut rien faire ; il le bénit, fortifia dans la foi de Jésus-Christ toute sa famille, et retourna dans sa propre demeure.

Comme il passait déjà la porte de la ville confiée à ses soins par la divine providence, ceux qui étaient incarcérés dans la prison et chargés de durs liens se mirent à jetter de grands cris, en le suppliant d'avoir pitié d'eux. Il était si plein de bonté, lui qui toujours sentait ses entrailles se dilater par son ardent amour pour le Seigneur, qu'il vint trouver en suppliant ceux qui étaient chargés de garder ces prisonniers, les conjurant humblement de renvoyer absous, en faveur de son retour, ces hommes que leur propre iniquité avait rendus coupables. Cependant ils ne se laissèrent toucher ni par le respect dû au Pontife qui leur parlait, ni par ses éminentes vertus, et refusèrent ce que le saint non seulement ne leur avait point commandé de faire, mais ce qu'il leur avait même demandé en suppliant. Se voyant méprisé par ces méchants, il entra dans l'église, rendit grâces à Jésus-Christ pour les âmes qu'il s'était acquises, et ensuite se retira dans l'hôtel de sa propre demeure. On lui servit à manger; il ne voulut rien prendre, mais en silence et en gémissant, il se mit à implorer la miséricorde du Seigneur. Alors, pour que les désirs du serviteur de Dieu s'accomplissent, les anges ouvrent les portes, brisent toutes les chaînes, et ceux qui étaient plongés dans les ténèbres de la prison et des cachots, sans être aidés du secours des hommes, sortent en liberté à la lumière du jour. Ils vinrent donc au milieu de la ville, sans que personne les empêchât, et sans être chargés du poids d'aucuns liens, se présenter aux regards de saint Julien, qui, se réjouissant dans le Seigneur, se mit à prendre son repas, après avoir appelé à y participer ceux que son grand mérite venait de délivrer : il ne se trouva personne qui osât les reprendre pour les charger de liens, puisqu'il paraissait si évident que tout cela ne s'était point opéré par des moyens humains, mais seulement par la vertu puissante du Seigneur en faveur de son saint.

Après ce récit de Lethald, on peut conclure que les prodiges rapportés ici sont des miracles proprement dits, qui ont suspendu les lois ordinaires de la nature; des miracles divins, tels que Dieu seul peut en faire, opérés au nom de Jésus-Christ, pour prouver sa divinité, la vérité de sa doctrine, la mission de son ministre, et pour convertir à la foi en lui une province entière. Il nous semble qu'il faut nécessairement admettre ces miracles en présence des monuments historiques et de l'antique tradition, et en voyant avec quelle vénération on a honoré, dès les temps les plus anciens, notre glorieux thaumaturge. Nous remarquons enfin que, pour obtenir ces miracles, saint Julien employa la forme consacrée par la liturgie, dès les premiers temps, pour la prière faite publiquement au nom de l'Eglise, et que le prodige s'opéra quand les fidèles eurent répondu : Qu'il en soit ainsi.

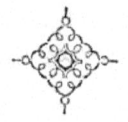

CHAPITRE VI.

AUTRES MIRACLES DE SAINT JULIEN.

Elle était donc plantée dans le Maine cette vigne cultivée pour le Seigneur ; elles étaient extirpées ces ronces que les erreurs de l'idolâtrie avaient fait croître ; enfin, il était arrivé, le temps où ce zélé cultivateur allait recevoir de son maître le fruit de ses pieux labeurs ; où les liens de sa vie mortelle allaient se briser, et où, plein de bonheur, il allait monter sur un trône éternel. Sentant donc approcher le moment de son rappel dans la céleste patrie, saint Julien se retira auprès du bourg où l'on voit maintenant s'élever l'église dédiée à saint Martial (1), et là, s'endormit doucement dans le Seigneur. L'illustre Defensor, que tant chérissait notre saint, à cause de la vivacité de sa foi et de ses bonnes œuvres, ne se trouvait point auprès de lui pendant que son âme bienheureuse franchissait les célestes parvis ; mais voici de quelle manière il en eut connaissance. Assis à table, les yeux de son intellect s'ouvrent, il aperçoit saint Julien, revêtu des habits sacerdotaux, venir vers lui accompagné de ses trois diacres, qui portaient chacun un cierge. Ils les déposèrent devant lui sur la table et se retirèrent. Defensor

---

(1) Une chapelle existe encore au bourg de Saint-Marceau, près de Beaumont-le-Vicomte, à l'endroit où saint Julien expira.

dit donc à ceux qui étaient assis avec lui : « Voyez-vous cette gloire que j'aperçois? » Ils l'assurèrent qu'ils n'appercevaient rien. — « Comment, leur dit-il, vous ne voyez pas Julien, notre père, qui nous a appris une doctrine si utile et qui nous a remplis de joie par tant de merveilles? Le voilà bien là qui se dirige vers moi avec ses trois diacres portant des cierges. Il vient de nous bénir en souriant avec un visage tout rayonnant de joie, et il s'est retiré en laissant les cierges. Par où je conclus certainement qu'il vient de quitter le monde, et malgré qu'il nous ait abandonné en nous privant de sa présence visible, néanmoins jamais il ne cessera de répandre sur nous les bienfaits de sa charité, puisqu'il vit toujours dans le Seigneur. Levons-nous donc et allons ensevelir au plus tôt les restes de notre pieux maître, afin que nous méritions d'avoir pour avocat dans les cieux celui que nous avons eu pour docteur sur la terre. » Tous se lèvent pleins d'admiration, et courent en hâte pour assister aux funérailles du saint. Et comme il est rapporté de saint Martin, le modèle des évêques, il est impossible d'imaginer quelle immense multitude de personnes se rassembla de toutes parts, pour assister au convoi.

Que l'on ne s'étonne point si nous comparons saint Julien à saint Martin; car à bien prendre, on en peut dire autant de l'un que de l'autre. Saint Martin n'étant encore que catéchumène, partagea sa chlamyde pour en couvrir un pauvre transi de froid : saint Julien, armé d'une foi à toute épreuve, a couvert du manteau de la foi bien des milliers de personnes qui avaient dépouillé le vieil homme. Saint Martin embrassa d'abord la vie du cloître pour jouir seul des douceurs que l'on y goûte à vivre en Jésus-Christ; saint Julien engagea publiquement ses combats pour gagner un grand nombre d'âmes. Saint Martin fut enlevé par les Tourangeaux et contraint d'accepter l'épiscopat ; saint Julien fut destiné *par saint Pierre*, et envoyé non seulement comme Pontife, mais comme Apôtre du Maine. Saint Martin acquit une grande gloire en ressuscitant trois morts, au nom de la très-sainte Trinité ; saint Julien n'en a pas rappelé un nombre moins grand à la vie, et a su triompher également du trépas. A suivre les restes de saint Martin, on voit ceux qui, sous sa conduite, ont appris à vaincre le monde ; aux funérailles de saint Julien assistaient ceux qui l'avaient eu pour guide et qui étaient en possession déjà du bonheur des cieux. Que peut-on ajouter ? Ils ont combattu pour le même roi ; ils ont servi le même maître ; ils se sont sanctifiés dans le même but ; ils se sont appuyés sur le rocher d'une même foi. Il reste donc à leur accorder le même tribut d'honneur et de gloire, puisque les mêmes actes de vertu les ont rendus égaux en mérites à suivre la loi de Jésus-Christ.

On transporta donc le corps de saint Julien vers la ville du Mans : quand on arriva dans l'endroit où il fallait traverser la Sarthe, afin de montrer quel était le grand mérite du saint dont on portait les restes, le Seigneur permit que les chevaux attelés à la litière chargée de la précieuse dépouille gagnassent le rivage opposé sans avoir même les genoux mouillés, tandis que tous les autres nageaient avec peine au milieu des flots rapides et des gouffres profonds ; ce qui excita l'admiration de tous les assistants.

Pendant que les habitants de la ville accouraient au-devant de leur pasteur, une femme avait mis son jeune enfant dans une chaudière placée sur le feu, et le lavait à l'eau tiède. Étonnée d'entendre la voix de ceux qui chantaient les hymnes sacrés, elle laisse ce qu'elle vient d'entreprendre; oublie l'enfant, et court au-devant du saint avec les autres. Mais tandis qu'elle s'arrête auprès des saintes reliques, la flamme s'élève, enveloppe la chaudière, excite une énorme chaleur, et fait bouillonner l'eau qui se répand par les bords. Est-il croyable que la vie puisse se conserver en une telle conjoncture? La tranquille mère voyait les reliques saintes approcher de sa demeure, lorsqu'elle reconnut son toit, et se ressouvint enfin de son fils, le gage de sa tendresse. Tremblante, elle accourt, et s'imagine qu'elle va trouver son fils dévoré par la vapeur brûlante et ses membres délicats en lambeaux. Mais l'ardeur de sa foi, qui l'avait portée à sortir pour aller au-devant du saint, éteignit l'ardeur de la flamme du foyer. Frappée d'une terreur soudaine, elle ne retire son fils qu'après avoir forcé par ses cris un grand nombre de personnes à se rassembler auprès d'elle.

Le corps de saint Julien fut donc confié à la terre, selon la loi commune; mais il prouve qu'il vit véritablement en Jésus-Christ, par les sujets de consolation que les vivants très-souvent *y ont reçu jusqu'au temps de nos derniers troubles*. Les aveugles, en effet, recouvrent *à cet illustre tombeau* l'usage de la vue; les gens débiles, la santé; les démons prennent la fuite; les vœux de ceux qui prient avec foi sont exaucés, par la grâce de notre Seigneur Jésus-Christ, à qui, avec le Père et l'Esprit-saint, tout honneur et toute gloire appartiennent, maintenant et pendant les siècles éternels. Ainsi soit-il.

Les actes des premiers successeurs de saint Julien, écrits, comme nous l'exposerons dans la suite, vers le temps où ces saints personnages ont vécu; le testament de saint Bertrand, pièce très-authentique, et plusieurs autres monuments très-anciens nous démontrent que la basilique des Apôtres, dans le cimetière du Pré, prit avant la fin du vi[e] siècle le nom de saint Julien, qu'elle conserve encore ; que des moines d'abord, et des moniales ensuite, furent préposés jusqu'à nos derniers temps à la garde du précieux tombeau ; que des dons nombreux furent consacrés à y entretenir des lampes, et que des miracles sans nombre y ont attiré jusqu'à la fin du dernier siècle un immense concours de peuple. Nos contemporains nous assurent avoir vu la foule immense qui s'y pressait, et qui recueillait avec soin la poussière même du pavé, pour l'emporter comme une relique.

La plus grande partie néanmoins de ces ossements précieux fut enlevée dès le temps de Louis-le-Pieux. Saint Aldric régissait l'église du Mans alors.

Ce digne successeur de saint Julien voyait avec peine que le lieu où reposait le corps de cet apôtre et évêque des Cénomans, de ce premier missionnaire du Mans, tombait en ruines ; que l'office clérical n'y était plus célébré régulièrement, et que l'on n'y entretenait plus les lampes et les cierges, selon l'usage de l'Eglise, il conçut le pieux dessein de transférer ailleurs les reliques du saint évêque, de peur que la cité, par quelque accident imprévu, fut privée de ce trésor qui la protége. Il convoqua donc autour de lui une multitude d'ecclésiastiques, des évêques de la province, des abbés, les premiers de la ville et de tout le pays ; puis il se rendit au lieu où ce corps saint était resté en terre depuis plus de six cents ans, jusqu'au temps, en un mot, où vivait saint Aldric. On enleva la terre qui recouvrait le sarcophage ; on découvrit le corps du saint, dont s'échappa tout à l'entour une odeur merveilleuse, et auprès, les tombeaux de cinq autres saints, à savoir : saint Thuribe, à la droite; saint Pavace, à la gauche; plus loin, saint Romain, saint Hadouin, dont on trouva le corps entier avec ses habits sacerdotaux, et enfin, la plus grande partie des ossements de saint Liboire. Beaucoup de miracles s'opérèrent en ce moment; saint Aldric fut rempli, avec tout le peuple, d'une grande joie. On alluma des torches, on éleva les croix; on agita les encensoirs; on se livra aux transports d'une allégresse difficile à dépeindre.

Ainsi pour empêcher que cette éclatante lumière restât plongée plus longtemps dans les ténèbres, et afin qu'elle luisît aux yeux de tous ceux qui sont dans la maison du Seigneur, saint Aldric transféra d'une manière convenable, de la petite basilique du Pré dans la cathédrale, les corps des saints que nous venons de nommer, et les y plaça avec une grande vénération. Le culte divin devait en recevoir un grand éclat, à cause de leur grand mérite et de leur intercession puissante, et le Seigneur allait en être mieux glorifié, ainsi que dans la suite on l'éprouva par sa permission divine. L'illustre et saint Pontife plaça les restes de saint Julien sur un autel, à droite de l'autel principal, dédié à saint Gervais et à saint Prothais; on les y laissa pendant longtemps. Il déposa les autres reliques dans une partie de l'église plus retirée et avec le plus de soin possible. Depuis la mort de saint Aldric, un très-grand nombre de miracles s'opérèrent, et la cathédrale fut fréquentée par un grand concours de fidèles qui venaient y recouvrer la santé et apportaient des présents; car N. S. Jésus-Christ accorda un si grand nombre de guérisons par l'intercession du bienheureux Pontife, que tous ceux qui venaient infirmes s'en retournaient entièrement guéris.

Longtemps après cette première translation (1), l'évêque et les autres ecclésiastiques jugèrent convenable d'ôter le corps saint de ce lieu, et de le placer plus honorablement. On éleva donc, derrière l'autel principal des saints martyrs Gervais et Prothais, un autre grand autel, dans le lieu le plus apparent, où il fut déposé avec une grande vénération, et désormais saint Julien ne fut plus regardé comme un hôte dans la cathédrale, mais comme son propre patron, Dieu le permettant ainsi.

La première translation eut lieu le 25 juillet, l'an 836 (834 selon d'autres) : l'église du Mans, chaque année, en solemnise la mémoire ; l'autre translation se fit par l'évêque Hoël, le 16 novembre l'an 1093. Sous l'épiscopat du Bienheureux Hildebert, lors de la dédicace de la cathédrale, l'an 1120, Godefroi, archevêque de Rouen, dédia en l'honneur de saint Julien l'autel de son sépulcre, tandis que celui de la crypte supérieure fut consacré à la sainte Vierge et à tous les saints. Les reliques du saint apôtre du Maine furent enlevées avec bonheur l'an 1136, sous l'épiscopat de Hugues de Saint-Calais, lorsque l'incendie dévorait déjà le toit en chaume de la cathédrale ; le 16 novembre, l'an 1139, Hugues, archevêque de Tours, Ulger, évêque d'Angers, Hamelin, de Rennes, et Donoaud, d'Alet, se réunirent pour assister à la translation du dépôt précieux, que l'on replaça dans cette même basilique.

Le trop malheureux Arthur, qui fit des largesses en faveur

---

(1) Vulgrin fit élever une voûte magnifique, supportée par de très-hauts piliers, sous laquelle le corps de saint Julien était placé ; seule, elle resta debout, tandis que les autres travaux qu'il avait commencés s'écroulèrent avec un horrible fracas.

de la cathédrale, venait de périr sous les coups de son oncle, et la ville du Mans était sur le point d'être ravagée par les guerres cruelles dont elle fut le théâtre pendant plusieurs années, lorsque les chanoines résolurent de cacher le corps de saint Julien. A leur prière, l'évêque Hamelin prit la châsse et la fit porter avec tout le respect possible. Pendant le trajet, on rencontra un prêtre qui depuis longtemps déjà ne célébrait plus le saint sacrifice : il avait perdu l'usage d'un bras et d'une main qui désormais ne pouvait plus lui servir. Le pieux pontife lui conseille de toucher la châsse et de la porter avec lui ; l'effet merveilleux que l'on espérait s'opère ; son infirmité aussitôt est guérie ; il reprend les fonctions de son ministère.

La châsse fut déposée sur le maître autel, dédié au saint *depuis le temps de Guillaume de Passavant*, et lorsque la nouvelle s'en répandit dans la ville et dans le diocèse, on ne peut se figurer quelle joie ce fut alors, quelle solennité, quel concours de peuple, quelle émulation pieuse à vénérer les saintes reliques, et quel brillant appareil de lumières ! Le clergé se distingua surtout pendant la solennité qui dura neuf jours. Nous ne devons point passer ici sous silence ce fait remarquable qui attira un grand nombre de personnes du diocèse et des endroits les plus éloignés.

Un muet de naissance vint, conduit par sa mère, pour implorer les suffrages de saint Julien. Arrivée à un certain endroit, la mère ne savait plus quel chemin prendre, lorsque le fils lisant sur son visage l'embarras où elle se trouvait, sentit sa langue déliée par les mérites du saint, et articula ces mots : c'est ici le chemin ; c'est par ici qu'il faut marcher. Grande fut la surprise de la mère ; elle se présenta à la cathédrale, fit sa prière, glorifia le Seigneur, implora l'in tercession du saint, et raconta devant un grand nombre de personnes ce qui lui était arrivé. Elle revint ensuite chez elle toute triomphante. Un grand nombre de personnes avaient entendu ce muet parler : alors, pour prévenir toute supposition de supercherie, des ecclésiastiques et des laïques du même pays s'assemblèrent en aussi grand nombre qu'il fut possible, et constatèrent, d'une part, qu'il avait été muet depuis sa naissance, et de l'autre, qu'il avait prié saint Julien à haute voix.

A ce fait en succéda un autre. Un prêtre, nommé Robert, se trouvait épuisé par de très-longues fièvres ; il vint tout en larmes se prosterner devant le corps de saint Julien, en réclamant son secours. A l'instant même, il s'aperçoit que, par les mérites du saint Pontife, la santé lui est rendue ; il retourne au bourg d'Ancinnes, où il exerçait les fonctions ecclésiastiques, publiant cette merveille de la puissance de Dieu et de la gloire de saint Julien.

Un homme vint, en outre, prier et poser sur la châsse une de ses mains tellement enflée par une tumeur, que les doigts se distinguaient à peine, et ne formaient qu'une masse informe. Aussitôt les humeurs s'écoulèrent, et la cause disparue, son pernicieux effet cessa. Il était venu plein de confusion et en poussant des cris de douleur ; il se met alors à changer de contenance ; ses cris ne sont plus que des cris de joie, et tout haut il bénit l'auteur de sa guérison miraculeuse.

Nous avons cru devoir rapporter également ce fait digne d'être mentionné. Un père de famille voulant visiter la cathédrale, pour attirer la bénédiction du saint sur ses enfants, encore en bas âge, les plaça au fond d'une voiture avec d'autres enfants. Arrivée sur le pont pour passer la Sarthe auprès de Noyen, la voiture fut renversée, et les enfants tombèrent au fond des eaux. Le père, dans l'inquiétude la plus vive, implore saint Julien pour venir à son secours, et bientôt il voit les enfants qui reviennent sur l'eau, et qui sans avoir rien souffert sont ramenés au rivage.

Les reliques saintes furent placées dans une châsse plus grande, et transportées à Château-Dun. Il s'opéra divers prodiges pendant ce voyage. En arrivant sur les bords de l'Huisne, on ne trouva que des planches fort étroites pour la traverser : alors, ceux qui portaient les reliques précieuses s'avancent pleins de confiance, en marchant au milieu de la rivière. L'eau n'atteignit pas même leurs genoux, tandis que ceux qui suivaient en eurent jusqu'à la selle de leurs chevaux. Plus loin, on arrive à un monastère ; le soir, des voleurs viennent enlever deux chevaux dans une écurie : pendant toute la nuit, ils ne font qu'errer malgré eux autour du monastère, et ne peuvent s'éloigner. Le jour vient à paraître et, tout confus, ils laissent les chevaux à la porte de ce lieu. On s'arrête au Gault, et là aussi une merveille à peu près semblable s'opère en faveur d'un homme, qui pendant tout un jour avait suivi les châsses ; de même, à Montigny, en faveur d'un nommé Martin. A Fontaine-Raoul, le prêtre Ebroïn eût une vision merveilleuse. On ne peut se figurer combien de personnes furent guéries des fièvres, lorsqu'on fut arrivé à Château-Dun. Une femme de Marboué, appelée Godolilde, fut délivrée du démon qui la possédait. Au bourg d'Alluie, un possédé nommé Mauger fut également guéri. La santé fut rendue à un jeune homme hydropique et à une fille malade de la fièvre. A Crépy, une fille aveugle recouvra la vue. Les reliques furent rapportées ensuite à Château-Dun, où deux aveugles, nommés Frodoin et Stadilde, furent guéris ; l'un, en entrant dans l'église ; l'autre, pendant la lecture de l'évangile. Deux années s'écoulèrent, et le dépôt sacré fut rapporté dans le même lieu qu'il occupait auparavant.

Au temps du vénérable Geoffroi de Loudon, évêque du Mans, le magnifique ouvrage entrepris avec tant de zèle par ses glorieux prédécesseurs se trouvant achevé (1254), le jour de la translation du précieux corps de saint Julien dans la nouvelle *œuvre*, fut assigné au lundi après l'octave de Pâques. Dès le lendemain de cette grande solennité, on vit un nombre immense de personnes de la ville, de tout âge, de tout sexe et de toute condition se rassembler dans la cathédrale. On venait à l'envi pour la nettoyer de tous les matériaux inutiles et des débris. Les premières dames de la ville se mêlèrent parmi les autres femmes, et contre leur coutume, sans aucun ménagement pour leurs vêtements précieux, pour leurs ajustements verts ou de toute autre couleur brillante, elles enlevaient le sable de l'église. Plusieurs d'entre elles portaient les balayures dans les plis de leur robe de soie, et trouvaient plaisir à se voir ainsi toutes couvertes de poussière. D'autres emplissaient de sable le tablier des petits enfants pendus encore à la mamelle, et les portaient ensuite dehors. Chose inouïe! c'était afin que ces petits prissent part à l'*œuvre divine*, et que les enfants contribuassent à leur manière à ce devoir sacré. Des enfants de trois ans ou environ, qui pouvaient se soutenir à peine, mais chez lesquels les marques d'une foi vive semblaient poindre déjà, transportaient des débris dans leurs petits paniers. Les hommes qui joignaient la force à l'âge se chargeaient des gros morceaux de bois et des pierres pesantes, avec une agilité et une facilité incroyables. Les plus jeunes prenaient des fardeaux plus légers, les autres de plus considérables, et chacun selon ses forces; de telle sorte qu'ils firent eux-mêmes en peu de temps ce qu'un très-grand nombre de mercenaires n'aurait fait que pendant un temps bien plus considérable. Ceci se continua pendant tous les jours fériés de la semaine. En un mot, la ferveur pour le service de Dieu était si grande, et l'ardeur de la dévotion telle, que ceux qui le voyaient en étaient ravis d'admiration, et ne pouvaient retenir leurs larmes.

Les habitants de la ville voulurent en outre faire briller au dehors le feu intérieur qui les embrâsait. En conséquence, ils statuèrent que des cierges, donnés par eux, brûleraient pendant chaque office, et que chacun les fournirait d'un poids proportionné à ses moyens. Quelques-uns des premiers de la ville donnèrent un cierge de deux cents livres, et d'autres, selon leur faculté; celui qui était pauvre, mettait son argent avec un autre plus riche. On ne doit point oublier, non plus, que plusieurs corps d'état apportèrent des cierges en chantant, pleins d'allégresse, et au son des instruments. On plaça, en outre, aux frais de l'église, des cierges disposés en cercle autour du chœur et dans le *presbyterium*, puis une multitude sur des couronnes suspendues dans la nef. Ces lumières étaient le symbole de la charité dont les cœurs étaient embrâsés, et sur le visage de tous on voyait les pleurs se mêler à un sourire où se peignait le bonheur. Le prince Charles voulant enrôler les citoyens, et ayant menacé d'infliger des châtiments et des amendes, on aima mieux s'exposer à tout que de différer plus longtemps cette translation tant désirée. Nous ajoutons ici, pour ce qui regarde les vignerons et fermiers des clos de vignes, que croyant n'avoir rien fait en comparaison des autres, ils se dirent entr'eux : « Les autres ont donné des cierges magnifiques, faisons placer des verrières pour éclairer l'église à l'avenir. » Ils en fournirent quinze pour une travée entière : on les y voit représentés, occupés aux différents travaux de leur profession. Il faut dire aussi, à la louange des habitants de la ville, que non seulement ils donnèrent des cierges; mais encore qu'ils firent faire également des verrières, où ils paraissent avec les marques de leur profession.

Enfin, il était arrivé, ce jour que tous avaient tant désiré; l'évêque et le clergé surtout, qui soupiraient après le moment où ils quitteraient l'humble et étroite basilique pour le nouveau chœur, si large, si magnifique. Les évêques voisins furent invités à se réunir pour la fête ; plusieurs, comme il est dit dans la parabole, s'excusèrent; l'archevêque de Tours s'y trouva avec les évêques d'Avranches, d'Angers, de Rennes, de Dôle et du Mans. Comme la foule qui s'était rassemblée du diocèse et des autres pays voisins était trop considérable, on prit la résolution de transférer les précieuses reliques de saint Julien pendant la nuit. L'archevêque vint donc assisté des autres évêques lorsqu'une partie de la nuit s'était écoulée déjà, et l'évêque du Mans, comme un autre Siméon, prit entre ses bras le dépôt sacré. Tel que Saül, il dominait par sa haute taille tous ceux qui l'environnaient ; pressé de tous côtés par la foule, il portait avec joie le poids de la châsse précieuse. Comme un autre Issachar, il la prit sur ses épaules ; déposa sur le saint autel ce trésor tant désiré, et pendant tout le temps qu'il resta ainsi exposé, il ne quitta point la ville pour quelque voyage que ce fut; mais chaque jour il visita l'église pour y faire ses prières et y apporter des offrandes. En voyant les habitants de la ville travailler avec tant de piété et d'ardeur, comme nous l'avons rapporté plus haut, il ne pouvait retenir ses larmes : c'était un pasteur si plein de charité et de mansuétude! Il fit un grand festin la veille et le jour de la translation ; il remplit d'abord de personnes invitées tout son palais, ensuite il reçut dans toutes les chambres et les cuisines de l'évêché tous ceux qui se présentèrent : comme cela ne suffisait pas, on plaça des tentes dans le verger, et là différentes personnes, des gens de noblesse et des barons mêmes prirent leur repas. Mais pour ne pas fatiguer les oreilles délicates, passons à autre chose.

Lorsqu'on ôta le voile de soie qui recouvrait la précieuse châsse, une odeur plus suave que celle des parfums les plus exquis se répandit au-dehors. Les reliques saintes restèrent ainsi exposées pendant quinze jours; les chanoines vinrent deux à deux, pendant une heure, pour les garder le jour et la nuit; les habitants de la ville, voisins de la cathédrale, demandèrent avec humilité et obtinrent la faveur de veiller auprès du saint corps; et, sans compter la garde faite par les nobles, par le vicomte de Beaumont, le seigneur de Montfort et les autres vassaux du Maine, des hommes vêtus de cuirasses veillèrent la nuit entière, gardant avec toute la vigilance possible le dépôt sacré. On statua également que tous les couvents de la ville et des fauxbourgs chanteraient solennellement les vigiles au commencement de chaque nuit, et que les chanoines chanteraient ensuite les matines et les messes aux heures accoutumées.

De tous les côtés de la France, on entendit parler de la solennité de cette fête, et on vint en foule vénérer les saintes reliques. Le peuple et le clergé rivalisèrent de zèle et de piété, le jour et la nuit, dans la ville tout entière, pendant cette quinzaine. Voilà pour ce qui regarde les fidèles ; voici maintenant les merveilles qu'opéra le grand et saint Pontife en cette occasion.

Pendant la nuit où se fit la translation, il y avait une quinzaine au moins de personnes des deux sexes gravement infirmes : les unes étaient possédées du démon, d'autres avaient la maladie du feu sacré. Pendant l'heure de prime, le lendemain, il y en eut douze qui recouvrèrent la santé ; les autres restèrent, attendant le moment de la miséricorde divine, et furent entièrement guéries quelques jours après. Elles s'en retournèrent, publiant ce qui venait de s'opérer en leur faveur; ainsi, tous ceux qui dans l'église se trouvaient ce jour-là, obtinrent leur guérison. L'un d'eux était de Lavenay, un autre de Belin, un autre d'Amné, quelques-uns de Laval, d'autres de Montmirail, et d'autres enfin, dont nous ignorons le nom et la demeure. Une femme du Lude qui avait perdu l'usage de ses mains et de ses bras, deux personnes de la ville, une autre de la Quinte recouvrèrent aussi la santé, ainsi qu'une femme qui depuis cinq semaines ne pouvait parler. Une autre, de la Perrière, au diocèse de Séez, assistait à la translation : elle avait toute la main et tout le bras desséchés jusqu'au coude ; elle offrit avec beaucoup de dévotion un *ex-voto* en cire de la forme d'une main, et à l'instant même elle fut guérie. Le bruit de ces guérisons se répandait avec une grande rapidité, et l'on venait de toutes parts pour en obtenir. Une jeune femme fut amenée de la Roche-Mabile ; elle avait les cheveux en désordre, l'air menaçant, les yeux tournés, la voix terrible: des hommes vigoureux pouvaient la traîner à peine auprès de l'autel ; elle déchirait ceux qui l'approchaient ; mais le sommeil vint enfin la surprendre, et elle se trouva parfaitement rétablie. Un clerc, qui avait les fièvres-quartes, s'endormit dans l'endroit où les saintes reliques étaient restées pendant longtemps, et sentit la maladie le quitter en même temps que le sommeil : dans la suite, il n'en ressentit plus aucune atteinte. Il en fut de même pour le jeune Michel de Gorran, clerc de notre chœur; pour un autre, fils du prévôt de Bourg-le-Roi, et pour un grand nombre qui furent guéris des fièvres-quartes.

Dans ce même temps, il arriva que des gens de guerre se livraient auprès d'Evron aux jeux du tournoi (selon l'usage); l'un d'eux, appartenant à la noblesse, le seigneur de Tilly, au milieu de toutes les marches et contre-marches, tomba avec son cheval. Tous ceux du tournoi allaient fondre sur lui, et aucun secours humain ne pouvait lui être porté; la mort seule se présentait à ses yeux comme inévitable. Mais saint Julien lui vint à la pensée : il l'invoque, et voit que le secours divin lui est accordé. Le cheval en effet se relève, et lui libre désormais comme s'il eût été seul dans l'arène se voit délivré de sa juste frayeur. De retour en sa maison, il vint à la cathédrale du glorieux saint Julien avec sa femme et sa famille, rendant grâce à Dieu du fond de son cœur. Chacun d'eux fit présent d'un cierge, et c'est de là, sans doute, que vient cette figure de chevalier en cire qui est restée si longtemps suspendue à la châsse. N'oublions point de dire qu'auprès de Châtellerault, au diocèse de Poitiers, il y avait au bourg de Senillé une femme possédée du démon, comme on en pouvait juger par ses gestes, ses actes, ses paroles; le fait était connu dans la paroisse et aux environs. Une vieille dame de Châtellerault, née dans ce bourg, était venue à la cathédrale de saint Julien et avait appris les nombreux miracles qui s'y opéraient. Elle vint visiter cette pauvre énergumène, et pleine de confiance dans les mérites du saint Pontife, elle engagea le mari de cette femme à aller chercher quelques reliques ; à faire pour elle un vœu en cette église, ou à la visiter lui-même à sa place. Le croirait-on? la dame se rendit à sa petite terre, éloignée seulement d'un demi-mille; revint presque aussitôt, et trouva cette pauvre possédée jouissant de sa pleine raison et se disant très-bien remise.

Dans le même temps également, un enfant de sept ans, sourd et muet de naissance, vint à la fête avec sa mère; il s'agenouilla, les mains jointes, au pied du saint autel, et bientôt il se mit à invoquer à haute voix la très-sainte Vierge, mère de Dieu, et le glorieux saint Julien ; il avait ainsi reçu le bonheur d'entendre et l'avantage de pouvoir parler. Il ignorait cependant le nom de chaque chose, mais en peu de temps il apprit celui qui leur convenait, et combina leur arrangement aussi bien que tout autre enfant de son âge. Il est inutile d'en dire plus long : chacun sait quelle preuve notre glorieux saint a donnée de ses mérites et de son pouvoir auprès de Dieu et de la bienheureuse Vierge, en l'honneur de laquelle il fonda cette illustre basilique. Le *feu sacré* (1) y est éteint ; les énergumènes y trouvent leur délivrance; les voyageurs s'y rassemblent en foule pour implorer la protection du saint, afin de trouver facilement l'hospitalité.

Prions-le donc aussi, afin qu'au jour où nous paraîtrons

---

(1) Avesgaud, évêque du Mans (994-1036), éleva à la porte de la cathédrale un hôpital en faveur des personnes atteintes du mal connu sous le nom de *feu sacré*, et qui venaient chercher leur guérison auprès des saintes reliques. La jolie chapelle, construite sur les fondements d'une autre, fondée par saint Victeur au ve siècle, vient d'être démolie pour faire place à une boutique de cordonnier.

devant le redoutable juge, il puisse dire comme de ses propres enfants : « Me voici, et les fils que le Seigneur m'a donnés. » A lui louange, honneur et gloire dans les siècles des siècles. Ainsi soit-il.

Qui donc pourrait, sans être ému vivement, lire ces traits admirables de la puissance de saint Julien pendant sa vie et après sa mort ; ces traits de la vive foi et de la généreuse piété de nos ayeux jusqu'après ce treizième siècle, si fécond en merveilles de ce genre. Ces traits, nous les avons empruntés à un auteur contemporain de cette dernière translation, qui a écrit également la plupart des faits que nous avons rapportés précédemment. Son précieux manuscrit se trouve imprimé pour la plus grande partie au troisième tome des *Analecta* de Mabillon (1).

A ces siècles si pieux du moyen-âge ont succédé des temps bien funestes, on le sait, à la paix et à la splendeur de l'Eglise de France. La réforme y amoncela partout des ruines, la foi fut sapée jusqu'au fond des cœurs, le rationalisme prit des développements bien déplorables ; le soin de la prière publique fut négligé, et la société chancela bientôt sur ses bases. Nous ne voulons point redire ici tout ce que l'Eglise du Mans, entr'autres, eut à souffrir des immenses ravages causés par le calvinisme, le rationalisme, le scepticisme, le jansénisme et son influence sourde, qui dans nos derniers temps encore entraînait dans des déviations désolantes la piété des Français. Nous aimons mieux jeter le voile sur ces défections honteuses, ces trahisons coupables, ces déprédations sacrilèges..... etc. Oublions que la châsse

---

(1) Biblioth. du Mans, n° 224.

précieuse de la cathédrale fut livrée à vil prix, et que ses ornements les plus riches furent foulés avec dédain dans la poussière ; oublions, s'il est possible, que les ossements sacrés de notre illustre apôtre et premier évêque ont été tirés des lieux abjects, il y a quelques années. Oublions un passé que nous pouvons désavouer sans peine, et ne pensons plus qu'à marcher sur les nobles traces de nos premiers ayeux. Le culte des saints, ne l'oublions pas, est un des grands besoins de la piété dans tous les temps, et au temps présent surtout. Le culte des reliques saintes de nos illustres évêques et de notre glorieux apôtre en particulier, est pour nous une obligation des plus essentielles, et une source immense de grâces à espérer. Quelle puissance ces restes précieux n'ont-ils pas exercée pour le bonheur de la ville du Mans à différentes époques ! Un grand devoir nous est donné à remplir :... marcher à la suite de notre évêque illustre, seconder ses pieux desseins en faveur de ses glorieux prédécesseurs, rétablir dans l'histoire et dans le cœur de nos concitoyens les actes du grand Pontife saint Julien ; contribuer à reconstruire son précieux tombeau, objet, jusqu'à nos derniers troubles civils, de la vénération la plus profonde, abandonné de nos jours sous le chœur de son église du *Pré* ; recueillir en ce lieu saint, fécondé par ses sueurs, sa dépouille mortelle et les ossements des premiers chrétiens de la ville, et dans la cathédrale fondée par ses soins, toutes ses vénérables reliques. Par là, du moins, il nous sera permis de réparer autant qu'il est en nous, les erreurs, les fautes, les sacriléges de nos devanciers à l'égard de cet inestimable trésor ; de même qu'il nous sera donné de compter encore sur la même protection, sur la même faveur de la part de notre puissant patron.

Mais ce qui sera pour nous, assurément, un continuel sujet de regrets, c'est la perte des ouvrages qu'on lui attribue et que les calvinistes brûlèrent, ainsi que des manuscrits de l'époque l'assurent. On a lieu cependant de s'étonner comment Lethald et les auteurs des *Actes* de saint Julien ne font nulle mention de ces précieux traités, et comment ils étaient si peu répandus qu'une seule main a pu les détruire à jamais. Pour nous, qui sommes loin d'accepter l'argument négatif du prêtre de Launoy, surnommé en son temps *le grand dénicheur de saints*, nous aimons à croire que les exemplaires en étaient très-rares, parce que le style, comme on l'assure, en était très-relevé. Au reste, on y apprenait, tracé de la main même de saint Julien, qu'il avait douze ans au moment de la mort du Sauveur, et qu'il avait été témoin de ces ténèbres épaisses dont la terre fût alors enveloppée. Ce qui s'accorde avec ce que des auteurs payens ont constaté à Rome, au même temps.

CHAPITRE VII.

OFFICE DE SAINT JULIEN.

On le sait, la liturgie romaine est celle de l'Eglise catholique, s'il est une liturgie à laquelle on puisse donner ce nom ; et dans toute l'Eglise latine on compte à peine soixante à quatre-vingt diocèses où elle ne soit pas la seule en usage. Aussi l'Eglise du Mans, comme on en peut juger par nos manuscrits anciens, n'en connaissait pas d'autre il y a un siècle. Depuis ce temps, des hommes se sont rencontrés, remplis, les uns, d'intentions louables, sans doute ; les autres, d'intentions trop suspectes, qui nous ont légué le triste fruit de leurs stériles labeurs. L'histoire nous a appris tous les combats qu'eurent à soutenir contre le Jansénisme les vénérables évêques du Mans Roger de Crévy et Charles-Louis de Froullay ; leurs efforts généreux furent couronnés du succès en grande partie ; mais cependant ce dernier prélat consentit à recevoir une liturgie nouvelle, qui offre bien peu de ressemblance avec la première. Il appartient au Pontife souverain de juger cette œuvre, et ce que nos derniers évêques ont dû, ou bien ont pu faire au milieu de ces dissensions à jamais déplorables qui attristèrent si souvent le cœur du père commun des fidèles ; il lui appartient de provoquer la réforme (1) de ces innovations étranges que maintenant on pourrait désavouer sans peine ; car elle va, dit-on, finir bientôt cette vaste conspiration, ourdie en France contre la vérité historique, philosophique et religieuse : le torrent paraît s'écouler, et déjà l'on s'empresse de recueillir avec amour et foi les débris amoncelés sur son passage. Pour nous, plein du respect le plus profond pour les mystères et les paroles de la divine liturgie, et pour le pouvoir sacré qui nous prescrit ses formes, nous admirons *la prière de l'Eglise, la plus agréable au cœur de Dieu, et par-là même la plus puissante; et lorsqu'elle puise dans l'ancien Testament ses chants sublimes, et lorsqu'elle entonne les cantiques de la nouvelle alliance, et lorsqu'enfin elle donne passage à l'Esprit-saint qui l'anime, et chante elle-même un cantique nouveau.*

Néanmoins, nous nous croyons en droit de regretter que l'Eglise du Mans ait rejeté les magnifiques prières consacrées depuis tant de siècles à son glorieux fondateur, par nos ayeux mieux inspirés ; et ces répons si pleins de majesté, de douceur et d'une fraîcheur incomparable. Nous nous croyons même en droit d'espérer qu'un jour ces chants sacrés retentiront de nouveau sous les superbes voûtes de notre cathédrale, lorsqu'on s'appliquera davantage encore à lui rendre son antique parure et ses riches onements d'autrefois. En attendant, nous nous faisons un devoir de reproduire ici ces pièces touchantes, et de recommander à l'attention du lecteur ce répons du Ier nocturne :

---

(1) Nous savons que cela vient d'avoir lieu à l'égard de plusieurs de nos vénérables prélats ; et c'est pourquoi le pieux évêque de Rennes fait imprimer le Rituel et le Cérémonial romain, tandis que plusieurs autres diocèses reprennent le Bréviaire et le Missel.

℟. Sicut, cùm placidas verni clementia temperat auras, redolentes arbusta prorumpunt in flores : sic, pace ecclesiæ restitutâ, sancti per mundum effulsère viri, * fidei fulgore insignes, virtutum luce admirabiles.

Comme on voit les arbustes s'épanouir en fleurs odoriférantes, lorsque le printemps vient à tempérer les vents désormais paisibles: ainsi, quand l'Eglise eut recouvré la paix, on vit briller dans le monde de saints hommes, distingués par l'éclat de leur foi, admirables par la splendeur de leurs vertus.

℣. Ad Christi sequenda vestigia hi mansueti corde parati sunt imitabiles ; * fidei etc.

Quand il leur fallut suivre les vestiges du Christ, leur cœur plein de mansuétude se trouva prêt à l'imiter.

PREMIÈRES VÊPRES.

1. *Ant.* Beate Christi confessor, Juliane, ecce nomen tuum fulget per secula, petimus ergo ut tuis sacris precibus mereamur adjuvari à Domino.

Julien, bienheureux confesseur de Jésus-Christ, voilà que votre nom resplendit dans le monde, nous demandons ainsi que par vos prières sacrées nous méritions le secours du Seigneur.

2. Intercessio, Domine, beatissimi Juliani episcopi nos ubique lætificet ut cujus solemnia colimus, ejus precibus adjuvemur.

Que l'intercession, Seigneur, du grand saint Julien, évêque, nous réjouisse de toutes parts, afin que célébrant sa fête, nous soyons aidés par ses prières.

3. Suffragante, Domine, beatissimo Juliano confessore tuo, quæsumus infundatur gratia Spirtûs-Sancti in corda nostra, ut mala vitare valeamus, et bonis omnibus perfruamur.

Appuyés sur les suffrages du grand saint Julien votre confesseur, nous vous en supplions, Seigneur, que la grâce de votre Esprit-saint se répande dans nos cœurs, pour que nous puissions éviter le mal et jouir de tous les biens.

4. Sancte Juliane intercede pro nobis, ut consortes gloriæ Sanctorum tecum effici mereamur.

Saint Julien intercédez pour nous, afin que nous méritions d'entrer avec vous en partage de la gloire des saints.

5. O Juliane, ô pie, quàm pium est gaudere de te. O Juliane Prophetis compar, Apostolis conserte,

O Julien, ô pieux Pontife, quelle action pieuse de se réjouir à votre sujet ! O Julien, émule des Prophètes, coopérateur des Apôtres, la perle des Prélats, illustre par votre foi, par vos mérites, par votre piété, votre miséricorde et votre ineffable charité, secourez-nous maintenant et en présence du Seigneur.

Præsulum gemma, fide et meritis egregie, pietate, misericordia et charitate ineffabili, succurre nobis nunc et antè Deum.

Capitule ancien : Ecce sacerdos magnus, etc., *au commun.*

O glorieux prélat, ô hérault de la vérité suprême ! O illustre cité du Mans, qui as mérité de recevoir du Christ, Julien pour pasteur !

Puisses-tu te rendre toujours digne d'avoir pour intercesseur dans les cieux celui que tu as mérité de recevoir du Christ, notre rédempteur, pour pasteur sur la terre.

℞. O gloriosum præsulem, ô summæ veritatis præconem; ô urbs præclara Cenomani, quæ à Christo Julianum * meruisti habere pastorem.

℣. Cum semper in cœlis merearis intercessorem, quem in terris à Christo, redemptore nostro * *meruisti habere pastorem.* — Gloria, etc. — O gloriosum, etc.

Hymne : Iste confessor, etc., *au commun.*

Antienne de Magnificat.

Cité du Mans, rehaussée par les mérites de Julien, célèbre en ce jour la grande fête de ce père illustre : afin que tu mérites la récompense éternelle, par le secours de celui sous la conduite duquel tu as reçu l'enseignement de la vérité.

Urbs provecta Cenomani Juliani meritis, tanti patris nunc præclara suscipe solemnia : ut quo duce veritatis sumpsisti præconia, ejus ope sempiterna merearis præmia.

OFFICE DE LA NUIT.

Adorons avec un cœur pur le Christ, notre Seigneur et roi, qui de la cité des cieux suscita saint Julien.

Invit. Corde puro regem Christum adoremus Dominum, cœli arce qui beatum provexit Julianum. — *Venite*, etc.

Hymne : Iste confessor, *au commun.*

Ier NOCTURNE.

1. *Ant.* Ad collocandum in Galliis novæ fidei fundamentum superna pietas magnificos, atque industrios destinavit viros.

Pour jeter dans les Gaules les fondements de la foi nouvelle, la miséricorde suprême envoya des hommes au cœur magnanime et courageux.

Psalm. Cœli enarrant... etc.

2. Primus igitur non tantùm præsul, quantùm apostolus urbi Cenomanicæ à Domino missus est Julianus.

Julien fut ainsi envoyé par le Seigneur, moins comme premier évêque que comme apôtre de la ville du Mans.

Ps. Benedicam Dominum, etc.

3. Signum apostolatûs ejus ipsi sunt in Domino, qui prædicatione ejus ab errorum tenebris ad lumen Deificæ fidei vocati sunt.

La marque de l'apostolat qu'il reçut du Seigneur, ce sont ceux qui des ténèbres de leurs erreurs ont été appelés par sa voix à la lumière déifiante.

Ps. Eructavit cor meum... etc.

Pour leçons, les légendes que plus haut nous avons traduites.

---

1 ℟. Sicut, cùm placidas verni clementia temperat auras, redolentes arbusta prorumpunt in flores, sic, pace Ecclesiæ restitutâ, sancti per mundum effulsêre viri,* fidei fulgore insignes, virtutum luce admirabiles.

Comme on voit les arbustes s'épanouir en fleurs odoriférantes, lorsque le printemps vient à tempérer les vents désormais paisibles, ainsi quand l'Église eût recouvré la paix, on vit briller dans le monde de saints hommes, distingués par l'éclat de leur foi, admirables par la splendeur de leurs vertus.

℣. Ad Christi sequenda vestigia hi mansueti corde parati sunt imitabiles,* fidei, etc.

Quand il leur fallut suivre les vestiges du Christ, leur cœur plein de mansuétude se trouva prêt à l'imiter.

2 ℟. Primus igitur non tantùm præsul, quantùm apostolus,* urbi Cenomanicæ à Domino missus est Julianus.

Julien fut donc envoyé dans la ville du Mans par le Seigneur, moins comme premier évêque que comme apôtre ;

Pour manifester aux nations la vérité du Christ, et pour fouler aux pieds le culte de vaines erreurs.

La marque de l'apostolat qu'il reçut du Seigneur, ce sont ceux-là même qui des ténèbres de leurs erreurs furent appelés par sa voix à la lumière de la foi déifiante.

De la faute du premier père; de la décrépitude de l'antique gentilité, *ils furent appelés*, etc.

℣. Ad Christi veritatem gentibus manifestandam, ad conculcandam vani erroris culturam. * Urbi, etc.

3 ℟. Signum apostolatús ejus ipsi sunt in Domino, qui prædicatione ejus ab errorum tenebris * ad lumen deificæ fidei vocati sunt.

℣. A reatu paterni delicti, à squallore vetustæ gentilitatis. * Ad lumen, etc.

IIe NOCTURNE.

Ce même Julien, très-illustre parmi la noblesse de Rome, éloquent dans ses discours, distingué par son amour pour la justice, se rendit très-célèbre par le mérite de sa foi.

Julien, homme de Dieu, fortifié par la foi, armé du glaive de l'Esprit-saint, vint sans crainte à la ville susdite pour fouler aux pieds les vaines pompes des démons.

La nouveauté de la prédication sainte du grand pontife saint Julien, devenait pour quelques infidèles un sujet de scandale, et pour d'autres, un sujet de raillerie.

Ce même Julien, très-illustre parmi la noblesse de Rome, éloquent dans ses discours, distingué par son amour pour la justice, se rendit très-célèbre par le mérite de sa foi.

1 *Ant.* Hic itaque Julianus Romana generositate clarissimus; linguâ facundus, justitiâ insignis, merito fidei apparuit percelebris.

Ps. Omnes gentes plaudite... etc.

2. Vir Domini Julianus, fide mutritus, gladio Spiritús sancti accinctus, ad conculcandas dæmonum vanitates ad urbem suprà-dictam accessit intrepidus.

Ps. Exaudi, Deus, deprecat. etc.

3. Novitas sanctæ prædicationis beatissimi Juliani pontificis, quibusdam incredulis vertebatur in scandalum, nonnullis habeatur in derisum.

Ps. Exaudi, Deus, orationem meam... etc.

1 ℟. Hic itaque Julianus Romana generositate clarissimus, linguâ facundus, * justitiâ insignis, merito fidei apparuit percelebris.

℣. Primus urbi Cenomanicæ non tantùm præsul, quantùm apostolus à Domino missus est Julianus,* *justitiâ insignis*, etc.

2 ℟. Per manus Juliani pontificis tantas Christus operabatur virtutes; ut cunctis languentibus opem crucis medicamine lagiretur.
℣. O gloriosum Præsulem, ô summæ veritatis præconem, qui tanta Christi plenus erat gratia,* *ut cunctis*, etc.

3. ℟. O gloriosum præsulem, ô summæ veritatis præconem; ô urbs præclara Cenomani quæ à Christo Julianum * meruisti habere pastorem.
℣. Eum semper in cœlis merearis intercessorem, quem in terris à Christo redemptore nostro * *meruisti*, etc.

Julien fut envoyé dans la ville du Mans par le Seigneur, moins comme premier évêque que comme apôtre.

Par les mains de Julien, pontife, le Christ opérait de si grandes merveilles, qu'il soulageait tous les infirmes, en se servant du signe de la croix pour moyen de guérison.
O glorieux prélat, ô héraut de la vérité suprême, qui était tellement rempli de la grâce du Christ,* *qu'il soulageait*, etc.

O glorieux prélat, ô héraut de la vérité suprême, ô cité illustre du Mans qui as mérité de recevoir du Christ Julien pour pasteur!

Puisses-tu mériter d'avoir pour intercesseur dans les cieux, celui que *tu as mérité* de recevoir du Christ, notre rédempteur, *pour pasteur sur la terre*.

IIIe NOCTURNE.

Evangile : hoc est præceptum meum ut diligatis invicem, etc.

Homélie 76e de S. Jean Chrysostôme (1).

1 *Ant.* Miraculorum potentiâ reddebat attonitos, quos ad audiendam veritatis viam innatus error effecerat fastidiosos.
Ps. Confitebimur tibi, Deus.. etc.

Par la puissance des miracles il rendait stupéfaits ceux qui, par une erreur innée, étaient sans ardeur pour prendre la voie de la vérité.

---

(1) On comprend facilement pourquoi nos derniers faiseurs de bréviaires ont rejeté cette homélie touchante sur la charité, pour faire place à une des homélies de saint Augustin, si chères à la secte.

Le Christ opérait par les mains du vénérable pontife de tels prodiges, qu'il donnait du soulagement à tous les infirmes en prenant le signe de la croix pour moyen de guérison.

Ceux qui venaient en grand nombre pour la santé de leur corps, illuminés par les paroles de foi, s'en retournaient avec le salut de leurs âmes.

Cité du Mans, rehaussée par les mérites de Julien, célèbre en ce jour la grande fête de ce père illustre, afin que tu mérites la récompense éternelle par le secours de celui sous la conduite duquel tu as reçu l'enseignement de la vérité.

Que partout, que toujours tu sois protégée par l'intercession de celui... etc.

Comme on voit la brillante étoile du matin annoncer le soleil après les ténèbres d'une nuit de tourmentes : ainsi Julien vint annoncer aux Cénomans le lever du soleil de justice, après les ténèbres de l'erreur.

Assis dans les ténèbres et à l'ombre de la mort, Julien, hérault de la vérité, *vint annoncer*.... etc.

Le grand saint Julien, premier pontife des Cénomans, très-illustre par l'éclat de ses vertus, après avoir triomphé de la superbe de l'antique ennemi, est entré en ce jour, heureux et vainqueur, dans le royaume éternel.

Ayant atteint le but où se trouve

2. Per manus reverendi pontificis tantas Christus operabatur virtutes ut cunctis languentibus opem crucis medicamine largiretur.

Ps. Dominus regnavit... etc.

3. Cùm ad eum multi convenirent pro salute corporum, illuminati verbo fidei cum salute redibant animarum.

Ps. Dominus regnavit, irascantur..... etc.

1 ℟. Urbs provecta Cenomani Juliani meritis, tanti patris nunc præclara suscipe solemnia, * ut quo duce veritatis sumpsisti præconia, ejus ope sempiterna merearis præmia.

℣. Cujus vera te perduxit ad fidem assertio ejus semper tueatur ubique intercessio. *

2. Splendens lucifer velut solem post anxiæ noctis nuntiat umbram. Sic Julianus post errorum tenebras : * exortum solem justitiæ Cenomanensibus nuntiavit.

℣. Sedentibus in tenebris, et umbra mortis Julianus præco veritatis, * *exortum*... etc.

3 ℟. Beatissimus Julianus Cenomanensium pontifex primus, virtutum fulgore clarissimus, antiqui hostis superbia triumphata * hodiè felix et victor regna subiit sempiterna.

℣. Immortalis palmæ adeptus

bravium, regnat cum Christo in æternum, * hodiè... etc.

℣. Sacerd. Ora pro nobis, beatissime Juliane, ut digni efficiamur promissionibus Christi.

la palme immortelle, il règne avec le Christ dans l'éternité.

Priez pour nous, grand saint Julien, afin que nous devenions dignes des promesses du Christ.

LAUDES.

Psaumes du dimanche.

1 *Ant.* Julianus Cenomanensium pontifex primus, antiqui hostis superbiâ triumphatâ, hodiè felix et victor regna subiit sempiterna.

2. Immortalis palmæ adeptus bravium Julianus Cenomanensium præsul cum Christo regnat in æternum.
3. Ad Christi veritatem gentibus manifestandam, ad conculcandam vani erroris culturam, Julianus urbem petiit Cenomannicam.
4. Domine, Jesu-Christe, jube ut resurgat adolescens iste ; ut tanti facti potentiâ et fides credentium in te roboretur, et non credentium corda subdantur, per te unigenitum Dei vivi, quem cum patre et Spiritu-sancto regnantem et dominantem confitemur in secula seculorum. Amen.

5. Mox quasi à somno adolescens surgit à feretro, et clarâ voce cœpit clamare : verè magnus est Deus Christianorum quem

Julien, premier pontife des Cénomans, après avoir triomphé de la superbe de l'antique ennemi, est entré en ce jour, heureux et vainqueur, dans le royaume éternel.

Ayant atteint le but où l'on trouve la palme immortelle, Julien, évêque des Cénomans, règne avec le Christ dans l'éternité.

Pour manifester aux nations la vérité du Christ, pour fouler aux pieds le culte de vaines erreurs, Julien gagna la cité du Mans.

Ordonnez, Seigneur Jésus-Christ, que ce jeune homme ressuscite, afin que, par la vertu d'un si grand prodige, la foi de ceux qui croyent en vous se corrobore, et que les cœurs de ceux qui ne croyent pas soient subjugués par vous, fils unique du Dieu vivant, que nous confessons régner et dominer avec le Père et le Saint-Esprit dans les siècles des siècles. Amen.

Bientôt comme arraché au sommeil, le jeune homme se lève du cercueil, et se met à crier à haute voix : assurément il est grand, le

Dieu des chrétiens, que prêche Julien son serviteur. prædicat servus ejus Julianus.

Capit. Fratres jàm non estis hospites, etc.
Hymne : Exultet cœlum laudibus, *au commun*.

Antienne de Benedictus.

Les cris de tous s'élèvent vers le ciel ; ils célèbrent la grandeur du Christ, proclament qu'il est vrai Dieu, et Julien son serviteur se voit adoré par eux tous, malgré son refus formel et ses efforts pour l'éviter.

At verò cunctorum clamore in cœlum sublato Christus ab omnibus magnificatur, Christus verus Deus prædicatur ; et famulus ejus Julianus, multùm reluctans ac renitens ab omnibus adoratur.

IIes VÊPRES.

Ant. de Laudes ; *le reste comme au commun, excepté :*

Julien fut donc envoyé dans la ville du Mans par le Seigneur, moins comme premier évêque que comme apôtre, pour manifester aux nations la vérité du Christ, et pour fouler aux pieds le culte de vaines erreurs.

℟. Primus igitur non tantùm præsul quantùm apostolus * urbi Cenomannicæ à Domino missus est Julianus ad Christi veritatem gentibus manifestandam ad conculcandam vani erroris culturam.

Ant. de Magnificat.

Très-pieux Julien, diadème du sacerdoce, portez au ciel les vœux que nous adressons au juge miséricordieux, afin que par votre patronage saint nous obtenions le pardon de nos péchés, lorsque le cours de notre vie se terminera.

Sacerdotum diadema, Juliane piissime, nostra defer in excelsum vota pio judici : ut tuo adipiscamur sancto patrocinio, jàm exacto vitæ cursu, delictorum veniam.

MESSE DE LA VIGILE.

Intr. Ego autem sicut oliva fructifera, etc.

MESSE POUR LE JOUR DE LA FÊTE.

Int. Statuit ei Dominus, *au commun.*

ORAISON.

Deus qui ecclesiæ tuæ beatum Julianum mirabilem tribuisti doctorem, concede propitiùs ut hunc apud te pium mereamur semper habere intercessorem.

Dieu, qui avez accordé à votre Eglise l'admirable docteur saint Julien, permettez, dans votre miséricorde, que nous méritions de l'avoir toujours pour intercesseur charitable auprès de vous.

Epitr.: Ecce sacerdos magnus qui.... etc. ℟. Domine prævenisti, *au commun.*

TRAIT.

Ave Juliane, Christi confessor, præsul egregie et pastor bone. ℣. Lucifer ut radiat cœlum sic tu quoque fulges in mundo. ℣. Inter prophetas vates non minor Apostolis, Pontificum gemma. ℣. Martyrium voto exciperes carnem excrucians si lictor adesset. ℣. Tu degens terris ter confracta necis fauce tamen de morte levasti cadavera. ℣. O verè beate ineffabili pietate succurre tuis famulis. ℣. Nosque post obitum suscipias in regnum tuum.

Salut Julien, confesseur du Christ, illustre prélat, excellent pasteur. Comme l'étoile du matin s'élève radieuse dans les cieux; ainsi vous brillez sur la terre. Parmi le chœur des Prophètes, vous êtes un Prophète nullement inférieur aux Apôtres, vous, la perle des Pontifes. Crucifiant votre chair, vous aviez le désir de recevoir le martyre, si le licteur se fût présenté. Pendant votre vie sur la terre, trois fois vous avez brisé les dents de la mort et fait lever des cadavres de leur tombeau. O saint véritable, secourez vos serviteurs par votre ineffable miréricorde. Et après le trépas, recevez-nous en votre royaume.

Séquence du Missel de 1530, etc.

Juliane inclyte et Præsulum omnis caterva.
Tibi psallat debitè per secu-

Illustre Julien, et vous, chœur entier des prélats.
Que ce peuple conservé par vos

soins chante dignement vos louanges sur la terre.

O saint plein de clémence, accueillez nos pieuses prières.

Ici par votre sainte intercession les ardens sont guéris.

Par vos secours les infirmes et les énergumènes sont guéris.

Par vous les voyageurs et les étrangers jouissent de l'hospitalité.

O notre père, que par vous, tous nos péchés soient effacés !

Que les chœurs des fidèles rachetés ainsi se réunissent !

lum gens hæc quem serva.

Suscipe nunc pia et nostra clemens precata.

Curas ardentia hic membra prece beata.

Tuo præsidio sanantur ægri et energumenè.

Per te hospitio foventur ignoti sive peregrini.

Pater, omnium crimina per te sint dempta.

Subjungant pium agmina amen redempta.

Autre séquence au temps pascal.

Chrétiens, célébrez les louanges de saint Julien.

C'est lui qui le premier réconcilia les Cénomans pécheurs et plongés dans les erreurs du paganisme.

Un aveugle recouvre la vue ; aussitôt le Préfet est baptisé : le Christ règne dans les cœurs de ces nouveaux croyans.

Dites-nous, jeune fille, ce que vous avez vu en votre chemin.

Une fontaine d'eau vive couler aussitôt, après une prière faite pour l'obtenir.

Il baptise les témoins de ce prodige, qui déposent maintenant leurs habits.

Enfant, il assiste à la Cène, il va dans la Galilée après Jésus-Christ.

Les ardens sont guéris, ainsi que les possédés que tourmente le démon trompeur.

Nous savons qu'il a vraiment ressuscité trois morts.

Vous, ô Christ, ayez pitié de nous.

Juliani sacri laudes concinant christiani.

Hic primo Cenomanenses paganos errantes reconciliavit peccatores.

Cœco lumen redditur, statim rex baptizatur ; credensque Christus regnat vivus.

Dic nobis puella, quid vidisti in via.

Vivum fontis decurrentis prece facta protinùs surgentis.

Hic baptisat testes, tunc deponentes vestes.

Puer assistit ad Cœnam, pergit post Christum Galilæam.

Igne curantur accensi, sanantur obsessi, qui vexantur dœmone fallace.

Scimus illum suscitassse tres mortuos verè.

Tu nobis, Christe rex, miserere. Alleluia.

Ces citations suffiront, à notre avis, pour donner quelque idée des beautés liturgiques renfermées dans cet ancien office. Ceux qui connaissent la richesse de la liturgie romaine peuvent comprendre quel charme avaient les morceaux pris au commun des Apôtres ou des confesseurs pontifes, le graduel, les hymnes, etc. Qui donc pourrait ne pas se sentir profondément ému en entendant ces chants sublimes résonner sous les voûtes gothiques de notre cathédrale, en présence des ossements sacrés de notre glorieux apôtre, et de ces murs sacrés que ses mains ont fondés?

Comme on vient de le voir, ce thème représente en abrégé son histoire, que les vitraux coloriés exposaient aux regards, et que les leçons de la fête expliquaient en détail. A l'office de la vigile, ce sont des prières pour obtenir de célébrer dignement la fête. Au 1er nocturne, on expose la cause de la mission du saint, sa mission comme apôtre et la marque de son apostolat; au 2e nocturne, ses qualités personnelles, sa naissance illustre, ses vertus, les grâces qu'il reçut du ciel pour entreprendre sa mission, et enfin, les succès et les contradictions qu'il éprouva; au 3e, ses miracles éclatants, sa sainte mort et sa récompense. Des psaumes avaient été choisis pour répondre aux sentiments exprimés dans les différentes parties de ce bel office, trop mutilé dans cette citation.

On nous pardonnera, nous l'espérons, d'exprimer ici nos regrets et nos espérances. Nous ne pouvons relire nos anciens bréviaires, celui de Monseigneur de Tressan, entre autres, et nos anciens missels, sans une vive émotion. Nous y avons trouvé des répons de la plus grande beauté, ceux particulièrement en l'honneur de la sainte Vierge. Rien assurément de plus lyrique ni de plus touchant que leur mélodie.

Que serait-ce, si nous pouvions entendre encore l'office de saint Julien, et ces répons admirables avec les motifs sublimes du chant grégorien, tel qu'on l'exécute de nos jours dans nos abbayes de France? car, quel rapport entre cet élan sublime de la prière et les chants lourds et monotones de la plupart de nos églises? (1) Mais espérons et attendons. « Bientôt, dit un écrivain moderne, la génération présente se réveillera aux nobles accents de notre antique liturgie, seule digne du temple chrétien, qui inspira jadis ses voix multiples et toutes mystérieuses. Le sanctuaire ne sera plus honteux de ces chants maigres, tronqués, sourds et froids comme l'esprit janséniste et philosophique, qui nous en fit le triste legs dans le siècle dernier. Il se réjouira au bruit de ces accords que répétaient jadis les voûtes gothiques, objet de notre juste, mais bien tardive admiration. »

Cet espoir n'est point une illusion vaine. La musique profane abandonne les églises de la ville éternelle et de la capitale de la France, pour faire place au chant grégorien en contre-partie. De toutes parts, des voix imposantes s'élèvent pour cette réhabilitation nécessaire, et le théâtre même, dans quelques-uns de nos opéras modernes, s'est chargé de montrer l'immense supériorité et les effets prodigieux de cette tonalité essentiellement catholique. Pour opérer ces changements si importants pour la gloire et l'éclat du culte sacré, et pour la piété des fidèles, nuls inconvénients ne se présenteraient sans doute; car ce chant si harmonieux nous

---

(1) On sent généralement le besoin de rétablir en France l'ancien plain-chant. Nous avons pu facilement nous convaincre de cette nécessité pendant la dernière fête de saint Julien, à la cathédrale du Mans.

a paru extrêmement facile à apprendre, même pour les simples fidèles, et les livres de la liturgie romaine se trouvent parmi nous sous tous les formats désirables et aux prix les plus minimes. Quant au supplément pour chaque diocèse, nous avons l'œuvre soigneusement élaborée par nos anciens et très-pieux évêques, après le concile de Trente surtout (1).

Nous terminons ce chapitre en donnant un extrait des cérémonies les plus remarquables observées de temps immémorial pendant la fête de saint Julien.

A l'office de la vigile, le verset sacerdotal et les laudes étaient chantés. — On sonnait à midi pendant une heure. Les vêpres étaient du rit annuel-majeur. On y faisait la cérémonie des Maries. Le syndic et les douze derniers mariés de la paroisse de Saint-Aubin-lès-le-Mans, tenus de faire la garde de l'église pendant la nuit, venaient à 7 heures du soir, et prêtaient serment devant le bailli du chapitre, qui siégeait pendant tout le temps de l'office avec le procureur et le greffier, assistés de deux huissiers. De plus, le chapitre députait deux chanoines, les derniers reçus, pour veiller au bon ordre tour-à-tour. — A 8 heures, les matines ou nocturnes étaient chantées par les chanoines de la collégiale de saint Pierre; ensuite par le chapitre de la cathédrale; et enfin, par les moines de l'abbaye de la Couture. Pendant la messe, tous les ecclésiastiques du chœur étaient en chappe, comme à la Fête-Dieu. Les diacres, sous-diacres, chantres et acolythes de la cathédrale, de Saint-Pierre-de-

---

(1) Permis à chacun, sans doute, d'imaginer maintenant quelque chose au-dessus du chef-d'œuvre de Robinet pour la prochaine édition du Bréviaire manceau, et au-dessus de celui des Grancolas modernes pour d'autres parties de la liturgie.

la-Cour et de la Couture concouraient ensemble à la célébration de l'office. Les chantres entonnaient l'*Introït*, que les musiciens continuaient en chant sur le livre. — D'après l'ancien cérémonial manuscrit, lorsque l'évêque officiait, il était assisté par les deux abbés de Saint-Pierre-de-la-Cour et de la Couture. — Après l'offertoire, le secrétaire du chapitre se rendait à la porte principale du chœur et appelait à comparaître les abbés de Saint-Calais, de Saint-Vincent, de la Couture, de Beaulieu, d'Evron, de Lonlay, du Gué-de-l'Aune, de la Pelice, de Saint-Georges-du-Bois et de Vaas. Ceux qui étaient absents se trouvaient déclarés contumaces.

Nous croyons devoir ne point omettre qu'à la station, deux chanoines en aube et en étole étaient députés par le chapitre pour porter le chef de saint Julien entre quatre flambeaux. Les deux indults du diacre prenaient sur l'autel le brancard et le posaient sur les épaules des chanoines : après la station, ils le replaçaient de la même manière, et après avoir salué la précieuse relique, ils se retiraient. A la station, l'évêque ne donnait point la bénédiction. Il serait bien à désirer que cette partie du cérémonial fût encore suivie, et que les vénérables restes fussent déposés avec un plus grand respect. On verra sans doute avec peine également qu'ils restent exposés pendant l'octave au fond de l'espèce de forteresse, élevée à la place d'une charmante balustrade dorée qui entourait le chœur. On les aperçoit maintenant à peine, à travers les barreaux des grilles. Naguère, cependant, nous les voyions exposés au milieu des fidèles, dans le pourtour du chœur : la foule se pressait du matin au soir pour baiser la précieuse châsse et implorer l'assistance du saint patron. Les enfants et les personnes les plus pieuses y trouvaient un aliment puissant pour leur dévotion. De grâce, rendez à notre vénération et à notre amour les reliques de nos saints et les restes sacrés du grand disciple de saint Pierre, de notre très-puissant patron. Notre siècle n'est pas porté à la superstition, et l'indifférence ne glace plus autant les cœurs.

CHAPITRE VIII.

CATHÉDRALE DE SAINT JULIEN.

Nous devons, pour la gloire de notre illustre saint, parler maintenant des monuments nombreux élevés en son honneur, et surtout de la cathédrale, que ses mains ont fondée, où il a placé son siége, où sont exposés les restes de son très-précieux corps ; où il est toujours présent par le patronage spécial qu'il y exerce, et dans la personne de son légitime successeur, si l'on peut parler ainsi. Nous verrons que le même esprit inspira nos pères dans l'œuvre liturgique dont nous venons de donner un extrait, et dans tout ce qu'ils entreprirent dans le même but sous le rapport de l'art depuis un si grand nombre de siècles. Dans un chapitre précédent, nous avons admiré déjà le zèle brûlant qui enflammait les cœurs aux âges de la foi, et nous avons vu comment les dignes émules des *bâtisseurs* de Notre-Dame de Chartres ne croyaient pas trop faire, en forçant les enfants encore à la mamelle de contribuer en leur façon à l'achèvement du monument superbe qui excite aujourd'hui si justement notre admiration. Dans les lignes qui suivent on aimera, nous l'espérons, à trouver la description de ces travaux merveilleux, et la preuve de la très-grande vénération de nos ayeux à l'égard de l'illustre disciple des Apôtres, de notre glorieux patron saint Julien : d'autant mieux qu'en nos jours l'archéologie chrétienne a repris parmi nous la juste part qu'elle eût autrefois dans notre estime et dans notre affection, et lorsque la prière liturgique aura retrouvé de même à nos yeux sa force toute-puissante et ses ineffables délices, nous verrons bientôt revivre ces prodiges de l'art qu'enfantèrent la foi et la munificence de ces grands siècles chrétiens du moyen-âge. On sait déjà ce qu'ont produit en ce genre les trois dernières années qui viennent de s'écouler.

Précédemment nous avons exposé comment l'art catholique prit son origine en Orient, et eut dès le principe des formes traditionnelles et symboliques qui lui furent tout-à-fait particulières. Binterim pense avec plusieurs autres savants que le premier modèle de nos grandes églises fut le Cénacle, cet appartement élevé où les Apôtres se réunirent pour la Cène, et où l'Esprit-saint leur fut envoyé : aussi l'on voit les Pères des premiers siècles donner à ces temples le nom de *domus columbæ*; depuis, on les appela dômes ou cathédrales. Leur position était choisie le plus souvent sur les hauteurs, et dès le berceau du christianisme elles devinrent très-nombreuses, ainsi que les actes des Apôtres et les écrits des premiers Pères en font foi. Pour ce qui en regarde l'ornementation, Lucien, dans le dialogue de Philopatris (1), assure qu'elles étaient décorées avec la plus grande somptuosité : « Des portes de fer, des seuils d'airain et des lambris dorés qui rappelaient la salle du palais qu'Homère donne à Ménélas. » Tertullien, saint Jérôme, saint Paulin, le poète Prudentius et une foule d'écrivains des premiers

---

(1) Tom. I. p. 1007.

siècles du christianisme font connaître qu'en leur temps les autels étaient ornés de lampes d'or et d'argent, de candélabres et même de colonnes portant des cierges énormes aux grandes solennités, tandis que sur les murs on peignait des agneaux, des poissons, des cerfs se désaltérant aux fontaines d'eau vive, et que sur les vases sacrés on sculptait diverses figures, celle entr'autres du Bon-Pasteur. Ce que nous remarquons ici contre ceux qui voudraient nous persuader que l'esprit du catholicisme n'eut point dès le commencement un merveilleux élan, et ne se développa que par une progression lente.

Quant à la disposition du monument, elle était fidèlement observée, même dans les églises des catacombes, au temps de la persécution, comme on peut le voir dans de nombreux ouvrages publiés sur ces retraites sacrées (1), et toujours d'après les règles tracées dès le commencement. Ensuite, il n'est pas même de dôme ou d'église, un peu ancienne dans l'histoire, qui n'ait gardé sa catacombe : partout où une cathédrale s'est élevée, elle a eu pour fondement le corps d'un martyr; pour sanctuaire des plus vénérés, sa crypte mystérieuse, et jusqu'aux derniers temps elle conserva dans ses substructions et ses chapelles latérales le style catacombaire. Nous allons voir comment ces règles usitées furent suivies pour nos premières basiliques dans la ville du Mans.

Saint Julien avait exercé depuis longtemps déjà les fonctions de l'apostolat, au rapport des manuscrits anciens, lorsqu'il fut envoyé au Mans, accompagné d'un prêtre et

---

(1) Voy. Aringhi, Buonarotti, Boldetti, etc.

d'un diacre. Il demeura pendant quelque temps auprès d'une des portes de la ville, au dehors, et baptisa les premiers fidèles dans les eaux de la fontaine qui sortit du sein de la terre, à sa voix. Après avoir converti le président de la cité, il obtint pour en former sa cathédrale l'édifice où le conseil s'assemblait ; sorte de basilique, sans doute. Il est dit simplement que le saint évêque y érigea un autel en l'honneur de la sainte vierge et de saint Pierre ; ce qui porte à croire que la place du président devint dans cette basilique le siége du pontife, et que celles des conseillers furent occupées par les prêtres qui l'assistaient, en sorte que le culte chrétien s'appropria seulement cet édifice sans en changer la forme. Il paraît que saint Julien érigea dans la suite un autel particulier en l'honneur de saint Pierre ; car nous verrons à l'instant que saint Innocent le déplaça, lorsqu'il agrandit ce premier édifice. Au jour de la dédicace, une dotation considérable fut faite à ce temple avec toutes les conditions requises ; elle consistait en or et en argent, en vêtements, en animaux de différente espèce et en propriétés foncières, ainsi que nous l'avons exposé dans un chapitre précédent. Quelques redevances annuelles exigées des autres églises servirent en outre à l'entretien du luminaire et aux autres frais du culte divin. Il semble également qu'auprès de la cathédrale, des logements étaient réservés pour les clercs et pour recevoir les pauvres.

L'histoire ne nous a point permis de connaître ce que les successeurs de saint Julien firent en faveur de leur cathédrale pendant les cinq premiers siècles de notre ère : au VIe, saint Innocent « employa ses soins à agrandir et à orner la cathédrale et église de la ville, église qui jadis avait été consacrée en l'honneur de sainte Marie et des saints apôtres par le bienheureux Julien, premier évêque de ladite ville, église en laquelle saint Victeur, sur l'ordre et l'avis du bienheureux Martin, avait déposé précédemment avec pompe les reliques des saints martyrs Gervais et Protais, dont la présence fut signalée par des miracles insignes et innombrables ; église que le même seigneur saint Victeur avait commencé à restaurer et à agrandir, et qu'il fut forcé de laisser inachevée à l'approche du terme de sa vie. Ainsi donc le susdit seigneur et saint Innocent, agrandit pour cette raison la partie orientale de cette cathédrale et église de la ville, à partir de l'arcade (1) que l'on voit au milieu de ladite cathédrale et église de la ville : il exhaussa la partie occidentale que saint Julien avait autrefois consacrée ; il érigea dans la partie orientale qui s'avance depuis la dite arcade vers le côté du levant, un autel où il plaça les reliques précitées de saint Gervais et de saint Protais ; à la gauche de l'église et de cette même arcade, dans un bras de cette église de sainte Marie, il rétablit d'une manière convenable et réconcilia l'autel élevé et consacré auparavant en l'honneur de sainte Marie par le bienheureux Julien ; et dans l'autre bras, au contraire, fondé et construit par ses propres mains à la droite de l'église et de l'arcade, il plaça et réconcilia l'autel dédié à saint Pierre. En vertu des miracles innombrables qui s'opérèrent par l'intercession des saints Gervais et Protais, le vocable de l'église fut changé : celui de sainte Marie et de saint Pierre, établi par saint Julien, ne fut point aboli pour cela ; saint Innocent statua qu'ils seraient unis ensemble et l'objet d'une

---

(1) Arcus. Ce mot, employé souvent pour signifier une voûte, semble désigner ici l'arcade ou porte triomphale placée ordinairement au milieu de l'église.

commune vénération; et il voulut que le nom et le culte de la sainte mère de Dieu Marie fussent dans cette église l'objet d'une dévotion spéciale (1). » Quelques-uns ont placé la fin de ces travaux vers l'an 532.

Au viiie siècle, pendant les guerres et les désastres qui le signalèrent, la cathédrale se trouva détruite en partie et spoliée de ses biens. L'an 800, Charlemagne se rendant à Rome passa au Mans; touché de ce triste état, il employa tous ses soins pour faire restituer les propriétés de cette église, et dès-lors « l'évêque Francon la restaura, la couvrit, l'enrichit de plomb et l'orna merveilleusement au-dedans et au-dehors (2). » En 832, saint Aldric « ne trouva point son église tombée de vétusté; mais jugeant l'abside trop étroite, il jeta les fondements d'une autre, qu'il construisit et orna magnifiquement. Sur le maître-autel, couvert par un *ciborium* d'or et d'argent, il plaça un crucifix d'argent élégamment revêtu d'or, objet d'une grande vénération parmi le peuple (3). L'an de notre Seigneur Jésus-Christ 834, xi des calendes de décembre, ledit évêque saint Aldric consacra cet autel avec l'abside en l'honneur du saint Sauveur, de la sainte mère de Dieu Marie, des saints Gervais et Protais, et de saint Etienne, après y avoir placé avec un grand soin et déposé de ses mains des reliques du saint Sauveur, de la sainte mère de Dieu Marie, et du propre corps des saints Gervais et Protais et de saint Etienne. Il réconcilia en outre et consacra solennellement, en l'honneur du Seigneur et

---

(1) *Anal.* Mabill. T. III, p. 75. — M. S. n° 224, etc.

(2) *Anal.* Mabill. T. III.

(3) *Ibid.* On voit combien elle est ancienne cette touchante dévotion du peuple du Mans pour le crucifix.

Sauveur Jésus-Christ, de la sainte mère de Dieu Marie, et des saints Gervais et Protais, une autre partie de la dite cathédrale et église de la ville; le jour de la consécration faite précédemment étant entièrement ignoré de tous. Dans cette même cathédrale, il fonda, fit construire et consacra en ce même jour dix autels, et sur ces autels il fit mettre le nom des saints auxquels il les consacra : en cherchant avec soin, l'on peut encore aujourd'hui retrouver ces noms. Vers la hauteur de l'église, il fit placer des galeries qui régnaient tout à l'entour (1), et dans lesquelles il construisit avec magnificence et consacra cinq autels.... Dans la partie occidentale, sur le *solarium* même, il en érigea un en l'honneur de tous les saints;... dans la partie orientale, sur le *solarium* à la gauche de l'église, au milieu de la galerie, il en éleva un autre en l'honneur de la sainte mère de Dieu Marie, de sainte Ténestine, etc. Le même saint Aldric, évêque du Mans, consacra solennellement la partie occidentale de la cathédrale et église du Mans, partie qu'il fonda, qu'il orna merveilleusement et conduisit à terme, l'an 835 de l'incarnation de notre Seigneur, le 23e du règne de l'empereur Louis-le-Pieux, le 5e de son épiscopat, indiction xiv, le xi des calendes de juillet (2). Il prit soin en outre de faire couler douze cloches d'un excellent métal, pour les placer dans les clochers de manière à ce qu'à toutes les volées elles pussent sonner et retentir merveilleusement et en ordre. Son dessein était de convoquer ainsi le peuple d'une façon décente et solennelle pour venir à l'église, et partant, de

---

(1) Sursùm.... deambulatoria.... in circuitu. Baluz. *Miscell.* T. III.
(2) *Ibidem.* p. 109.

procurer à Dieu une plus grande gloire : c'était afin qu'avertis par ces cimbales harmonieuses, tous louassent assiduement le Seigneur et se souvinssent de leurs crimes toutes les fois que leur doux son viendrait retentir à leurs oreilles; c'était afin que par elles la miséricorde divine fut invoquée sans cesse pour obtenir aux pécheurs la rémission et l'absolution de leurs fautes, pour qu'ils devinssent purs de toute souillure et méritassent de parvenir à la gloire éternelle (1). »

Robert, successeur de ce saint évêque, eut la douleur de voir cette basilique livrée au pillage et à l'incendie par les Normands (865 ou 869); mais il ne tarda pas à réparer le désastre, et sur l'avis du pape, il la consacra de nouveau. L'évêque Mainard (940-960) décora la cathédrale et fit encore une dédicace nouvelle. Il plaça une table d'argent à l'autel des saints Gervais et Protais ; retira le précieux corps de saint Julien de la châsse consumée de vétusté qui le renfermait, et le plaça dans une autre tout argentée. Il pourvut abondamment l'église de croix, de candelabres, de calices, d'encensoirs et de vêtements sacerdotaux, et revêtit les murs de tentures. Son successeur, au contraire, dissipa tous les biens de sa cathédrale ; après lui, Vulgrin, excellent architecte (2), accepta l'épiscopat à l'instigation du comte Geoffroi, qui désirait faire reconstruire cette basilique. L'an 1060, Vulgrin plaça les fondements sur un plan plus vaste, mais quelques années s'étaient écoulées à peine lorsqu'il vint à mourir (2). Plusieurs autres se passèrent encore avant que

---

(1) Baluz. *Miscell*. T. III.
(2) Bonus ædificator. *Anal. Mabill*. T. III, p. 312.
(3) *Ibidem*.

l'évêque Arnauld recommençât les travaux « L'œuvre de la nouvelle église, minée par la mobilité des fondements et la mauvaise qualité des pierres, vint à menacer terriblement par d'innombrables crevasses, et tomba pendant la nuit avec un fracas soudain, au moment où les ouvriers s'efforçaient d'étayer. C'est pourquoi ledit évêque recommença toute cette œuvre : détruisant tous les fondements, il se mit à en construire d'autres avec des pierres plus fermes et plus solides, il plaça également un toit sur la partie supérieure *de l'église,* nommée ordinairement le cancel. Avant sa mort, il jeta en outre des fondements très-solides pour les bras que l'on appelle croisées et pour les tours. » Hoël ensuite « entreprit de terminer l'œuvre de la nouvelle église, pour laquelle ses prédécesseurs avaient tant travaillé. Il acheva les ailes et les tours en peu de temps, le pourtour du chœur, les toits et le pavage du cancel ; il décora les fenêtres de vitraux d'un prix exhorbitant, et fit une translation des saintes reliques le XVI des calendes de novembre, l'an 1095. »

Le bienheureux Hildebert, son successeur « employa ses soins à restaurer ce qui avait été perdu ou détruit par l'incurie des évêques qui l'avaient précédé ; et s'appliquant à orner et à couronner l'œuvre de sa cathédrale, il érigea depuis les fondements, le chapitre et le *sacrarium,* avec une tour d'une masse imposante. On en profita pour l'accuser devant le roi d'Angleterre, Henri, qui l'emmena en Angleterre. Dans la suite, le B. évêque fit faire de ses propres deniers deux châsses, très-bien couvertes d'or et d'argent tout à l'entour, dans lesquelles il plaça les reliques de saint Thuribe, de saint Victeur, de saint Innocent et d'autres évêques de notre église ; de sainte Ténestine, de saint Ade et de saint Hilaire, prêtre. Mais pour les reliques des autres corps saints qu'il trouva dans le *secretarium* de l'église, enfermés dans des coffrets consumés de vétusté, il les plaça dans un sarcophage de pierre derrière l'autel de la bienheureuse Marie, dans la partie supérieure de la crypte. Il hâta beaucoup trop le moment de la dédicace et laissa une multitude de choses inachevées ; ce fut l'an 1120, dans l'octave de Pâques, le jour de la grande litanie, qu'il consacra cette église en l'honneur et sous le vocable de la glorieuse Marie, toujours vierge, des bienheureux martyrs Gervais et Protais et du très-pieux confesseur Julien. Il statua également que l'anniversaire de la dédicace serait célébré chaque année. A la fin de la cérémonie, le comte Foulques prenant Geoffroi, son fils, l'éleva de terre entre ses bras, le posa sur l'autel du bienheureux Julien, et le lui offrant, s'écria en présence du peuple : « Saint-Julien, je vous confie mon enfant et mes biens, soyez-en le protecteur et le défenseur. » Il laissa donc l'enfant sur l'autel et se retira en versant des larmes abondantes : il se disposait à partir prochainement pour aller à Jérusalem. » Le bienheureux Hildebert reçut de ce même Foulques et de plusieurs autres riches seigneurs les dons les plus précieux pour sa cathédrale, et nous remarquons enfin que l'autel de la crypte inférieure ou du tombeau de saint Julien, fut dédié à cet illustre pontife par Godefroi, archevêque de Rouen.

Orderic Vital rapporte qu'une nouvelle dédicace eut lieu au temps de Guy d'Estampes, vers l'an 1128, lorsque Guillaume de Buris, à son retour de Jérusalem, apporta dans cette église des reliques précieuses. Ce même évêque ordonna que la fête de l'Assomption de la sainte Vierge serait à l'avenir célébrée avec une plus grande pompe, et accorda quelques priviléges aux chanoines. Il eût la douleur de voir la ville livrée aux flammes l'an 1134, et il donna 200 livres mançaises pour réparer la cathédrale, voulant la rétablir aussitôt d'une manière convenable. Mais vers l'an 1157, sous l'épiscopat de Hugues de Saint-Calais, elle devint encore la proie d'un incendie qui de la rue de Saint-Vincent gagna le palais épiscopal et le toît du sanctuaire. Les murs et les vitraux se calcinèrent, et les statues placées au-dehors furent dégradées. Heureusement on put enlever assez tôt les reliques de saint Julien en brisant à la hâte le devant de la châsse; on les y replaça trois ans après, ainsi que nous l'avons raconté précédemment. Le même évêque enrichit d'ornements précieux sa cathédrale; Guillaume, son successeur, imita ses largesses en donnant beaucoup d'objets en or et en argent; il établit, le premier, l'official canonial en l'honneur de la sainte Vierge, et fit une nouvelle dédicace, accompagné de quatorze autres prélats, vers l'an 1180; le roi Henri II offrit également des présents considérables.

Hamelin fit transporter à Château-Dun les reliques de saint Julien, et les fit rapporter deux ans après. Il obtint du roi de France des lettres datées de Melun (1217), lettres qui furent confirmées par saint Louis dans la suite, pour étendre l'église au-delà des murs d'enceinte de la ville (1). Les contreforts de cette superbe partie de l'édifice sont dûs aux pieuses largesses de la reine Bérangère, veuve de Richard-

---

(1) Cette cathédrale occupe aujourd'hui une superficie d'environ 5,000 m. La nef forme un parallélogramme rectangle de 58 m. sur 24 de largeur. La longueur transversale de la croix, de 59 m.; sa largeur d'environ 10 m. La longueur du chœur avec ses latéraux, 44 m. sur 32m de largeur; la hauteur de la grande voûte, sous clef, 34 m. 11 chapelles de

Cœur-de-Lion ; les vitraux, à celles du B. Geoffroi de Loudon, et à celles des vignerons et des corps de métier de la ville, comme on l'a vu raconté ci-dessus. Nous avons également rapporté avec quelle ardeur étonnante on poursuivit ces travaux jusqu'en 1254 ; avec quel empressement religieux les habitants de la ville, de tout sexe, de tout âge et de toute condition, préparèrent l'intérieur de l'église, et avec quelle solennité les reliques du glorieux saint Julien furent placées au-dessus de l'autel de prime, au fond du chœur, dans la partie la plus apparente de cette cathédrale. Les évêques Guillaume Roland, Geoffroi Freslon, Geoffroi d'Assé et Geoffroi de la Chapelle, firent des largesses en faveur de la même basilique. Gonthier de Baignaux (1363-1385), orna de peintures la chapelle du chevet ; il y fit représenter ses armes et accorda une fondation pour que l'on y spalmodiât tous les jours l'office. Cependant ce ne fut que sous Adam Chastelain et vers l'an 1440, que *l'œuvre de S. Julien* fut terminée en la manière où nous la voyons maintenant, après un laps de quatre siècles. Philippe de Luxembourg voulut continuer les travaux et exhausser la nef ; mais les chanoines lui ayant demandé une caution, il se contenta de construire la chapelle de l'évêché, qui ne le cédait, dit-on, à nulle autre en Europe. Près du chœur, il fit suspendre des orgues dorées et argentées, dont les tuyaux portaient plus de 33 centimètres de diamètre sur 13, 20^m. de hauteur ; il donna plusieurs statues en argent, un grand crucifix et les douze Apôtres ; beaucoup de vases précieux, et enfin, une

---

11 m. de profondeur, et celle du chevet, 18 sur 5 de largeur, occupent le pourtour du chœur. Enfin, du grand portail à l'extrémité de cette chapelle du chevet, on compte 130 m. (Le Mans anc. et mod.).

très-belle horloge et des fonts baptismaux en cuivre, supportés par trois lions de grandeur naturelle. De son temps, le pape Jules II, dont il avait été condisciple, accorda plusieurs priviléges à la cathédrale.

Les calvinistes la pillèrent en 1562; ils s'emparèrent d'une grande partie du trésor, le reste fut soustrait à leur déprédation, les statues des Apôtres surtout; cependant elles n'ont plus reparu. La châsse précieuse, une statue miraculeuse de la sainte Vierge, le grand crucifix d'argent, la riche parure des autels, etc., n'échappèrent point à leur spoliation (1), et bientôt ils se mirent à briser les statues et les tombeaux. — En 1585 ou 1588, un incendie allumé par la foudre causa de grands ravages sur le toit et sur les voûtes. — En 1638, on termina la grande fenêtre du cancel et le Jubé, construit à cette époque. — En 1768, l'église fut décorée de nouveau par M. de Grimaldi. — Au commencement de ce siècle, une partie de la voûte a été réparée vers la croisée occidentale. Depuis 1822, des réparations, nécessaires pour la plupart, ont été faites, mais d'une manière qui plus d'une fois nous a fait regretter l'état de dégradation où ce monument se trouvait auparavant.

En résumé, la cathédrale de Saint-Julien du Mans, espèce de basilique d'abord, existant à l'angle des murs de la cité, auprès d'une porte des plus fréquentées, fut convertie en temple chrétien par l'apôtre du Maine, au 1er siècle; agrandie et relevée au commencement du vi^e; réparée à l'instigation de Charlemagne d'abord, et ensuite par les soins de saint Aldric, dans la première moitié du ixe; re-

---

(1) Le dégât causé par les calvinistes a été évalué à 256,537 liv. 6 sous.

construite dans la seconde moitié de l'xi° et au commencement du xii°, en la façon où nous voyons aujourd'hui la nef et ses bas-côtés ; allongée, agrandie et exhaussée, comme on le voit maintenant dans toute la partie méridionale, dans la première moitié du xiii° siècle, vers le temps d'Hamelin et du B. Geoffroi de Loudon ; terminée enfin dans les croisées, etc., vers le milieu du xv°.

Les principaux caractères archéologiques qui distinguent actuellement les constructions du xi° siècle, à son commencement, consistent en un pignon de maçonnerie maillée, placé au grand portail et soutenu de chaque côté par des pierres de taille de petite dimension ; en petit appareil d'ornement, mêlé de fragments de briques antiques, et rangé par assises égales, à ce même portail, à la tour qui l'accompagne et aux murs des bas-côtés. Les ornements de cette architecture sont ceux connus sous les noms de billettes, dents de scie, étoiles, têtes de clous, roses, besans, contre-zig-zags, etc. Une partie des chapiteaux des bas-côtés appartiennent encore au même style ; celui qui règne, au contraire, dans toute la nef, au portail latéral et à la base de la tour principale, trahit parfaitement la date de son origine à la fin de l'xi° siècle et au commencement du xii°. Les traits grandioses qui le distinguent, les ornements extrêmement riches et variés qui le décorent sont trop connus pour que nous entrions dans de longs détails. Nous nous plaisons seulement à redire qu'après avoir sculpté de ses mains les feuillages gracieux et cependant sévères de ces chapiteaux, et après avoir étudié soigneusement le magnifique ensemble que présentait ce genre d'architecture, on est porté à proclamer que ce style convient parfaitement au temple catholique, et que nos efforts devraient tendre à le ramener parmi nous, avec un heureux mélange toutefois des autres styles. En lui conservant la richesse de ses chapiteaux, de ses frises, etc., on pourrait, peut-être, donner plus de précision à ses moulures, qui le rapprochent du style classique, et y ajouter la prodigieuse élévation de l'architecture au XIIIe siècle ; de même que le mélange de l'arc ceintré et de l'arc ogival, et le mélange de la coupole et des clochetons nous semblent nécessaires pour la perfection de ce style nommé si justement *le style religieux, le style catholique*. La forme des églises au XIe siècle et au XIIe nous paraît très-convenable également pour le temple chétien, surtout à cause de la crypte mystérieuse qui renfermait la confession du titulaire ; à cause du ciborium élevé au-dessus du maître-autel, que l'on plaçait entre les bras de la croix, comme à l'endroit de la tête du Christ ; et à cause de la coupole et du dôme, qui s'élevaient dans les airs au-dessus de tous ces sanctuaires tant vénérés. On allait même jusqu'à incliner le haut de la croix, pour imiter, a-t-on dit, la tête du Christ penchée dans l'agonie ; et tout en général respirait le symbolisme chrétien le plus riche, et le mysticisme le plus précieux.

L'architecture du XIIIe siècle est encore trop bien connue pour que nous entrions dans de longs détails à l'égard du chœur de la même cathédrale avec ses latéraux : il nous suffit de dire que le chœur de la cathédrale de Beauvais peut seul lui disputer la palme de supériorité. Il serait difficile, en effet, de rien faire de plus grandiose, de plus élégant, de plus digne d'un temple chrétien, pour la structure, les immenses fenêtres et la grande rose, ornées de vitraux justement célèbres ; les colonnes gigantesques, les feuillages et les dentelles de pierre ; les admirables contreforts et les nombreuses statues, placées dans des niches ornées, au sommet des clochetons, le long des galeries, aux angles des toits et de toutes parts, produisent un enchantement véritable lorsqu'on parcourt cette vaste forêt de pierre élevée avec tant d'art et de piété. Nous aurions vanté l'ornementation intérieure de cette vénérable basilique, mais depuis le temps des calvinistes, comment aurait-on pu réparer leurs dévastations?.... Heureusement nous sommes témoins maintenant de quelques essais louables qui promettent un beau succès pour l'avenir (1).

Parmi les figures symboliques sculptées au-dedans ou au-dehors de ce monument, nous remarquons d'abord celles du grand portail. Au-dessus de la porte principale, un médaillon représente le buste de saint Julien, la mitre sur la tête, la main droite élevée pour bénir, tandis que la gauche tient le bâton pastoral; la colombe, figure de l'Esprit-saint, plane sur sa tête comme symbole de la sainteté du bienheureux pontife. D'un côté du médaillon, l'on voit une sorte de sagittaire, et de l'autre, le dragon qui semble servir de but à ses flèches; il serait assurément difficile de voir autre chose dans ce symbole, sinon le génie du bien combattant le génie du mal, et annonçant les combats que saint Julien livra au démon. Quant aux figures placées plus tard sur les déplo-

---

(1) Parmi les objets remarquables qu'offre aujourd'hui la cathédrale, nous indiquerons seulement l'autel que l'on vient d'ériger en la chapelle du chevet; le tombeau en marbre blanc élevé dans la même chapelle pour la sépulture de Langey Dubelley : ce monument, très-bien sculpté, se trouve maintenant dans la chapelle des fonts baptismaux ; vis-à-vis l'on voit le sarcophage et la statue en marbre blanc de Charles d'Anjou, comte du Maine, etc., et auprès de la chapelle du Crucifix, le tombeau de la reine Bérengère, transporté en 1821 de l'abbaye de l'Epau. Nous remarquons enfin deux groupes qui figurent la sépulture de N. S., etc.

rables contreforts rajustés après coup, ce sont très-certainement des lions, selon l'usage de cette époque qui aimait à les placer ainsi devant les portes du temple. Il est facile de les distinguer sur le mur extérieur du portail latéral et à la porte de la tour : là, comme au portique de plusieurs anciennes basiliques de France, d'Italie, etc., ils supportent les colonnettes. On aimait alors à montrer que la force du *lion de Juda* garde l'entrée de son temple et soutient les colonnes de son église.

En approchant de ce même portail latéral, le fidèle apercevait le lion qui lui disait de craindre à l'approche du sanctuaire ; à droite, la première des statues rangées de chaque côté sur des colonnettes qui leur servent de trumeaux, lui montrait Enoch tenant son livre : Enoch, le représentant des patriarches antédiluviens. Il marcha, dit l'Ecriture, en présence du Seigneur : aussi l'auréole des saints orne sa tête ; à la fin des temps il reviendra instruire encore les hommes. A la gauche, le fidèle voyait Moïse avec la double table de la loi, que malgré les mutilations l'on peut assez facilement reconnaître ; sur le second rang : ici c'était le livre des rois, porté par un prince orné du diadème et d'un manteau agrafé sur l'épaule ; là, le livre tenu par le représentant des prophètes, facile à distinguer à ses traits et à ses vêtements. Au troisième, il voyait la veuve illustre de Béthulie, au visage grâcieux et sévère tout à la fois, la tête entourée d'une guimpe et couverte des ornements qui annoncent sa viduité ; vis-à-vis paraissait l'autre libératrice de son peuple, la noble épouse du grand Assuérus : le front ceint d'une couronne, Esther semble plus jeune et parée de tous les ajustements qui lui conviennent. Au quatrième rang, le saint prophète-roi tenait encore alors sa lyre, aujourd'hui brisée ;

sur l'autre côté, le glorieux Salomon laisse découvrir son nom gravé sur la banderolle que déroulent ses mains. C'est ainsi que le fidèle était averti de prendre les livres de l'Ancien-Testament avant de pénétrer dans le sanctuaire pour y entendre les oracles de la nouvelle Loi ; c'est ainsi qu'il apprenait que ces livres avaient préparé les hommes à entrer dans l'église sainte de Jésus-Christ, et qu'il voyait représentés sous ses yeux les vénérables précurseurs du Messie, qui avaient reproduit à l'avance quelques-uns de ses traits. Au cinquième rang, sur les pieds-droits mis pour supporter le linteau, il rencontrait saint Pierre, placé pour supporter l'édifice du Sauveur, saint Pierre élevant une longue clef; à lui seul appartient d'ouvrir l'entrée de l'église. A la gauche, il voyait l'Apôtre des nations tenant le livre de ses épîtres. Au milieu de la porte, un trumeau sans doute offrait l'image de la glorieuse Vierge Marie, la porte mystérieuse du ciel, la reine des patriarches, des prophètes et de tous les saints, qui se trouve placée sur le seuil de l'Ancien-Testament et du Nouveau, et qui nous tend les bras pour nous placer dans le sein de son fils. Ce temple d'ailleurs n'était-il pas dédié en son honneur et à la gloire de saint Pierre ? Le fidèle remarquait ensuite sur le linteau les douze statuettes des saints Apôtres dans des niches décorées avec soin, offrant, comme aux chapiteaux qui surmontent les statues de saint Pierre et de saint Paul, de petits temples, images des églises qu'ils ont fondées. Il admirait sur le tympan la belle figure de notre Seigneur Jésus-Christ assis sur son trône, l'évangile d'une main, l'autre élevée pour bénir, la tête ceinte d'une auréole en forme de croix grecque; et aux quatre coins, les symboles connus des Evangélistes. Dans le premier rang de la voussure, il remarquait dix anges occupés à faire la cour à leur souverain et tenant à la main des encensoirs ; et dans les trois autres, les premiers traits de la vie de notre Seigneur : la salutation de l'ange Gabriel annonçant à sa très-sainte Dame qu'elle sera mère de Dieu ; la visitation de cette sainte Vierge à sainte Élisabeth ; saint Zacharie ; saint Joseph averti en songe de ne point abandonner la sainte Vierge ; de l'autre côté, la naissance du Sauveur ; les anges qui l'annoncent aux bergers ; les mages allant trouver Hérode, puis se dirigeant vers Bethléem, où ils adorent le divin enfant placé sur les genoux de sa très-sainte mère, tandis qu'au-dessus d'eux brille l'étoile qui les a conduits ; un ange les avertit pendant leur sommeil de ne point retourner vers Hérode et de prendre un autre chemin. A droite, il remarquait ensuite la présentation de notre Seigneur au temple ; à gauche, le démon paraissant à Hérode en songe et le portant à ordonner le massacre des enfants, massacre qui occupe un assez grand nombre de scènes, tandis que sur l'autre côté la sainte famille fuit vers les montagnes ; puis le baptême de notre Seigneur, à la manière exactement avec laquelle il est figuré dans les Catacombes de Rome ; les noces de Cana, qui présentent plusieurs tableaux ; ensuite les différentes tentations du Sauveur au désert. Il ne restait plus que deux espaces au-dessus de notre Seigneur sur son trône, vers le milieu de la voussure, on y plaça une main sur une croix et un cercle, symbole du Père-Éternel, et au-dessus l'*Agnus Dei*.

C'est ainsi que le fidèle en entrant dans l'église rencontrait sous ses yeux un abrégé, facile à comprendre, des vérités qu'il devait connaître. Après avoir franchi le seuil, il rencontrait, si nous ne nous trompons, le baptistère. Au chapiteau de la première colonne à droite, il apercevait le néophyte plongé dans la piscine sainte, un ministre qui venait de le dépouiller de sa tunique , un autre qui lui versait l'eau du baptême, tandis que le Saint-Esprit reposait en forme de colombe au-dessus de sa tête ; puis tout auprès, de nouveaux baptisés qui s'en retournaient avec un maintien pieux. Sur un autre chapiteau plus loin, il découvrait sans peine le beau symbole de la colombe terminée en queue de serpent et buvant à longs traits dans le calice mystérieux : « Soyez simples comme la colombe, avait dit le Sauveur des hommes, et prudents comme le serpent. » Tout auprès, sur un autre chapiteau, la sirène lui rappelait un autre symbole, celui de l'âme au sortir de la piscine salutaire ; les douze piliers de la nef lui représentaient les Apôtres, si justement appelés les colonnes de l'Eglise ; la forme de l'église lui montrait la figure de la croix. Après avoir vénéré la très-sainte Vierge et les glorieux martyrs saint Gervais et saint Protais au maître-autel placé à l'entrée du chœur et séparé par le cancel, il trouvait dans une première crypte un autel dédié encore à la sainte Vierge et à tous les saints ; puis dans une autre crypte inférieure, l'autel qui renfermait le corps de saint Julien, tandis qu'au-dessus de tous ces autels s'élevait un ciborium enrichi d'or, une coupole et un superbe dôme. On comprend facilement tout ce que l'âme du chrétien fidèle ressentait à l'approche de ces sanctuaires mystérieux, de ces retraites sacrées qu'un faible jour, outre la lumière des lampes, éclairait à peine à travers les vitraux émaillés de riches couleurs.

Cette disposition de la partie supérieure de la cathédrale fut modifiée au xiiie siècle, lorsqu'on l'agrandit considérablement. Nous n'entreprendrons point de décrire ici toutes les beautés que cette nouvelle construction renferme, la signification de toutes les figures que l'on y remarque sur les murs et sur les vitraux, l'agencement de toutes les statues, nous nous contenterons de vanter l'art merveilleux qui paraît dans la peinture des vitraux et des anges à la voûte de la chapelle du chevet, afin que l'on s'applique à les imiter, et que désormais on n'ose plus les détruire ou les faire disparaître sous d'épaisses couches de badigeon. Ensuite nous nous permettrons d'exposer brièvement ce qui conviendrait, à notre avis, d'entreprendre pour rétablir l'état ancien de ce monument à l'intérieur. Reconstruire la crypte à la hauteur encore marquée par les bases des deux premiers piliers de la nef, avec trois rangs de degrés, l'un au milieu, pour descendre dans cette même crypte, les autres pour monter au sanctuaire placé au-dessus. Le maître-autel serait érigé de nouveau à l'entrée du chœur, au lieu des deux autels qui maintenant produisent un effet si choquant, et il se trouverait ainsi au milieu de tous les fidèles placés dans le chœur, ou dans les croisées, ou dans la nef. L'entrée du chœur s'ouvrirait dans toute sa largeur ; le pavage serait rehaussé ; l'autel de saint Julien serait conservé avec sa châsse et sa statue qui domineraient, entre les deux derniers piliers. Le maître-autel serait porté sur des piliers rehaussés d'or et de couleurs ; il serait accompagné des statues de la sainte Vierge, au milieu ; des saints Gervais et Protais sur les côtés, et surmonté d'un riche ciborium ; tandis qu'au-devant un élégant Jubé, dominé par un crucifix, prendrait avantageusement la place de la chaire actuelle, et redonnerait l'arcade triomphale d'autrefois. Des balustrades enrichies de dorures serviraient à entourer le sanctuaire, une partie du chœur, etc., au lieu de ces énormes grilles, qui avec un chœur muré forment de véritables forteresses à l'intérieur de nos églises. Nous savons combien ces balustrades étaient riches et élégantes dans la cathédrale dont nous parlons, avant les déprédations des calvinistes (1).

Nous croyons qu'il serait temps en outre de faire disparaître la grille cadenassée, qui dérobe à tous les regards un groupe assez remarquable et dans de belles proportions représentant la sépulture de notre Seigneur, et de faire tomber le linceul de badigeon dans lequel ces statues ont été ensevelies. Ce groupe, à notre avis pourrait servir à orner l'autel du Crucifix. Le mur très-élevé, au fond de la croisée orientale, serait avantageusement décoré par une très-grande croix ornée et accompagnée d'anges ; le groupe serait placé au pied de cette croix, dont la base serait un autel figurant le tombeau même du Sauveur. On comprend parfaitement que les autels de toutes les chapelles sont à reconstruire dans un style plus convenable. Un très-bel essai vient d'être fait à grands frais dans la chapelle du chevet ; mais on ne sera pas tenté, selon nous, de copier dorénavant un plan semblable, un plan qui présente mille défauts aux yeux des moins clairvoyants, et qui ne pourrait guère se justifier par des exemples pris dans l'antiquité. Ce que nous demandons généralement avec le style du XIIIe siècle, c'est un autel très-riche avec des proportions tout à la fois grandioses et un peu sévères, tandis que le dessin dont nous parlons nous semble convenir mieux pour une châsse ; nous demandons aussi qu'une riche statue peinte soit érigée en l'honneur du titulaire au fond de la chapelle ; car on sait combien les belles statues contribuent à exciter la piété des fidèles dans

---

(1) Que dire des placards mesquins et des planches pour les décorations qui ont pris derrière les stalles du chœur la place d'autels extrêmement riches?

les églises, en même temps qu'elles sont nécessaires à la décoration, si l'on peut parler ainsi.

Un soin plus pressant encore serait de seconder notre illustre prélat dans ses pieux desseins pour rétablir l'office canonial ; et comment supporter plus longtemps que la prière publique cesse de retentir chaque jour dans la cathédrale d'un des plus beaux diocèses de la chrétienté, diocèse si fécond en vocations au sacerdoce, si abondamment pourvu de ministres des saints autels ; tandis que les diocèses voisins, où la disette de prêtres se fait sentir, où les vocations sont rares, trouvent néanmoins facilement des moyens pour que l'office canonial soit chanté chaque jour ? Nous ne demandons point ici qu'une pénible charge soit imposée à de vénérables vieillards, courbés sous le poids des ans et de leurs admirables travaux ; mais nous ne pouvons oublier qu'avant nos troubles funestes, il y avait une confrérie de clercs pour le bas-chœur dans cette cathédrale, et que maintenant, dans plusieurs diocèses, on a su joindre aux psallettes une école secondaire inférieure, une division des classes du petit séminaire, école qui, par le moyen des professeurs et des élèves, fournit d'excellents ministres pour les cérémonies du culte divin et pour le chant que l'on n'abandonne plus aux gagistes, et avec raison. La première institution de la confrérie du bas-chœur, dont nous venons de parler, était pour assister les pauvres malades de la ville, pour leur administrer les sacrements et exercer envers eux les offices de charité. Quant à l'école attachée à la cathédrale depuis le temps de saint Julien, école remplacée aujourd'hui par les séminaires, on sait combien elle a été florissante à diverses époques, et quels hommes distingués elle a produits sous le rapport de la science et de la piété ;

nous aurons occasion d'en parler souvent dans la suite.

Avant les troubles funestes de la fin du dernier siècle, tel était en substance l'état des dignités, etc. dans la cathédrale : le seigneur évêque chef dans son église ; neuf dignités ; le Roi, premier chanoine de l'église du Mans ; 57 canonicats prébendés et 4 semi-prébendés ; 90 chapelles, estimées 10275 livres. Le droit d'asile s'exerça dans cette même cathédrale jusqu'au XVIe siècle.

Nous parlerons plus tard de ce qui regarde le vénérable Chapitre de Saint-Julien, préposé d'une manière toute spéciale pour garder et vénérer les précieuses reliques du saint patron et des autres saints ; mais en finissant ce chapitre, nous croyons devoir rapporter ici ce monument curieux, indice d'une grande piété à l'égard de saint Julien :

« Louis, duc de Bourbonnois, comte de Clermont et de Foures, per et chancelier de France. Pour la grande dévotion que nous avons au glorieux corps saint Monseignour saint Julian, qui repose en l'église cathédrale du Mans, et afin que par ses mérites et intercession, notre sire Dieu veille donner bonne santé à Monseignour le Roi, maintenir nous, nos enfants, etc. Nous sommes devenus et devenons hommes de notre corps dudit glorieux corps saint de Monseignour saint Julian, et en reconnaissance dudit hommage, nous donnons audit glorieux corps saint et à ladite église du Mans cinq florins de rente annuelle et perpétuelle, comme ils auront cours au royaume de France, etc.; et volons que nos hoirs et successors, Ducs de Bourbonois, soient et deviengnent hommes de leur corps dudit glorieux corps saint Monseignour saint Julian, et après qu'ils seront aagiés de 25 ans, dedans l'an ils viengnent en leur personne en ladite église du Mans faire reconnaissance dudit hommage. Et n'est

pas notre intention que parce que dit est, nous ne nosdits
boirs soient hommes de l'évêque ne de doyen et chapitre de
ladite église, ne que nous soyons astraints à faire autre hommage ou service que de baiser la châsse dudit Monseignour
saint Julian, et offrir ou faire offrir sur l'autel les cinq
florins, etc.

Donné au Mans, le 18 août 1399 (1). »

---

(1) *Cenomania*. M. S.

CHAPITRE IX.

AUTRES ÉGLISES DÉDIÉES A SAINT JULIEN.

Au premier rang vient se placer d'une manière toute naturelle la très précieuse basilique fondée dans le cimetière des premiers chrétiens par les mains du glorieux apôtre lui-même, et dans le sein de laquelle il choisit sa sépulture; basilique, qui par les droits d'ancienneté, et comme destinée pendant de longs siècles à renfermer les restes sacrés des premiers saints et pontifes du Maine, ne le cède qu'à la cathédrale seule dans notre magnifique diocèse, et se trouve par là-même une des plus vénérables que l'on puisse voir, tant à cause des mains saintes qui l'ont fondée, qu'à cause des cendres précieuses qu'elle renferme et des personnes très pieuses, moines et moniales ensuite, qui depuis un si grand nombre de siècles n'ont presque jamais cessé d'y faire entendre les sublimes accens de la prière publique.

La plus ancienne tradition et les ouvrages nombreux publiés sur les cimetières de Rome et sur plusieurs anciennes cryptes de France témoignent parfaitement du soin tout particulier que l'on prenait des funérailles des chrétiens, aux premiers siècles de l'église. La persuasion, la croyance ferme que le corps du fidèle est le temple du Saint-Esprit, consacré, vivifié par les sacrements, destiné à la gloire éternelle, inspiraient à ces premiers chrétiens, une vénération et une estime inconnue des païens pour les morts. Dès le principe, ils avaient de l'aversion pour les bûchers et mettaient les corps en terre, après les avoir exposés dans la maison où dans l'église et avoir veillé auprès en chantant des psaumes. Les évêques portaient eux-mêmes quelquefois les personnes de distinction au tombeau : tandis que les frais de la sépulture des pauvres étaient supportés par l'église, qui avait dès lors dans les grandes villes ses fossoyeurs. Ceux qui suivaient le convoi funèbre chantaient des psaumes, comme il est prescrit dans les constitutions apostoliques et si l'enterrement avait lieu le matin, on célébrait le saint sacrifice aussitôt après. Les chrétiens comme les Juifs et les païens avaient leurs cimetières hors des villes, et c'est pourquoi nous voyons les premiers chrétiens du Mans choisir, comme on l'a fait en nos jours, le champ de repos dans une prairie, au-delà de la rivière et des murs de la cité. Il en va de même à Tours, à Angers, etc. On peut aussi constater facilement qu'au milieu de ces premiers cimetières, on construisait ordinairement des chapelles sépulcrales, avec des temples-grottes où l'on ensevelissait les personnes de distinction; et ensuite, que l'on édifiait dans le voisinage une maison de clercs pour desservir ces oratoires, portant alors le véritable nom de basiliques. C'était assez souvent le lieu que l'évêque choisissait pour sa retraite, et d'où il ne sortait que pour vaquer aux fonctions de son apostolat. Quant à l'existence de ces maisons communes établies dès le commencement pour les clercs occupés à desservir les basiliques où se gardaient les précieuses reliques des chrétiens, ou pour les autres clercs destinés à évangéliser les parties éloignées d'un diocèse, il nous semble qu'il faudrait être de mauvaise foi pour la nier en présence de tous les témoignages que l'histoire ecclésiastique nous présente. On aurait donc à notre avis mauvaise grâce d'appeler le doute sur le récit que l'on va lire et qui s'accorde si bien avec tous les monuments postérieurs :

« Au-delà de la Sarthe, le bienheureux Julien fit en l'honneur des saints Apôtres une église qui fut parfaitement enrichie par les nobles et principaux de ce pays. Il y établit son prêtre, nommé Zacharie, avec d'autres ministres pour la desservir, pour y vivre en Dieu et pour y célébrer l'office divin ; il la légua à la mère-église de la même ville ; il l'assujétit à ladite mère-église de la cité et la soumit à perpétuité. Il ordonna également audit Zacharie, prêtre ou abbé ; il statua et décréta par testament, confirmé avec soin et souscrit de sa main, que dans la suite des temps, à la purification de sainte Marie, et à la fête de saint Pierre et à l'assomption de la sainte mère de Dieu, Marie, il placerait ensemble tous les clercs de ladite cité et tous les pauvres de l'intérieur de la cité auprès de la mère-église, dans la maison construite pour cette œuvre, et qu'il leur préparerait à tous, des biens de la susdite église des Apôtres, et en l'honneur de sainte Marie et de saint Pierre, une honnête réfection. Le bienheureux Julien obligea donc ladite église à remplir cette charge chaque année en faveur de la mère-église de la cité (1). » C'est dans cette même basilique, fondée de ses mains et enrichie par ses soins, que notre grand apôtre voulut avoir sa sépulture ; afin que sa cendre se mêlât en quelque sorte avec celle des enfants qu'il avait engendrés au Seigneur : c'est à la garde de ses pieux et vénérables

---

(1) *Analecta*, Tom. III.

successeurs ; à celle de ses prêtres qui desservaient cette église, et à celle de ses chers citoyens du Mans qu'il voulut confier ses précieux restes. Nous avons rapporté avec quelle pompe, avec quelle piété, avec quel immense concours de peuple les funérailles de notre illustre saint furent célébrées. Ses dignes collaborateurs, ses disciples, les Grands de la cité, avec l'illustre Defensor, en tête, accompagnèrent en chantant des psaumes, selon l'usage, la litière, chargée de la dépouille funèbre que l'on déposa dans un lieu préparé à ce dessein, et auprès duquel ils voulurent dans la suite avoir leur propre sépulture, comme nous l'exposerons plus tard.

Nous avons dit précédemment que la cathédrale fut restaurée et agrandie par saint Innocent ; ce prélat très-pieux entoura des mêmes soins la vénérable basilique dont nous parlons : « il exhaussa et orna également l'église des Apôtres qui est au-delà de la Sarthe, et dans laquelle reposent saint Victeur et ses prédécesseurs. Dans la partie située à l'Orient, il construisit une nouvelle abside, dans laquelle il plaça pour la gloire et l'ornement de la sainte église de Dieu, et par amour pour les glorieux saints Victur et Victeur, son fils, les corps de ces pontifes, et dans laquelle il prépara sa sépulture, auprès d'eux. Il augmenta considérablement en ce lieu les chœurs de moines qui avaient commencé depuis longtemps à y fleurir ; il employa ses soins à édifier d'une manière merveilleuse les cloîtres et les bâtiments nécessaires à cette œuvre ; il construisit des hospices pour les pauvres et des hôtelleries pour les pélerins et autres voyageurs, et il pourvut largement et avec miséricorde aux frais de leur réception et de leur nourriture. Il dota ces mêmes moines d'instructions et de constitutions, pour mener la vie régulière dans ce monastère et il conduisit à une heureuse fin son entreprise (1). »

Plusieurs pensent que la nouvelle abside dont il est ici parlé ne peut être que l'église de saint Victeur, placée à peu de distance de la basilique des Apôtres. Dans son testament, saint Domnole, successeur de saint Innocent, écrit qu'il a fait venir l'évêque d'Angers pour visiter l'église de l'évêque saint Victeur, son patron spécial, et pour célébrer sa fête, et l'on voit que dans le même monastère de saint Julien du Pré, ce saint pontife rassembla une cinquantaine de moines (2). Saint Bertrand distingue de même dans son testament *la basilique de saint Julien, évêque*, en faveur de laquelle il lègue *un cheval*, ou *cinq sous d'or*, de la *basilique de saint Victeur, son patron spécial*, à laquelle il donne *vingt sous d'or*; il parle même d'un oratoire dédié à saint Victur (3). Saint Hadouin fait aussi des largesses à la même *basilique de saint Victeur, où l'on sait que son corps repose et où, s'il le mérite lui-même, il désire avoir sa sépulture* (4). Dans une charte de l'empereur Charlemagne, une semblable distinction est établie non seulement entre les deux basiliques ; mais entre *le monastère de saint Victeur, où le même saint Victeur repose en corps*, et *le monastère de saint Julien, où ce même saint repose en corps* (5). Dans la suite, il est encore parlé, au temps de Hugues de Saint-Calais, par exemple, du petit monastère de saint Victeur

---

(1) *Analecta*, T. III, p. 75.
(2) *Ibidem*, p. 102.
(3) *Ibidem*.
(4) *Ibidem*.
(5) *Ibidem*, p. 264.

qui n'était qu'un simple prieuré, avant nos troubles du dernier siècle ; mais qui fut toujours, comme il paraît, distinct du monastère de saint Julien du Pré, monastère que Charlemagne semble désigner comme peu considérable. Au temps de saint Aldric, il se trouvait réduit à un triste état, et c'est pour cela que ce saint pontife transféra dans la cathédrale les précieuses reliques de saint Julien. On a vu combien cette cérémonie fut solennelle : on creusa la terre et l'on trouva le sarcophage ; mais on est porté à croire que toutes les reliques saintes ne furent point enlevées, puisque ce tombeau glorieux a été jusqu'à nos derniers temps l'objet d'une très grande vénération.

Il est facile de présumer que pendant les ravages et les troubles du IX.ᵉ siècle et du X.ᵉ, on ne pensa guère à relever l'église et le monastère de saint Julien de leurs ruines. Dans l'onzième seulement, vers le temps où le moine Lethald ou Litard composait, à l'instigation de l'évêque Avesgaud, son ouvrage sur la vie de notre illustre apôtre, avec un office également en son honneur ; dans ce même temps Lezeline fondait de nouveau l'église et le monastère dont nous parlons. Elle mourût sous l'épiscopat de Gervais de Château-du-Loir, lorsque le Maine avait pour comte Hugues II (1). Mais depuis ce temps jusqu'à nos jours, ce monastère est resté entre les mains de moniales bénédictines avec le titre d'abbaye (2).

---

(1) V° kal. octobris. Obiit Lezelina fundatrix istius loci. Idque Gervasio episcopo et Hugone II. comite Cenom. ut ex pluribus patet. Nullum enim ultrà eorum tempora ibidem extat monumentum. (Martyrol. M. S. de l'abbaye.)

(2) Le 4 novembre 1505, le cardinal, évêque du Mans, transféra les reliques de saint Julien, de saint Thuribe, de saint Pavace et de saint Liboire dans une nouvelle châsse d'argent.

Il est facile de voir que l'église actuelle remonte à cette même époque, vers le milieu du xi.ᵉ siècle ; à l'exception de quelques substructions qui paraissent plus anciennes, des voûtes et de quelques reconstructions plus modernes. Sa forme est celle d'une croix latine terminée à l'est par une apside ; la nef est séparée des bas-côtés par un double rang de piliers massifs ; le pourtour du chœur présente trois chapelles de petite dimension ; les murs latéraux des bas-côtés sont remarquables par des arcades portées sur des colonnettes ou des pieds-droits massifs, arcades qui règnent encore sur les murs de la nef ; les fenêtres à plein cintre sont décorées assez ordinairement par des colonnettes engagées ; généralement les chapiteaux sont feuillés ou historiés ; les voûtes à arcs doubleaux, à arêtes vives, ou avec arceaux brisés annoncent plusieurs constructions diverses.

Le portail d'entrée, tourné à l'occident, offre des colonnes adossées, ornées de chapiteaux assez soignés ; les entre-colonnes sont chargés d'étoiles et de roses qui se prolongent dans les cannelures de l'archivolte : une grande fenêtre tendant un peu à l'arc ogival surmonte ce portail qui a été dernièrement flanqué de deux portes et de deux fenêtres pour répondre aux bas-côtés et servir d'entrée. L'extérieur tout entier de ce monument mérite bien quelqu'attention, et nous ne le voyons jamais, pour notre part, sans éprouver une émotion vive, car en l'apercevant d'une hauteur, s'élever ainsi dans la plaine au bord de la rivière, avec sa masse imposante, sous aspect assombri par les siècles, ses fenêtres étroites, à plein cintre, surmontées d'un cordon de modillons et de corniches ornées, avec ses pierres de petit appareil, ses hauts murs tout unis, etc., etc., nous croyons avoir sous les yeux quelqu'une des basiliques constantiniennes ; nous nous reportons involontairement au souvenir des vénérables basiliques situées hors des murs de la ville éternelle et nous reconnaissons bien-là le digne tombeau des apôtres du Maine, de nos grands et premiers pontifes ; nous retrouvons toute digne encore de notre vénération et de notre admiration la basilique du cimetière des premiers chrétiens.

Nous ne sommes donc point surpris, ô grand apôtre du Maine, en vous voyant plein d'affection pour ce lieu sacré, y élever une des premières églises ; la consacrer aux glorieux Apôtres ; la confier aux mains de vos saints prêtres, et y choisir pendant votre vie et après votre mort le lieu de votre repos. Il convenait, ô grand saint, que votre corps reposât au milieu de vos chers enfants, auprès des reliques et sous la protection de vos illustres maîtres ! Nous ne sommes point surpris de voir pendant de si longs siècles des chœurs nombreux de moines et de moniales se presser autour de cette cendre si vénérée ; nous ne sommes point surpris de voir les églises et les monastères se grouper tout à l'entour ; les hospices s'y multiplier pour recevoir les nombreux pélerins, et les écoles, pour y former la jeunesse ; nous ne sommes point surpris de voir cette basilique survivre toute seule, pour ainsi-dire, avec son monastère, au milieu des ruines amoncelées à la place des autres pendant notre tourmente révolutionnaire.

Mais, hâtons-nous de le proclamer ; si sa conservation est due à un prodige, elle semble ne subsister de nos jours que par un prodige nouveau. On s'explique difficilement comment la voûte entièrement ruinée pouvait se soutenir encore pendant ces dernières années : des réparations urgentes y ont été faites ; mais avec peu de soin. Les piliers du cancel et les murs en général ne peuvent attendre plus longtemps une restauration bien entendue ; tout l'intérieur de cette église, aujourd'hui paroissiale, demande à grands cris un plan complet d'ornementation, que l'on pourrait exécuter par parties. Deux tours flanquées au portail d'entrée répondraient également à une véritable nécessité. Mais, ce que nous demandons avant tout, comme le véritable but de tous nos efforts et de tous nos vœux, c'est le rétablissement de la crypte tant vénérée et des tombeaux de notre glorieux apôtre et de ses saints coopérateurs. Nous supplions, nous conjurons de toute la puissance de notre âme l'illustre prélat, successeur de tant de saints, les dignes prêtres qu'il s'est associé dans son ministère sacré ; ceux surtout à qui le seigneur confie la garde de ce monument si digne d'exciter notre intérêt, de contribuer par leur zèle et leurs pieuses aumônes à réédifier ce que des mains coupables y ont détruit à la fin du siècle dernier. Nous supplions aussi les habitants de cette ville d'abord, et ensuite tous les fidèles de ce diocèse arrosé par les sueurs de notre saint pontife, de ne point refuser le denier de la Veuve de l'évangile ; afin que tous nous ayons le mérite de cette action excellente et de ce faible tribut, payé à la mémoire de saints si dignes de notre vénération et de notre amour ; afin que ces glorieux patrons nous accordent encore et à ceux qui viendront après nous ces faveurs et ces grâces signalées qu'ils ont tant prodiguées à nos pères. Chaque jour, le monde élève des statues et des trophées à ses héros et à ses favoris ; nos cimetières mêmes se couvrent de monuments fastueux, comment le lieu de la sépulture de nos saints apôtres et premiers prélats pourrait-il rester plus longtemps ignoré, abandonné, foulé aux pieds avec indifférence? N'avons-nous pas à craindre, s'il est permis de parler ainsi, qu'au dernier jour les âmes de ces illustres saints nous redemandent les restes sacrés de leurs corps qu'ils confièrent à notre garde et à notre piété filiale, et que nous avons vu disperser au vent ou fouler aux pieds sans crainte?

Pour rétablir à son premier état cette crypte précieuse, il faudra prendre pour modèle celle de la Couture, conservée et restaurée avec un rare bonheur ; mais les degrés pour y descendre devront se trouver à l'extrémité de la nef, au milieu, tandis que deux autres rangs serviront pour arriver des deux côtés au sanctuaire. Le fond de cette crypte pourrait être occupé par un sarcophage imité des premiers que l'on trouve dans les catacombes de Rome et dans lequel on déposerait quelques portions des reliques de saint Julien. Sur la façade on graverait l'inscription suivante, ou toute autre plus convenable, la leçon du martyrologe romain, par exemple :

B. Iulianus Episc. Dep. v kal. Feb.

Au-dessus de ce sarcophage en marbre ou en autre pierre décorée de sculptures, on érigerait l'antique et précieuse statue du même saint (1) ; tandis qu'au devant, un autel entier serait supporté par des colonnettes ornées. D'autres sarcophages, surmontés également d'antiques statues ; portant aussi une inscription du même genre, et offrant au-

---

(1) Cette précieuse statue, tant vénérée dans cette crypte depuis environ quatre siècles, fut enlevée malgré la vive opposition de plusieurs fidèles de la paroisse du Pré, et abandonnée dans la campagne au milieu d'un carrefour. Nous avons eu le bonheur de la découvrir par hasard et de la rapporter au-dessus du lieu même où elle doit être replacée.

devant un petit autel semblable, seraient placés de chaque côté, en l'honneur des autres saints inhumés en ce lieu. On pourrait construire, à cet effet, d'une manière convenable l'enfoncement à plein cintre connu des anciens sous le nom de *monumentum arcuatum*.

Rien ne retardera, sans doute, l'accomplissement de nos vœux ardens pour la restauration de cette crypte sainte; car on le remarque chaque jour, les pierres de nos monuments religieux et de nos monastères se relèvent d'elles-mêmes, pour ainsi-dire, et nous avons une trop juste confiance dans le patronage tout spécial que saint Julien exerce en ce lieu, dans son affection particulière pour ce sanctuaire qu'il s'est choisi et qu'il a fondé de ses propres mains; dans le zèle pieux de son digne successeur et des généreux prêtres chargés du soin de la vénérable basilique dont nous parlons; enfin, dans la foi vive et dans la générosité d'un nombre immense de fidèles de la paroisse de Notre-Dame-du-Pré, des autres paroisses de la ville et du diocèse, qui, nous le savons, appellent de tous leurs vœux le moment où il leur sera donné de répandre dans ce sanctuaire mystérieux leurs ferventes prières, comme aux beaux jours de leur première jeunesse ils le faisaient autrefois. L'infirme y viendra chercher encore la santé; le pécheur y viendra réclamer la grâce du pardon; le juste y trouvera la retraite la plus salutaire; l'historien même y contemplera l'admirable monument destiné à perpétuer le souvenir des premiers âges du christianisme dans une de ses plus belles contrées. La dévotion à l'égard de ces saints, et partant la religion et la gloire de Dieu en recevront un nouveau lustre.

Après avoir ainsi parlé de la vénérable basilique des saints Apôtres, aujourd'hui dédiée à saint Julien, nous citerons les églises paroissiales de Bourg-le-Roy, de Domfront-en-Passais, de Saint-Julien-en-Champagne, de Saint-Julien-du-Terroux, de Juillé, de Lavenay, de Lébois (en Passais), de Mont-Renault, de Poncé et de Quincampoix, placées sous le patronage de notre illustre saint et destinées à perpétuer quelques uns de ses miracles aux lieux mêmes où elles sont élevées. Nous aimerons à citer, en outre, l'église paroissiale de Ruillé-sur-Loir, fondée et consacrée en l'honneur de saint Pierre par le même saint, comme nous l'avons rapporté précédemment, puis la chapelle de saint Julien, à Saint-Marceau, monument bien précieux élevé sur la demeure où notre saint apôtre passa les derniers jours de sa vie et rendit au Seigneur son âme bienheureuse. On comprend qu'il est urgent d'entourer de plus grands soins, ce sanctuaire autrefois très vénéré et de ne pas le laisser détruire en nos jours, après que la tourmente du dernier siècle l'a épargné d'une manière providentielle (1). Nous aimerons à citer toutes les autres chapelles fondées en l'honneur de saint Julien : celles de Saint-Julien-des-Miracles ou de la Trinité, à la cathédrale; de Saint-Julien, à Mamers, à Douillet, à Châteaux-l'Ermitage, à Pontvallain, à Fromentières, à Saint-Vénérand de Laval, à Bonchamp, à Montjean, à Saint-Pierre-d'Erve, à Jublains, à l'Hôpital d'Ernée, à Duneau, à Bonnétable, à la Ferté-Bernard, à la Baroche-sous-Lucé, à Couesmes, à Pré-en-Pail, à Sillé, etc. Nous ne pouvons omettre la collégiale de Saint-Julien de Pruillé-l'Eguillé, érigée d'abord en oratoire, convertie en confrérie et dans la suite en collégiale : elle

---

(1) Un prieuré avait été érigé en ce lieu, qui est devenu, ainsi que la chapelle, une propriété particulière.

n'existe plus depuis la fin du dernier siècle. Il paraît que cette chapelle desservie anciennement par des *Orateurs* avait été érigée pour perpétuer le souvenir du miracle opéré en ce lieu, comme il est rapporté ci-dessus. A son retour d'Espagne, le roi Childebert Ier laissa au Mans des reliques de saint Vincent et reçut en échange de saint Domnole quelques restes de saint Julien ; restes qu'il déposa dans son église de Saint-Vincent, autrement, de Saint-Germain-des-Prés. De-là vient peut-être qu'une des plus belles chapelles de cette vénérable basilique était consacrée en l'honneur de saint Julien. Il en est cependant qui prétendent qu'elle fut dédiée à saint Julien, martyr.

Notre illustre apôtre et premier pontife a été regardé encore comme patron de l'église de Landernau, dans la Basse-Bretagne : le 4 novembre 1505, une portion des reliques du même saint fut tirée de la châsse du Pré et donnée pour cette église ; l'évêque de Saint-Léon reçut d'une manière très-solennelle ces restes précieux. Une autre portion fut accordée en même temps au général des Capucins pour l'église de Saint-Julien-de-Catalagirone, en Sicile. Nous lisons dans les actes du B. Hildebert qu'en son temps, dans la même contrée, une pieuse dame, avertie plusieurs fois par les anges, érigea une église et un monastère en l'honneur de saint Julien ; monastère où furent reçus les compagnons de voyage du bienheureux évêque, lorsqu'il passa dans ce pays. De-là, sans doute, l'origine de l'église de Saint-Julien-de-Catalagirone. L'église de Paderborn enfin, honora le même saint pontife d'un culte tout particulier, et en France, dans les diocèses voisins de celui du Mans, de nombreux oratoires se sont élevés pour perpétuer de même le souvenir de ses bienfaits et des preuves de son grand pouvoir auprès de Dieu.

CHAPITRE X.

REMARQUES SUR LES ACTES DE SAINT THURIBE.

La vie de saint Thuribe forme de même que ses actes une suite nécessaire à la vie et aux actes de saint Julien. Admirable compagnon de ses travaux et héritier de ses vertus et de son siége épiscopal, il appartient à Saint Thuribe de venir réclamer la première place après lui dans l'histoire, dans notre amour et dans notre vénération. Chrétiens pieux du Maine, jamais nous ne pourrons oublier que ce glorieux saint quitta, de même que notre illustre apôtre, ses parens, ses biens, son pays, pour venir, affrontant des dangers de toute sorte, évangéliser la plus grande partie de ce diocèse. S'il est vrai, comme la tradition le prétend, qu'en un très-grand nombre de bourgs saint Julien fût en butte aux persécutions; que souvent il fut poursuivi avec des injures, des sarcasmes et des pierres; il est également rapporté que saint Thuribe eût beaucoup à souffrir, et plusieurs des anciens lui ont accordé l'auréole des martyrs. Les mêmes difficultés que nous avons essayé de vaincre au commencement de cet ouvrage se présentent aussi pour les actes que l'on va lire. Nous le répétons, nous nous contentons de traduire le plus fidèlement possible et nous exposons, à l'appui des faits, quelques réflexions qui nous portent à être moins sévère qu'on ne le fut au dernier siècle, à l'égard de ces antiques monuments. Nous ne craignons pas de le dire, notre histoire ecclésiastique des premiers siècles n'a été tracée parmi nous que par des mains infidèles et d'une manière trop imparfaite; c'est pourquoi nous sommes portés de préférence à juger en faveur des autorités anciennes. Tout ce que nous savons, c'est que, dès le commencement, chaque église avait grand soin de faire écrire les actes de ses saints et que s'il était permis de supposer quelqu'altération dans ceux que l'église du Mans conserve, il faudrait nécessairement en reconnaître, à l'exemple du docte Mabillon, la plus grande partie comme très-authentique. Les faits qui y sont rapportés sont prouvés d'ailleurs par une foule d'autres monuments contemporains ou postérieurs, comme nous l'avons exposé déjà et comme nous le démontrerons dans la suite.

D'abord, pour ce qui regarde les fonctions de saint Thuribe pendant l'épiscopat de saint Julien, nous savons: « que dans les villes un peu considérables, les apôtres avaient coutume de placer quelques prêtres auprès de l'évêque, soit dès le commencement de la nouvelle communauté, soit lorsque le nombre des fidèles s'était suffisamment accru. Ces prêtres servaient d'aides et de conseillers à l'évêque, mais en demeurant toujours sous sa dépendance quant à la dispensation des sacrements..... En tant que formant un collége dont l'évêque était le chef et la tête, ils prenaient part au gouvernement général de l'église et composaient le sénat avec lequel l'évêque délibérait sur toutes les affaires et mesures graves, telles que l'admission des clercs, le maintien de la discipline ecclésiastique, la conduite à tenir à l'égard des pénitents, etc. (1). » Et lorsque nous voyons les Apôtres

---

(1) Orig. du Christ., T. I, p. 255.— J. Morin.— Mar. Lup.— F. Hallier.

choisir pour simples diacres des hommes pleins de foi et des dons du Saint-Esprit ; leur conférer l'ordination par l'imposition des mains, et les choisir comme aides dans leurs travaux, quel soin ne durent-ils pas apporter pour donner à nos premiers évêques des prêtres distingués par toute sorte de vertus et de qualités rares ! Que devons-nous penser surtout des vertus et des qualités de saint Thuribe, placé si dignement à la tête des premiers prêtres dont s'entoura saint Julien ; de saint Thuribe, qui partagea si généreusement toutes les fatigues de son apostolat et fut choisi par tous pour lui succéder !

Son nom est encore gravé en traits ineffaçables dans les contrées évangélisées par ses soins, d'un bout du diocèse à l'autre. Des monuments en grand nombre et le souvenir de la plus antique tradition immortaliseront ses miracles et les bienfaits répandus sous ses pas. S'il a fait jaillir du sein de la terre une source merveilleuse, il n'a fait qu'imiter en cela son illustre prédécesseur et ses contemporains, les premiers évêques des Gaules qui opérèrent souvent un semblable prodige. S'il a fondé au centre et aux deux extrémités de son vaste diocèse quatre *casæ* ou maisons de missionnaires destinés à évangéliser la contrée environnante, nous n'en serons pas surpris ; car nous pouvons prouver que la même chose se pratiqua dans les diocèses voisins et que cela était absolument indispensable. Saint Julien, sans doute, accompagné de ses dignes collaborateurs et de saint Thuribe, surtout, le premier après lui, saint Julien fit embrasser à tous les Cénomans la foi chrétienne ; mais il fallait instruire des vérités de la foi tout ce peuple immense. Il put établir peut-être des prêtres dans tous les vici, dans tous les bourgs considérables ; mais il fallait des missionnaires spéciaux pour évangéliser les campagnes et ces peuples grossiers qui habitaient les vaste forêts conservées sur les limites de la province ou cité. Ces clercs n'étaient pas, sans doute, des moines à la manière de ceux qui, dans les siècles suivants, défrichèrent nos forêts, et remplirent aussi l'office de curés dans les campagnes ; leurs *celles* n'étaient pas des abbayes et des monastères en règle ; mais enfin, ils avaient un supérieur ou prévôt et leur vie pouvait être ascétique.

« Le besoin de mener une vie vraiment spirituelle dans le détachement le plus complet des choses de la terre et dans une union continuelle avec Dieu, qui ne soit point troublée par le monde extérieur, ce besoin de faire son salut loin des embarras de la vie temporelle est vraiment chrétien. La vie monastique, sous quelque forme qu'elle se présente, appartient essentiellement à l'Eglise chrétienne ; aussi l'y a-t-on toujours rencontrée. Dès le temps des Apôtres, il y avait des vierges, des laïques et des prêtres, appelés ascètes, qui s'efforçaient de se soustraire à la corruption et même au contact du monde, se livraient aux exercices d'une piété plus austère, s'abstenaient du mariage, renonçaient à toute possession et s'imposaient un jeûne rigoureux. » Etait-ce donc merveille si surprenante de voir quelques clercs, sous la conduite d'un prêtre, mener la vie commune et évangéliser les campagnes au second siècle de l'église ; lorsqu'aujourd'hui douze cents prêtres, pleins de science et de vertus, suffisent à peine pour entretenir la foi et la piété dans cet immense diocèse? Si vous consentez à effacer cette page de l'histoire de saint Thuribe, apprenez-nous de grâce par quels moyens nos premiers évêques ont établi et cultivé leurs admirables institutions, et comment nos pères sont devenus chrétiens? Savants d'un jour, vous aurez beau replier les voiles sur les origines du christianisme, l'Eglise n'a point eu d'enfance et ne se perfectionne point dans un progrès indéfini, comme vous le donneriez à croire : l'Esprit-saint qui l'anime ne connaît point les vicissitudes et les faiblesses de l'esprit qui enfante et dirige les institutions des hommes. Non, non, le christianisme avec tout son développement admirable, n'est pas aussi jeune qu'on a voulu l'avancer ; de même que les merveilles de son premier âge n'ont rien, si l'on peut dire, qui surpasse celles de l'âge que maintenant il parcourt.

Voyons avant tout ce que dit l'histoire, étudions-la, étayons-la des monuments contemporains ; jugeons d'abord en sa faveur, nous nous prononcerons plus sûrement ensuite. Quand il s'agit de rayer d'un trait de plume ce qui tient si intimement à la foi des peuples et aux monuments les plus anciens et les plus respectables, il nous semble que l'on peut y regarder à plusieurs reprises.

Nous allons donner les *actes* de saint Thuribe d'après trois manuscrits anciens, dont l'un a été publié au tome III des *Analecta*, et les deux autres au second tome d'Avril dans la collection des Bollandistes. Il y est fait mention d'une manière expresse de l'ancien manuscrit contenant les gestes et les miracles de saint Thuribe ; manuscrit dont nous regrettons sincèrement la perte, puisque nous n'en possédons que ces copies plus ou moins imparfaites. Saint Thuribe étant regardé comme l'apôtre du département de la Mayenne, il n'est pas étonnant qu'il y ait fondé deux *celles* ou petits monastères, pour évangéliser ce pays. Le premier est placé d'une manière bien convenable, à l'endroit où s'élève aujourd'hui l'église paroissiale de Saint-Jean-sur-Mayenne, auprès de la vaste forêt de Concise où l'on voit maintenant Laval ; un autre, dans le district de Jublains, la ville la plus considérable après le Mans, comme il paraît, situé à Doucé près de Jublains, si l'on veut s'en rapporter au sentiment de quelques uns. La position du troisième, sur les bords de l'Huisne, est incertaine ; on désigne Pontlieue, aux portes du Mans : mais celle du quatrième nous est parfaitement connue.

Parmi les bourgs d'où l'on prétend que saint Thuribe exigea un cens annuel pour la cathédrale, il est fait mention au second rang du bourg nommé *Madvallo*. Ce nom est écrit *Madoallo* et *Maddoaldo* dans la charte de fondation du monastère de Saint-Calais (1) ; *Matoval* sur un triens du VIIe siècle (2) ; *Madoalis* dans la vie de saint Calais, par saint Siviard, vers le même siècle (3) ; *Madvallis* et *Matvallis* par plusieurs auteurs du IXe siècle qui citent en même temps son synonime Bonavallis et en donnent l'étymologie gallo-romaine, avec la signification de bonne vallée, à cause de l'étendue et de la fertilité de ce domaine, reconnu comme fisc public (4). Le roi Childebert I en accorde une partie très-considérable au moine saint Calais pour fonder son monastère ; une autre est abandonnée quelque temps après par Sighebert, pour le monastère de Saint-Médard-de-Sois-

---

(1) Ampl. coll., Tom. I, pag. 2. — *Actum Madoallo fisco dominico*.
(2) Revue numis. 1838.
(3) Acta sanct. Jul., T. I. Vit. S. Caril.
(4) Act. sanct. Jun., T. II, p. 86. « Ex duabus linguis, latinâ videlicet atque britannicâ nomen ex antiquo Matvallis inditum fuit. Matvallis ergò, id est Bonavallis... fundus ipse vocatus est, quia sicut fati sumus et confinio lati cespitis erat præstans et censu plurimo ampla marsupia complens.» — *Ibidem*, pag. 94.— Histor. de Fr., T. III, p. 440. — Surius, T. IV, p. 11.— Gall. Christ., T. IX, p. 339. — Annal. O. B., T. I, p. 77. — Act. sanct. Jun., T. I, p. 93, etc., etc.

sons : en 830, Lothaire en discorde avec l'empereur, son père, se retire dans ce domaine où il rassemble ceux de son parti (1).

On le voit, les témoignages se pressent en foule pour démontrer jusqu'à l'évidence que le bourg, nommé en latin Madoallo et Madvallis, Matovall sous les Mérovingiens, est le même que celui qui porte encore de nos jours le nom de Bonnevau (2). Son territoire s'étendait au loin, sur les bords de l'Anille et de la Braye et faisait partie du fisc public. Childebert I y fit quelque séjour, selon l'usage des princes de sa race qui parcouraient ainsi tour-à-tour les riches *villæ* de leur domaine.

Ce fût sur ce territoire que saint Thuribe fonda son quatrième monastère ; plus tard, nous dirons plus au long à quelle occasion. Au temps de ce saint évêque, Cajanus, romain célèbre, par ses richesses et sa valeur possédait à titre de bénéfice militaire, au sentiment de quelques-uns, les terres de ce domaine : on pense même qu'il y fonda, sur les bords de la Braye, la villa qui, du nom de son épouse Savinie, aujourd'hui se nomme encore Savigny. Mais il est écrit qu'entre toutes ses maisons de campagnes, celle qu'il préférait davantage était située sur les bords de l'Anisolle ou Anille. Le très-ancien auteur de la vie de notre saint assure que les *édifices* et les *murs* étaient encore très-considérables

---

(1) Hist. de Fr., T. I, p. 116. — p. 161.

(2) Bourg situé dans une magnifique position sur la rive gauche de la Braye, à 205 kilom. de Paris, 53 kilom. de Blois, 27 kilom. de Vendôme, 8 kilom. de Savigny, 13 kilom. de Saint-Calais. Population, 521 habit.

de son temps (1), et que le puissant Cajanus était considéré comme *Duc* parmi ceux de son *pagus*. Il se convertit à la vue des vertus de la pieuse Savinie et des miracles du saint pontife, et lui abandonna cette même maison de campagne pour y construire un oratoire desservi par des clercs dont l'occupation devait être en outre de *gagner des âmes à Dieu* (2). Ce lieu porta dès-lors le nom de *Casa-de-Gajanus* (3) : ainsi qu'il est prouvé par la charte de fondation du monastère de Saint-Calais ; par la vie du même saint Calais, écrite au viie siècle, et par une foule d'autres monuments très-anciens et non moins authentiques. Au vi[e] siècle, cet oratoire et cette maison étaient en ruines et le pays environnant n'était plus qu'un désert (4), lorsque l'anachorète saint Calais, fuyant l'abbaye de Mici, vint s'y réfugier avec quelques compagnons de sa vie érémitique. Pendant son séjour à Bonnevau, Childebert partit un jour de grand matin pour aller chasser dans la forêt voisine, et, conduit sur les traces d'un buffle, il trouva le saint ermite au milieu des ruines de la *Casa-de-Gajanus* : frappé à la vue de sa sainteté et de ses miracles, il lui accorda une partie de son domaine pour la

---

(1) Il paraît que ces murs étaient situés à l'endroit où depuis on a vu la partie méridionale de l'abbaye et les jardins placés à l'est sur le bord de la rivière ; deux de ces murs ont plus d'un mètre et demi d'épaisseur, et leur fondation se trouve à plus de six mètres et demi de profondeur au-dessous du sol actuel, dont l'exhaussement prodigieux aurait été par conséquent d'environ 5 mètres jusqu'à nos jours.

(2) Ad animas Deo lucrandas.

(3) Il était situé à peu de distance d'une ancienne voie (propter stratam veterem) qui du Mans conduisait à Orléans.

(4) In altitudinem eremi à viventium conversatione remotus.

défricher (1). Saint Calais nous dit qu'il releva du mieux qu'il pût l'oratoire et les édifices de la *Casa-de-Gajanus*, et nous savons que les restes précieux de ce saint y ont été conservés jusqu'à nos jours. Des *Orateurs* d'abord, des chanoines ensuite furent préposés à la garde de son tombeau, et pour desservir l'antique et vénérable église dédiée à saint Pierre par le glorieux saint Thuribe (2) ; mais depuis notre révolution de 1793, elle a été détruite en grande partie : le reste est transformé en une habitation ordinaire ; ce que nous avons tout lieu de regretter (3). Tous ces faits sont si bien appuyés les uns par les autres que nous devons les admettre sans balancer : saint Thuribe a fondé quatre *casæ* ou maisons de clercs réguliers, celle entr'autres de Saint-Calais.

D'autres difficultés se présentent relativement à l'époque de l'épiscopat de ce saint. D'après les anciens actes que nous conservons dans Mabillon et dans les Bollandistes, saint Thuribe fit d'abord profession de la philosophie, selon l'usage de son temps, où les empereurs et les personnes de distinction se paraient pompeusement du titre de philosophe. *Disciple des Disciples de Jésus-Christ*, il fut *sagement instruit dans la doctrine des Apôtres par les successeurs des Apôtres* ;

---

(1) L'étendue du terrain concédé dans la charte de fondation est évalué à 24,062 hectares, et le produit à 553,426 f.

(2) Saint Siviard répara cette petite basilique, au viie siècle; ce qui en reste annonce une construction postérieure.

(3) Aujourd'hui l'on pourrait peut-être encore rétablir une petite chapelle latérale fort ancienne; le haut des fenêtres se trouve maintenant au-dessous du sol, et une écurie a pu être pratiquée sur la voûte. Ce petit monument suffirait pour rappeler le souvenir de tant de faits importants accomplis dans ces lieux, comme nous aurons occasion de le démontrer amplement dans la suite.

il fut ordonné archiprêtre par le pontife romain, saint Clément; envoyé pour aider saint Julien à prêcher, il devint par la volonté de Dieu son compagnon et son coadjuteur; après la mort de saint Julien, il fut placé par son peuple sur le siège de ce saint pontife, et ordonné évêque. Il y siégea cinq ans, six mois et seize jours; il finit, comme on le rapporte, sa vie par le martyre et mourut le xvi *des kalendes de mai.* Par où l'on voit qu'il ne fut point, comme son illustre prédécesseur, disciple des Apôtres mêmes, et choisi au nombre des disciples du second ordre, envoyés par saint Pierre pour évangéliser les différentes contrées de l'empire romain ; ce qui porterait à le croire plus jeune que saint Julien. Il n'est donc point étonnant qu'il ait pu lui survivre pendant cinq ans et demi. En adoptant l'époque donnée par quelques uns pour l'épiscopat de saint Julien, il faudra dire ensuite que saint Thuribe gouverna le diocèse pendant la vie du même saint qui se retira dans la solitude, depuis le 1ᵉʳ octobre 117, jusqu'au 16 avril 125. Mais, nous le répétons, il est impossible de préciser exactement ces dates d'après nos anciens documents. Le manuscrit publié par Mabillon fait concorder l'épiscopat de saint Julien avec les règnes de Domitien, de Néron et de Trajan (1); le temps de l'épiscopat de saint Thuribe, successeur immédiat de notre illustre apôtre, doit donc se rapporter aux premières années du règne de l'empereur Adrien ; mais le manuscrit précité porte que le même saint Thuribe fut évêque au temps de l'empereur Antonin et qu'il mourut dans l'année qui suivit le second consulat de Viator (2). Ici, nouvelle

---

(1) *Analect.*, T. III.

(2) P̄. C̄. Viatoris II, V̄. C̄C̄; post consulatum Viatoris II, viri clarissimi.

difficulté : les fastes consulaires ne portent nullement ce nom de Viator sous Antonin ; Fl. Viator fut consul, il est vrai ; mais en 495 et pour la première fois, et avec un collègue. D'après ces documents, saint Thuribe n'aurait monté sur le siége épiscopal que 68 ans après le commencement de l'apostolat de son illustre prédécesseur et de sa propre mission comme archiprêtre. Pour ces motifs et plusieurs autres présentés d'une manière trop acerbe par Le-Nain-de-Tillemont (1), de Launoy, D. Rivet (2), Foncemagne (3) etc., nous n'ajoutons pas une grande foi à ces dates, mises après coup, sans doute, et cependant « nous sommes bien éloigné d'adopter l'opinion de ces écrivains, qui en s'efforçant de décrier les anciennes chartes ou comme supposées par l'intérêt, ou comme altérées par l'ignorance, osent sapper les fondements les plus solides de l'histoire (4) ». Ces dates ont bien pu être altérées ; les copies que nous possédons ont pu subir des interpolations assez nombreuses ; mais néanmoins il faudra convenir que la vie de saint Thuribe est très-ancienne et mérite quelque croyance sous le rapport de l'authenticité ; puisqu'elle fut produite devant l'empereur au IXe siècle, à l'occasion du procès des évêques du Mans avec les moines de Saint-Calais. Nous ne pouvons comprendre, par exemple, la violence avec laquelle les auteurs précités poursuivent les prétentions de Charus, fils de Sévère, qui assure *avoir écrit une partie de la vie de saint Thuribe, comme il a vu, entendu et appris véritablement.* Mais,

---

(1) Tom. IV, p. 730—732.
(2) Tom. V, p. 144.
(3) Mém. de l'Ac. des Incr., etc., T. XX, p. 211.
(4) *Ibidem.*

n'est-ce pas cet auteur qui affirme précédemment que *Cajanus était fort riche*, etc. *C'est ce que démontre jusqu'à ce jour le lieu même situé sur la rivière nommée Anisolle ; lieu appelé aujourd'hui encore par les habitants la Casa-de-Cajanus ; c'est ce que démontrent des édifices et des murs en grand nombre?* N'avait-il donc pas vu ces murs que nous voyons encore ? N'avait-il pas entendu raconter et appris de personnes sûres ce que le moine saint Calais et ses premiers successeurs paraissent si bien savoir. Placez, si vous voulez cet auteur, au temps de saint Innocent, comme Mabillon pourrait le croire, le lieu nommé Anisolle portait encore le nom de Casa-de-Cajanus ; les ruines de la Casa s'y voyaient encore, avec les premières vignes plantées au temps de saint Thuribe dont le souvenir ne devait pas être effacé, assurément. Dans les mêmes actes de ce saint évêque il est fait mention, il est vrai, du recueil des actes des évêques du Mans ; mais nous accorderons assez volontiers que les copistes dans la suite y ont inséré ces phrases, faciles à distinguer dans la vie de saint Julien, rapportée plus haut, et dans celle de saint Thuribe ; car la même main semble avoir cousu ces pièces d'une époque postérieure, du IXe siècle, au sentiment de plusieurs. Toutefois nous croyons pouvoir assurer que ces interpolations, où les mêmes mots se reproduisent fréquemment, sont peu considérables; car autrement on se serait récrié contre la supercherie si l'altération eût été trop manifeste ; surtout puisque ces pièces furent produites devant l'empereur et les évêques assemblés, au IXe siècle.

Que l'on ne vienne donc pas nous dire : ce qui est rapporté dans la vie de saint Thuribe ne s'accorde guère avec l'état de l'église à son origine ! Nous prétendons que cet état est fort peu connu parmi nous depuis quelques siècles surtout, et que le christianisme, représenté toujours tremblant sous la hache des bourreaux, ne fut jamais plus rempli de force et de puissance qu'à son aurore. Il arrivait à peine à Rome quand il allait déjà chercher dans les bras de l'infâme Néron son impure courtisanne pour en faire une sainte ; et ne sait-on pas que les persécutions ne servirent qu'à augmenter la fécondité de cette religion sainte, et à la répandre dans les contrées les plus lointaines ? Il faudra, sans doute aussi, admettre quelque différence entre l'état de l'église de Rome ou même de Lyon, la ville des empereurs, et l'état des églises de l'Armorique dans les premiers siècles de notre ère. Les premiers papes ont pu ne *tenir les Ordres* qu'une fois seulement pour chaque année, dans les temps de troubles ; tandis qu'un grand nombre de prêtres devenait nécessaire dans les vastes diocèses nouvellement formés dans les provinces de l'empire plus éloignées.

Nous le répétons une dernière fois, les origines de notre histoire ecclésiastique sont environnées de ténèbres : ce qui ne doit point nous surprendre ; mais n'est-ce pas pitié de voir au dernier siècle des auteurs graves multiplier les voiles comme à plaisir, au lieu d'éclairer quelque peu ces ténèbres? Peut-on retenir son sourire en voyant des savants les plus estimables s'évertuer pour trouver des dates précises dans nos légendes, et pour combler les prétendues lacunes des actes de nos évêques du Mans ; comme si les auteurs de ces précieux monuments s'étaient appliqués à faire un corps d'histoire complet. N'a-t-on pas imaginé de mettre notre grand saint Thuribe, tantôt à un siècle, tantôt à un autre, et ne l'a-t-on pas dédoublé, pour ainsi dire, en Thuribe i, Thuribe ii, Thuribe iii, Thuribe iv, et ainsi de suite, à volonté ; car comment s'arrêter en si beau chemin ? Heureusement l'histoire ou les légendes, si l'on veut, nous ont conservé le souvenir, et nos pères nous ont conservé les ossements d'un seul dont nous allons transcrire les actes ; autrement, il nous serait difficile de donner une vie particulière pour chacun des prétendus évêques du nom de notre saint ; puisqu'on peut ainsi les multiplier à son gré. Ne va-t-on pas aussi jusqu'à transformer le païen Cajanus en sectateur d'Arius, et jusqu'à vouloir absolument que l'histoire se prête aux idées et aux exigences du dernier siècle ? tandis que d'autres ont trouvé plus commode de tout rayer d'un trait et de tirer *à priori* de leur propre fonds, ou même de nier simplement les faits, comme étant chose plus commode encore.

On nous pardonnera difficilement peut-être de ne pas admettre aveuglément la critique si spécieuse de la plupart des bons auteurs du dernier siècle ; mais nous avons trop de confiance dans le progrès des lumières et dans les destinées providentielles de notre siècle pour croire nos contemporains et tous ceux qui viendront après nous obligés de suivre à la remorque nos respectables devanciers, écrivant pour la plupart sous l'influence presqu'inévitable du jansénisme et du rationalisme. Nous avons vu de trop près d'ailleurs où voulaient nous conduire leurs doctrines anti-catholiques et ce n'est pas sans raison que quelqu'un a dit : Depuis deux cents ans l'histoire n'est qu'une vaste conspiration contre la vérité.

CHAPITRE XI.

VIE DE SAINT THURIBE.

En ce temps, lorsqu'après la mort de saint Julien, premier évêque de la ville du Mans, saint Thuribe (1) lui eût succédé, lors qu'il eût été ordonné et placé sur ce siége, dignité qu'il méritait comme archiprêtre et comme étant issu de la noblesse de Rome, et lorsqu'enfin la vigueur du christianisme croissait et déjà se répandait de toutes parts, à l'instigation de l'antique ennemi et à la persuasion des malveillants, une persécution s'éleva dans l'église et sévit contre les chrétiens. A cette vue, le susdit saint Thuribe qui d'abord fut philosophe, il est vrai ; mais qui devint dans la suite disciple des Disciples de Jésus-Christ et fut envoyé par le bienheureux Clément, pape, pour aider saint Julien dans sa prédication, devenant par la volonté de Dieu le compagnon et l'aide de ce saint, il fut ordonné archi-prêtre, et, après le décès du bienheureux Julien, il fut mis sur le même siége et à la tête du même peuple, et ordonné évêque ; à la vue donc de la persécution et de quelques chrétiens tremblants, saint Thuribe exhortait ces hommes et disait :

---

(1) Le mot Thuribe paraît avoir été emprunté à la langue grecque et désigner un *caractère impétueux* : Touros ou Touris et Bios.

« Mes très-chers frères, nos devanciers ont enduré divers tourments pour laisser parvenir intacte jusqu'à nous la situation de l'église : nous tièdes et négligents, à combien juste raison ne devons-nous pas supporter avec calme les adversités ; relever la situation où se trouve la sainte Eglise de Dieu et persister fermement dans la foi de Jésus-Christ, moyennant son secours? Car notre Seigneur Jésus-Christ a souffert aussi pour le salut de l'Eglise, et c'est également en souffrant que les Apôtres lui ont donné son accroissement, et ont conservé courageusement la foi. Soyons donc sans crainte, et n'ayons qu'un soin, celui de vivre avec justice et ce qui est plus glorieux, de mourir pour la justice. »

Or, le même saint Thuribe fut un homme vénérable, distingué parmi la noblesse de Rome, formé sagement, prudemment instruit et noblement élevé dès son enfance, selon la doctrine des Apôtres et par les successeurs des Apôtres, au milieu desquels il vécut. Par sa naissance, il était noble, sans doute ; mais sa foi le rendait plus noble encore : les dignités du siècle le rendaient illustre parmi ses égaux ; mais par la faveur des dons célestes, il brillait davantage encore. L'humilité faisait reluire sa mansuétude ; la charité, sa sollicitude ; la longanimité, une bienveillance qui ne se rebutait point ; la patience enfin, faisait reluire sa force robuste et la vigueur de toutes les vertus dominait en lui tellement que ses discours furent toujours remplis de sel. Pasteur excellent, docteur illustre, il méprisa ce siècle pour trouver le royaume éternel ; il refusait la faveur royale et la pompe d'un prince pour entrer en hâte à la cour du Christ. Rayonnant de joie il pénétra dans le royaume céleste en la compagnie de milliers de saints ; heureux berger du troupeau, ses épaules étaient chargées des fruits qu'il avait recueillis. Ce pieux prélat était donc tout à la fois humble et magnanime ; étant de la famille des saints, sa beauté le rendait affable : plein de diligence pour le travail, il allait à son but sans cesse ; il porta pour présent au Sauveur tout ce que Dieu lui avait confié, et dont il avait eu plus de soin que de ce qui le regardait personnellement.

Enrichi de ces fleurs et de beaucoup d'autres semblables, il mérita de plaire à Dieu et aux hommes de bien ; tandis qu'il ne craignait pas de déplaire aux méchants et aux incrédules. Par où il advint que ce même saint Thuribe, second évêque du Mans, ne s'effraya point de la fureur d'un certain païen, nommé Cajanus (1), d'un esprit violent, et d'une impiété sans frein, Cajanus, en effet, avait une épouse nommée Savinie (2) qui, ayant embrassé la doctrine prêchée par le susdit saint Thuribe et s'étant convertie au Seigneur, s'adonnait entièrement au service de Dieu. Alors son mari, guidé par la jalousie et la colère, dressa des embûches pour l'épier, tandis qu'elle se hâtait d'aller à l'église. Lorsque Savinie fut entrée dans l'église (consacrée longtemps auparavant par saint Thuribe, dans le district de Lavardin où le même saint Thuribe, remplissant alors très-dignement les fonctions de son ministère pontifical, avait converti un grand nombre d'âmes au Seigneur), Cajanus la suivit par une autre porte, et, poussé par la curiosité, il se mit à écouter et à regarder ce qui se passait. Mais lorsque saint Thuribe eût cessé la prière et que les fidèles eurent répondu *Ainsi soit-il*,

---

(1) Cajanus augmentat. de Caïus, nom très-usité chez les Romains. Le plus souvent on lit : Gajanus et Gayanus ; nous avons préféré mettre Cajanus, mot plus connu.

(2) D'où le nom de Savigny-sur-Braye.

aussitôt Cajanus devint aveugle, et même il ne pouvait plus ni voir ni entendre.

Or, il était fort riche; il avait des terres en grand nombre, beaucoup de bien en propre, et sa bravoure était si connue parmi ceux de son *pagus*, qu'il était considéré comme Duc. Ceci, au reste, est démontré jusqu'à ce jour par le lieu même situé sur la rivière nommée Anisolle, lieu appelé aujourd'hui encore par les habitants mêmes la *Casa-de-Cajanus*, et par les édifices et les murs que l'on y voit en grand nombre. Etant donc devenu aveugle et sourd, comme on vient de le dire, en punition de ces actes coupables et illicites dont nous avons parlé, il dit à ses esclaves : « Hâtez-vous de me prendre entre vos bras et de me porter hors de cette église; car mes yeux sont éteints, et mes oreilles fermées tellement que je ne puis rien voir, ni rien entendre. » Mais ses esclaves tournaient avec lui de tous côtés dans l'église, et ne purent au milieu de la multitude de ceux qui priaient, tant hommes que femmes, parvenir à la porte par laquelle ils étaient entrés : il arriva qu'en tournant ainsi tout égarés, allant et revenant au même lieu, ils se trouvèrent avec leur maître Cajanus auprès de leurdite dame Savinie qui adressait ses prières au Seigneur. Voyant ses esclaves tourner ainsi dans l'église avec leur maître, elle envoya un serviteur pour s'enquérir de ce qui se passait, et pourquoi ces esclaves allaient et venaient avec leur maître. Ils lui répondirent : « notre maître a voulu voir en secret ce qui ne lui est pas permis de voir, et il a désiré entendre le secret d'autrui, il est devenu non seulement aveugle; mais aussi frappé de surdité. Il nous a commandé ensuite de le porter dehors; mais comme le fait nous le démontre, il ne nous est pas permis de sortir de cette église. »

Ainsi avertie par ses esclaves, la pieuse Savinie, son épouse, se prosterna en oraison et demanda à Dieu, les yeux en pleurs, qu'il permît à son mari de sortir ; puis se tournant vers les serviteurs qui étaient là : « allez et donnez le bras à votre maître : conduisez-le à notre demeure ; pour moi, je n'abandonnerai pas les prières que j'ai commencées ; mais je vais m'occuper d'offrir au Seigneur mon *hostie*. Après la célébration des mystères, elle priait pour obtenir la guérison de son mari, et pour qu'il se convertît au Seigneur : lorsque les esclaves se furent éloignés, ils donnèrent le bras à leur maître, selon l'ordre de Savinie ; ils sortirent par les mérites de Savinie, et non par les mérites de leur maître ; retournèrent à la maison, puis revinrent pour annoncer à Savinie, leur dame, que la cécité de Cajanus leur maître durait toujours, et qu'il ne pouvait rien entendre.

Alors cette pieuse dame Savinie adressait en pleurant de ferventes prières au Seigneur pour obtenir en faveur de son mari la miséricorde divine. Après que les très-saints et tout divins mystères furent accomplis, et que l'office fut terminé, Savinie, chérie de Dieu, se jeta aux genoux de saint Thuribe en lui disant que Cajanus son mari, voulant imprudemment soulever le voile des mystères de notre Seigneur Jésus-Christ, avait été puni en perdant la faculté de voir et d'entendre. Saint Thuribe se mit alors à pleurer et à prier, exhortant tous ceux qui étaient présents à demander avec lui que l'ouie et la vue fussent rendues au mari de Savinie. Ainsi donc, plein de confiance en Dieu, saint Thuribe, après que la prière fut terminée, vint accompagné de Savinie auprès de son mari Cajanus, et le trouva ayant les yeux ouverts, il est vrai ; mais ne voyant rien et n'entendant aucun son de voix humaine.

En ce moment, plongée dans la tristesse, la famille entière faisait un très-grand bruit par ses sanglots et cependant Cajanus ne pouvait rien du tout entendre : saint Thuribe, les yeux levés au ciel, se mit à implorer ainsi le pardon pour le pécheur, et à dire : « Seigneur Jésus Christ, qui avez remis les clefs du royaume céleste à Pierre, votre Apôtre et qui lui avez donné, à lui, à ses successeurs et aux autres successeurs et disciples dans l'ordre des pontifes, le pouvoir de lier et de délier, de fermer et d'ouvrir, en disant : « tout ce que vous ouvrirez sera ouvert, et tout ce que vous fermerez sera fermé, » ordonnez que les yeux et les oreilles de cet homme s'ouvrent ; car vous avez dit : « tout ce que vous demanderez avec foi vous l'obtiendrez, et votre promesse demeure dans les siècles des siècles. » Aussitôt que tous eurent répondu *Ainsi soit-il*, aussitôt les yeux et les oreilles de Cajanus s'ouvrirent : à la vue de saint Thuribe, une grande crainte le saisit, et, tout hors de lui-même, il ne savait plus ce qu'il faisait. Saint Thuribe dit alors en présence de tous les assistants qui étaient dans l'admiration de ses actions et de ses discours : voilà bien l'accomplissement de ce qui a été annoncé par le vénérable saint Paul, apôtre : le mari infidèle sera sanctifié par son épouse chrétienne ; ensuite, le bienheureux Thuribe s'appliquait à l'instruire de tout ce qui pouvait regarder l'édification de son âme.

Tout cela s'étant ainsi passé très-bien, le païen Cajanus crut en Jésus-Christ et fut parfaitement corroboré ; il se jeta aux genoux et aux pieds de saint Thuribe, en disant : « je rends mes actions de grâces au vrai Dieu tout-puissant, qui ne m'a rendu aveugle que pour me montrer, et qui ne m'a rendu sourd que pour me faire entendre la vérité dont je me raillais par ignorance. Je croyais faux, ce qui est vrai, et j'imaginais être vrai ce qui est faux; je prenais les ténèbres pour la lumière et la lumière pour les ténèbres; je loue et je glorifie celui par qui mon âme a été purgée des souillures de l'idolâtrie. Car maintenant je reconnais certainement que les démons trompent les hommes, de telle sorte que ceux qui ne croient pas au Seigneur Christ, reconnaissent la domination de pierres qui ne parlent point et n'entendent point, et celle des autres créatures. J'ai honte de nommer maintenant les objets que j'adorais jusqu'à ce jour, et sous la domination desquels je m'étais placé auparavant. Tel est l'état où vous vous trouvez, disait Cajanus en présence de tous, vous qui ne croyez pas dans le Dieu de Thuribe et en notre Seigneur Jésus-Christ. En entendant Cajanus prononcer ces mots et d'autres semblables on ressentit une grande joie ce jour-là.

Après avoir ainsi parlé, il se jeta de nouveau aux pieds de saint Thuribe et en présence de tous, il lui dit en suppliant : « très-saint père, acceptez ma maison que j'ai construite sur la rivière d'Annisolle (1); acceptez en même temps tous mes meubles et fondez en ce lieu une église pour convertir les infidèles et gagner des âmes à Dieu. Acceptez, en outre, le reste de mes autres possessions ; fondez-y des églises également, et édifiez tout ce qui est nécessaire pour le culte divin ; enfin, permettez-nous, à mon épouse et à moi, de servir avec vous votre Dieu. Alors il livra solennellement tout ce dont on vient de parler à saint Thuribe et à la mère-

---

(1) Annisola, Aninsula, Anisola, l'Annisolle ou Annille, très-probablement pour Amnisella, Amnille, petite rivière.

église du Mans, et confirma sa donation en stipulant son inscription ; par assignation de la loi particulière et enfin par la souscription de témoins. Saint Thuribe agit donc conformément aux désirs de Cajanus ; il construisit et dédia des églises dans ses domaines, et, dans la maison que ce dernier avait sur la rivière d'Annisolle, maison qu'il affectionnait avant toutes les autres, il construisit et dédia une église en l'honneur de saint Pierre ; il y fonda un petit monastère où tout fut reglé noblement en l'honneur de saint Pierre et de tous les Apôtres, et il y rassembla des serviteurs de Dieu, menant la vie commune et vivant saintement. Ce lieu est appelé jusqu'ici Casa-de-Cajanus, à cause de l'habitation et de la noblesse de ce dernier.

Ce même Cajanus embrassa donc la foi avec toute sa maison et à la première fête de Pâques qui vint après, il reçut le baptême dans ce petit monastère de son patrimoine, construit, comme on l'a dit, par saint Thuribe, sur la rivière nommée Annisolle, et dédié en l'honneur de saint Pierre, chef des Apôtres (1). Or, on estime à quatre cent douze le nombre de ceux de sa maison qui furent baptisés, tant hommes que femmes et enfants des deux sexes. D'un autre côté, par le moyen de Cajanus beaucoup de gens nobles, beaucoup de gens illustres et beaucoup de ses amis se convertirent.

Rempli de la doctrine de vérité, et abreuvé des grandes

---

(1) Cette église fut ruinée avant le vi^e siècle, relevée par saint Calais, reconstruite par saint Siviard au viie siècle, réparée au xe, et démolie à moitié vers la fin du dernier siècle. Le corps de saint Calais y était gardé par des orateurs dès les temps les plus reculés ; ils furent remplacés par des chanoines séculiers, et l'oratoire devint la collégiale de Saint-Pierre.

sources de sa fécondité, saint Thuribe était ainsi plein de douceur et d'amabilité pour tous ceux qui le venaient trouver. On pouvait bien se proposer d'imiter les vertus dont ce saint donnait l'exemple ; car il était impossible de trouver en lui rien à reprendre ni dans ses actes, ni même dans sa démarche. Il était, en effet, assidu à pratiquer l'abstinence ; la sobriété devenait sa continuelle loi ; il se consumait en veilles : il apportait une grande assiduité pour prêcher ceux qui embrassaient la foi ; tandis qu'il disait à ceux qui déjà croyaient : « lorsque vous étiez incrédules, la lumière de vérité vous a été donnée, combien à plus forte raison tout ce que vous demandez vous sera-t-il accordé, maintenant que vous croyez ? La clémence divine est toujours préparée pour vous et chacun de vous multiplie d'autant plus les dons de la grâce qu'il a reçue, que son âme a obtenu le don d'une foi plus vivace. » Un jour saint Thuribe retournait visiter ledit F. Cajanus, lequel menait déjà très-bien la vie ascétique dans le petit monastère susdit ; donnait de l'extension au culte divin d'une manière merveilleuse, et prêchait partout le Christ, lorsqu'il arriva un fait que nous ne pouvons passer sous silence.

Il y avait une femme qui avait de grandes richesses et beaucoup de possessions ; mais elle avait ainsi que ses gens une infirmité telle que tous étaient en langueur, et aucun ne pouvait aider l'autre. Elle fut avertie en songe d'aller trouver saint Thuribe : qu'elle serait guérie par lui de ses infirmités. Cependant elle était si débile qu'elle ne put nullement y aller ; mais excitée par sa foi et par l'affection qu'elle avait pour le saint, elle lui dépêche un envoyé, en lui ordonnant d'aller de suite trouver le saint homme et de lui demander qu'il daignât lui faire part de ses *eulogies*. La foi lui faisait croire, ce que plus tard la réalité lui démontra ; elle croyait qu'elle serait guérie en goûtant un peu de ses *eulogies*. L'esclave vient sur l'ordre de sa maîtresse et dit à saint Thuribe en suppliant : « ma maîtresse, ô saint et bon pasteur, ma maîtresse est très-infirme ; elle vous supplie et vous demande la faveur d'obtenir de vos *eulogies* ; car elle espère recouvrer par ce moyen la santé. »

Le saint homme alors touché de compassion lui envoya une portion de sa nourriture et de sa boisson : après y avoir un peu goûté, cette mère de famille rendit grâces à Dieu, ayant mérité de goûter de ce qui avait appartenu à un si excellent homme. Pleine de constance dans la foi qui l'inspirait, elle ordonna aussi de donner quelque portion à manger aux gens de sa famille. Cela fait, elle recouvra la santé avec tous les siens par les mérites de saint Thuribe : la chose parut claire aux yeux de tout le monde. Cette personne vint ensuite elle-même avec toute sa maison et ses parents, et en considération des mérites de saint Thuribe, ils se vouèrent et se confièrent eux-mêmes à cause de toutes leurs propriétés à l'église de Dieu confiée au même saint, et vécurent de longues années après.

Les preuves des mérites de notre saint se multipliaient fréquemment dans la suite par de nombreux miracles ; il guérissait les gens débiles et les boîteux, les aveugles, les lépreux et tous ceux qui avaient quelque maladie. Par la permission de Dieu, il en délivrait un grand nombre de leurs infirmités, et il donnait à tous ceux qui le lui demandaient ce qui leur était nécessaire pour leur santé. Dans la suite du temps, un aveugle, nommé Jules, s'étant rappelé une faute qu'il avait commise, vint trouver saint Thuribe et le pria de venir à son aide. Emu de compassion, le saint

— 185 —

pria pour lui et lui ordonna de retourner en sa maison. Il se retira en hâte, après avoir obtenu son pardon ; il soulagea son cœur de la faute qui l'oppressait; il obtint la lumière des yeux, et, devenu plus sage depuis sa cécité, il exécuta les ordres du serviteur de Dieu, de manière à faire croire qu'il avait reçu plutôt la lumière de l'esprit que celle du corps.

Le saint vint un jour à l'église du *Vicus*, appelé Noyen, pour prêcher et pour confirmer ; on amena devant lui une femme de Rennes : elle était muette encore lorsqu'elle se présenta dans l'oratoire; mais dès que saint Thuribe eût fini la prière, aussitôt elle rompit le silence que depuis si longtemps elle gardait, et elle ne put consentir à servir plus longtemps l'ennemi du *genre-humain*, après que le Christ avait été invoqué comme auteur de sa délivrance.

Une autre fois dans la ville du Mans, un prêtre lui présenta sa servante qui avait été toujours aveugle depuis sa naissance, et le pria de rendre la vue à cette infortunée : il assurait qu'il était très-pauvre lui-même et sans consolation. Saint Thuribe lui répondit : « Mon frère, le Seigneur viendra à votre secours et rendra la vue à votre servante. Mais priez vous-même pour elle ; afin que par vos prières vous obteniez sa guérison : car vous êtes prêtre de Dieu. » Selon l'ordre du saint, il pria pour cette personne ; le même saint Thuribe fit sur elle le signe de la croix dans la cathédrale de la ville; elle recouvra la vue et put voir clairement. Dans la suite du temps, il se trouva dans la ville un homme tellement boiteux qu'il ne pouvait aller nulle part sans être porté ; il vint trouver le saint en le suppliant de lui obtenir le secours de Dieu. Saint Thuribe ordonne à ses ministres de le recevoir dans la maison commune, où l'on recevait les autres fidèles, et où l'on donnait le nécessaire à ceux qui en avaient besoin ; il ordonne de fournir pour lui et pour ses porteurs ce qui leur sera nécessaire, et d'apporter cet infirme à l'église aux différentes heures. Tout cela s'exécuta comme le saint l'avait prescrit. Un dimanche, tandis que ce boiteux priait dans la cathédrale et que saint Thuribe y célébrait la messe, au moment où il faisait la consécration du corps et du sang de notre Seigneur, le boiteux recouvra si bien, en présence de tous ceux qui étaient présents et qui le virent, la faculté de marcher, qu'il put aller comme les autres hommes sains et robustes.

Très-souvent, enfin, et à chaque heure, comme on en pouvait juger par différents indices, la foi de ce saint brilla dans ses œuvres, et sa vie sainte fut prouvée par ses miracles. Une fois entr'autres, le peuple s'était assemblé dans la ville avec empressement pour recevoir ses instructions et être confirmé; parmi les autres infirmes qu'il guérissait par la vertu divine, un diacre, nommé Lactance, présente à saint Thuribe, son neveu qui, ne pouvant se servir de sa langue, était devenu muet. Saint Thuribe ne pouvait nullement alors lui desserrer les dents en écartant ses lèvres avec les mains; bientôt il bénit de l'huile, et dès qu'il a imprimé le signe de la croix sur les articulations des mâchoires, elles font entendre un bruit comme celui de morceaux de chaînes que l'on briserait ; il mit quelques gouttes de la liqueur dans la bouche du muet, en lui demandant ce qu'il avait, ce qu'il déchirait. Bientôt cet enfant muet lui répond par des paroles et confesse devant tout le monde que cela lui est arrivé pour une faute qu'il a commise.

(Quand au reste de ses *gestes*, les consécrations d'évêques, d'églises, de prêtres et d'autres ministres; les acquisitions de biens, les constructions de monastères, le cens exigé des églises et ses autres *actes*, tout cela est écrit en partie dans les *Gestes des évêques du Mans*; excepté pourtant les autres miracles qu'il a opérés pendant sa vie et après sa mort : nous en avons lu le récit sur un autre manuscrit ; mais nous ne l'insérons point ici pour éviter trop de longueur et l'ennui du lecteur. Cependant, si quelqu'un désire connaître les actes, la mort et la sépulture de ce saint, il pourra lire le recueil intitulé : *Actes des évêques qui ont vécu pour Dieu dans la ville du Mans*, et il y pourra trouver plusieurs autres détails excellents et même nécessaires.)

Le même évêque saint Thuribe s'endormit dans le Seigneur le XVI des Calendes de mai, et fut inhumé auprès de cette ville, au-delà de la Sarthe, dans l'église des Apôtres : là, des miracles nombreux s'opèrent par les mérites de ce saint ; là, les paralytiques et les lépreux sont guéris ; les énergumènes sont délivrés ; les aveugles recouvrent la vue, et l'on obtient tout ce dont on a besoin, quand on le demande avec foi, et cela par le secours de notre Seigneur Jésus-Christ, qui vit et règne avec le Père et l'Esprit-saint dans les siècles des siècles. Ainsi-soit-il (1).

Moi Charus, fils de Severus, serviteur de Dieu, je me suis occupé à écrire en partie sur ces feuilles cette vie de saint Thuribe, comme j'ai vu, comme j'ai entendu et appris d'une manière véritable; mais il reste à écrire encore beaucoup de choses sur ce saint (2).

Ainsi donc, saint Thuribe, romain par sa naissance, fut ordonné prêtre par saint Clément, comme on le rapporte ; envoyé par saint Clément avec saint Julien vers la

---

(1) Act. SS. Apr. Vit. S. Thur. Cenom.
(2) *Ibidem*, d'après le M. S. de Beaulieu.

ville du Mans, selon la volonté divine ; constitué prêtre-cardinal (1) dans cette même ville par saint Julien ; après le décès dudit saint Julien, ayant été choisi évêque dans cette même cité, il fut consacré pontife pour la cathédrale de cette ville. Or, il fonda des monastères sur les propriétés livrées en son temps à l'église qui lui était confiée, et que saint Julien dédia dans la ville du Mans ; il fonda quatre monastères, à savoir : un petit monastère en l'honneur de saint Jean, au lieu nommé Bouesseau (2), sur la rivière de Mayenne ; un autre sur la rivière d'Huisne (3), et un troisième dans le *vicus* de Jublains. Entr'autres églises et petits monastères qui sont cités dans la vie de saint Thuribe et dans ses *Actes*, la quatrième année de son épiscopat, il fonda un petit monastère pour gagner des âmes à Dieu, en un lieu nommé *Casa* de *Cajanus*, sur la rivière d'Annisolle ; Ce Cajanus était un payen ; saint Thuribe trouva en cet endroit des fontaines d'eau vive (4), et y planta des vignes agréablement situées et très-fertiles (5). Il construisit et consacra dans ce même lieu une église en l'honneur de saint

---

(1) *Presbyter cardinalis* ou *archi-presbyter*.

(2) Buxiolus, Bouesseau, au confluent de la rivière d'Ernée.

(3) *Idonia*, l'Huisne ; d'autres ont dit la Jouanne. Ce monastère alors serait, comme il est marqué dans les actes de saint Hadouin, celui d'Evron, peu éloigné de la Jouanne. Quelques-uns ont dit qu'il s'agissait ici du monastère de Pontlieue. Quant à celui de Jublains, on croit en trouver l'emplacement à Douçay.

(4) Ces fontaines, assez nombreuses, semblent s'épancher d'une sorte de lac souterrain, qui remplit le fond du vallon dans lequel la ville de Saint-Calais se trouve située.

(5) Il en reste à peine quelques vestiges sur les côteaux que les débris de l'ancien château dominent.

Pierre ; il y établit son prêtre nommé Tyrrus, avec d'autres clercs, et leur ordonna d'y servir le Seigneur. De cette église il exigea, pour la mère-église de la cité, église construite et consacrée en l'honneur de la sainte Mère de Dieu Marie et de saint Pierre, un cens annuel pour le luminaire de ladite église : quatre livres d'huile, trois livres de cire, quatre m.ᵈ de pain et de vin pour l'usage des clercs et des pauvres ; il établit, dans le cas où le supérieur négligerait ce sens, ou paraîtrait trop tard, qu'il perdrait sa place et le rang qui lui est accordé. Il prescrivit à tous les serviteurs de Dieu qui habitaient cette maison de mener la vie commune. Il fonda également et consacra en divers endroits de ce même diocèse, trente-neuf églises, dont il exigea pour la mère-église qu'il présidait dans la cité, un cens de cire et d'huile pour le luminaire, et des triens pour les gardiens de cette même église et pour l'orner. Saint Thuribe fit 17 ordinations, pour 89 prêtres, 50 diacres, 40 sous-diacres, et pour les autres fonctions, qu'il distribua à un grand nombre. Il occupa ce même siège pendant cinq ans, six mois et seize jours ; il finit sa vie par le martyre, comme on le rapporte. Il mourut le xvi des kalendes de mai ($\overline{\text{P. C.}}$ Viatoris II. $\overline{\text{V. CC.}}$), sous le second consulat du clarissime Viator, et il fut enseveli honorablement par ses disciples au-delà de la Sarthe, dans l'église des Apôtres (1). Les miracles, opérés en son nom pendant sa vie et depuis sa sépulture, ont été innombrables ; ils sont inscrits dans un autre recueil contenant sa vie, et c'est pour cela que nous ne l'insérons point ici.

Que par l'intercession du bienheureux et saint martyr

---

(1) On conserve encore dans cette même église, aujourd'hui Saint-Julien-du-Pré, quelques ossements de saint Thuribe.

Thuribe, le Seigneur nous délivre de toute adversité et de tout péché ; qu'il nous accorde une bonne et excellente persévérance, et qu'il nous donne la vie éternelle à perpétuité ! Ainsi-soit-il (1).

De même que nous l'avons fait à la fin de la vie de saint Julien, nous donnons ici le détail des bourgs obligés à un cens pour la cathédrale au temps de saint Thuribe, outre l'église conventuelle de Saint-Pierre d'Anisolle, dont nous venons de parler. Les noms de localités que nous allons mentionner appartiennent au Bas-Maine en grande partie ; aussi notre saint a toujours été regardé comme l'apôtre spécial de cette contrée. Il renversa le culte des idoles et fit des conversions éclatantes dans le pays voisin de Jublains et d'Evron, comme on le voit dans les actes de saint Hadouin : ce dernier lieu dépendait alors du domaine nommé le Rocher; il fut abandonné au saint pontife, qui dès-lors y fonda un oratoire. Nous serons facilement portés à croire que notre saint ne changea point la face de ce pays sans opérer des miracles éclatants, quand surtout la tradition immémoriale et la foi vive des populations nous montrent encore auprès d'Assé-le-Béranger, à peu de distance d'Evron, la fontaine d'eau vive qui jaillit du sein de la terre à la voix de ce saint. L'église paroissiale, monument très-antique, a toujours été, à bien juste raison, consacrée en son honneur, et nous espérons qu'avant peu, l'on s'empressera de raviver au cœur de ces peuples si bons, si pieux de la Mayenne, le souvenir de leur fervent apôtre, de notre illustre pontife, digne coopérateur et successeur de saint Julien.

---

(1) Analect. T. III.

Ce saint, nous l'avons dit, près de terminer sa longue et précieuse carrière, se retira dans la solitude au bourg de Saint-Marceau ; il semble que son fidèle ami, saint Thuribe, affectionna les mêmes lieux. Sur l'autre rive, à peu de distance, l'on voit encore la belle fontaine qui porte le nom de ce même saint, et de tout temps les fidèles y sont venus chercher un remède aux infirmités des yeux. Un pan de mur que la main du temps et celle du démolisseur n'ont pu détruire, abrite encore cette source précieuse. La statue très-ancienne et très-vénérée de notre saint pontife (1) dans peu de jours ornera la niche pratiquée dans ces murs, embellira et fécondera ces lieux charmans. Hélas ! cette statue, ces ruines, sont les déplorables restes de l'antique et sainte chapelle, qui se voyait encore en son entier il y a deux ans à peine. L'autel fixe est là, qui gît profané dans la cour de la ferme. Cependant on n'a point oublié dans la contrée le prodige surprenant dont on fut témoin quand, sous prétexte d'arrêter les progrès de la superstition, on s'empressa, vers la fin du dernier siècle, d'appeler un interdit sur ce sanctuaire si vénéré. Que le Seigneur bénisse les mains pieuses

---

(1) La chapelle de Saint-Thuribe, auprès de Saint-Jean-d'Assé, n'existe plus depuis deux ans ; elle menaçait ruine. De ses débris le propriétaire du lieu vient de construire une maison sur le même emplacement. Tout auprès on a trouvé deux sarcophages remplis d'ossements ; le propriétaire vient de disposer de l'un de ces sarcophages pour en faire le bassin de la fontaine merveilleuse. Il a réclamé en même temps la précieuse statue, transportée d'abord dans l'église paroissiale et abandonnée ensuite dans le presbytère, au grand regret des fidèles, qui attribuent généralement la mort successive de trois de leurs curés aux poursuites faites à la fin du dernier siècle pour appeler un interdit sur ce sanctuaire.

qui relèvent en ce moment avec amour et foi les derniers débris de ce précieux et saint monument!

Saint Thuribe fonda aussi une église au bord de l'Annisolle, à Saint-Calais, et là également auprès de l'oratoire, on trouve une belle source d'eau vive où les fidèles venaient autrefois chercher un semblable remède pour la vue.

BOURGS OBLIGÉS A UN CENS ANNUEL POUR LA CATHÉDRALE,
AU TEMPS DE SAINT THURIBE.

NOMS anciens.	CIRE.	HUILE.	TRIENS	NOMS modernes présumés.	ETYMOLOGIES PROBABLES.
De Marciano..	2 liv. fort.	3 liv..	1	Marcé.	Marciani, vel Marci-villa.
Madvallo...	3	4.	1	Bonnevau.	Mad, *bonne* en celt., Vallis, *vau*, en lat.
Masciliaco..	1	2.	1	Marsillé.	Marcelli-villa.
Longaaqua..	1	2.	1	Dolon ?	Bourg près du ruiss. de Longuève.
Luciaco. ..	1	3.	1	Lucé.	Lucii-villa.
Vetus vico..	1	2.	1	Vieury.	*Ancien bourg.*
Austiliaco. ..	3	5.	1	Outillé.	Aliàs Hostiliaco. Hostili-villa.
Latiniaco. .	3	5.	1	Laigné.	Latini-villa.
Lippiaco...	2	3.	1	Theloché.	Aliàs Talippiacus; Lippi-villa.
Cella.	1	2.	1	Courcelle.	*Cellier.*
Solemnis .	2	3.	1	Solesmes.	Solemnis-villa. Solemnis, n. propr. très-connu.
Asinaria.. .	1	2.	1	Asnière.	*Lieu obligé au droit d'ânerie.* (Duc.)
Doilitto. ...	1	2.	1	Douillet.	A dolore Alani. (Analect., T. III.)
Busiaco. ...	3	5.	1	Boessé.	Boëcii-villa, *villa de Boëce.*
Pucialeto...	1	2.	1	Poulay.	

BOURGS OBLIGÉS A UN CENS ANNUEL POUR LA CATHÉDRALE,
AU TEMPS DE SAINT THURIBE.

NOMS anciens.	CIRE.	HUILE.	TRIENS.	NOMS modernes présumés.	ETYMOLOGIES PROBABLES.
De Argentrato..	1	3	1	Argentré..	Fief à droits de vilains.
Villena..	1	2	1	Villaine..	Candidi-villa.
Candiaco..	1	2	1	Changé..	Candidi-villa.
Montaniaco.	1	2	1	Montenay.	Montani-villa.
Crucilia..	1	2	1	La Croixille..	Croix pour marq. le chem. (Duc.).
Placiaco..	1	2	1	Placé..	Placidi-villa.
Patriciaco..	4	6	1	Parcé..	Patricii-villa (Mirom., Le Paige).
Ila Isla..	1	2	1	L'Isle?..	*Aliàs* Illailia.
Briciaco..	2	3	2	Brecé..	Briccii-villa.
Novovico..	1	2	1	Neuvy..	Bourg-neuf.
Oxello..	2	3	1	Oisseau..	
Aurionno..	1	2	1	Evron..	*Aliàs* Ebronium.
Landa..	1	2	1	S. H. des Landes..	
Medioorto..	1	2	1	Moitron?..	

CHAPITRE XII.

RÉMARQUES SUR LES ACTES DE SAINT PAVACE.

En admettant que saint Julien vint au Mans l'an 70 de notre ère, et qu'il y mourut l'an 117; que saint Thuribe lui succéda dans cette même année et fut martyrisé le 16 avril, l'an 123, il faudra nécessairement dire que ce même saint ne vécut point sous l'empire d'Antonin, ou au temps du consul Viator, comme les actes le prétendent. Par-là même, saint Pavace, successeur immédiat de saint Thuribe, et comme lui envoyé de Rome pour aider saint Julien, saint Pavace, disons-nous, ne florissait point au temps de Maximin et d'Aurélien, et ne tint pas son siège épiscopal pendant 45 ans après la mort de son prédécesseur, selon que les mêmes actes voudraient nous le donner à croire. Mais, nous le répétons, on aurait tort de demander à des légendes faites à différentes époques un corps complet d'histoire et des dates sûres et précises. Ce qui semble ressortir bien plutôt de l'exposition des faits et de l'opinion que nous avons défendue dès le principe, c'est que saint Pavace, ordonné diacre par saint Clément et envoyé vers l'an 70 dans les Gaules, pour aider saint Julien, ne survécut que peu d'années à son prédécesseur saint Thuribe, car il était sans doute âgé de vingt ans au moins lorsqu'il partit de Rome, et il se trouva plus que septuagénaire au moment où mourut ce même saint Thuribe. Combien de temps fut-il donc évêque? nous l'ignorons, puisqu'en cet endroit la légende présente une évidente contradiction ; elle nous apprend qu'il fut disciple de saint Julien, étant diacre déjà, et que ce même saint le choisit pour son archiprêtre, ce qui dut avoir lieu assurément lorsque cet illustre apôtre prit pour coadjuteur son archiprêtre saint Thuribe, après 47 ans d'épiscopat, et lorsque saint Pavace était déjà presque septuagénaire. Comment ce même saint aurait-il pu vivre près de cinquante ans encore? Il faut donc supposer nécessairement quelque erreur dans ces chiffres, et dire simplement que saint Pavace occupa pendant quelques années le siége épiscopal après la mort de saint Thuribe.

En envoyant ainsi le pontife saint Julien prêcher l'Evangile, accompagné de son archiprêtre et de son archidiacre, l'Eglise-mère, nous l'avons dit, ne faisait que suivre la loi qu'elle s'était tracée dès le commencement, et à laquelle depuis elle a peu dérogé. Mais qu'étaient-ils donc, ces diacres que les Apôtres appellent pour leur confier une partie de leur ministère? Ils étaient leurs aides comme ils furent spécialement les aides des évêques. D'après les propres termes des constitutions apostoliques, le diacre devait être l'œil et l'oreille, la bouche, la main, le cœur et l'âme de l'évêque ; il devait être, en quelque sorte, le médiateur entre lui et les fidèles, l'exécuteur de sa volonté, de même que les prêtres étaient son conseil; ils étaient, selon l'expression de saint Ignace : « non les serviteurs des vivres et des boissons, mais les serviteurs de l'Eglise de Dieu et des mystères de Jésus-Christ. » Tertullien les comptait parmi les guides et les pasteurs des églises (1). Quant aux autres ministres inférieurs, comme sous-diacres ou autres, quoique l'histoire n'en fasse mention qu'au IIIe siècle, comme on le prétend, il paraît certain que leur institution remonte jusqu'aux Apôtres, ainsi qu'il est marqué dans les constitutions apostoliques (2). Par conséquent, saint Julien, saint Thuribe et saint Pavace ont pu et même ont dû consacrer ou ordonner un grand nombre de prêtres, de diacres et d'autres ministres inférieurs pour les différentes églises de leur vaste diocèse.

Ce qui nous donnera quelque idée du grand mérite de saint Pavace, c'est le soin que dès le commencement on prenait pour n'admettre au diaconat que des hommes remplis de foi et des dons du Saint-Esprit, et pour donner aux apôtres et aux autres évêques de dignes émules d'un saint Etienne, d'un saint Philippe, d'un saint Laurent, d'un saint Vincent, etc. Aussi nous ne nous étonnerons point de voir la légende de saint Pavace nous le représenter comme un saint doué des qualités les plus rares et distingué par sa noblesse. Saint Clément se charge d'abord de le former avec beaucoup de soin, suivant la doctrine des Apôtres, et de lui conférer le diaconat ; il le confie ensuite aux mains du vénérable pontife saint Julien, qui en fait son disciple et le place à la tête de ses prêtres. Nous voyons par-là que nos diverses légendes semblent s'accorder très-bien sur ce point important : *saint Julien fut disciple des Apôtres; saint Thuribe fut disciple des successeurs des Apôtres; saint*

---

(1) Orig. du Christ., T.I, p. 357.
(2) « Vous imposerez les mains au sous-diacre » (8, 21).

Pavace fut disciple de saint Julien. Ce même saint convertit le province entière du Maine ; mais sous son successeur, saint Thuribe, une persécution s'éleva contre l'Eglise, et l'on sait qu'elles n'étaient pas rares dans ces premiers siècles, quoique sous l'empire d'Adrien la foi véritable s'étendît partout largement. Saint Pavace s'appliqua surtout à déraciner les restes du paganisme et à combattre l'idolâtrie jusqu'en ses derniers retranchements. Il n'est donc point surprenant de le voir opérer, au nom de notre Seigneur Jésus-Christ, plusieurs miracles éclatants. Saint Julien, pour convertir le premier la province, guérit non seulement les maladies, mais il ressuscite aussi les morts ; saint Thuribe, par ses prodiges, force les persécuteurs à embrasser avec ferveur la foi qu'ils méconnaissent ; saint Pavace se prend corps à corps, si l'on peut dire, avec l'antique ennemi et le contraint à quitter une terre trop long-temps soumise à son funeste empire.

Nous supplions donc ceux qui liront ces pieuses légendes, de ne point refuser d'admettre comme authentique le récit d'un miracle surprenant, par lequel saint Pavace fit disparaître un énorme serpent dont la bouche vomissait des flammes ; car telle était la forme sous laquelle très-souvent le démon se faisait adorer, et telle était la figure qu'il emprunta bien des fois pour épouvanter les chrétiens les plus pieux. Qui donc pourrait nier les innombrables artifices dont usa ce cruel tyran du genre humain, surtout alors que son pouvoir lui était arraché, et qu'il était chassé du monde. Saint Julien renverse dans le temple d'Artins la trop fameuse statue de Jupiter « A l'instant, pour que ces gens insensés connaissent à quel objet jusqu'alors ils avaient rendu les honneurs de la divinité, on voit sortir de la statue renversée un énorme serpent, qui, se jetant contre ses propres adorateurs, en fait périr un grand nombre par son souffle empesté et par les coups terribles de sa queue; en sorte que ceux qui naguère en vociférant accusaient saint Julien d'user de maléfices, et employaient tous leurs efforts pour le faire brûler vif, implorent alors son secours contre leur dieu. Le saint athlète du Seigneur élève sa main droite en faisant un signe de croix et commande au serpent de s'enfuir au plutôt sans blesser personne, et de se retirer dans des lieux éloignés du commerce des hommes. A cet ordre, le cruel reptile disparaît en toute hâte, et il ne lui reste plus le pouvoir de nuire à ceux que désormais il ne peut plus séduire par ses artifices. » On le voit, c'est le démon adoré dans la statue, qui prend la forme d'un dragon, qui fait périr ses adorateurs par son soufle empesté, et qui s'enfuit dans les lieux déserts. Ici, c'est encore l'antique serpent qui envoie la peste et suscite un énorme dragon dont la bouche vomit des flammes, pour épouvanter les fidèles et les faire périr. Hommes, femmes, enfants et vieillards viennent se jeter aux pieds de leur saint pontife, en poussant des cris et des gémissements. Saint Pavace s'avance vers le monstre, lui jette autour du cou l'étole qu'il portait, selon l'usage, et l'étend comme mort le long du sentier que ce serpent avait coutume de suivre pour aller à une fontaine voisine. Le saint s'empresse d'aller trouver son peuple pour le préserver de quelque nouvel artifice du démon; ensuite, il vient reprendre son étole, et, à sa prière, la terre s'entrouvre pour engloutir à jamais le terrible serpent.

Mais on a dit : ce même prodige s'est renouvelé avec des circonstances à peu près semblables en divers lieux, et partant quelques-uns des *docteurs pétrifiés* du dernier siècle ont conclu qu'un tel récit devait être fabuleux. Pour nous, qui n'adoptons point l'*argument négatif* et tous les autres syllogismes semblables inventés par une insigne mauvaise foi, nous trouvons dans cette ressemblance des faits une nouvelle preuve en faveur des témoignages anciens; car tout porte à croire que le démon employa ces artifices et d'autres de même sorte, quand, armés de la croix, les premiers apôtres vinrent de toutes parts pour le chasser de son empire; autrement il faudrait arracher un trop grand nombre de pages de notre histoire. Lisons l'histoire des saints aux premiers siècles, lisons celle des Pères du désert, celle de saint Antoine, celle de sainte Marguerite, etc., et nous verrons que la relation de prodiges semblables est plus commune qu'on pourrait croire. Nous ajoutons, enfin, qu'un serpent de cinq mètres de longueur n'est pas une merveille trop étrange, même en notre pays, à part le merveilleux récit de flammes qui sortent de sa bouche et consument les plantes sur son passage.

Quant à l'église de saint Jean-Baptiste à Angers, dont il est fait mention dans les mêmes Actes, s'il est un fait certain, c'est que cette église est une des plus anciennes de ladite ville d'Angers, ville où l'Evangile fut prêché dès le commencement; car sans parler de Defensor du Mans, qui certes n'est pas celui dont il est parlé dans la vie de saint Martin, nous savons qu'un des plus illustres disciples de saint Saturnin, saint Firmin, évêque de Pampelune, sa patrie, illustra par ses travaux apostoliques l'Albigeois, une partie de l'Auvergne, l'Anjou, les environs de Beauvais, et enfin Amiens, dont il est regardé comme le premier évêque, et où il reçut la couronne du martyre. Or, d'après le témoignage de saint Grégoire de Tours lui-même, saint Saturnin fut ordonné évèque par les disciples des Apôtres.

Pour ce qui regarde le corps de saint Pavace, l'histoire nous apprend qu'il fut inhumé avec une grande vénération dans la basilique des Apôtres, ou église du Pré, à la gauche du sarcophage contenant les précieux restes de saint Julien ; qu'il fut trouvé à cette place par saint Aldric, l'an 834, et transporté le 25 juillet de cette même année dans l'église cathédrale (1). Une portion de ces ossements sacrés fut cédée alors à l'église de Paderborn avec le corps de saint Liboire ; mais la plus grande partie « fut solennellement transférée, l'an de l'incarnation de N. S. Jésus-Christ 840, le VII des ides de mai, dans l'église de Saint-Sauveur, aujourd'hui Saint-Pavace-lès-le-Mans, par le même saint Aldric, assisté de plusieurs autres évèques, prêtres et ministres dans les ordres inférieurs. Le corps du saint fut placé dans une urne magnifique, et pendant cette translation l'on fut témoin de plusieurs miracles (2). » Vers la fin du neuvième siècle, comme il y a tout lieu de le croire, lorsque la province du Maine fut ravagée par les Bretons et les Normands, les restes de saint Pavace furent transportés en Angleterre. Au milieu du xe, le roi Edrède les tira du monastère de Persor pour les donner à son neveu Bouchard, qui bâtit auprès de Bray-sur-Seine un monastère et une église en l'honneur du saint Sauveur, comme on le voit par le titre de fondation signé par le roi de France, Lothaire (3). Après

---

(1) Anal. Mabill., T. III.
(2) Miscell. Baluz., T. III, p. 111.
(3) An. O. B., V^o sec., p. 245.

la mort de ce même Bouchard et du vivant de son épouse Hildegarde, son château de Bray fut envahi à main armée par Boson, guerrier trop célèbre dans la contrée par ses déprédations et ses débauches. Le comte Rainard, qui venait de construire à peu de distance de Montargis le château de son nom, Château-Renard, indigné de cette action, brûla le fort de Bray, s'empara de Boson et fit enlever de l'église de Saint-Sauveur les précieuses reliques de saint Pavace et de saint Paterne, qu'il déposa dans une tour de son château. Le souvenir de cette translation s'est conservé dans le pays jusqu'à nos jours, et l'on aime encore à montrer sur la route d'Auxerre, auprès de la ville dont nous venons de parler, une fontaine où s'arrêtèrent, conduits par les anges du ciel, les anges de la terre, chargés de porter la sainte dépouille. Cependant, à la prière de Thibault, frère de Bouchard, une partie de ces mêmes reliques fut rendue à l'église de Saint-Sauveur.

Quand à celles qui demeurèrent à Château-Renard, dans l'église paroissiale, elles devinrent, jusqu'à nos derniers troubles civils, l'objet de la plus grande vénération. Vers le milieu du XIIIe siècle, elles furent placées avec un soin tout particulier dans une châsse, par Etienne, archidiacre d'Auxerre, qui déposa sur le champ l'acte authentique. Il y mit également des reliques de saint Liboire, apportées très-sûrement de l'église de Saint-Sauveur, près du Mans, avec celles de saint Pavace; car l'histoire nous apprend que saint Aldric déposa dans cette même église le corps de saint Pavace et le bras droit de saint Liboire, dont le corps fut porté à Paderborn avec quelques ossements du même saint Pavace.

Le mardi 3 novembre 1562, craignant à juste raison les sacriléges fureurs d'un corps d'armée de calvinistes qui devait passer le lendemain, le prieur-curé de l'église paroissiale de Château-Renard, assisté de son clergé et de plusieurs des notables de la ville, retira les précieuses reliques et les porta dans la forteresse, où, huit jours après, il alla les reprendre avec une pompe solennelle. Le 31 décembre suivant, il les replaça dans la châsse de saint Pavace, avec un acte signé de nombreux témoins. L'an 1644, l'archevêque de Sens, Octave de Bellegarde, les fit visiter de nouveau, et fit dresser un procès-verbal très-détaillé ; il s'empara d'une petite portion desdites reliques de notre saint, et la déposa dans l'abbaye de Saint-Germain d'Auxerre, dont il était abbé commandataire. Quant à celles de Château-Renard, elles furent toujours vénérées de la manière la plus solennelle : pendant longtemps on conserva l'usage de les porter chaque année jusqu'à Châtillon-sur-Loing, à trois lieues de distance, et l'on compta bien des fois plus de quinze mille personnes à cette procession. Saint Pavace fut constamment regardé comme le puissant protecteur de la contrée, et l'on venait l'invoquer pour obtenir la guérison de maux de toute sorte. Auprès d'Appigny, l'église d'Esbrie fut mise sous la protection du même saint, et devint le but d'un pélerinage assez célèbre (1).

D'un autre côté, l'église cathédrale du Mans a toujours conservé quelques restes de saint Pavace : une portion assez notable se voit encore enfermée dans un beau reliquaire porté par un ange, dans l'église que saint Aldric fonda en l'honneur du saint Sauveur, comme nous l'avons rapporté plus haut, et qui ne tarda pas à prendre le nom de saint

---

(1) Acta sanct. Jul., T. V. Vita S. Pavat.

Pavace, nom sous lequel nous la connaissons aujourd'hui (1). Un acte constatant l'authenticité de ce trésor précieux a été dressé par le digne prédécesseur de notre illustre évêque, d'une manière bien conforme à la grandeur d'âme et aux pieux sentiments que nous avons admirés si souvent en lui. Il convenait qu'un noble fils de la catholique Bretagne, un pontife au cœur magnanime, laissât ainsi pour exemple à ses successeurs quelques actes marqués à ce coin, et surtout en notre pays étrangement labouré par les erreurs des derniers siècles, et où la guerre déclarée aux saints et à leur culte n'est pas à son terme encore. Il n'est pas éloigné de nous le temps où l'on a vu de vénérables vieillards, animés d'un zèle et d'une piété dignes d'une meilleure cause ; mais étrangement abusés par l'esprit sceptique du déplorable siècle qui les vit naître, employer tous les moyens en leur pouvoir, afin de diminuer dans le cœur des plus pieux fidèles la dévotion envers les saints ; renverser les statues vénérées depuis une longue suite de siècles ; jeter dans des lieux abjects les châsses et les précieuses reliques qu'elles contenaient ; empêcher les pélerinages ; appeler les censures de l'autorité supérieure pour interdire à la foule empressée les sanctuaires les plus fréquentés, et appeler même la force publique d'une ville éloignée, une escouade de cavaliers, pour arrêter à jamais une magnifique proces-

---

(1) Il est à désirer vivement que l'on replace dans cette très-ancienne église le bel autel fixe abandonné au dehors ; qu'au-dessus on élève la statue du saint titulaire, et qu'à la base de la statue l'on conserve les précieuses reliques soigneusement enchâssées, avec l'acte authentique enfermé dans le reliquaire ; car il ne convient nullement de garder ces objets séparément dans le premier endroit venu.

sion qui réunissait, en l'honneur d'un saint célèbre dans la contrée, plusieurs milliers de fidèles, tous animés des plus pieux sentiments. Ne les a-t-on pas vus s'aliéner ainsi leurs confrères dans le sacerdoce; s'aliéner entièrement leur troupeau; empoisonner de chagrins leur existence, et obligés de fuir une paroisse blessée au plus profond du cœur.

De grâce, ne criez pas à la superstition? car elle ne domine guère en notre temps, surtout lorsqu'il s'agit du culte des saints; ni à la dévotion mal entendue? car on la peut éclairer sans pour cela détruire les vénérables objets qui l'alimentent. Nous savons trop ce qu'on appelait réforme des abus dans nos derniers siècles : réformer alors c'était uniquement détruire. N'est-ce pas pitié, dites-nous, de voir l'état où l'on a laissé dernièrement parmi nous les nombreuses reliques, le culte et la mémoire de nos saints évêques du Mans, des illustres patrons de ce magnifique diocèse, lorsque d'autres églises, sachant mieux estimer leur trésor précieux, ne négligent rien pour l'entourer de toute leur vénération et de tout leur amour? N'est-il pas oublié presque entièrement parmi nous, le glorieux saint Pavace, en l'honneur duquel tant de milliers de personnes se rassemblaient tous les ans à Château-Renard? N'est-il pas oublié presque entièrement parmi nous, le grand saint Liboire, dont le culte est si renommé en Wesphalie, en Italie et à Rome même. N'est-il pas oublié presque entièrement parmi nous, l'illustre saint Victeur, et cependant nous avons vu chaque année des fidèles par milliers s'empresser, dans un diocèse voisin, autour de ses reliques saintes? Comment n'aurions-nous pas été touché, en contemplant ces nombreux villageois, qui, revêtus d'aubes, se préparent par une communion fervente à porter processionnellement la châsse, et ces troupes innombrables qui s'empressent de se prosterner sous cette châsse pour en recevoir une bénédiction! Là, comme partout ailleurs, et aux lieux surtout des pélerinages les plus fréquentés, jamais nous n'avons rien vu que de très-édifiant, que de très-conforme à l'esprit qui anime partout la sainte église catholique. Puissent-ils, ceux qui daigneront nous lire, ne point prendre pour un abus la dévotion la plus légitime, et ne point abolir trop facilement les usages pieux consacrés par l'antiquité ou par la foi vive des peuples, comme on l'a fait trop souvent en nos jours! Puisse-t-on se diriger toujours par la règle constante de l'Eglise « que rien ne soit innové, *nihil innovetur, nihil nisi quod traditum est!* » Quant aux dangereuses et à jamais déplorables innovations des deux derniers siècles, nous pouvons assurément les renier sans crainte, ainsi que les erreurs de nos devanciers.

CHAPITRE XIII.

VIE DE SAINT PAVACE.

Le troisième évêque de l'église du Mans fut saint Pavace (1), issu de la noblesse de Rome. Il suivit la discipline des Apôtres, et l'on voyait tellement briller en lui la splendeur des vertus, qu'il était singulièrement estimé des gens de bien. Prudent pour sa doctrine, illustre par sa noblesse, plein de prévoyance dans le conseil, d'une bonté remarquable, plein de véracité dans ses discours, fidèle à rendre le dépôt confié, plein de courage pour intervenir au milieu des différents, distingué par toutes sortes de qualités morales, ledit saint Pavace fut sagement instruit sur la doctrine des Apôtres; élevé prudemment par le bienheureux Clément, troisième successeur de Pierre, Apôtre; donné pour aide à saint Julien, premier évêque de la ville du Mans et disciple des Apôtres, et envoyé pour prêcher avec lui l'Evangile en qualité d'archidiacre. Après le décès de saint Julien et après la mort de son successeur, saint Thuribe, il fut sacré évêque pour le siége du Mans.

Or, le peuple du Mans le chérissait comme sa propre vie,

---

(1) Ce nom paraît désigner une personne originaire de Pavie : *Pavacius, Pavatius, Padvatius*, quasi de *Paduá* oriundus.

parce que des prodiges et des miracles précédaient sa prédication et ses actions.

C'est ainsi qu'au nom de notre Seigneur Jésus-Christ, il rendait, par ses prières, la vue aux aveugles, la faculté de marcher aux boiteux, l'ouïe aux sourds et la parole aux muets. Il chassait les esprits immondes des corps qu'ils possédaient, et il enlevait du corps humain, par une grâce céleste, toute sorte d'humeur vicieuse ; et tout en faisant ces prodiges, il fuyait les éloges des hommes et se retirait dans des lieux à l'écart. Il se trouvait en ce temps dans le Maine une dame nommée *Casta*, tout-à-fait infirme, qui avait dépensé tout son bien et toutes ses propriétés pour les médecins, sans que cela lui servît à quelque chose. Comme elle connaissait la réputation dudit saint Pavace et la puissance qu'il avait pour guérir les infirmes, elle demandait en grâce de jouir de sa visite. Ses parents, ses amis et ses domestiques l'apportèrent demi morte en présence du saint, et, pleine de confiance dans sa foi, car elle connaissait bien la doctrine pure et la vertu puissante de saint Pavace, elle s'empresse de prier le saint homme de lui accorder la santé. Il pria pour elle, l'instruisit de la parole sainte et la guérit de son infirmité. Cette personne, se voyant guérie et revenue à sa première santé, livra légalement en faveur de l'église confiée au saint évêque, tout ce qu'elle possédait en propre, et dès-lors elle se mit à mener une vie sainte. (Quant aux biens qu'elle donna, on sait que le détail en a été inséré dans les *Gestes pontificaux*; c'est pour cela que nous ne l'insérons point ici.)

Dans la suite du temps, lorsqu'on eût connaissance des prodiges qu'il opérait par la grâce de Dieu, un grand nombre d'infirmes et de gens débiles venaient le trouver et lui demandaient la santé : il vint entre autres un paralitique, perclus de tous ses membres, qui pria le saint d'avoir pitié de lui, car il avait dépensé tout son bien pour les médecins, sans recevoir d'eux le moindre soulagement. Saint Pavace, ému et touché de compassion pour sa misère et sa grande infirmité, se mit à prier le Seigneur de lui accorder son secours, selon son infinie bonté. Cet homme demeura pendant quelques jours auprès du saint, qu'il suppliait à haute voix jour et nuit; plein de confiance dans sa foi, il lui demandait de venir à son secours. Saint Pavace fut touché de son assiduité ; non seulement il fit des prières ordinaires, mais il offrit à Dieu le saint sacrifice, et célébra la sainte messe pour obtenir la guérison de cette infirmité.

Tandis que cela se passait, un jour ce même paralytique fut délivré de son infirmité par la permission de Dieu et par les mérites de saint Pavace. Dès qu'il se vit ainsi guéri, il chanta les louanges de Dieu qui enrichit son saint confesseur de cette couronne de vertus, et le gratifia de ce grand don de guérir. Sachant que le saint ne recevait rien de personne, ni des riches ni des pauvres, et qu'il donnait volontiers, selon le précepte du Seigneur, à tous ceux qui lui demandaient, cet infirme lui offrit quelque chose en secret, quelque chose qui put plaire à sa sainteté et non pour flatter la cupidité; saint Pavace ne voulant point accepter son présent, il se jettait à ses pieds, le suppliant et le conjurant de recevoir et de ne pas dédaigner sa petite offrande. Or, par respect pour le nom de Dieu, que cet homme invoquait, et pour les jurements terribles qu'il faisait, saint Pavace reçut son petit présent, pour ne pas paraître mépriser le nom de Dieu, par lequel cet homme le conjurait. Ensuite il lui fit des largesses plus considérables ; lui recommanda de servir notre Seigneur Jésus-Christ tous les jours de sa vie, et l'instruisit sagement sur la manière dont il devait s'acquitter de ce devoir. Ceci fut connu dans tout ce pays et dans les autres contrées : tous ceux qui croyaient furent confirmés dans la foi, et rendirent à Dieu des actions de grâces ; tandis que ceux qui ne croyaient pas parfaitement encore furent amenés à une foi parfaite, et, devenus de véritables croyants, ils chantaient les louanges et publiaient la grandeur du Dieu qui donne aux hommes une telle puissance.

Dans la suite du temps, on vit une pestilence surgir dans ce même pays du Maine, et entre autres maux sans nombre, il parut un dragon qui mangeait les hommes et dévorait des troupeaux de différente espèce. Le peuple en conçut une telle frayeur, que personne n'osait rester ou demeurer à moins de cinq milles de distance des lieux où il avait coutume de se retirer. Il arriva dès-lors que tous, hommes, femmes, enfants, vieillards, vinrent trouver Pavace, le saint de Dieu, et, les genoux en terre, se mirent à crier à haute voix : « Venez à nous, bon pasteur, ayez pitié de nous ; car si vous ne nous secourez pas, nous périrons sous la dent d'un dragon qui dévore tous nos animaux et nous poursuit nous-mêmes pour nous dévorer. » Saint Pavace, touché de leurs prières, de leurs cris et de leurs clameurs, supplia le Seigneur son Dieu de secourir le peuple qui lui était confié, afin qu'il ne pérît pas sous la dent du dragon. Or, ce dragon était un grand serpent, et de sa bouche sortait une flamme de feu telle, que les arbustes et les autres plantes sur son passage étaient consumés.

Ainsi donc, ceint du glaive de la foi, l'homme de Dieu se dirigea vers l'endroit où il savait que le dragon causait la perte des hommes et des bestiaux. Or, le même saint Pavace était revêtu de la cuirasse de justice et portait sur la tête le casque du salut; ses mains tenaient le glaive de l'Esprit saint et du verbe divin. Muni de ces armes toutes spirituelles et nullement terrestres, il s'avançait pour combattre le dragon. Il se fortifie aussitôt par un signe de croix, vient au-devant du serpent, aperçoit les flammes qui sortent de sa gueule, qui le précèdent et incendient les arbustes et les branches d'arbres : armé de la force de Dieu, il s'approche du chemin par où ce dragon avait coutume d'aller à une fontaine. Mais lorsqu'à la vue de saint Pavace, ce grand serpent se dressait pour le dévorer, le saint, sans crainte, prend l'étole qu'il avait sur les épaules, selon la coutume des prêtres, et avec laquelle il remplissait son ministère et offrait le saint sacrifice ; il la jette au cou du dragon ; il le lie, le conjure, et l'étend comme mort au milieu dudit chemin. Quant à sa grandeur, nous n'en avons point fait ici la description, nous nous sommes contenté de rappeler l'estimation de la mesure qu'il avait, parce qu'elle se trouvait peinte dans la maison épiscopale construite dans notre ville.

Or sa longueur était de dix coudées, et sa grosseur était très-considérable. Saint Pavace, laissant dans le chemin le serpent lié, retourna vers ses frères, appela le peuple, ceux qu'il voulut conduire d'abord avec lui, de peur qu'ils ne déviassent et ne périssent, trompés par quelque ruse du serpent. Dès que le peuple apprit que le serpent était lié de manière à ne pouvoir plus nuire à personne, il rendit grâce au Seigneur et se mit à courir derrière le pontife pour voir le grand prodige opéré par Dieu. Alors saint Pavace reprit son étole, conjura le serpent pour qu'il ne nuisît plus désormais à personne, mais pour qu'il entrât en terre. Ceux qui étaient présents voyant ce serpent débarrassé de ses liens, craignirent vivement qu'il ne se jetât sur eux et les dévorât ; ils commencèrent à se retirer un peu. Saint Pavace leur disait : « Ne fuyez pas, mes frères, ne fuyez pas ; il est inutile de craindre ; car malgré qu'il soit délivré de mon étole et de mes liens, cependant il est tellement serré par des liens divins, que désormais il ne pourra plus nuire à personne. » Néanmoins, à la vue du peuple qui tremblait et s'effrayait, saint Pavace pria le Seigneur pour que la terre s'entrouvrît et engloutît le serpent. Ses prières furent entendues : la terre ouvrit son sein et engloutit ce grand serpent, comme elle engloutit autrefois Dathan et Abiron, en présence du peuple de Dieu ; et jamais ce serpent ne reparut dans la suite. A ce sujet saint Pavace fit un discours au peuple et dit :

« Sachez, mes très-chers frères, que ces calamités et d'autres maux considérables nous sont réservés à cause de nos péchés. Si vous aimez le service de Dieu, vous devez pendant cette vie mépriser les richesses de la terre et désirer les richesses spirituelles, selon ces paroles du Seigneur : Cherchez d'abord le royaume de Dieu et sa justice, et tous ces autres biens vous seront accordés par surcroît. Mes frères, si vous voulez être vraiment riches, aimez les richesses véritables et marchez avec toute la diligence possible vers la céleste patrie. Confiez vos richesses à celui qui vous les rendra intactes dans les cieux, où elles pourront rester entièrement avec vous, et si vous voulez dans cette vie accomplir le précepte divin, ce que vous aurez comme dépensé ici-bas vous sera rendu avec usure dans l'éternité ; car cette douce espérance avec laquelle nous attendons la vie future, loin de se perdre, doit devenir plus forte de jour en jour. Quand même cette vie se prolongerait au-delà d'un siècle, au dernier jour elle paraîtra n'avoir rien duré ; le souvenir s'évanouira comme celui d'un hôte qui ne demeure qu'un jour auprès de vous, et à peine elle laissera quelques traces de son existence. Au contraire, la vie dont nous parlons dure toujours, persévère sans cesse, se fortifie, s'accroît avec la suite des ans et commence à se renouveller là où finit la vie présente. Oh! vraiment elle est sainte cette espérance, ce désir de jouir de tous les biens, qui ne se laisse point capter par l'amour de cette vie séduisante. Celui qui craindra de donner cette vie périssable et de recevoir celle qui ne connaît point de terme, celle où les joies, les délices, les plaisirs et les richesses commencent de manière à ne point connaître de bornes, et ont un commencement sans jamais pouvoir finir : celui qui n'aimera pas une vie aussi excellente, non seulement perdra la vie présente et ne retrouvera point cette vie du ciel; mais, au contraire, il est entraîné déjà par une mort éternelle et dans des ténèbres où se trouve un flamme qui ne s'éteint point, une souffrance sans fin et tous les autres maux qui s'en suivent. »

En entendant ces paroles, le peuple, prosterné en terre, pria le saint en ces termes : « Aidez-nous, ô père, afin que nous ne succombions pas de cette mort, mais que nous marchions avec vous vers la céleste patrie. » A ces mots, saint Pavace sentit son cœur se réjouir dans le Seigneur et rendit grâce à Dieu, qui sauve les fidèles et illumine les cœurs de ceux qui croyent en lui. Le même saint s'empressa de leur répondre : « Il est juste, mes frères, que la lumière, au sortir de ce monde périssable, s'empare de nos âmes immortelles et illumine nos esprits plongés dans les ténèbres. Mais l'étendue de notre obéissance et de notre bonne volonté ne dépend point entièrement de nous; c'est une grâce de Dieu, qui illumine la profondeur des ténèbres et révèle les pensées de nos cœurs. Vous êtes heureux, mes frères, vous qui obéissez à la voix de Dieu vous criant : venez à moi, vous tous qui êtes dans les labeurs et qui êtes chargés, et moi je vous procurerai le repos. Prenez sur vous mon joug ; apprenez de moi que je suis doux et humble de cœur, et vous trouverez le repos à vos âmes ; car mon joug est doux et mon fardeau léger, etc. »

Exhortant très-souvent ses frères par ces discours et autres semblables, saint Pavace en convertit un grand nombre à Jésus-Christ ; de telle sorte qu'ils abandonnaient tout ce qu'ils avaient, livraient le tout au saint et à l'église confiée à ses soins, et vivaient dans cette église en commun et saintement avec les autres qui menaient la vie commune, à l'exemple des Apôtres et de leurs disciples. « O mes très-chers frères, disait le bienheureux saint dans de continuelles louanges, qu'il est bon et doux pour des frères d'habiter ensemble. »

Plus tard, il se trouva dans ladite contrée du Maine un noble nommé Benoît, qui avait pour épouse Lopa, issue du sang et de la famille des princes : or, ils avaient des possessions de différente sorte, qui leur rapportaient d'innombrables richesses. Ils avaient deux fils jumeaux, d'une taille élégante avec une belle figure, un visage grâcieux et un esprit subtil. Le père et la mère les aimaient tellement, qu'ils ne pouvaient souffrir que l'on se mît à dire ou à faire quelque chose capable de les contrarier. Mais ils vieillissaient et leurs fils croissaient en âge, lorsque ces jeunes-gens furent pris par une infirmité telle, que leur père et leur mère désespéraient de leur vie. Cependant on appelait des médecins en grand nombre pour les guérir ; mais cela ne servait à rien, et le mal faisait de tels progrès, que les amis, les médecins mêmes, les parents, et tous, en un mot, n'avaient plus aucun espoir de leur conserver la vie. Leur père et leur mère, le cœur brisé de douleur, pleuraient sur eux en disant en présence de leurs parents et de leurs amis : « Si nous venons à perdre nos deux fils en même temps, comment pourrons-nous en avoir d'autres, lorsque la vieillesse décrépite nous atteint déjà. » Tous étaient donc ainsi en pleurs, quand le père et la mère vont supplier l'évêque de venir les consoler.

Or, ils aimaient beaucoup leur évêque, à savoir saint Pavace, qui les aimait également. On vit donc un messager venir à pas précipités, de leur part, frapper à la porte du saint. Le portier était un clerc consacré pour l'office de portier; lorsqu'il le vit, il lui demanda ce qu'il voulait. Ce dernier se mit à ses genoux et le supplia de lui accorder la faveur d'être présenté au saint évêque Pavace. Le portier rentra et dit au saint : « Révérend père, un homme est à la porte, il demande en grâce à être présenté devant votre béatitude. » A ces mots, le saint, par une permission de Dieu, connaît que Benoît, son ami, et Lopa, épouse de ce dernier, envoyaient quelqu'un vers lui pour le prier en faveur de leurs fils jumaux. Il consulte le Seigneur dans son oraison et se demande intérieurement s'il ira ou non. Une réponse divine lui dit d'aller, qu'il les guérira par le remède confié aux prêtres, et que leur infirmité n'est point mortelle, qu'elle leur est survenue pour la gloire de Dieu, afin qu'en eux Dieu soit glorifié.

Saint Pavace, fortifié par cet avis du ciel et rempli de joie, se prosterne en oraison devant Dieu et dit, les larmes aux yeux : « Seigneur Jésus-Christ, roi des rois et seigneur des souverains, qui avez daigné révéler la future guérison de ces enfants à moi, le dernier serviteur parmi vos serviteurs, accomplissez en eux par moi les œuvres de votre miséricorde. » Alors, il ordonne de lui amener promptement l'envoyé, et celui-ci en entrant se jette à ses pieds et le supplie en ces termes : « Mon révérend Père, mon maître, Benoît votre serviteur, et Lopa, ma maîtresse et votre servante, vous prient de venir en leur maison, pour les consoler par votre présence dans la douleur qu'ils ont de voir leurs fils dangereusement malades, et parce qu'ils attendent votre arrivée. » Saint Pavace se rendit donc à leurs prières; il alla les trouver et leur prêcha le royaume de Dieu. Entre autres choses, il leur dit : « Vous avez eu pour vos fils une affection outre mesure; cependant, grâce à Dieu, cette infirmité n'est pas mortelle, mais elle est pour la gloire de Dieu, afin que Dieu soit glorifié en eux. »

Alors le saint adressa pour eux des prières; il fit le signe de la croix, *les oignit avec l'huile sainte au nom du Seigneur, et la prière de la foi sauva les infirmes.* Cela fait, les jeunes-gens se levèrent, et par la puissance de Dieu, se trouvèrent rétablis à leur premier état. Le père et la mère, dans leur grande joie, ne purent contenir les larmes qui s'échappaient de leurs yeux, ensuite, d'après l'avis de saint Pavace, ils vouèrent ces enfants au Seigneur, demandèrent qu'on les mit au nombre des ministres de Dieu, et que plus tard on les consacrât, s'ils s'en trouvaient dignes. Enfin, ils se vouèrent eux-mêmes au Seigneur, se remirent entre les mains dudit saint Pavace, eux et tous leurs biens; toutes leurs possessions et toutes leurs richesses qu'ils livrèrent, selon la teneur des lois, à saint Pavace et à l'église confiée à ses soins, et même ils confirmèrent leurs donations avec titre écrit, stipulations et témoins, comme il est d'usage. Ces écrits se trouvent conservés jusqu'à ce jour dans nos archives.

C'est ainsi que par ces dons et autres semblables, notre église-mère a été exaltée et glorifiée; c'est ainsi qu'avec le secours du Seigneur elle prend chaque jour de l'accroissement et s'enrichit des offrandes des fidèles, pour la gloire du Dieu tout-puissant. Nous prions assiduement pour ces personnes, et nos frères avec tous les serviteurs de Dieu qui se succéderont dans cette église, prieront de même maintenant et toujours, dans la suite des siècles. Quelques jours s'étaient écoulés, lorsqu'un habitant de la campagne de l'Anjou sortit un matin pour aller moissonner ; après son travail, il prit son repas et se livra au sommeil. Tandis qu'il dormait la bouche ouverte, un serpent y entra et parvint dans son ventre. Quand il fut éveillé, il ne s'aperçut pas de suite qu'il avait un serpent dans les entrailles ; cependant son ventre s'enflait et le faisait beaucoup souffrir. Il prit son souper le soir, alla se coucher sur son lit, et lorsqu'il commençait à dormir, le serpent se mit à se dérouler dans les entrailles de cet homme., ce qui le torturait cruellement. Pressé par son excessive douleur et par les vexations de ce serpent, il s'éveille et s'écrie à haute voix qu'il va mourir. Excités par ses cris, les voisins accourent à lui et lui demandent ce qu'il a.

Il leur répond : « Je me plains du ventre, qui me fait souffrir des douleurs insupportables; il s'enfle et il me semble qu'il va crever par le milieu. Les voisins et les parents appelèrent auprès de lui des médecins pour le guérir; mais loin de lui rendre la santé, ils ne purent empêcher le mal d'augmenter à chaque heure. Cet homme alors se fit conduire dans les églises dédiées à Dieu et se mit à fréquenter les lieux consacrés au culte divin. Il fut averti en songe, pendant qu'il passait la nuit dans une église consacrée en l'honneur de saint Jean-Baptiste, à Angers, d'aller trouver saint Pavace, évêque du Mans, et qu'avec le secours de Dieu il recevrait de ce saint le remède à son infirmité. Obéissant donc à l'avertissement divin, il prit la route du Mans pour venir trouver saint Pavace.

Il arrive, il parvient jusqu'au près du saint dont il implore le secours. Saint Pavace est touché de sa grande infirmité; il l'appelle à lui pour savoir ce qu'il a. Cet homme rapporte exactement ce qui s'est passé ; le saint connaît par une inspiration céleste que c'est un serpent qui le fait ainsi souffrir. Alors, il lui touche le ventre, fait au-devant le signe de la croix, et ordonne à cet homme de s'incliner le corps vivement. Il lui met le doigt dans la bouche, lui fait un signe de croix sur le ventre, et le serpent, chassé par la puissance divine, sort de la bouche, qui le vomit. C'est ainsi que cet homme fut délivré de ce serpent en présence de tous. A cette vue, la multitude qui l'accompagnait se met à chanter les louanges du Dieu en trois personnes, Père, Fils et Saint-Esprit, lequel sauve tous les hommes et ne veut que personne périsse ; et qui, au contraire, veut que tous arrivent à la connaissance de la vérité et jouissent des biens éternels avec les saints de Dieu.

(Quant aux autres miracles éclatants et sans nombre, opérés par les mérites du même saint, ils sont contenus dans un autre recueil, et nous ne les insérons point ici pour abréger et pour ne point fatiguer le lecteur. Cependant, si quelqu'un désire les connaître, il pourra trouver ce recueil conservé jusqu'à ce jour aux archives de notre église-mère. Pour ce qui est des autres gestes, les consécrations d'évêques, de prêtres, de diacres et des autres ordres des ministres des autels, les consécrations d'églises, le cens exigé pour l'église-mère, les acquisitions d'un grand nombre de choses pour la même église ; et si l'on désire connaître un grand nombre d'actions excellentes du même saint, on pourra lire le recueil intitulé : *Actes des pontifes qui ont vécu pour Dieu dans la ville du Mans*, recueil que nous possédons dans les archives de notre église-mère; on y pourra trouver plus au long ce qui a été écrit sur la vie et les vertus sans nombre dudit saint Pavace. Il entra dans son repos le ix des calendes d'août, et depuis ce temps, les peuples reçoivent au lieu de sa sépulture des faveurs éclatantes et innombrables, en vue de ses mérites. Les aveugles y recouvrent la vue; les gens débiles y retrouvent la faculté de marcher; les sourds, celle d'entendre; les infirmes y sont guéris ; les démons y sont chassés des corps; ceux que tourmentent les fièvres ou toute autre maladie y obtiennent leur guérison, par la grâce de notre Seigneur Jésus-Christ, qui vit avec le Père et le Saint-Esprit dans les siècles des siècles).

Moi, Déodat, lévite du Christ, j'ai écrit en grande partie, par l'ordre de mon patron, saint Liboire, la vie de saint Pavace, pour la gloire et l'honneur du Dieu tout-puissant ; mais j'ai omis beaucoup de choses pour prévenir trop de longueur. Parmi ceux qui vivent maintenant, qui voient et entendent lire ceci, il s'en trouve un grand nombre de plus habiles qui peuvent le méditer et écrire cette vie d'une manière plus convenable et plus détaillée.

Saint Liboire gouverna très-pieusement et saintement la susdite église depuis le temps de Valérien jusqu'à celui de l'empereur Constantin (1).

---

(1) Act. SS. Jul., T. V, vit. S. Pavac. Cenom. ep.

Ainsi donc, saint Pavace, romain de nation, ordonné diacre par saint Clément, pape de Rome, envoyé avec saint Julien pour prêcher, devint ensuite disciple du même saint Julien, et fut ordonné par lui cardinal et prêtre dans la ville du Mans. Après le décès du bienheureux Thuribe, le peuple de cette même ville le choisit pour évêque d'une voix commune et d'un concert unanime, et il fut sacré évêque pour l'église-mère de cette cité. Il fonda et consacra dans ce diocèse onze églises, dont il exigea, pour l'église-mère du même diocèse, un cens d'huile et de cire pour le luminaire, et de triens pour les gardiens de ladite église et pour l'orner.

Le susdit saint Pavace tint les ordres trente-six fois dans cette même ville et ce même diocèse. Il y consacra à différentes fois 285 prêtres, 175 diacres, 56 sous-diacres et un grand nombre d'autres lévites pour les ordres inférieurs. Il occupa son siége 45 ans (?), et il fut inhumé par ses disciples d'une manière très-honorable, au-delà de la rivière de Sarthe, dans l'église des Apôtres, où repose également inhumé, d'une manière bien convenable et bien digne d'un évêque, saint Thuribe, son prédécesseur. Des miracles éclatants et sans nombre ont été opérés pendant la vie, et dans ce lieu, depuis la mort de saint Pavace et par ses mérites, ainsi qu'on peut le voir dans les recueils qui contiennent les miracles et les vertus des autres évêques de ladite ville du Mans.

Il mourut le IX des calendes d'août. Puissions-nous, par ses prières assidues et avec le secours de Dieu, recevoir l'indulgence et la rémission de tous nos péchés et obtenir la vie éternelle avec les saints et les élus de Dieu, pour vivre avec eux maintenant et dans tous les siècles. *Amen* (1).

---

(1) *Analect.* Mabill., T. III.

BOURGS OBLIGÉS A UN CENS ANNUEL POUR LA CATHÉDRALE,

AU TEMPS DE SAINT PAVACE.

NOMS anciens.	CIRE.	HUILE.	TRIENS.	NOMS modernes présumés.	ETYMOLOGIES PROBABLES.
De Rusiaco...	1 liv...	2 liv...	1	Roëzé.....	*Rutii-villa.*
Desertina. .	1.....	2.....	1	Désertines. . .	Lieux déserts.
Cauciaco...	1.....	2.....	1	Cossé......	*Coccei-villa, villa de* Cocceius.
Colonia. . .	1.....	2.....	1	Coulans. . . .	Colonie.
Cerallo...	1.....	2.....	1	Ciral......	
Ruilliaco. . .	2.....	3.....	1	Ruillé......	*Ruelli villa, villa de* Ruël.
Materiaco. .	1.....	2.....	1	Madré......	*Materi-villa, villa de* Materius.
Argentoreto.	2.....	3.....	1	Argentré....	
Siliniaco...	1.....	2.....	1	Souligné....	*Silinii-villa, villa de* Silinius.
Donnario. .	1.....	2.....	1		

CHAPITRE XIV.

REMARQUES SUR LES ACTES DE SAINT LIBOIRE.

Nous ne pouvons aborder sans crainte les questions que nous avons à traiter dans ce chapitre. Une des plus difficiles nous paraît être de donner quelque raison plausible d'une lacune considérable dans la série de nos évêques entre saint Pavace et saint Liboire, qui lui succéda, mais non immédiatement. D'après les actes que nous possédons, saint Pavace, envoyé de Rome par saint Clément, n'a pas vécu, sans doute, au-delà de la moitié du second siècle, et d'après ces mêmes actes, saint Liboire mourut au temps de saint Martin, après cinquante ans d'épiscopat; ce qui suppose évidemment une lacune de deux siècles. Il nous semble impossible, d'un côté, de faire disparaître cette lacune, et, de l'autre, de la combler avec toute la série imaginable d'évêques du nom de saint Thuribe; mais ce que nous croyons devoir faire, c'est d'expliquer quelque peu la raison de ce vide dans notre histoire ecclésiastique.

D'abord il est fort peu d'églises, en France surtout, qui se flattent de posséder, comme l'église du Mans, une longue suite de monuments précieux pour son histoire ecclésiastique, depuis le commencement. Les diocèses voisins ne peuvent même lui disputer ce beau privilége, et dès-lors on ne devrait nullement s'étonner de voir une lacune considérable dans cette même histoire, qui se trouve ailleurs bien plus défectueuse encore. Au reste, ne sait-on pas quel fut le triste effet produit par les ravages incessants des barbares dans les premiers siècles de notre ère, où la très-grande partie des monuments de notre histoire profane et religieuse a péri, et par les ravages des hérétiques et des impies dans nos derniers siècles? Si l'on doit s'étonner d'une chose, c'est assurément de n'avoir à signaler qu'une seule lacune aussi considérable.

N'oublions pas que les auteurs des actes de nos premiers évêques du Mans n'ont fait que des légendes selon l'usage du temps, jusqu'à ce que, dans le sixième siècle et dans les suivants, ils composassent un corps d'histoire assez complet. Que l'on ait écrit de bonne heure des légendes sur la vie de saint Julien, de saint Thuribe et de saint Pavace, on le conçoit aisément : il s'agissait des apôtres du pays, mais rien ne nous dit que leurs successeurs, jusqu'à saint Liboire, aient mérité le même honneur. Il est vrai, l'église du Mans se glorifie à bon droit d'avoir eu un grand nombre de saints évêques; mais il est peu probable que tous ceux qui se sont succédé pendant de longs siècles aient été des saints. Les noms de tous, par conséquent, n'ont pu figurer au catalogue des saints dans les diptyques et dans le recueil intitulé : *Actes des évêques qui ont vécu en Dieu dans la ville du Mans*. Aussi l'on n'y trouve point le nom de l'évêque Badechisile, que l'on ne connaîtrait nullement si saint Grégoire de Tours n'avait pris à tâche de nous révéler ses méfaits. Dès-lors nous ne craignons pas d'avancer que la liste de nos évêques doit être nécessairement incomplète, pour les premiers siècles principalement.

Ce qui vient encore à l'appui de cette assertion, c'est que

deux auteurs très-anciens font mention de deux saints évêques du Mans, Gundanisolus (1) et Valerinus, dont les reliques ont été portées en partie avec celles de saint Liboire, en Wesphalie, et cependant tous nos monuments se taisent à l'égard de ces deux saints. Et sans parler des persécutions nombreuses qui sévirent cruellement sous le règne des empereurs romains, au temps de Marc-Aurèle, par exemple, il faut avouer que notre pays fut horriblement ravagé par les barbares depuis la fin du troisième siècle. Les habitants des bords de l'Elbe et de la Baltique faisaient déjà des incursions sur nos côtes avant le règne de Constantin : sous le règne de ses fils, leurs invasions deviennent plus terribles et plus fréquentes. En 356, le rhéteur Mamertin fait une peinture affreuse de ces ravages, et Julien, alors simple préfet des Gaules, écrit au sénat et au peuple d'Athènes : « Ces barbares demeurent autour des villes qu'ils ont détruites, et outre celles qu'ils ont rasées, on en compte quarante-cinq qu'ils ont démantelées, sans y comprendre un grand nombre de bourgs et de châteaux qu'ils ont réduits au même état ; enfin, les villes mêmes très-éloignées de ces hommes féroces, sont restées désertes, tant est grande la terreur qu'ils répandent même au loin. »

Il n'est donc pas étonnant de voir de nombreux auteurs avancer que vers cette époque, 356, les villes situées entre

---

(1) Nous comprenons difficilement pourquoi des auteurs modernes sans raison transforment saint Gundanisolus en saint Gondelaine ou Gondanille, prêtre du Mans ; car on ne doit pas inventer les faits. L'auteur qui parle de saint Gundanisolus, ou Gondanisole, si l'on veut, le désigne comme évêque du Mans, et jamais aucun autre auteur ancien ne l'a donné comme prêtre de cette ville.

la Loire et l'Océan furent prises et renversées presque entièrement par ces mêmes Saxons et autres barbares du nord, qui s'établirent ainsi dans notre pays autour des ruines amoncelées de toutes parts. Leur puissance y devient bientôt telle qu'au commencement du ve siècle, les Romains, comme on le voit dans la Notice de l'Empire, donnent dès-lors le nom de *Rivage Saxon* aux côtes qui nous avoisinent, et les empereurs jugent plus prudent de laisser ces barbares s'y établir en paix. Cependant les Alains et les Vandales viennent à leur tour fondre sur ces mêmes contrées et les ravager de nouveau. Les Armoricains se soulèvent, chassent les officiers des Romains qui ne peuvent ni les combattre ni les secourir, et forment une ligue désignée par Zosime sous le nom de république. Les désordres continuent jusqu'en 423, et dans cet intervalle, les Romains font des efforts pour soumettre l'Armorique. Exuperantius fait avec eux un traité; du moins en 425, où commença à régner Valentinien III, ce pays était soumis aux Romains et gouverné par un général et neuf préfets, suivant la Notice de l'Empire. Mais les barbares ne tardèrent pas à rompre le traité fait avec Exuperantius. Littorius remporte inutilement sur eux quelques avantages. Enfin le patrice Aëtius, ne se trouvant pas assez fort pour les soumettre, donne l'Armorique à Eocarich, roi des Alains, qui autorise ses sujets à partager avec les habitants les terres de la Gaule ultérieure. En vain ceux-ci résistent et veulent se maintenir dans leurs possessions, ceux-là s'en emparent avec violence et chassent les propriétaires (1).

Il est facile de prouver l'établissement de nombreuses

---

(1) Chronique de Prosper. D. Bouquet, t. I, p. 637-639.

hordes de peuples septentrionaux ou Normands dans le Maine, et des Saxons, en particulier, qui s'étendaient depuis le Saxonais ou Saônois (1), jusqu'aux rives de la Manche, désignées sous le nom de *Rivage Saxon*. Ces barbares, on le sait, se jetèrent également sur les côtes opposées aux nôtres, et telle fut leur multitude, dit l'historien Procope, que l'isle qu'ils avaient conquise se trouva surchargée et ne put fournir à leurs besoins. Alors un excédant de cette population reflua tous les ans sur nos côtes avec femmes et enfants. On recevait avec empressement, continue le même historien, ces nouvelles colonies, et c'est ainsi que pendant une longue suite de siècles jusqu'au dixième, les Saxons dépeuplèrent et repeuplèrent, dévastèrent et cultivèrent ensuite une partie de notre pays. Au milieu d'eux et dans les contrées environnantes, ils reçurent de nombreuses peuplades de leurs frères de Germanie : Alains, Suèves, Francs, etc., et à la vue des immenses ruines amoncelées sous nos cités anciennes, on peut juger combien leur pas fut imprimé profondément dans notre sol.

Ne nous étonnons donc point de trouver de semblables ruines, si l'on peut parler ainsi, dans notre histoire ecclésiastique des premiers temps; car il était difficile de conserver les monuments des sciences et des lettres au milieu d'une dévastation aussi générale. La grande invasion des Francs finissait à peine lorsque notre premier historiographe écrit au VIe siècle son précieux ouvrage et l'histoire de son église de Tours; mais combien comptera-t-on d'églises en France qui auront eu un saint Grégoire à cette époque? Cependant

---

(1) Saxona patria.

demandez à cet illustre évêque un corps complet d'histoire pour les quelques siècles qui l'ont précédé ? Il vous dira qu'il ne peut nullement préciser l'époque où saint Gatien a occupé le premier son siége ; il ira demander une date aux légendes sur saint Saturnin, légendes où il n'est nullement parlé du saint apôtre de la Touraine. Si vous admettez, d'après de semblables conjectures, que saint Gatien vivait à la moitié du III° siècle, combien supposerez-vous d'évêques du nom de saint Lidoire jusqu'à celui dont l'épiscopat ne commence qu'en 337? Le siége de Tours resta-t-il vacant près de quarante années, et pendant le règne de Constantin ? Deux siècles seulement plus tard, saint Grégoire ne pourra vous le dire.

D'après la vie de saint Pavace, donnée au précédent chapitre, *saint Liboire gouverna l'église du Mans depuis le temps de Valérien jusqu'à l'empereur Constantin ;* par conséquent, depuis environ l'an 260 jusqu'en 309. D'après les *Actes des évêques du Mans,* au contraire, *aux temps de Constantin et de Valentinien ;* c'est-à-dire, depuis les dernières années de Constantin-le-Grand, depuis environ l'an 336 jusqu'en 385, à la fin du règne de Valentinien II ; ce qui s'accorde assez bien avec les légendes qui nous apprennent que saint Martin assista notre saint évêque à ses derniers moments, consacra saint Victur pour le même siège, et baptisa saint Victorius, fils et successeur de ce dernier pontife.

D'après ces données, il y aurait donc un intervalle de deux siècles précisément entre la mort de saint Pavace et le commencement de l'épiscopat de saint Liboire, intervalle pendant lequel on aurait compté plusieurs évêques non inscrits au catalogue des saints, ou dont la mémoire aurait péri vers le temps de l'invasion des Saxons et des autres barbares du nord. L'histoire ne nous dit point ce que fit le même saint Liboire pour la conversion de ces Saxons qui envahirent de son temps notre territoire ; mais il est permis de penser qu'ils commencèrent à avoir dès-lors, pour ce digne prélat, la grande vénération et le pieux attachement que leurs frères de Westphalie conservent depuis tant de siècles.

Badurad, second évêque de Paderborn, voulant détourner par un culte légitime et par la puissante protection des saints son peuple nouvellement converti, de la pratique des superstitions payennes, envoya demander le corps de saint Liboire à l'évêque du Mans saint Aldric, qui fonda lui-même plusieurs établissements dans le pays occupé par les Westphaliens que Charlemagne établit entre notre pays et la mer. Les députés arrivèrent le 28 avril 836, et repartirent le 1er mai suivant avec les précieuses reliques. Ils passèrent à Yvré, à Saint-Mars, à Connerré, à Chartres, à Paris, arrivèrent au Rhin et trouvèrent sur l'autre rive une multitude de Saxons qui les reçurent avec empressement. Enfin, le 28 mai, jour de la Pentecôte, le corps de saint Liboire fut reçu avec une pompe très-solennelle par le clergé et le peuple dans la cathédrale de Paderborn, où il resta jusqu'au 29 janvier 1622. Le duc de Brunswick, qui avait de secrètes intelligences avec les calvinistes de cette ville, s'en empara ce jour-là même, pilla le trésor de la cathédrale, et emporta la précieuse châsse de saint Liboire. Il retira les saintes reliques et les déposa dans un linge fermé et scellé ; quelque temps après, l'évêque et les chanoines de Paderborn firent des instances et recouvrèrent en son entier le dépôt sacré, confié d'une manière si expresse à leur pieuse sollicitude. Il fut rapporté solennellement à la cathédrale, le 28 octobre de la même année, et depuis dix siècles des miracles sans nombre attestent la grande puissance de saint Liboire auprès de Dieu et la grande vénération des Saxons pour notre glorieux saint : tellement qu'il semble avoir été l'apôtre de toute la contrée, à cause des conversions innombrables opérées par son intercession ; on regarde même comme inouï que l'on ait invoqué ce grand saint sans être exaucé. Les Saxons se plaisent à donner son nom à leurs fils, qu'ils appellent familièrement Borris ou Borrisken, et ceux de Paderborn avaient usage, il n'y a pas longtemps, de porter, nous ne savons pour quelle cause, une ombelle formée des longues plumes du paon, devant la châsse, dans les processions.

En 1647, une portion des précieuses reliques fut portée dans une chapelle bâtie en l'honneur du saint à Améria, dans l'Ombrie, et dès-lors le culte de saint Liboire se répandit dans l'Italie et à Rome même. Le cardinal Caraffa obtint également quelques reliques et les déposa sur un autel dédié au même saint dans l'église de Saint-Celse et Saint-Julien. En 1662, le cardinal, qui devint plus tard Clément IX, obtint du chapitre de Paderborn une autre portion des mêmes reliques, qu'il plaça sur un autel richement orné, à Pistoie, sa patrie. En 1704, Clément XI en reçut également une autre portion de l'évêque de Paderborn, et dès-lors on fit mémoire au bréviaire romain de notre saint, qui opéra dans la ville de Rome plusieurs miracles éclatants. D'autres reliques furent envoyées, à différentes époques, à Naples, à Venise, à Gênes, en Bavière, en Belgique, en Autriche, etc., où se trouvent des autels, des églises et des confréries, à Bruxelles et à Anvers, en l'honneur du même saint Liboire.

L'église de Château-Renard, ainsi que nous l'avons exposé précédemment, a conservé une portion des mêmes reliques avec celles de saint Pavace, et cette portion paraît être du bras droit, que saint Aldric déposa dans l'église de Saint-Sauveur ou de Saint-Pavace, près du Mans, avec le corps de ce dernier pontife. Au Mans même, l'église de l'Hôpital a été placée sous le patronage de saint Liboire; enfin, à Aymeries, dans le Hainaut, chaque année, le 23 mai, l'on célèbre sa fête, à cause de la translation que l'on y fit de quelques-unes de ses reliques.

Au reste, la ville du Mans ne se désaisit qu'à grand regret, au IX° siècle, de cet inestimable trésor, et saint Aldric eut peine à contenir l'effervescence du peuple ; il céda d'ailleurs ces reliques saintes sous la condition expresse que l'on aurait soin de les entourer de toute la vénération possible, et que les deux églises du Mans et de Paderborn resteraient unies à jamais par les liens d'une société et d'une pieuse fraternité. Nous regrettons vivement que l'espace nous manque pour transcrire ici les nombreuses pièces manuscrites que nous conservons sur ce qui regarde cette société. Il suffit de dire qu'au XVII° siècle, l'évêché de Paderborn fut conservé, grâce à la sollicitation de l'église du Mans, et qu'au moment de notre tourmente révolutionnaire, plusieurs ecclésiastiques du Maine reçurent en Westphalie l'accueil le plus gracieux, et surtout l'évêque du Mans, qui reçut jusqu'à sa mort une pension considérable du chapitre de Paderborn (1). Mais il faudrait un long ouvrage tout entier

---

(1) Au moment de la sépulture du prélat, l'évêque de Paderborn dit aux prêtres du Maine : « Maintenant notre église peut à bon droit se glorifier d'avoir les reliques de deux saints évêques du Mans. »

pour parler dignement du culte rendu à saint Liboire et des miracles obtenus par son intercession.

Cet ouvrage a été fait déjà par le célèbre Bollandus ; ses continuateurs l'ont inséré tout entier et ont ajouté de nouveaux développements. On y trouve plusieurs dissertations sur les auteurs des différentes pièces qu'il fait connaître ; plusieurs vies de saint Liboire, la première tirée d'un vieux légendaire de la cathédrale du Mans ; la seconde, d'un autre auteur anonyme, tirée d'un ancien manuscrit de la même église ; la troisième, prise dans la collection de Jean Moreau de Laval ; la quatrième, enfin, suivie de l'histoire de la translation des reliques du même saint Liboire, a été composée par un auteur saxon anonyme, et tirée de plusieurs manuscrits anciens. Ce fut Bison, évêque de Paderborn depuis 882 jusqu'en 905, qui engagea notre écrivain à entreprendre cet ouvrage, exécuté aussi bien que possible, et mis d'abord au grand jour par Surius. L'auteur était saxon d'origine, comme il le déclare en plusieurs endroits, et probablement clerc ou chanoine de Paderborn ; quant aux documents dont il s'est servi : d'une part, il nomme les Actes des évêques du Mans, en se plaignant de leur brièveté ; de l'autre, un écrit abrégé sur la naissance et la vie de saint Liboire, et enfin, ce que le prêtre Idon, le plus distingué d'entre ceux que l'évêque Badurad envoya au Mans pour la translation, en avait laissé par écrit et raconté de vive-voix. Il donne ensuite le détail des miracles nombreux opérés par les mérites du saint et dont il a eu la connaissance la plus exacte soit par les témoins oculaires ou par lui-même. Nous nous faisons un devoir de suivre pas à pas cet estimable auteur dans la vie que nous donnons de saint Liboire, en ajoutant toutefois les autres détails importants contenus dans les différents monuments que nous avons cités, et surtout dans les Actes des évêques du Mans.

Bollandus donne en outre le récit abrégé de l'histoire composée par l'auteur que nous venons de nommer, sur la translation des reliques de saint Liboire : on y trouve la correction de quelques mots inexacts insérés dans le précédent ouvrage. Il fait ensuite une dissertation sur l'enlèvement des reliques par le duc de Brunswich, et donne le mémoire de Charles Erlewein sur le recouvrement des mêmes reliques ; dont une petite portion fut envoyée à Bruxelles et une autre à Anvers, où deux confréries ont été fondées en l'honneur de notre saint évêque. Il parle ensuite des autres portions distribuées à un grand nombre d'églises ; des guérisons obtenues par l'invocation du même saint, des hymnes et des poésies faites en son honneur ; puis les autres Bollandistes ont ajouté dans leur recueil de nouvelles pièces, de nouveaux éclaircissements sur l'année de la mort de notre saint et sur les guérisons occasionnées par ses reliques. Un autre Bollandiste, le P. Papebrock, au tome III de Juin, après la vie de saint Innocent, a fait une très-longue dissertation sur le temps de l'épiscopat de saint Liboire et de tous les évêques du Mans ; mais nous sommes loin, pour notre part, d'admettre les assertions de ce savant, qui bouleverse à son gré les dates fournies par les *Actes des évêques*, pour les remplacer par d'autres trop arbitraires. Au reste, Bollandus place la mort de saint Liboire vers l'an 385 ; nous admettrions cette date préférablement à celle donnée par l'auteur précité, qui fixe l'épiscopat du même saint entre l'an 347 et l'an 396, contrairement aux *Actes* qui nous disent : *Saint Liboire fut évêque aux temps des empereurs Constantin et Valentinien* ; d'ailleurs, nous ne voyons rien dans les faits postérieurs qui nous force à rejetter cette donnée historique, plus sûre que celles pour l'épiscopat de saint Thuribe et de saint Pavace, où l'auteur avait suivi une chronologie très-inexacte sur le règne des empereurs et sur les fastes consulaires.

CHAPITRE XV.

VIE DE SAINT LIBOIRE.

Par sa naissance, saint Liboire (1) appartenait à la Gaule; par sa famille, il n'était point d'une médiocre condition, et par ses mérites il illustra davantage encore sa noble patrie. Dès ses tendres années, en effet, il portait un cœur mûr déjà pour le bien; il ne se laissait point séduire par les attraits des voluptés charnelles, comme il arrive ordinairement dans l'âge des passions, et il ne s'abandonna point au vice de la mollesse. On le vit, au contraire, se montrer tellement humble, doux et plein de respect pour les commandements de Dieu, qu'avec raison l'on assurait que l'Esprit-saint reposait en lui et remplissait son cœur dans la dignité de son sacerdoce, dans la dispensation des mystères divins et dans le gouvernement du peuple fidèle confié à ses soins. Tel était l'esprit qui lui inspira le désir le plus grand de s'instruire, afin que son cœur s'ouvrit largement aux sources des arcanes célestes qu'un jour il devait manifester aux fidèles pour leur salut. Ce ne fut donc point un motif quelconque répréhensible qui le porta dès le commencement à s'ins-

---

(1) Quelques auteurs anciens ont écrit, au lieu de Liborius, Leporius et Leporinus; dès-lors ce nom emprunté à la langue latine répondrait au nom français *Lelièvre*.

truire ; mais en son esprit pénétrant il prévoyait qu'un jour il serait chargé d'instruire en qualité de docteur, et, disciple excellent, il travaillait à acquérir la connaissance de tout ce qui lui importait d'apprendre, afin de pouvoir enseigner en maître habile, quand il en serait besoin. Cette vivacité d'esprit qui procure un vaste succès dans de bonnes études ne lui manquait point, et dès ses jeunes ans on vit poindre en lui ces fleurs qui promettaient les plus heureux fruits, et qui les produisirent abondamment en effet dans la suite. En un mot, il croissait en vertus et en sagesse à mesure qu'il avançait en âge ; de la sorte il fit briller de bonne heure en lui la maturité que donne l'âge viril, et il se vit entouré des marques de respect et d'attachement que tous s'empressaient de lui prodiguer. Rien en cela de bien surprenant : personne ne trouvait en lui les dédains de l'orgueil, les méchancetés de la haine, et ne le méprisait pour sa faiblesse ; on le voyait, au contraire, se prêter humblement aux fonctions les moins relevées : sa charité le rendait affable à tout le monde et le mettait à la portée de chacun ; enfin, ses talents le faisaient regarder comme *un vase utile dans la maison de Dieu, et préparé pour toute sorte de bons emplois.*

Ainsi donc, lorsque les yeux fixés sur la récompense du ciel, il quitta l'habit et la vie du monde, et lorsque, choisi véritablement par le Seigneur pour sa portion et son héritage, il prit rang parmi le clergé et se trouva chargé de l'office des clercs ; on le vit se livrer davantage encore aux soins du culte divin. Dès-lors il s'appliquait à diriger, selon les règles de la raison, toutes ses pensées et ses actions ; il s'appliquait à devenir plein de circonspection, de prévoyance, de docilité, de prudence ; à supporter avec une grande tranquillité d'âme et les succès et les adversités ; à braver courageusement la crainte d'un péril passager ; à ne rien redouter, sinon ce qui souille l'âme aux yeux du juge souverain, je veux dire les taches du péché ; enfin, il s'efforçait d'avoir, à l'égard de la bonté de Dieu, confiance, sécurité, constance, patience et fermeté ; il s'appliquait à ne point former des désirs dont plus tard il aurait pu se repentir, à ne dépasser jamais les lois qu'impose la modération, et à dompter ses passions sous le joug de la raison. C'est ainsi qu'il vivait en présence de Dieu et des hommes, modeste, mortifié, chaste, poli, sobre et frugal. Et qui pourrait parler dignement de ce ferme propos qu'il avait formé de toujours garder les lois de la justice et de l'équité ? Qui pourrait dire son amour pour l'innocence, pour la bonté d'âme et la concorde ; son attachement à la piété et à la religion ? Son âme n'était point livrée au désir des choses vaines et périssables ; elle n'avait en vue que son salut et la vie éternelle.

Mais le flambeau céleste qui brillait en lui ne pouvait cacher longtemps sa splendeur, et la renommée de sa sainteté se répandit tellement, que d'un concert unanime le peuple entier de la célèbre ville du Mans le choisit pour son évêque. Ils pensaient, avec raison, qu'ils seraient heureux d'avoir pour prélat un si digne pasteur, doué d'une telle éloquence pour instruire, d'une vie parfaitement réglée pour confirmer sa doctrine par ses exemples, et d'un grand mérite pour prier Dieu en faveur du peuple confié à ses soins. En sorte que ce même peuple du Mans qui ressentit une douleur bien vive et bien légitime à la mort de son évêque Pavace, pontife d'une éminente sainteté, s'en consolait en considérant les vertus d'un nouvel évêque, élu d'un concert unanime et dans la ferme confiance qu'il ne serait inférieur à aucun des pontifes de Jésus-Christ. Bien plus, ils se flattaient de recevoir l'antique faveur accordée au peuple d'Israël : comme autrefois il arriva qu'après l'enlèvement du saint prophète Elie dans les cieux, Elisée, rempli de son double esprit, lui succéda ; ainsi l'on savait que les sublimes vertus du B. Pavace reparaîtraient et même seraient doublées dans Liboire, l'un de ses successeurs. Ainsi donc, après avoir été ordonné pontife, selon les règles prescrites, il prit, en se conformant aux canons, la conduite de l'église du Christ, ministère auquel il avait été d'abord prédestiné par le ciel.

Revêtu désormais du sacerdoce suprême, il ne diminua rien de ce grand désir de la sainteté qu'il avait montré jusqu'alors, mais, au contraire, comme le flambeau placé sur le candelabre, ce saint rempli de la lumière divine faisait d'autant mieux reluire dans la maison du Seigneur la grâce dont Dieu le comblait, qu'il était placé dans un état plus éminent. Les honneurs, qu'ordinairement l'on accorde à une si grande dignité, ne lui firent point changer ses pratiques pieuses, et le soin des affaires ecclésiastiques ne le détourna jamais de s'astreindre chaque jour à chanter les louanges de Dieu et à offrir le sacrifice de propitiation ; bien plus, il s'y appliquait d'autant mieux qu'il savait que désormais il était obligé de vivre saintement, non seulement pour son propre salut, mais aussi pour celui d'un grand nombre d'âmes, à la tête desquelles il aurait été placé en vain, s'il ne s'était efforcé de les édifier par ses paroles et ses exemples. C'est pour cela que ne voulant consacrer aucun instant à l'oisiveté, il s'occupait sans cesse de choses utiles : il donnait tout son soin tantôt à la lecture des divines Ecritures, tantôt il passait un temps considérable à l'oraison ; quelquefois aussi c'était à régler prudemment et avec prévoyance les affaires du dehors, selon qu'il convenait à son ministère.

Il châtiait également son corps d'une manière assidue par des veilles et des jeûnes, craignant qu'après avoir prêché les autres il ne fût lui-même réprouvé. Aussi, son soin particulier se rapportait à la prédication, et comme il se savait chargé du même ministère que l'Apôtre à qui l'on entendait dire : « Le Christ ne m'a point envoyé baptiser, mais pour évangéliser. » Et ces autres paroles : « Prêchez la parole sainte, insistez à temps et à contre-temps. » Ainsi notre saint engageait de toute sorte de manières ses auditeurs à vivre saintement ; ce qui rendait surtout ses préceptes et ses avis agréables et doux au peuple, c'est que l'on n'avait à reprendre dans sa vie rien de contraire à sa doctrine, et que l'on voyait d'une manière évidente dans sa conduite les règles qu'il recommandait de suivre. Par exemple, ceux qui avaient appris de lui à se garder entièrement de l'orgueil, comme de la source de tout péché, n'en pouvaient trouver aucune marque dans ses actions, dans sa démarche, sur son visage, dans les gestes de son corps ou dans ses discours. Ils l'entendaient répéter : « Ne devenons point avides d'une vaine gloire, » et ils le voyaient véritablement pauvre d'esprit, ne se glorifiant jamais que dans le Seigneur. Ils l'entendaient dire : « La mort est entrée dans l'univers par l'envie du diable, et l'envie est la corruption des os, » et ils le voyaient avec une bienveillante affection se réjouir avec ceux qui se réjouissaient, pleurer avec ceux qui pleuraient, et regarder le bonheur ou le malheur des autres comme lui étant personnel. Ils l'entendaient dire : « La colère de l'homme n'opère point la justice de Dieu, » et ils le voyaient manifester toute sa mansuétude à l'égard de tous les hommes. Ils l'entendaient dire : « La tristesse du siècle opère la mort, » et ils trouvaient en lui celui qui donne plein de joie et que chérit le Seigneur. Ils apprenaient de lui que l'avare est serviteur des idoles, et ils le voyaient amasser, par d'abondantes largesses, un trésor pour le ciel. Ensuite, lorsque quelqu'un remarquait sa frugalité, son courage, sa chasteté, il ne manquait point d'exhortations pour engager les autres à fuir la tache des vices de la chair.

C'est ainsi que ce pieux pasteur du troupeau de Jésus-Christ, montrant aux brebis confiées à ses soins, par une double manière, les exhortations et l'exemple, la route qui conduit aux pâturages de l'éternelle vie et fait éviter la funeste contagion des maladies de l'âme, en retirait un tel profit, que l'on pouvait d'une manière convenable lui appliquer ces paroles du Seigneur dans Malachie : « La loi de vérité fut dans sa bouche, et l'iniquité ne se trouva point sur ses lèvres. Il marcha devant moi dans la paix et la justice, et il détourna un grand nombre de personnes de l'iniquité. » En effet, il détourna de l'iniquité et convertit un grand nombre de personnes qu'il rappela dans les sentiers de la foi et d'une conduite réglée, et il mérite un rang distingué parmi les saints docteurs de l'Eglise de Jésus-Christ, docteurs dont le véritable époux de cette même Eglise accompagne de louanges nombreuses au Cantique des Cantiques, les grâces multipliées et l'excellence infinie des mérites. Tantôt il les compare au cou de l'épouse, enrichi de colliers ; tantôt aux poutres de cèdre, aux lambris de cyprès ; ici leurs lèvres sont comparées à une bandelette d'écarlate, parce qu'elles prêchent la Passion du Christ ; ailleurs il est dit qu'elles distillent le doux miel de la parole de Dieu ; il les appelle quelquefois la tour de David, à cause de leur fermeté constante, et quelquefois aussi il les compare à des mamelles, parce qu'ils donnent la nourriture spirituelle aux petits, qui ont besoin de lait; ailleurs, au vin mêlé de miel; ailleurs, à la beauté d'une tour d'ivoire. Souvent ils y sont appelés les portes de l'Eglise et désignés sous le nom de dents et d'yeux, à cause de leur utilité variée, de leur fermeté, de leur prévoyance et de leur amour pour la contemplation. Ce sont en outre ces soixante portes qui entourent le lit de Salomon; ce sont des colonnes d'argent resplendissantes de l'éclat de la parole sainte. Si quelqu'un veut chercher le sens mystérieux de ces allégories, il verra combien elles s'appliquent merveilleusement aux grandes vertus et au magnifique caractère du docteur de la sainte Eglise, qui fait le sujet de nos louanges, ainsi qu'aux autres docteurs qui lui ressemblent. Il suffit d'indiquer ces quelques citations prises parmi un très-grand nombre dans ce céleste épithalame, qui est bien ce que l'Esprit-saint a trouvé de plus beau, de plus magnifique pour chanter à la gloire de l'épouse. C'est également de ces docteurs que le même Esprit a dit par la bouche de Daniel : « Ceux qui auront été instruits brilleront comme la splendeur du firmament, et ceux qui forment plusieurs personnes à la pratique de la justice, brilleront comme les étoiles dans toute l'éternité. » Jusqu'ici nous avons montré avec quelle ferveur, quel zèle, quelle splendeur cet astre brillant avait formé ses sujets, faisons voir maintenant comment l'éclat de ses vertus resplendit dans ses autres actions.

Cet homme de Dieu se distingua parmi les autres pontifes qui vivaient alors, ce qui montre sa religion profonde et son amour pour Dieu, en employant tous ses efforts pour faire célébrer entièrement l'office divin et pour provoquer, amplifier et embellir tout ce qui regarde le culte ecclésiastique ; et à l'exception de ce qui lui était nécessaire à lui et à ceux qui le servaient pour la nourriture et les vêtements de chaque jour, il s'en contentait, quoique cela pût suffire à peine, et à l'exception de tout ce qu'il distribuait à l'ordinaire pour fournir largement aux besoins des pauvres et des indigents, il employa tous les autres revenus de ses domaines épiscopaux, des cens de différente nature qui lui étaient dûs dans tout son diocèse, et même tout ce qui lui était donné de la part des fidèles, pour orner les églises d'une manière convenable et pour construire de nouveaux oratoires dans les lieux où il était besoin. S'il entreprenait ces constructions c'était en vue de multiplier davantage le service de Dieu et afin que le peuple pût facilement se rassembler dans les églises placées à peu de distance et desservies par des prêtres, s'y accoutumer à l'exercice de la prière, y obtenir la grâce de la régénération, y entendre les enseignements de la loi sainte, participer à la célébration des célestes mystères, y apprendre et y pratiquer tous les devoirs de la religion chrétienne, et il ne négligeait aucun soin, aucune peine pour arriver à ce que la commodité des lieux permît à tous de s'occuper du salut de leur âme. C'est dans ce but qu'en outre des églises fondées par ses prédécesseurs, il fit construire et consacra dix-sept nouveaux édifices religieux, et il en orna tellement son diocèse, que de toutes parts chaque population trouvait dans son voisinage la maison de prières qui lui était nécessaire. Nous avons jugé à propos de mettre ici les noms de ces églises, afin que l'on conserve mieux le souvenir de cette œuvre pieuse, et que l'on en soit plus certain. La première qu'il fonda était à

Conlie (1), la seconde à Sillé, la troisième à Rouez, la quatrième à Champ-Généteux, la cinquième à Malicorne, la sixième à Assé, la septième à Alençon, la huitième à Saône? la neuvième à Saint-Georges-de-Laqcoué, la dixième à Banne, la onzième à Lucé, la douzième à Loudon? la treizième à Marson, la quatorzième à Poillé, la quinzième à Mayet, la seizième à Nuillé, la dix-septième à Cosmes.

Après avoir achevé ces églises, après les avoir ornées décemment et les avoir confiées aux soins vigilants de prêtres et de clercs dans les ordres inférieurs, il veilla surtout à ce qu'aux heures marquées par les canons, le service divin ne fût interrompu dans ces églises ni le jour ni la nuit, afin d'y chanter en l'honneur de la sainte et indivisible Trinité, les louanges et actions de grâces qui lui sont dues. Ensuite, pour procurer au milieu de tout le peuple confié à ses soins la concorde et l'unité, et pour montrer que tous les lieux dédiés à Dieu dans ce même diocèse, avec tout ce qui en dépendait, devaient être soumis à l'antique et principale église de son siège, comme à la principale et la mère des autres ; il statua que de toutes les églises on payerait un cens chaque année : c'est-à-dire, un certain nombre de livres de cire et d'huile, selon le moyen qu'il connaissait à chacune de l'offrir. Cependant il imposa dans tous ces mêmes lieux une redevance juste, en sorte qu'il statua que l'on fournirait en chaque endroit une livre de cire et deux livres d'huile, sans parler de ce que l'on devait payer pour les gardiens de ladite église principale. Par où l'on voit assez clairement l'intention

---

(1) In Colinno, Silviaco, Raudatio, Campo-Genestoso, Conedaco, Axiaco, Aloncionno, Sangunno, Sabonario, Bona, Lucia, Lugduna, Marsone, Poliaco, Magitto, Noviliaco, Comnis.

pieuse et religieuse du saint homme, qui n'amassa point pour lui-même de l'or, de l'argent ou quelque autre chose de ce que les mondains regardent comme précieux, mais qui semblaient entièrement dignes de mépris à notre saint, plein de désir pour les biens célestes; il aima mieux établir que l'on donnerait à son église tout ce qui serait nécessaire pour fournir abondamment au luminaire : car tout ainsi qu'il fut le temple de la véritable lumière, c'est-à-dire de l'Esprit-saint, de même il voulut que la lumière physique ne manquât jamais d'orner le temple bâti de la main des hommes.

Il occupa son siége épiscopal pendant quarante-neuf ans : on lit qu'en cet intervalle il fit 96 ordinations pour 217 prêtres, 176 diacres, 93 sous-diacres, et pour les ministres des autres ordres inférieurs, autant qu'il convenait et qu'il suffisait pour les édifices sacrés. On lui rendit publiquement un si bon témoignage, que les écrits déjà cités rapportent de lui, d'une manière spéciale, qu'il s'appliquait à servir Dieu en tout avec douceur, et à plaire uniquement à Dieu et aux hommes de bien dans ce qui regardait les affaires ecclésiastiques. Par où l'on voit clairement qu'il garda en présence de Dieu la constance dans ses pratiques religieuses, de manière à ne point blesser les yeux du prochain, et qu'au dehors, il chercha à plaire aux hommes sans contrister en son intérieur les regards de Dieu, et c'est ainsi que ce véritable serviteur de Dieu peut être comparé justement à ce pontife que l'Evangile loue pour avoir servi le Seigneur sans reproche : avec la différence toutefois d'un sacerdoce bien plus digne qui distingua notre prélat, et d'autant que la vérité surpasse la figure, et que la Nouvelle Loi de grâce du Christ l'emporte sur l'Ancienne Loi. En effet, les saints de ce premier pontificat offraient le sang des animaux, tandis que l'auteur et le premier pontife du nouveau sacerdoce est entré par son propre sang une fois seulement dans le Saint des Saints; néanmoins ils furent tous deux pontifes, quoique avec un ministère différent : ils furent égaux en sainteté, tous deux méritèrent d'être loués dans l'Evangile, tous deux furent justes devant Dieu, et vécurent sans reproches, observant les lois et les commandements du Seigneur.

Mais lorsqu'il plut à la majesté divine de glorifier par d'éternelles récompenses, après tant d'années de longs combats, son athlète vainqueur de l'antique ennemi, elle permit que ce saint, dans la cinquantième année de son épiscopat, eut tant à souffrir du poids de son corps, qu'il ne put douter un instant que le jour de sa mort ne fut arrivé. Cette année pour lui fut véritablement celle du jubilé, appellée justement l'année de rémission, pendant laquelle la loi divine ordonne à chacun de reprendre sa famille et ses possessions, et ce saint pouvait bien demander le repos, car sept semaines d'années s'étaient écoulées depuis qu'il avait été préposé à la famille du Seigneur placée encore sur la terre : aussi, dès-lors il mérita d'être appelé au milieu de la famille céleste, pour entrer en possession de cette terre que l'éternelle vérité promet à ceux qui sont pleins de mansuétude et de douceur.

En ce même temps, l'évêque saint Martin gouvernait l'église de Tours, homme tout-à-fait célèbre par ses vertus apostoliques; au milieu des mystérieux entretiens qu'il avait souvent avec les anges, il reçut dans une révélation divine l'ordre d'aller au Mans et d'y aller visiter le Seigneur tombé malade. Il comprit qu'en cette maladie du Seigneur, il s'agissait de quelqu'un de ses membres, à l'égard desquels il doit dire lui-même au jour du jugement : j'ai été infirme, et vous m'avez visité. Aussitôt il se hâta d'aller à ladite cité du Mans : lorsqu'il en approchait, en cheminant auprès d'une vigne, il y apperçut de loin un clerc nommé Victur, promu au sous-diaconat, entièrement occupé à tout ce que demandait le travail des vignes, tout couvert de sueur, et s'acquittant néanmoins, en chantant des psaumes, de son office de louanges envers le Seigneur. Il était disciple de saint Liboire et l'on voyait dans son extérieur humble et dans la ferme volonté qu'il avait de garder la continence, un indice certain des bonnes leçons de son excellent maître. Saint Martin le voit : l'Esprit-saint lui révèle que cet homme est l'évêque futur du Mans ; il le salue en lui disant : « Bon jour, notre Pontife. » Il lui donne son bâton pastoral, et, pressant le pas, il se hâte d'arriver à la ville. Il y trouva, réduit à l'extrémité, le saint prélat véritablement chéri de Dieu ; il n'était occupé que du bonheur céleste dont il allait entrer en partage, et il reçut saint Martin avec une ineffable joie. Mais il est nécessaire d'interrompre ici le fil de notre narration ; car il n'est donné à personne de pouvoir dignement rapporter leurs entretiens tout spirituels, tout divins, tout célestes et de dire avec quel transport mutuel ils se virent, avec quelle douleur ils supportèrent une séparation momentanée. Ils étaient en effet tous deux d'excellents chefs dans la milice du Christ ; tous deux se rendirent célèbres par les nombreux triomphes qu'ils remportèrent sur le démon. L'un allait recevoir la couronne éternelle ; pour l'autre, elle allait être différée quelque temps : il lui fallait encore combattre pour le camp du Seigneur.

C'est ainsi qu'en présence de ce puissant consolateur, qui allait prendre soin de ses funérailles, saint Liboire, plein de joie, s'endormit dans le Seigneur, le XVI des kalendes d'août. Saint Martin fit conduire avec toute la pompe convenable et ensevelir son corps vénérable dans l'église située hors de la ville, église que construisit le premier évêque du Mans, nommé Julien, et qu'il dédia en l'honneur des douze Apôtres ; car il convenait que ce saint qui avait été sur la terre successeur des Apôtres et qui mérita d'être associé à leur triomphe dans le ciel, fut honoré dans une même église avec eux. Le lendemain, l'homme de Dieu, saint Martin, réunit dans l'église le peuple qui s'était rassemblé en troupes innombrables pour assister aux funérailles de ce grand saint, et qui attestait par d'abondantes larmes ses vifs sentiments d'amour pour son pasteur ; il consola ces fidèles par ses saintes paroles, et ordonna pour leur évêque Victur, dont nous venons de parler.

Les écrits mentionnés ci-dessus rapportent que saint Liboire fit non seulement un grand nombre de miracles pendant sa vie, mais qu'à son tombeau la puissance divine en fit éclater un nombre bien plus grand dans la suite, cependant ils n'y sont point cités nommément à cause de leur multitude. Nous sommes porté facilement à le croire, d'après ce que nous avons vu de nos propres yeux, depuis que ce corps saint a été transféré parmi nous : c'est ce que la suite de ce travail va démontrer, Dieu aidant, comme, en effet, il fut véritablement l'organe de l'Esprit-saint ; par l'opération de ce même Esprit souvent on voit des prodiges paraître devant ses vénérables restes : les malades se trouvent guéris ; les personnes en langueur y recouvrent la santé et les esprits immondes sont chassés, moyennant la grâce de celui qui est la source et le principe de tous les biens, notre Seigneur et Dieu, qui dans l'inséparable Trinité vit et règne dans les siècles des siècles. Ainsi soit-il.

BOURGS OBLIGÉS A UN CENS ANNUEL POUR LA CATHÉDRALE,
AU TEMPS DE SAINT LIBOIRE.

NOMS anciens.	CIRE.	HUILE.	TRIENS	NOMS modernes présumés.	ETYMOLOGIES PROBABLES.
De Colinno.	1 liv.	2 liv.	1	Conlie.	Colonie.
Silviaco.	1	2	1	Sillé.	Silvii-villa.
Raudatio.	1	2	1	Rouez.	
Caupo-Genestoso	1	2	1	Champ-Geneteux	
Conedaco.	1	2	1	Malicorne.	*Conedacum*, confluent, *celt.*
Aciaco.	2	3	1	Assé.	*Auscii-villa.*
Aloncionno.	4	6	1	Alençon.	
Saugonna.	2	3	1	Saône.	
Sabonariis.	1	2	1	S.-Georges-Laqcoué, Banne?.	
Bona.	1	2	1	Lucé.	*Lucii-villa.*
Luciaco.	1	2	1	Loudon?.	*Aliàs Lugduna.*
Ludna.	1	2	1	Marson.	
Marsone.	1	2	1	Poillé.	*Aliàs Pauliaco, Pauli-villa.*
Poliaco.	1	2	1	Mayet.	Plaine, *celt.*
Magitto.	1	2	1	Nuillé.	*Nobilis-villa.*
Novilliaco.	1	2	1	Cosmes.	
Comnis.	1	2	1		

CHAPITRE XVI.

MIRACLES DE SAINT LIBOIRE.

Le second évêque de Paderborn, Badurad, venait à peine de succéder à Mathumar, lorsqu'il s'empressa d'élever des églises de toutes parts dans son diocèse, et surtout d'orner magnifiquement sa cathédrale. Il y augmenta le nombre des clercs soumis à la discipline monastique, et il fonda une école où l'on enseignait la loi divine aux enfants des différentes classes de la société. Le succès secondait ses desseins d'une manière si merveilleuse, qu'il semblait véritablement destiné par le ciel pour cette œuvre, et que Dieu l'avait accordé pour les commencements de cette nouvelle chrétienté. Mais cependant le peuple était encore grossier. Des prières publiques et un jeûne furent ordonnés par ce pontife : Dieu agréant sa foi, daigna lui inspirer dans une révélation d'envoyer au Mans, ville de la Gaule, demander à l'évêque du lieu ce que depuis longtemps il désirait, et que là ses vœux seraient accomplis. Cette révélation l'anime d'une espérance ferme ; il se hâte d'en préparer le succès. La ville susdite avait alors Aldric pour évêque : c'est à lui que d'après le consentement et l'ordre de l'empereur Louis, Badurad député des personnes éprouvées, choisies parmi son clergé, engagées dans les saints ordres et dans la vie religieuse, et de nobles laïcs dont il connaissait la foi vive et le talent nécessaire pour réussir en cette occasion. Parmi les clercs chargés de cette affaire, et le premier d'entre eux, était un prêtre nommé Idon ; c'est lui qui nous a donné connaissance, en partie de vive voix, et en partie par des notes consignées dans ses lettres, de ce qui s'est passé à son départ du Mans et des miracles vraiment divins opérés sous ses yeux.

Ainsi donc, l'an de l'incarnation de J.-C. 836, indiction xiv, an 23° de l'empire de Louis I, les envoyés de Paderborn quittèrent la Saxe et arrivèrent au Mans le 5 des kalendes de mai, et firent connaître à l'évêque le sujet de leur voyage. Dieu permit qu'ils furent bien reçus et qu'ils obtinrent aussitôt ce qu'ils demandaient. Le lendemain ledit évêque convoque le clergé, et en présence de son coadjuteur, nommé David, il emploie tous ses soins pour remplir convenablement l'attente et les pieux désirs de ces envoyés venus de régions si lointaines, et veut qu'on leur accorde le corps entier de quelque saint, selon leur demande. Or, il y avait au Mans alors une grande quantité de corps des saints ; celui, entr'autres, de saint Liboire, évêque autrefois de cette même ville et célèbre surtout par ses miracles. Lorsque le susdit prélat se disposait à donner aux envoyés de Paderborn ce précieux corps, plusieurs s'y opposèrent en disant que c'était leur enlever leurs reliques les plus précieuses. Cependant tous finirent par consentir, et l'évêque accompagné de prêtres, de clercs dans les différents ordres, revêtus de leurs habits sacrés, et des envoyés de Paderborn, s'avança de la ville vers l'église, où reposait, enseveli d'une manière très-digne, le corps de saint Liboire. Cette église se trouvait tout auprès de ladite ville ; elle était dédiée en l'honneur des Apôtres : ce fut saint Julien, premier évêque du

Mans, qui la fonda, comme on le rapporte. C'est en chantant des psaumes, des hymnes et des litanies, que le pontife y arriva avec toute la pompe et toute la piété convenables, et après avoir commandé auparavant d'observer le jeûne. Lorsqu'on fut sur le point de lever les ossements sacrés des mausolées de cette basilique, chose admirable! tous ceux qui se trouvaient présents sentirent une odeur extrèmement suave, qui remplit tout à coup l'édifice entier; mais cette odeur agissait sur l'esprit plutôt que sur le corps, et le pénétrait d'une ineffable joie, en sorte qu'ils étaient comme ravis en extase, et, oubliant tout ce qui se passait autour d'eux, une seule chose les retenait : la délectation qu'ils éprouvaient à rester en ce lieu. On ne peut douter qu'il ne fut alors au milieu de ce grand nombre de fidèles assemblés en son nom, celui qui fit goûter autrefois à quelques-uns de ses apôtres tant de bonheur dans sa vision, que leur chef dit : « Seigneur, il fait bon rester ici. » C'est avec raison que cette odeur suave venait confirmer le témoignage de l'Apôtre quand il dit : « Nous sommes à Dieu la bonne odeur de Jésus-Christ. »

Dans ce même lieu se trouvaient aussi les corps d'autres saints ensevelis convenablement dans des sarcophages : c'étaient ceux surtout de plusieurs évêques de la même ville, et pendant que les ossements de saint Liboire étaient levés de la tombe et placés dans une châsse, l'odeur suave dont nous parlons ne cessa point; par où l'on pouvait plus sûrement croire que le saint se prêtait à cette œuvre : aussi cette odeur se fit sentir aussitôt que l'on commença ce travail, et lorsqu'il fut terminé, elle cessa presque subitement. Tandis que ceci se passait dans la basilique, au-dehors un autre miracle arrivait au même instant. Par l'intercession du saint, une femme aveugle depuis de longues années recouvra la vue en présence du peuple assemblé devant les portes. On venait d'être témoin de son état antérieur et de sa guérison, alors la multitude ne se taisait point en louanges et élevait hautement la voix : à ce bruit, ceux qui étaient au-dedans de la basilique comprennent qu'un miracle est arrivé, ils adressent de ferventes actions de grâces à Dieu et se mettent à pleurer de joie. Lorsque le corps du saint était encore dans l'église, on fut témoin d'un troisième miracle : un homme horriblement tourmenté par le démon, et depuis longtemps bien connu d'ailleurs par le bruit que causa cette affliction terrible, avait été conduit en diverses églises et en différents monastères, sans éprouver aucun soulagement à sa peine ; il vint à ladite église avec sa mère, et pendant que les reliques saintes étaient encore entre les mains des prêtres, il fut si bien délivré tout d'un coup, que plus tard il n'éprouva plus aucune marque de cette affliction.

Alors, pour ne point retarder les envoyés de Paderborn, l'évêque porta dans ses mains et avec l'aide des prêtres, avec tout le respect possible, le corps précieux dans la ville et dans la cathédrale ; afin de le confier ensuite d'une manière convenable aux envoyés, en présence du peuple. Mais alors la puissance de Dieu se plut encore à rendre son saint célèbre : à peine les reliques saintes étaient-elles entrées dans la cathédrale, qu'un homme boîteux des deux jambes depuis un grand nombre d'années entra en même temps : il eut à peine incliné la tête pour prier, qu'il recouvra une guérison parfaite. La nouvelle s'en répand, et l'on se presse en foule pour contempler cet homme ; comme le jour était déjà sur son déclin et que la nuit du dimanche allait commencer, l'évêque ordonna aux clercs de s'assembler de meilleure heure, afin que dès le point du jour les envoyés de Paderborn pussent se charger de leur précieux fardeau et retourner en leur patrie. On vit alors se rassembler aussi un grand nombre de laïques, que les miracles opérés la veille excitaient à venir réclamer le patronage des saintes reliques, et lorsque l'office de matines était sur le point d'être terminé, et que le lever de l'aurore brillait déjà, Dieu, lumière de lumière, source de toute lumière, donna la vue à un aveugle-né, citoyen de la ville même, lequel jusqu'à ce jour avait supporté cette infirmité aussi ancienne que lui. A la même heure et au même lieu, c'est-à-dire dans l'église, en présence du clergé qui chantait les hymnes sacrés, et d'un grand nombre de fidèles, un homme fut horriblement agité par le démon. Depuis longtemps il était ainsi torturé par l'esprit malin; mais alors, par l'intercession du saint confesseur, le démon fut chassé; cet homme fut guéri, et dans la suite il ne reçut aucune atteinte d'une possession semblable. Le bruit de ces merveilles se répandit au loin, et l'on vit bientôt se rassembler une multitude infinie de personnes de tout rang, de tout âge et de tout sexe, du pays et des villes voisines. Après la célébration de la sainte messe, l'évêque veut se hâter de confier aux envoyés de Paderborn, avant que la trop grande foule vienne empêcher leur marche, les saintes reliques qu'ils devaient porter en leur pays. Le clergé se revêt donc d'habits sacrés; des prêtres portent sur leurs épaules la châsse des saintes reliques : toutes les cloches de la ville se font entendre; à la tête de la procession marchent ceux qui portent l'étendard saint et vivifiant de la croix, le livre des saints Evangiles et les reliques saintes, enfermées dans des vases d'or et d'argent et entourées de parfums. Le corps du saint est conduit au chant des psaumes, des hymnes et des antiennes, et avec la plus grande vénération, dans l'oratoire de Saint-Vincent, situé non loin de la porte de la cité, par laquelle ils devaient partir. Une grande multitude suivait déjà; le bruit des cloches en fit accourir une plus grande encore. Alors de toutes parts des murmures s'élèvent contre l'évêque, un grand nombre se mettent à crier tout haut : « Nous allons être privés de la protection d'un très-puissant patron, si l'on enlève le corps de cet illustre confesseur, par l'intercession duquel nous serions prémunis contre toute adversité. C'est après Dieu le seul *palladium* du pays, l'honneur, la gloire spéciale de la contrée. N'a-t-on pas raison de craindre, si l'on enlève les vénérables restes de ce saint, que la dévotion à son égard et le souvenir même de son nom ne périssent, et que l'on se rende indigne en ce diocèse de son intercession auprès de Dieu? Ne serait-il pas plutôt du devoir d'un premier pasteur de rechercher de toutes parts et d'acquérir les reliques des saints pour en faire un rempart au peuple confié à ses soins, plutôt que d'envoyer aux nations étrangères les plus précieuses parmi celles que nous possédons. »

Pendant quelque temps l'évêque fut ému en entendant ces mots et les cris de la foule qui se lamentait; il fit faire silence et s'adressa ainsi au peuple dans ladite église de Saint-Vincent : « Vous avez tort, mes frères, de me considérer comme assez peu occupé des soins que je dois avoir pour vous, pour permettre que l'on emporte sans une raison vraiment juste les reliques de celui qui doit être notre patron pour toujours. Mais comme par une miséricorde particulière de Dieu les corps des saints se trouvent en assez grande abondance au milieu de nous, nous ne pouvons refuser...etc. » Après de semblables exhortations, le peuple s'appaisa, l'évêque rassembla ceux qui avaient été guéris pendant ces deux jours, afin que toute la multitude put les voir et les questionner : dès-lors, il n'y eut plus moyen d'écouter l'évêque, et personne ne voulut faire silence. Cependant le pontife entonna le *Te Deum,* que le chœur chanta ainsi que plusieurs autres cantiques de joie convenables pour la circonstance. Une partie du jour se passa de cette sorte, puis enfin Aldric, d'heureuse mémoire, confia les précieuses reliques aux envoyés de l'évêque Badurad, en présence du clergé et du peuple, sous une recommandation très-expresse qu'elles seraient traitées avec tout le respect convenable, et que les évêques futurs et le clergé de Paderborn ne manqueraient jamais à l'avenir de leur rendre le culte ecclésiastique qui leur était dû ; et après avoir cimenté entre les deux églises du Mans et de Paderborn les liens d'une confraternité pour toujours, il laissa les envoyés retourner en leur pays. Cependant il les suivit, accompagné de la multitude, quelque temps encore au-delà de la ville, et revint accompagné seulement de quelques-uns des siens, car on ne quittait qu'avec peine ce glorieux convoi.

Quant aux envoyés de Paderborn, joyeux on ne peut plus d'avoir, grâce à la divine providence, obtenu ce qu'ils désiraient, ils partirent du Mans le 1er de mai et mirent tout en œuvre pour se hâter d'arriver en leur pays. Mais qui pourrait raconter dignement la joie et la gloire qui illustrèrent leur voyage ? Nous avons jugé convenable de faire un rapide récit, en nommant seulement les lieux où les miracles les plus frappants et les plus certains se sont opérés ; car les témoins mêmes ne peuvent raconter ou se rappeler tous ceux qui répandirent une lumière céleste sur cette route sainte.

Auprès d'Yvré, un sourd et muet d'une famille attachée

au service de la cathédrale, est guéri en présence de tout le peuple. A saint-Mars, une femme qui, disait-on, n'avait pu prendre aucune sorte de nourriture, vint toute en langueur et recouvra parfaitement la santé. Dans la basilique de Saint-Symphorien de Connerré, une femme depuis longtemps possédée du démon de la manière la plus horrible, fut tout-à-coup entièrement délivrée. Auprès du monastère de Saint-Sulpice, un pauvre mendiant qui ne pouvait nullement se servir d'aucun de ses membres, et dont le corps était tout contracté et tourné en rond comme une boule, se sentit à l'instant guéri et sauta du petit chariot dans lequel on l'avait amené. Bernuin, évêque de Chartres, célébrait alors le Synode, selon l'usage ; ayant appris que les précieuses reliques approchaient de la ville, il alla au-devant accompagné du clergé et du peuple, et ordonna de les porter par la voie qui conduit hors de la cité, dans l'oratoire de Saint-Chéron. On y fut témoin de miracles nombreux, mais nous remarquons seulement celui qui s'opéra en faveur d'une jeune fille dont le corps était tellement contrefait, que le menton portait sur ses genoux et ses pieds sur les cuisses. Ayant été apportée devant la châsse, elle retrouva l'usage de tous ses membres ; mais comme les habits qu'elle portait auparavant ne lui couvraient plus qu'une partie du corps, lorsqu'il fut redressé, chacun s'empressa de donner des mouchoirs pour la couvrir, jusqu'à ce que l'on apportât des des habits plus convenables. Les envoyés de Paderborn, en arrivant à Paris, ville entourée par la Seine et que César fonda, dit-on, trouvèrent auprès du pont l'évêque Ercanrad, qui était venu avec le peuple pour les recevoir et les conduire à la cathédrale. Une femme sourde et muette, et de plus possédée par le démon, y fut parfaitement guérie.

En passant auprès de Montmartre, à droite du monastère de Saint-Denis, un autre sourd et muet recouvra pareillement l'usage de l'ouïe et de la parole. Auprès d'un bourg nommé Gebalhoha, il fallut traverser une rivière : ceux qui portaient le devant de la châsse voulaient traverser le gué, ceux qui se trouvaient par derrière, craignant de se mouiller les pieds, voulurent que l'on cherchât un pont dans le voisinage; mais tandis qu'ils traversaient ce pont, il céda sous les pieds des derniers, qui tombèrent au milieu de l'eau, tandis que la partie de la châsse soutenue par eux restait suspendue en l'air ; ils furent obligés de traverser le gué et de venir reprendre la châsse. Un peu plus loin, une femme née à Bavay de parents distingués fut délivrée du démon qui depuis quinze ans la tourmentait. Pleine de reconnaissance, elle quitta ses parents et sa patrie, et fit vœu de se consacrer au service de Dieu et de Saint-Liboire, dans l'église de Paderborn, ce qu'elle exécuta jusqu'à la fin de sa vie. D'autres miracles s'opérèrent encore en grand nombre dans le même lieu.

Sur l'autre côté du Rhin, les envoyés trouvèrent une foule innombrable de Germains de la rive orientale et de Saxons surtout, qui vinrent de tous côtés, attirés par le bruit de ces miracles. La multitude se tenait sur les deux rives, et quand les reliques saintes entrèrent sur le vaisseau, ceux qui se tenaient sur la rive gauche se prosternèrent d'un commun accord, en pleurant et en se recommandant au patronage de saint Liboire. Sur l'autre rive, on se prosterna de même pour recevoir avec toute la vénération possible ces reliques précieuses, et lorsque les envoyés entrèrent dans la Saxe, ils ne pouvaient marcher, tant la foule était pressée. C'est pour cette raison qu'ils furent obligés de s'arrêter à trois milles de Paderborn, sur les bords de la rivière : on y célébra la messe au milieu de la campagne, et avant qu'elle fut finie, cinq personnes furent guéries de maladies différentes. Ceci se passait le 28 mai, jour de la Pentecôte. En même temps un autre miracle eut lieu dans la cathédrale : un jeune sourd et muet de naissance recouvra l'usage de la parole et de l'ouïe, comme pour annoncer l'arrivée de saint Liboire. Quand les saintes reliques approchèrent, le clergé se présenta pour les recevoir, et ceux qui venaient des deux côtés se rencontrant, se prosternèrent par trois fois et reçurent le précieux corps avec une grande vénération. Les échos d'alentour repétèrent les chants du clergé et les cris de joie du peuple. Enfin le corps saint fut placé dans le lieu où depuis il a reposé, c'est-à-dire dans la cathédrale, qui dès-lors a reconnu pour son patron spécial le même saint Liboire. En 1622, lorsque le duc de Brunswich s'empara de la châsse qui contenait les reliques de notre saint et les remit au rhingrave Othon, ces précieux restes furent déposés à peu de distance de Nancy, au château de Neuvilliers. Un miracle s'y opéra en faveur d'un jeune homme nommé Désiré, fils de Marc Lhuillier et de sa femme Helvige. L'année suivante, un autre miracle s'opéra en faveur d'un nommé Thouvenel, qui recouvra l'usage d'une jambe. Vers le même temps, Nicolas Bonjean de Mesnil recouvra la vue; Marguerite Claudon, de Saint-Germain, l'usage d'un œil; la veuve de Désiré Couteau, de Haussonville, recouvra également la vue et une foule d'autres personnes furent guéries, comme l'atteste le curé de Neuvilliers, témoin de ces prodiges éclatants. Les chanoines de Paderborn ne tardèrent pas à faire les instances les plus vives pour recouvrer leur saint trésor et le 28 octobre de cette même année 1623, le corps de saint Liboire fut rapporté solennellement dans la cathédrale. Des parcelles en furent accordées alors à plusieurs églises fort éloignées, où le nom du saint commençait à devenir en grande vénération : Michel Casoni en obtint pour la ville de Genève ; les PP. Capucins en portèrent à Améria en Italie, et là deux frères, l'un abbé de Sainte-Marie et l'autre chanoine de la même ville, obtinrent la guérison de leur néphralgie. Dominique Buoncompagni, de Rome, dût aux mérites du même saint d'être guéri d'une semblable maladie, qui avait inutilement épuisé l'art des médecins : plein de reconnaissance, il plaça un tableau de ce saint dans l'église de Saint-Celse et Saint-Julien. Une foule de malades se pressaient autour de cette image et s'en retournèrent entièrement guéris. Alors le cardinal Caraffa obtint, comme nous l'avons dit plus haut, une petite portion des reliques du saint, et les déposa sur un autel consacré en leur honneur dans la même église. Chaque année, l'on avait coutume d'exposer la châsse d'argent contenant un os du bras ; de distribuer des images du saint et des hymnes en son honneur, et d'après un indult de la sacrée congrégation des rits, on y célèbre un office semi-double.

Le livre publié par Bollandus et inséré dans les *Actes des Saints* présente ensuite les pièces qui servirent à constater l'authenticité de ces mêmes reliques déposées à Rome, et l'autorisation accordée pour les exposer à la vénération des fidèles ; puis le détail d'un grand nombre de miracles opérés en Italie par les mérites de saint Liboire, en faveur de personnes atteintes de douleurs néphralgiques, et enfin, les hymnes et pièces de vers en l'honneur du saint. La fête de saint Liboire se célèbre à différentes époques, au jour de sa mort et au jour des diverses translations de ses reliques.

CHAPITRE XVII.

VIE DE SAINT VICTUR.

D'après le monument précieux que nous venons de donner sur la vie de saint Liboire, il est facile de s'assurer que les *Actes des Evêques du Mans*, publiés par Mabillon, sont antérieurs au IXe siècle, même avec leur forme actuelle, pour les temps qui ont précédé saint Aldric; que ces pièces étaient regardées dès-lors comme précieuses et dignes de foi, et qu'elles contenaient cette partie du censif de la cathédrale que nous avons insérée après la vie de chaque saint. D'après ces mêmes actes, saint Julien fut évêque du Mans sous les empereurs Domitien (1), Nerva et Trajan; saint Thuribe, son successeur, fut évêque sous le successeur de Trajan : par conséquent, il y a erreur de date dans l'ouvrage que nous citons et où l'épiscopat du même saint est placé sous le règne d'Antonin jusqu'au consulat de Viator; il y aurait erreur encore pour l'épiscopat de saint Pavace au temps de Maximin et d'Aurélien; mais il n'y a probablement aucune erreur dans la date donnée pour saint Liboire sous l'empire de Constantin et de Valentinien II, depuis environ l'an 336 jusqu'en 385. Ainsi cette dernière année serait celle

---

(1) Bibl. du Mans. M. S. n° 242.

qui marquerait le commencement de l'épiscopat de saint Victur, porté aux temps de Théodose, empereur en 379, et d'Arcadius, en 395. Il nous semble impossible de préciser d'une manière exacte l'année, le mois, le jour du commencement ou de la fin de chaque épiscopat pour les évêques dont nous avons parlé, le tenter nous semblerait même un pur enfantillage, une préoccupation risible, mais nous croyons qu'il faut nécessairement s'en tenir aux données fournies par les *Actes*, tant qu'il n'y a pas contradiction ou impossibilité réelle, et que l'on ne peut se permettre de bouleverser à plaisir un ordre chronologique où l'on ne rencontre que quelques erreurs, bien excusables assurément pour une époque où l'histoire était si peu cultivée.

Une légère difficulté se présente par rapport au nom de saint Victur, que l'on confond assez souvent avec celui de son fils, Victurius, diminutif du premier assurément. Ainsi, pour éviter toute équivoque, l'on devrait, à notre avis, se conformer aux monuments les plus anciens, nommer le père : Victur ou Victor, et le fils Victurius ou Victorius, comme il signe lui-même au concile de Tours en 461. Le père est appelé Victur dans les *Actes des Evêques du Mans*, et Victor dans les *Actes* donnés par un auteur anonyme et publiés d'après trois anciens manuscrits dans la collection des Bollandistes (1). Le fils, au contraire, est appelé Victurius dans les premiers *Actes*, et dans les autres *Actes*, Victorius. Au reste, on sait combien ces noms de Victor et de Victorin étaient usités chez les Gallo-Romains.

Au temps de saint Victur, la Notice de l'Empire désigne

---

(1) Tom. V d'août, p. 140.

dans la métropole de Tours la cité des Diablintes, voisins des Cénomans, et dans son testament, saint Bertrand parle, au viie siècle, de la sainte église des Diablintes. Partant de là, un écrivain moderne transforme l'humble église de Jublains (Mayenne), en cathédrale, où, pendant quelque temps, auraient siégé des évêques entièrement distincts de ceux du Mans, qui avaient évangélisé et avaient possédé cette contrée dès le commencement, de l'aveu du même auteur. Pour nous, nous déclarons ici que nous n'acceptons nullement des raisons aussi peu nombreuses, aussi peu concluantes, et que la thèse suivante nous semble seule admissible :

La province du Maine renfermait primitivement plusieurs peuplades qui avaient leur nom, leur territoire et leur chef-lieu distincts, il est vrai, mais qui dès le commencement ou dans la suite des temps, à diverses reprises, n'ont formé qu'une même confédération, une même cité. Cette cité fut convertie à la foi chrétienne par saint Julien, saint Thuribe et saint Pavace, qui établirent au Mans leur siège et instituèrent des prêtres dès le commencement dans les chefs-lieux de districts, désignés sous le nom de *Vici* et de capitales de *Conditæ* ou Vigueries. Jusqu'au ixe siècle, la cité des Diablintes paraît avec les titres de *Vicus*, d'*Oppidum*, de *Condita* ou *Parochia*; plus tard, on lui conserve son nom actuel *Jublent* ou *Jublains*. La cité des Arviens est désignée sous des termes semblables, ce qui porte à croire que de bonne heure les Diablintes, en grande partie, les Arviens et peut-être les Ambibariens, les Venuses, etc., ne furent point distingués positivement des Cénomans proprement dits, et que leur territoire ne formait que des vigueries dépendantes de la cité principale du Mans. D'après les documents historiques que nous avons donnés précédemment, nous voyons le chef de la cité, avec le consentement et même à l'instigation des principaux ou *satrapes*, prier saint Julien de fonder des églises et d'établir des prêtres *au vicus de Jublains, au vicus de Ceaulcé, au vicus de Lavardin et dans tous les autres vici que l'on sait avoir existé autrefois dans la province du Maine*. Nous voyons saint Thuribe fonder des églises et des maisons de clercs dans le voisinage de Jublains; saint Bertrand, qui possède beaucoup de biens dans ce même bourg et dans les environs. Tout nous assure que l'église de Jublains a été sans cesse et jusqu'aux derniers temps soumise à l'église du Mans, et rien ne peut nous porter à croire qu'elle ait été le siège d'un évêché. Elle a été construite, comme il paraît d'après de nouvelles fouilles faites autour, et comme il était d'usage au commencement, dans la maison d'un riche néophyte. Un des murs de cette église est encore le mur du palais romain, qui maintenant laisse à découvert ses vastes calorifères et ses substructions antiques, et rien ne semble démontrer que cet édifice ait eu un développement plus considérable autrefois. Ce n'est point sans étonnement d'ailleurs que l'on ne rencontre dans les ruines de l'oppidum des Diablintes aucun monument écrit de la Gaule chrétienne, et que dans la cité de Vieux, détruite au même temps, sans doute, tous les monuments paraissent appartenir à l'ère payenne.

On aurait tort, dirons-nous, de rechercher le nom des évêques de Vieux, la capitale aussi d'une peuplade de la cité des Bajocasses, d'une ville détruite seulement au milieu du IVe siècle, et où le paganisme paraît avoir dominé jusqu'à cette époque. On aurait tort également de rechercher les noms des évêques de Jublains, lorsque l'histoire ne présente cet oppidum des Diablintes que comme une simple viguerie du Mans. Mais on nous dit : les Diablintes ont leur civitas dans la Notice comme les Cénomans ; oui sans doute, et même leur préfet, pour contenir ces barbares du rivage saxon, et ces Bretons que, dès l'an 383, Conan Meriadec conduisait en Armorique, enlevant aux Diablintes la partie occidentale de leur territoire. Ne serait-ce point dans cette partie du vaste territoire des Diablintes qu'il faudrait placer le siège du préfet romain vers l'an 400, et celui d'un évêque avant l'an 557, plutôt que dans la partie orientale, toujours soumise, et surtout à cette dernière époque, aux évêques du Mans ? On ignore, il est vrai, le siège de trois évêques auxquels saint Eustoche de Tours et saint Victorius écrivent en 444 ; mais cette preuve négative ne peut démontrer l'existence d'un évêché plutôt à Jublains qu'aux environs de Dôle. En un mot, Jublains, avant le ive siècle et depuis le vi^e, a toujours été soumis à la juridiction de l'évêque du Mans, et rien ne nous autorise à croire qu'un évêché y ait été établi au ve siècle.

Pour ce qui regarde saint Victur, nous donnons sa vie d'après les *Actes des Evêques* et d'après d'autres actes rédigés par un auteur anonyme. Nos anciens martyrologes d'ailleurs font de ce saint mention expresse, et confirment en quelque sorte l'authenticité de ces premiers monuments. On y lit que saint Martin, venant au Mans pour assister l'évêque saint Liboire à ses derniers moments, s'arrête à un peu plus d'un mille de la ville, et aperçoit à quelque distance un des disciples du même prélat, promu au rang de sous-diacre, et en ce moment très-occupé à travailler sa vigne. Une inspiration divine lui révèle que ce même sous-diacre Victur est appelé à succéder à saint Liboire ; il s'empresse de le saluer comme futur pontife et de lui remettre son bâton pastoral à la main, ensuite ils font ensemble les 1,005 pas qu'il y avait encore jusqu'à la ville. D'après la tradition fidèlement conservée et d'après l'inspection des lieux, on est porté à croire que la vigne cultivée par saint Victur se voit encore à peu de distance de Rouillon et de la maison de la Baptisière; on y montre encore cette vigne et les rosiers du jardin (1) placé auprès. La voie que suivait saint Martin pour venir au Mans serait alors celle qui de cette dernière ville se dirigeait à l'ouest vers Rennes, et au nord-ouest vers Jublains (2); le lieu où le saint s'est arrêté, à un mille de la ville, se trouve à peu de distance et vis-à-vis le côteau de la Baptisière. Au reste, l'histoire ne dit point si saint Victur était né à Rouillon et s'il faisait son séjour habituel à la campagne; nous sommes porté bien plutôt à croire qu'il était du Mans et demeurait dans cette ville. Mais laissons parler l'auteur des *Actes*.

Saint Victur fut évêque du Mans et successeur de saint Liboire. Lorsque ce saint tomba malade et fut sur le point de mourir, saint Martin, archevêque de Tours, en fut averti du ciel et s'empressa de venir pour le visiter à ses derniers moments et pour l'ensevelir ensuite. Mais avant d'arriver au Mans pour remettre entre les mains de Dieu l'âme de ce saint pontife et pour ensevelir son corps, saint Martin songeait au choix d'un nouvel évêque : il cheminait assis sur son âne et l'esprit plein de ces pensées, lorsqu'une inspiration divine lui fit jeter les yeux sur un clerc et sous-diacre nommé

---

(1) Les habitants du lieu disent qu'il est impossible de détruire ces rosiers, que la charrue arrache chaque année.

(2) Cette voie, connue sous le nom de *Vieille-Estre* (strata-vetus), passait au midi de l'église de Saint-Pavin; auprès de la Futaie; à la Vieille-Estre; à Pennecières, etc. Elle offre un encaissement en scories et en pierres du pays, de 5 m. de largeur et de 0,5 d'épaisseur.

Victur, qui, à une certaine distance de la ville, travaillait dans sa vigne et la bêchait avec une houe : de la tête aux pieds il était couvert de poussière et il employait toutes ses forces à cultiver sa vigne, en chantant des prières et des hymnes en l'honneur du Seigneur. Dès l'instant où saint Martin, éclairé d'une lumière surnaturelle, connut qu'il avait sous les yeux l'évêque futur du Mans, il le fit venir, et lui dit en l'abordant : « Salut, saint Pontife. » Saint Victur sourit avec bonté à ces paroles, et les yeux baissés, il s'humilia devant saint Martin, croyant qu'il voulait plaisanter; car il ne croyait nullement qu'un jour il deviendrait évêque. Saint Martin lui donna le bâton dont il se servait pour s'appuyer, et le conduisit avec lui jusqu'à la ville, où il trouva l'évêque de ce même lieu, son confrère saint Liboire, malade et à demi-mort. Il recommanda dans ses prières à Dieu l'âme de ce saint, qui expira entre ses bras dans la grâce du Seigneur : son âme fut portée par les anges dans le ciel et placée parmi les bienheureux.

Saint Martin s'occupa ensuite d'ensevelir avec tout le soin possible et la pompe convenable à un prélat, le corps de ce même pontife, qu'il déposa dans l'église des Apôtres, au-delà de la Sarthe, auprès des corps de saint Thuribe et de saint Pavace, qui y reposent. Cela fait, il vint dans la ville ; il fit au peuple une allocution au sujet de l'évêque futur ; ordonna pour évêque de cette même ville le sous-diacre saint Victur, dont nous venons de parler; fit prendre le voile à sa femme, nommée Maura, et la consacra au Seigneur; baptisa leur fils, nommé saint Victurius; le reçut de ses propres mains au sortir des fonts sacrés, cédant aux instances du père et de la mère, et l'adopta pour son fils. Il l'emmena ensuite avec lui, parce qu'il était déjà grand, et il l'élevait dans la piété et le formait par la parole sainte. Aussi, le jeune Victurius se faisait admirer par ses vertus, ses méditations saintes et ses bonnes œuvres ; il servait humblement saint Martin, son maître, et il lui obéissait en tout comme l'esclave à son seigneur.

Ce même saint Victur, père de saint Victurius, évêque de ladite ville du Mans, y exerça dignement et pieusement les fonctions de son pontificat, convertit au Seigneur un grand nombre d'âmes par ses prédications et ses exhortations, et opéra un grand fruit dans l'Eglise de Dieu. Ceci, d'ailleurs, se trouve décrit plus au long avec ses autres actes, dans sa vie. Il occupa son siège vingt-quatre ans, sept mois et treize jours ; il fit quarante-deux ordinations, consacra trois cent cinq prêtres, deux cent douze diacres, et d'autres ministres dans les saints ordres, autant qu'il en fut besoin. Il mourut aussi en paix ; fut enseveli honorablement par les siens dans l'église des Apôtres, au-delà de la Sarthe, là où saint Liboire repose corporellement, et il vit dans l'éternité avec le Christ ; nous demandons humblement la grâce, par ses prières et avec la permission de Dieu, de vivre avec lui dans les siècles des siècles. Ainsi soit-il (1).

Au chapitre suivant, nous reprendrons une partie de ce que nous venons de raconter sur saint Victur, d'après les *Actes* insérés dans la collection des Bollandistes et qui se rapportent bien mieux à la vie de saint Victurius. On y verra les faits plus en détail et présentés d'une manière un peu différente. Nous parlerons ensuite de ce qui peut se rapporter au culte et aux précieuses reliques du même saint Victur et de son fils.

---

(1) Anal., T. III.

CHAPITRE XVIII.

VIE DE SAINT VICTORIUS (1).

En ce temps-là, lorsque l'évêque du Mans saint Liboire abandonna la terre, saint Martin, évêque de Tours, homme apostolique, s'empressa aussitôt de venir en ce pays pour ensevelir son confrère et pour choisir à ce confrère, après sa sépulture, un successeur digne de l'honneur épiscopal. Sur le point d'arriver à l'*oppidum* de la cité, il jette les yeux au loin et aperçoit un homme qui travaillait à la vigne ; c'était un clerc promu au sous-diaconat. Une inspiration de l'Esprit-saint lui révèle que cet homme est appelé à succéder à saint Liboire sur son siège. L'homme de Dieu descend de son âne, s'arrête et envoie dire au sous-diacre de venir. Il arrive avec la bêche des fossoyeurs à la main, la tête toute couverte de poussière, et aux pieds, des souliers usés déjà, en un mot, avec tout l'extérieur qui convient à un ouvrier. A son approche, l'évêque saint Martin le salue et lui dit : « Bénissez-moi, seigneur Victor. » Celui-ci, au contraire, s'incline jusqu'à terre et se prosterne devant le saint en disant :

---

(1) Act. SS. Aug., T. V, p. 140. Actes d'un auteur anonyme, tirés de plusieurs M. S., l'un de saint Germain ; l'autre, de saint Maximin de Trèves, etc.

« Soyez béni, vous, mon seigneur, et bénies soient vos paroles, puisque vous daignez adresser des mots aussi flatteurs à un pauvre tel que moi. » — L'homme de Dieu reprend · « Je vais vous étonner par des paroles bien plus surprenantes ; une grande faveur vous est réservée, l'honneur des fonctions épiscopales vous attend. »

Victor ne savait si le saint parlait sérieusement ou s'il se plaisait à le railler ; il lui répartit : « Je vois que votre esprit à l'ordinaire est porté à une excessive joie : pour moi, je m'en retourne ; si vous l'avez pour agréable, je vais marcher après vous. » Alors l'homme de Dieu le prenant par le bras, lui ôta de la main sa bêche et lui remit le bâton pastoral sur lequel les évêques ont coutume de s'appuyer après avoir récité les oraisons. Il l'angaria dans sa voie l'espace de mille cinq pas, et ils arrivèrent à la ville.

Ils vinrent ensuite rendre les derniers devoirs et les derniers honneurs à la triste dépouille de saint Liboire, en son vivant évêque ; ils récitèrent les prières d'usage et eurent soin de faire inhumer les restes du saint. Le lendemain cependant, Victor, homme de Dieu, se cacha dans la ville ; mais saint Martin, suivi de la foule du peuple, se rendit à la maison de prières et y pria longuement, ensuite il dit au peuple : « Il ne faut pas que nous sortions de cette cité, que nous la laissions sans pasteur, et sans chercher, d'après l'élection que vous en ferez, un successeur qui puisse s'acquitter dignement des fonctions épiscopales. » — Le peuple répondit: « Faites ce que vous jugerez convenable ; ce que votre esprit vous dictera, car le Seigneur est avec vous. » Alors ce saint imposa les mains au prêtre de Dieu Victor, en disant : « Voici celui que le Seigneur a choisi pour successeur de saint Liboire et pour recevoir la dignité épiscopale. » Saint Victor reprit : « Comment cela pourra-t-il se faire, puisque je suis marié et que j'ai un fils ? » Alors on envoya dire à sa femme, nommée Maura, de venir. Elle arriva sur-le-champ devant le saint de Dieu et se prosterna devant lui.

Il lui dit : « Femme, consentez-vous à ce que votre époux devienne évêque du Mans ? » — Toute surprise, elle répondit : « Mon seigneur, je suis indigne de voir de mes yeux une telle merveille de la bonté de Dieu. » — L'homme de Dieu reprend : « Mais si cela arrive, que trouverez-vous à répondre ? » — « Si je puis voir cette merveille de la part de Dieu, je désire que mon mari me soit désormais comme un frère, que je sois pour lui une sœur, et que tous deux nous ne soyons occupés uniquement qu'à servir Dieu. »

Le saint pontife fut très-content de ce discours, il fit asseoir saint Victor sur la chaire épiscopale, et s'adressa au peuple en ces termes : « Voici votre premier pasteur assis sur le siège de sa dignité ; » tous se prosternèrent en disant : « La puissance divine a daigné nous donner un excellent pasteur et bien digne d'une telle charge. Puisse-t-il être pour nous un père et un pasteur véritable ; puissions-nous lui être parfaitement soumis et le chérir comme nous-mêmes ! »

Alors ce même pontife bénit saint Victor d'une bénédiction céleste et le revêtit des insignes pontificaux. Maura, la servante de Dieu, à cette nouvelle fut remplie d'une grande joie et dit à saint Martin : « Seigneur, que votre main dépose le voile sur ma tête, afin que désormais je ne cherche à plaire qu'à Jésus seul ; que l'esprit droit se renouvelle dans mes entrailles, et que votre main sainte me purifie de mes souillures. » — L'homme de Dieu reprit : « Que Dieu daigne accomplir le pieux désir que vous manifestez et exauce votre demande. » Elle reçut le voile, et après la bénédiction qu'elle avait demandée, elle se jeta une seconde fois aux pieds de saint Martin, en lui disant :

« Seigneur, je vous en supplie, que mon fils soit baptisé de votre propre main, qu'il soit votre fils spirituel et qu'il vous serve tous les jours de sa vie ; deux lustres déjà se sont écoulés depuis sa naissance. » Le pontife fut joyeux d'entendre la mère demander pour son fils la grâce du baptême ; il fit venir le jeune enfant, le fit placer au milieu de l'assemblée, le baptisa au nom du Père, du Fils et du Saint-Esprit ; servit de témoin pour lui et lui donna le nom de Victorius, afin que son nom ressemblât à celui de Victor, son père. Lui ayant conféré le baptême au nom de Jésus-Christ, il l'embrassa et fit à Dieu cette prière : « Créateur et père du ciel et de la terre, marquez cet enfant pour la vie éternelle. Donnez-lui, Seigneur, l'Intelligence, la science, la sagesse, la modération, la charité, la chasteté, la sobriété, l'esprit subtil et l'humilité ; car vous accordez, Seigneur, votre grâce aux humbles et vous résistez aux superbes. Répandez sur lui, Seigneur, votre céleste bénédiction, afin qu'après la vie de son père, il reçoive la même dignité ; afin que vous lui permettiez de s'asseoir un jour sur le siège de son père. » Et tous les assistants de répondre : Ainsi soit-il.

Les deux pontifes se donnèrent ensuite le gage de communion et se firent leurs adieux, car saint Martin voulait déjà reprendre la route de sa ville. Quant à Victorius, son fils spirituel, qu'il avait relevé des fonts sacrés, il lui ordonna de le suivre.

Le troisième jour après leur départ, ils arrivèrent sur les bords de la Loire : l'homme de Dieu regarda et vit sur le rivage un aveugle qui cherchait à traverser le fleuve pour aller au-delà demander l'aumône. Le saint prélat dit à l'enfant : « Allez, mon fils, vers cet homme que vous voyez, lavez-lui le visage et les yeux avec l'eau de la Loire, et dites-lui de venir ici. » — L'enfant alla dire à cet homme : « Mon ami, le révérend père, l'évêque Martin, vous demande pour venir auprès de lui. » — «Volontiers, mais si vous ne me prenez par la main, comme je suis aveugle, je ne pourrai vous suivre. » — L'enfant répond : « Je vais laver auparavant votre visage et vos yeux avec de l'eau de la Loire, et ensuite vous viendrez. » — Il mit sa main dans l'eau, toucha le visage de l'aveugle et ses yeux, qui s'ouvrirent aussitôt ; il contempla le ciel, la terre, l'eau et tout ce qu'il voulut ; ensuite, rempli d'une grande joie, il s'écria : «Je vous rends grâces, Dieu du ciel et de la terre, de ce que par votre ordre, et au moyen de cet enfant que vous m'avez envoyé, mes yeux se sont ouverts. »

Puis se mettant à courir jusqu'à ce qu'il arrivât auprès du saint pontife, il se jeta à ses pieds en disant : « Seigneur, grâce à vos prières, mes yeux obscurcis se sont ouverts à la lumière ; cet enfant, couronné du bandeau sacré de son baptême, m'a dit de venir vers vous ; il m'a lavé les yeux de sa main sainte et j'ai vu. » Ensuite ce pauvre homme se mit à crier beaucoup trop haut. Le saint lui dit de ne pas parler en cette façon : « Assieds-toi, lui dit-il, tu monteras dans cette barque et nous passerons ensemble le fleuve. » Ils vinrent sur l'autre bord, entrèrent dans la ville, et le pauvre demeura auprès de saint Martin pendant trois jours et trois nuits. On lui servait très-soigneusement par les mains du jeune Victorius tout ce qu'il lui plaisait de manger. Ayant ainsi pris suffisamment de nourriture, et ayant été revêtu d'habits décents pour un pauvre, il reprit son chemin tout joyeux.

Cependant le jeune Victorius avançait dans l'œuvre du salut, parce que chaque jour et sans relâche il s'appliquait à la contemplation, à la méditation des lois du Seigneur, et de telle sorte qu'il obéissait exactement à tout ce qui lui était enjoint par les *sénieurs*. Aussi l'homme de Dieu le chérissait beaucoup, lui témoignait un amour tout paternel et tellement, qu'il ne souffrait nullement qu'on le privât de sa présence. Cet enfant restait continuellement sous la conduite et aux ordres du saint pontife. Aussitôt ensuite que l'homme apostolique le vit instruit dans les sciences, parfait en toutes ses actions et appliqué au service de Dieu de tout son cœur, il ne fit nulle difficulté de l'engager dans la cléricature. Il lui coupa de ses propres mains la chevelure, et aussitôt qu'il eut reçu ce premier signe du sacerdoce, il fut aussi joyeux de cet honneur que de l'affection et de la faveur du saint pontife. Il se plaisait à redoubler ses soins auprès du saint en se voyant traité par lui comme un véritable fils.

L'homme de Dieu se plaisait à l'instruire, à lui enseigner les dogmes sacrés, à le corriger de ses défauts, à le châtier et à le former selon ses sages doctrines, afin de le conduire par la porte étroite au céleste royaume; et quand quelque personne désirait obtenir une grâce pour son propre besoin ou pour celui des autres, d'après l'ordre du saint pontife, saint Victorius s'empressait de se présenter, et par une permission divine, ses prières aussitôt rendaient les malades à leur premier état de santé.

Lorsque, pour aller réprimer les progrès d'une hérésie, soutenir l'honneur du nom chrétien ou distribuer des aumônes aux pauvres, saint Martin, dans l'ardeur de son zèle, si digne d'un pontife, parcourait diverses contrées, monté sur un âne, le serviteur de Jésus-Christ, Victorius, suivait à pied partout où le saint voulait aller, afin de le servir convenablement ; de l'aider, comme ministre plein de vigilance, à chanter chaque nuit l'office des Vigiles, et afin de l'accompagner dans les prières ferventes qu'il adressait au Seigneur. C'est ainsi qu'il se mit à marcher sur les traces du saint pontife et qu'il garda soigneusement les préceptes du Seigneur, corroboré par de tels exemples.

Il demeura donc plusieurs années auprès du premier pasteur de l'Eglise de Tours (1), c'est-à-dire jusqu'au moment où l'évêque saint Victor, son père, abandonna la terre. Appliqué nuit et jour à la contemplation, couché sur la cendre et couvert d'un cilice, il se montrait un vrai confesseur de Jésus-Christ ; protégé contre l'ennemi par un bouclier, il combattit courageusement dans la lutte, et, sorti vainqueur après avoir mis en fuite l'ennemi, il se conserva dans la grâce du Seigneur sans avoir reçu aucune blessure.

Lorsque, dans la suite, des messagers vinrent lui apprendre la mort de son père, il s'affligea beaucoup et pleura très-amèrement. L'évêque lui dit : « Mon fils, ne vous laissez point aller ainsi à la tristesse et à l'angoisse ; que votre cœur ne se trouble point, car on doit estimer votre père heureux d'avoir laissé pour lui survivre un fils consacré à Dieu. Pour vous, venez recevoir la bénédiction qui vous est réservée, et ne pensez qu'à servir Dieu seul ; le lieu est préparé pour votre exaltation. Alors, la plupart des prêtres se rassemblèrent, le peuple s'unit au clergé, et le serviteur de Dieu, Victorius, parut au milieu de l'assemblée. D'une voix una-

---

(1) On a tout lieu de croire qu'il ne s'agit plus ici de saint Martin, mais de son successeur.

nime, tous s'écrièrent : « C'est bien à juste raison qu'il est consacré pour la dignité pontificale, ce prêtre si digne et si grand dans ses œuvres, qui pendant longtemps a soutenu de toutes ses forces la gloire du nom de Jésus-Christ. » L'homme de Dieu lui imposa les mains ensuite, le conduisit au saint autel et lui donna la consécration pontificale. Revêtu dès-lors de sa dignité, le nouvel évêque demeura auprès du saint de Dieu, qui ne le laissa point partir sans avoir fait avec lui la visite des églises des saints. Accompagnés ensuite d'un chœur nombreux de clers qui chantaient, comme il convient en pareille circonstance, ils traversèrent en bateau la Loire. Sur l'autre rive, ils s'embrassèrent, se firent de réciproques adieux, se donnèrent le baiser de fraternité, et l'évêque de Tours laissa celui du Mans partir pour cette ville où tant on le désirait. Ce dernier s'éloigna accompagné de ses ministres, et en passant par certain lieu, il rencontra un homme infirme qui implorait son secours. Aussitôt la puissance divine daigna opérer un prodige par son moyen : l'infirmité disparut et le malade recouvra sa première santé.

Quand il fut sur le point d'arriver à l'*oppidum* de la cité, on vit le peuple et tout le clergé se rassembler, sortir au-devant de lui et l'accompagner jusqu'à la ville, tandis qu'un chœur très-nombreux chantait les louanges du Seigneur. Enfin on l'éleva sur la chaire pontificale avec toute la pompe convenable et selon l'usage. Les cris de joie retentissaient, et lorsque le saint évêque passait auprès de l'*ergastulum* (1), plusieurs hommes, regardés comme coupables et qui y

---

(1) Sorte de prison où les esclaves étaient mis aux fers et livrés au supplice.

étaient retenus, comprirent que l'homme de Dieu s'approchait. Ils s'adressèrent au Seigneur dans leur tribulation, et le prièrent de les délivrer de leurs angoisses. Alors les chaînes se brisèrent; les supplices et les tortures qu'ils enduraient cessèrent; les gardes furent consternés, et ces prisonniers, sortant dehors, coururent vers le saint pontife en criant : « Ayez pitié de nous. » Il leur imposa silence et les fit taire; mais ces hommes vinrent soutenir la chaire, portèrent le saint évêque et le déposèrent au-devant de l'autel du *Seigneur*. Il leur dit de s'approcher, leur donna une pièce d'or (1) et les réprimanda pour que désormais ils ne commissent plus de semblables fautes. Ils firent également la paix avec leurs adversaires. Mais lorsque le peuple eut connaissance de ce qui s'était passé, aussitôt ceux qui ne croyaient point et se trouvaient séparés de l'Eglise, demandèrent le baptême, et le nombre de ceux qui se convertirent fut considérable. Ils furent baptisés au nom du Père, du Fils et du Saint-Esprit. Cependant le saint évêque s'approcha de l'autel, consacra les divins mystères, communia les fidèles et bénit le peuple d'une bénédiction céleste. Tous se prosternèrent en s'humiliant devant lui et crièrent : « Vivat Victorius, évêque de cette ville! que sa sainte main nous protége et nous défende, par la grâce de notre Seigneur Jésus-Christ, à qui l'honneur, la vertu, la gloire et la puissance appartiennent dans les siècles des siècles. Ainsi soit-il.

La sainteté de Victorius, évêque des Cénomans, se manifesta souvent par d'éclatants miracles. On rapporte,

---

(1) *Aureus*, monnaie dont la valeur est estimée 25 deniers.

en effet, qu'une fois la cité même était dévorée par les flammes d'un incendie, et d'énormes globes de feu, poussés par le vent, étaient chassés de côté et d'autre ; celui-ci, comme le bon pasteur, ne pouvant supporter de voir la bergerie confiée à son soin pastoral dévastée par les artifices de satan, vint se jeter au-devant des tourbillons de flammes : il élève la main, fait le signe de la croix devant l'incendie, et aussitôt il cesse entièrement. La ville, ainsi délivrée, rendit mille actions de grâces à son pasteur, qui n'avait pas voulu laisser ces flammes menaçantes dévaster la cité qui lui était confiée. Souvent aussi les infirmes sont guéris auprès de son tombeau (1).

Saint Victorius siégea au concile présidé par Hilaire d'Arles, et tenu, dit-on, à Besançon l'an 444, pour plaider la cause de l'évêque Chelidonius ; et à celui d'Angers, assemblé pour ordonner l'évêque Thalasius, le 4 des nones d'octobre, sous le consulat d'Opilio, l'an 455. Il assista également au premier concile de Tours, daté du 14 des calendes de décembre, sous le consulat de Séverin, l'an 461. Son nom, Victorius, se trouve le premier après celui de l'archevêque de Tours et avant celui de Léon de Bourges. Il ne fut point présent au concile de Vannes, tenu peu de temps après ; mais une lettre synodale fut envoyée aux différents évêques de la province, et nommément à notre saint prélat (2).

Il occupa son siége quarante-un ans, six mois et dix jours, faisant continuellement des miracles sans nombre.

---

(1) Greg. Turon. De glor. conf., c. 56.
(2) Coll. Concil. Gall., T. I.

Il rendait la vue aux aveugles, redressait les boiteux, guérissait les infirmes, chassait les démons, rendait la santé aux gens débiles, et s'attachant au service de Dieu de tout son cœur, il s'acquittait dignement et avec piété de ses devoirs. Il exerçait saintement son ministère pastoral, faisait de fréquentes exhortations, et accomplissant son œuvre, il attirait sur tous l'effusion de la grâce. Saint Victorius mourut dans un âge avancé, le 1er septembre, sous le second consulat de Faustus et de Longin. Il mérita la grâce de mourir en paix, d'aller à Jésus-Christ et de prendre place parmi les saints de Dieu. Nous supplions humblement le Seigneur, en vertu des prières de ce saint, de nous délivrer de tous les maux, de nous faire parvenir à la gloire éternelle et de nous faire jouir du repos éternel par le secours du même Seigneur Jésus-Christ, à qui est l'honneur et la gloire dans les siècles des siècles. Ainsi soit-il (1).

Si l'on veut s'en rapporter à cette date du second consulat de Faustus et de Longin pour l'année de la mort de saint Victorius, il faudra dire que son épiscopat commença vers l'an 428 de notre ère, et finit avec sa vie, en 469, lorsque ce saint était déjà un peu plus que nonagénaire. Les *Actes* disent, en effet, qu'il était *plein de jours*, et l'on a vu précédemment qu'il avait passé deux lustres au moment où son père fut élevé sur la chaire de saint Julien; au moins est-il très-certain qu'il vivait encore vers l'an 462, puisqu'il souscrit au concile de Tours et reçoit la lettre synodale des évêques assemblés au concile de Vannes. Cependant, d'après les mêmes *Actes*, saint Victur, son père, n'aurait occupé

---

(1) Vet. Anal. Mabill., T. III, p. 70.

son siége que pendant vingt-quatre années et aurait cessé de vivre vers l'an 410 : comment expliquer alors cette lacune qui semble se trouver entre l'épiscopat du père et celui du fils ?

D'après les *Actes*, on ne peut douter que saint Victorius n'ait été inhumé dans l'église des Apôtres, au-delà de la Sarthe, auprès de son père et des saints évêques, ses prédécesseurs. Il en est fait mention expresse dans la vie de saint Principe, comme on le verra ci-après, et dans celle de saint Innocent ; ce dernier pontife, plein de reconnaissance et de vénération pour saint Victorius, son parrain, son père adoptif, son maître et son protecteur, et pour saint Victur, *construisit une nouvelle abside dans la partie orientale de la basilique des Apôtres, au-delà de la Sarthe; il y plaça honorablement leurs corps et y choisit auprès d'eux le lieu de sa sépulture* (1). Nous serions porté à croire qu'il y a eu erreur d'un ancien copiste, et qu'après avoir parlé d'une nouvelle abside construite dans la partie orientale de l'église des Apôtres, l'auteur parlait aussi d'une nouvelle basilique, érigée en l'honneur des saints Victur et Victorius, où leur corps reposa usqu'au IX° siècle, comme un diplôme de Charlemagne le témoigne (2), et auprès de laquelle un monastère fut fondé.

Saint Domnole parle du saint temple de son patron spécial, l'évêque saint Victor ; saint Bertrand, dans son testament, cite la basilique et l'oratoire de saint Victorius ; saint Hadouin fait mention également de la basilique de saint Victurius, dans son testament. Tout porte à croire qu'il est question ici

---

(1) *Vet. Anal.*, T. III, p. 75.
(2) *Ibidem*, p. 264.
(3) *Ibidem*, p. 102.

de l'église et du prieuré de saint Victeur, situé auprès de l'église du Pré, et qui aura porté indifféremment le nom du père ou celui du fils. Les églises de Saint-Victeur, de Bazougers et de Levaré, dans le diocèse du Mans, sont sous le patronage de saint Victeur, dont les reliques furent transférées au château de Blois, au moment de l'invasion des Normands, au ixe siècle. Elles furent ensuite déposées dans l'église de N.-D. de Bourg-Moyen, dans la même ville, et l'an 1379, Hervé, abbé du monastère de Bourg-Moyen, en fit la translation solennelle dans l'église de Saint-Victor-la-Chaussée, placée auprès de Blois, sur le bord de la Loire ; église dont on n'apperçoit plus aujourd'hui que quelques ruines. Une autre a été construite dans nos derniers temps au milieu du bourg, situé à quelque distance, et là les reliques de saint Victor sont continuellement l'objet d'une très-grande dévotion : chaque année, elles sont portées processionnellement au milieu d'une foule très-considérable, et l'évêque constitutionnel Grégoire autorisa même leur culte public au temps de nos troubles funestes. Grâce au zèle pieux du curé actuel de Saint-Victeur (Sarthe), la cathédrale du Mans et l'église paroissiale dudit bourg de Saint-Victeur viennent de recouvrer une portion assez notable des reliques de ce saint patron, qui est également honoré d'un culte spécial dans la paroisse de Rouillon, et à bien juste raison, d'après ce qui a été dit ci-dessus. Une confrérie a été depuis longtemps établie en l'honneur de notre saint dans l'église de ce bourg, qui le regarde comme son patron secondaire.

Si nous avons semblé confondre, à la page 150 de ce volume, les noms de Victur et de Victeur, c'est qu'en effet, souvent les noms du père et du fils ont été confondus, et que le monastère désigné, dès le principe, sous le nom de saint

Victor ou de saint Victorius, a toujours été connu dans ces derniers temps sous le titre de saint Victeur. Pour éviter toute confusion, toute méprise, il faudrait, à notre avis, s'en rapporter aux monuments anciens, comme nous venons de le faire; donner au père le nom de Victor, Victeur ou Victur, et au fils celui de Victorius ou Victurius, diminutif du premier. Ainsi qu'il est écrit dans la vie de saint Innocent, « Saint Victorius, d'après l'ordre et l'avis du bienheureux Martin, déposa solennellement dans la cathédrale les reliques des saints martyrs Gervais et Protais, dont la présence fut signalée par des miracles insignes et innombrables. Le même seigneur saint Victorius avait commencé à restaurer et à agrandir cette église, lorsqu'il fut forcé de la laisser inachevée à l'approche du terme de sa vie. »

On sait combien la Gaule entière, des deux côtés des Alpes, a entouré de vénération les saintes reliques et la mémoire de ces nobles martyrs de Milan; surtout depuis que saint Martin apporta dans nos contrées une partie de leurs ossements sacrés. Aujourd'hui la cathédrale du Mans, comme au temps de saint Victorius, se glorifie de les avoir pour ses patrons, et nous annonçons avec empressement et joie que bientôt dans son sein deux riches statues seront érigées en leur honneur.

CHAPITRE XIX.

VIE DE SAINT PRINCIPE.

D'après ce que nous venons de dire touchant l'époque de l'épiscopat de saint Victorius, il y aurait encore une erreur dans les *Actes* de nos évêques, qui le placent au temps des empereurs Honorius et Marcien, tandis qu'il semblerait correspondre plutôt au règne de Valentinien III, de Marcien, d'Avitus, de Léon, de Majorien, de Sévère et d'Anthémius. Saint Principe, successeur de saint Victorius, siégea par conséquent *sous Zénon, sous Anastase et sous Clovis, premier roi chrétien des Francs*, ainsi que les mêmes *Actes* le prétendent avec raison. Mais si son épiscopat ne dura que vingt-neuf ans, comme on sait que sa mort arriva seulement après le concile d'Orléans, tenu en 511, et auquel notre saint évêque assistait, il faudra dater le commencement de cet épiscopat vers l'an 482, et supposer une lacune assez considérable entre les deux évêques; ce qui ne nous surprendra point, car le Maine était agité alors par les séditions et les guerres causées par l'arrivée des Germains. Dès l'an 447, Aëtius ayant donné les Armoriques à Eocarich, roi des Alains, ce prince s'en empare avec violence; saint Germain d'Auxerre parvient cependant à le calmer. Les Bretons de l'île viennent se jeter aussi dans nos contrées, où les Saxons, leurs vainqueurs, ne tardent pas à les suivre, pressés par l'excessive population de cette même île, qui ne pouvait suffire à leurs besoins.

En 493, les Armoricains se joignent aux Romains, restés encore au centre de la Gaule, pour repousser les Francs qui pénétraient toujours peu à peu dans l'intérieur du pays ; mais dès l'année suivante, Clovis entreprit de soumettre à ses lois tous les peuples de cette confédération, qui fit avec les Francs une alliance solennelle en 497. Le Mans eut alors pour roi Righomir, parent de Clovis, issu, dit-on, comme lui de Clodion-le-Chevelu et frère de Ragnacaire, roi de Cambrai, auquel il ressemblait, dit-on, en tout point pour ses débauches effrénées. Clovis, vers l'an 510, paie des traîtres qui amènent devant lui, chargés de chaînes, le roi de Cambrai et son frère Righomir. « Pourquoi, dit-il au premier, as-tu souffert qu'on te garrotât aussi honteusement ? il valait mieux mourir. » Et il le tua d'un coup de hache. Puis se tournant vers Righomir : « Si tu avais secouru ton frère, lui dit-il, il n'aurait pas été ainsi enchaîné. » Et il lui brisa la tête, ensuite il s'empara de vive force de leurs domaines (1). Le Maine fut envahi par ses terribles soldats, qui mirent tout à feu et à sang dans les villes et dans les campagnes. La ville du Mans fut elle-même assiégée et soumise à la domination du roi vainqueur : un très-grand nombre d'habitants et même d'ecclésiastiques ne durent leur vie et leur liberté qu'aux prières de saint Principe.

Nous allons donner la vie de ce saint évêque d'après les *Actes* (2) et d'après un auteur contemporain, pour ainsi

---

(1) Grég. de Tours.
(2) Vet. Anal., T. III, p. 71.

dire, qui avait appris de la bouche même des disciples du saint pontife la plupart des faits qu'il rapporte. Cependant, quelques passages de ce travail ne sont pas à l'abri de la critique, celui surtout où saint Principe est donné comme frère de saint Rémi de Rheims. Ce dernier prélat eut, en effet pour frère saint Principe, évêque de Soissons, avec lequel on semblerait par-là confondre l'évêque du Mans. Mais ne pourrait-on pas dire que celui-ci portait encore un autre nom, et que dans la vie de saint Innocent, son successeur, il est formellement désigné sous le nom de Severianus : qu'ainsi, selon un usage commun chez les Romains, et comme plusieurs bons auteurs l'ont cru, il portait deux noms, celui de Severianus et celui de Prince ou Principe, nom sous lequel il est ordinairement connu.

Saint Principe, évêque du Mans, naquit au pays de France et reçut le jour de parents nobles. Il fut, grâce à la miséricorde divine, successeur de saint Victorius, dont nous venons de parler, évêque aussi de la même ville ; *il eut pour frère saint Rémi, évêque de Rheims ;* il vécut longtemps avec saint Rémi ; fut parfaitement formé par ses doctrines et ses exemples, et mérita de se livrer amoureusement au service de Dieu et de l'église confiée à ses soins. Une voix du ciel avait en effet annoncé qu'un jour il serait évêque, et dans la suite, d'après ce présage et son propre mérite, il mérita les honneurs de l'épiscopat. Entr'autres bienfaits, entr'autres prodiges sans nombre, il donna la vue à un aveugle et le rendit, les yeux très-sains, à sa mère qui fondait en larmes. Par ses mérites et ses prières, et avec la grâce de Dieu, d'autres en grand nombre furent guéris de diverses maladies et recouvrèrent leur première santé.

Saint Principe fit reconstruire les églises de son diocèse,

il en fonda quelques autres nouvelles et fit d'autres bonnes œuvres en grand nombre, tant pour ce qui regardait les édifices et les autres affaires ecclésiastiques, que pour tout ce qui était de son ministère en général ; tant pour les hôpitaux que pour les hospices et pour tous les établissements qu'il crut nécessaires aux besoins de la sainte Eglise de Dieu. Cependant il ne fit pas autant de bien qu'il voulut ou qu'il projeta, à cause de certaine sédition et persécution tant de ceux de sa maison que de différentes personnes qui demeuraient dans son diocèse, dans le voisinage ou dans d'autres lieux. Il eut tant à souffrir de cette persécution, suscitée d'une manière aussi insidieuse, qu'à peine il put en supporter les coups, et c'est pour cela qu'il ne lui fut pas donné de faire un plus grand fruit dans ce qui concernait les affaires ecclésiastiques. Néanmoins, à part ces persécutions et ces embarras pressants, il s'appliquait aux soins du culte divin ; il s'associait de toute son âme à l'œuvre de son Dieu, de son Seigneur ; il militait merveilleusement pour lui le jour et la nuit ; il s'attachait fortement à son service, et c'est pour cela qu'il mérita d'obtenir ses grâces.

Du sein de ces séditions, il délivra même, par la grâce de Dieu, un grand nombre de gens attachés au service de son église, du joug des persécuteurs et des mains des furieux, et il les rendit à la sainte mère et église de son siège, où la discipline ecclésiastique continua d'être en vigueur. Ce même évêque saint Principe avait été élevé sagement ; *il avait, comme nous l'avons dit, vécu dès l'enfance avec saint Rémi, dont il était frère selon la chair*, et il ne se laissa point aller à la tiédeur ; mais au contraire, il fut tellement rempli de sagesse, que dans sa conduite il paraissait avoir l'expérience de tous les cas qui se présentaient. D'ailleurs, dans son ardeur pour le bien, il savait endurer les rigueurs du froid et les incommodités de la chaleur, et la plupart du temps il jeûnait, les jours surtout de la quatrième et de la sixième férie.

Chaque jour, à moins qu'une très-grave infirmité le pressât, et une infirmité telle qu'il n'y avait moyen de faire autrement, il célébrait la messe ; or, il lui arriva très-rarement d'omettre ce devoir, et comme nous l'avons appris de ceux mêmes qui ordinairement demeuraient avec lui et se formaient par ses soins vigilants, jamais il ne laissa passer, depuis le moment de son ordination, un jour où il ne célébrât la messe en public ou en particulier, avant le temps où il fut arrêté par l'infirmité dont il mourut. Très-souvent même, ainsi que nous l'ont rapporté ses disciples, dont nous venons de parler, il célébrait la messe dans un état d'infirmité telle, que ses deux ministres étaient obligés de le soutenir au-devant de l'autel, parce qu'il ne pouvait nullement se tenir debout sans le secours d'une autre personne, et dans toute sa conduite il retraçait les mœurs que l'on trouve dans le monastère. La dignité épiscopale n'était donc point un motif pour lui de s'élever en son propre cœur ; mais il était bien plutôt enflammé du divin amour, et sa charge et l'importance de son ministère lui donnaient bien plutôt un plus grand désir de faire le bien, qu'un esprit de superbe et de domination vaine.

Il avait le plus grand soin des boiteux, des malades, des infirmes, des pauvres et de tous ceux qui étaient dans le besoin. A certains jours, lorsqu'il en avait le loisir et l'occasion, sans employer ses esclaves ou ses autres serviteurs, mais agissant par lui-même, il allait à la demeure de ces malades et de ces indigents, et il donnait à chacun ce qui lui était nécessaire. Allant même de côté et d'autre dans les hospices, il servait de ses propres mains les infirmes, nettoyant leurs vases de terre, goûtant leur bouillon, préparant leurs légumes, présentant leur potion, coupant leur pain, donnant à chacun des *eulogies*, leur servant leur nourriture, nettoyant leur coupe et faisant toutes les autres choses que font ordinairement les esclaves et les serviteurs. Par ces bonnes œuvres, il pourvoyait à son propre salut, donnait aux autres le bon exemple et s'appliquait à plaire à Dieu, son créateur. Pendant qu'il était assis sur le siége du Mans et dans ce même diocèse, il fit 52 ordinations ; il consacra 205 prêtres, et des lévites et autres ministres des autels, autant qu'il prévit en avoir besoin. Il consacra en outre plus de 50 églises, dont il exigea un cens et des luminaires pour l'église-mère de la cité, tant en triens qu'en cire et en huile.

Il mourut le XVI des calendes d'octobre, et il fut enseveli par d'autres évêques, par ses disciples et d'autres prêtres, avec la pompe et la décence convenables, au bruit des hymnes angéliques qui retentissaient au loin, dans l'église des Apôtres au-delà de la Sarthe, auprès des tombeaux des saints Pontifes dont nous avons parlé : Thuribe, Pavace, Victur et Victorius. (Beaucoup de miracles précédèrent et suivirent sa mort ; nous ne les insérons point ici pour éviter l'ennui des écrivains ou de ceux qui entendront lire ceci. Mais si quelqu'un désire en faire plus au long la recherche, il pourra les trouver sur d'autres manuscrits, contenant la vie et les miracles des autres pontifes qui ont vécu en Dieu dans ladite ville du Mans.) — Saint Principe fut évêque de ce même diocèse pendant vingt-neuf ans, un mois et vingt-un jours ; mais après sa mort, son siége fut pendant quelque temps vacant, à cause des troubles dont nous avons parlé et de cette grande sédition qui éclatait alors. Ce même saint Principe vit en Jésus-Christ : puissions-nous, par la grâce de Dieu, vivre éternellement avec lui, avec les autres saints et élus de Dieu, par notre Seigneur Jésus-Christ, votre fils, ô Dieu, qui vit et règne avec vous dans l'unité du Saint-Esprit, dans tous les siècles des siècles. Ainsi soit-il.

Longtemps les reliques de notre saint devinrent dans l'église du Pré l'objet d'une très-grande vénération, et de nombreux miracles s'opérèrent à ce précieux tombeau. A l'approche des Normands, au IXe siècle, on eut soin de les transporter au château de Blois, où le célèbre Robert tenait ces gages sacrés à l'abri des incursions des barbares; au siècle suivant, le comte de Blois ayant fondé au pied des murs de ce château l'église et le monastère de Saint-Laumer, les restes de saint Principe y furent déposés. Parmi les miracles nombreux qu'il opéra, on rapporte qu'il rendit la vue à sa mère, devenue aveugle pour avoir versé trop de larmes à la mort de son mari.

Il siégea au premier concile d'Orléans, rassemblé par le roi Clovis I, le VI des ides de juillet, sous le consulat de Félix, l'an 511 de notre ère, et il mourut peu de temps après, le seizième jour de septembre. Nous avons quelque raison de croire que l'église paroissiale de Saint-Nicolas de Blois possède encore quelques ossements de saint Principe et de saint Viventien, mis à mort en haine de la religion sous son épiscopat et dans son diocèse.

CHAPITRE XX.

VIE DE SAINT INNOCENT.

Gestes de saint Innocent, évêque du Mans, qui siégea au temps de l'empereur Anastase; de Clovis, premier roi chrétien des Francs, et de Childebert, son fils (1).

Saint Innocent, évêque du Mans, était d'origine gauloise; il fut un des successeurs de l'évêque du Mans saint Victorius, qui le reçut au sortir des fonts sacrés, l'adopta pour son fils, lui donna une éducation pieuse, le forma à la science véritable et lui conféra quelques-uns des ordres sacrés. Grâce à ses mérites et à son érudition, il obtint par la permission de Dieu de succéder, mais non immédiatement, à saint Victorius, son parrain, et d'être sacré évêque. Après la mort de saint Severianus, son prédécesseur, il se mit à agrandir et à orner l'église-mère de la cité, dans laquelle saint Victorius, d'après l'ordre et la disposition de saint Martin, avait autrefois déposé avec une très-grande pompe des reliques des saints martyrs Gervais et Protais, reliques dont la présence fut signalée par des miracles sans nombre. Le même saint Victorius avait commencé à agrandir et à

---

(1) Vet. Anal., t. III, p. 74.

restaurer cette église ; mais à l'approche du terme de sa vie il l'avait laissée inachevée : cette église avait été consacrée autrefois en l'honneur de la sainte vierge Marie et des saints Apôtres par saint Julien, premier évêque de la même ville. Tel fut le motif qui porta notre saint à agrandir vers l'orient ladite église mère de la cité, depuis l'arcade que l'on voit au milieu de cette église, et à rehausser la partie occidentale, qu'autrefois saint Julien avait consacrée ; au côté oriental qui commence à ladite arcade et s'étend à l'orient, il éleva un autel et y plaça d'une manière convenable lesdites reliques de saint Gervais et de saint Protais. A la gauche de l'église et de l'arcade, il changea décemment, pour le placer dans un bras de l'église, l'autel de la sainte vierge Marie, que saint Julien avait construit et consacré au milieu de l'église dans la partie orientale ; il le reconstruisit et le réconcilia. Au contraire, à la droite de l'église et de l'arcade, dans un autre bras de la même église construit et fondé par ses soins, il plaça l'autel en l'honneur de saint Pierre, après l'avoir réconcilié. En vertu des miracles innombrables qui s'opérèrent par l'intercession de saint Gervais et de saint Protais, le vocable de l'église fut changé : celui de sainte Marie et saint Pierre ne fut point aboli pour cela ; saint Innocent statua que tous deux seraient joints ensemble et l'objet d'une commune vénération, et il voulut que le nom et le culte de la sainte mère de Dieu Marie fussent dans cette église l'objet d'une dévotion spéciale. Il exhaussa et orna également l'église des Apôtres, qui est au-delà de la Sarthe, et dans laquelle reposent saint Victorius et ses prédécesseurs. Dans la partie située à l'orient, il construisit une nouvelle abside, dans laquelle il plaça, pour la gloire et l'ornement de la sainte église de Dieu, et par amour pour les glorieux saints Victur et Victorius, son fils, les corps de ces pontifes et dans laquelle il prépara, auprès de leur tombeau, le lieu de son repos. Il eut le bonheur d'augmenter considérablement en ce monastère le grand nombre des moines qui depuis longtemps y florissaient ; il employa ses soins à édifier d'une manière merveilleuse les cloîtres et les bâtiments nécessaires à ce dessein ; il construisit des hôpitaux pour les pauvres et des hôtelleries pour les étrangers et les voyageurs ; il pourvut largement et avec un soin tendre aux frais de leur réception et de leur nourriture ; il dota ces mêmes moines d'instructions et de constitutions, pour mener la vie régulière dans ce monastère, et il conduisit à une heureuse fin son entreprise.

Au temps de ce même saint Innocent, saint Calais, sorti de l'Orléanais, du monastère dont le célèbre moine saint Mesmin était abbé, vint dans le diocèse du Mans pour y mener une vie plus austère : il trouva un lieu agréable sur le bord de la rivière d'Anisolle, lieu nommé dès l'antiquité *Casa de Cajanus* sur Anisolle, à cause du nom de ladite rivière ; là, saint Thuribe, évêque du diocèse précité, avait fondé anciennement une église en l'honneur de saint Pierre, chef des Apôtres, des biens de la cathédrale et église-mère de la cité (1). Cependant elle avait été détruite au milieu des dernières dévastations, mais une partie des ruines restait encore ; ce fut là que saint Calais construisit une chaumière

---

(1) Tel fut le prétexte de longues dissensions qui éclatèrent au ixe siècle entre les évêques du Mans et les abbés de Saint-Calais, et c'est pour cela que nous n'insérons point ici la dernière partie des gestes de saint Innocent pour ce qui concerne la fondation du monastère d'Anisolle, nous réservant d'en parler ailleurs.

et se mit à défricher les terres à l'entour le mieux qu'il put. Mais lorsque la nouvelle de son arrivée et la réputation de sa sainteté se répandirent aux environs, beaucoup de personnes le gratifièrent et lui firent honneur en lui abandonnant des terres de leur patrimoine et d'autres biens. Childebert, roi des Francs, lui donna des terres du fisc autant qu'il put en parcourir en circuit dans un jour et monté sur son âne.

Le même saint Innocent concourut avec les héritiers Haregarius, Truda et leur fille Ténestine, consacrée à Dieu, pour élever un petit monastère sur la place même de la cathédrale, entre la rivière de la Sarthe et le mur de la cité, et pour construire par autorité du roi Childebert et de la reine Ultrogothe, un autre petit monastère en l'honneur de saint Georges, dans la province du Maine, dans le canton de Lavardin; il y déposa une grande partie du corps de ce saint. Pour établir cette fondation et pour faire décorer ces travaux, ce même roi Childebert et la reine Ultrogothe donnèrent des terres du fisc en grande quantité, afin de faire prier pour leur âme, ainsi qu'on peut le voir dans le cartulaire de la cathédrale (1).

Saint Innocent occupa son siége pendant quarante-cinq ans, dix mois et vingt-cinq jours, et il fit dans ce diocèse cinquante ordinations. Il consacra trois-cent-dix-neuf prêtres,

---

(1) Ce monastère était situé à peu de distance de Lavardin et de Montoire, dans le Bas-Vendômois, et non auprès du Mans, comme plusieurs l'ont dit faussement. On s'occupe en ce moment à détruire jusqu'aux fondements une grande partie des ruines de ce grand monastère et la magnifique église du XIIe siècle, où les seigneurs de Montoire avaient leur sépulture. L'église de Saint-Pierre-du-Bois est aussi détruite; il ne reste que l'église paroissiale de Saint-Martin.

des lévites et autres ministres des autels, autant qu'il en était besoin, et il mourut en paix, le xiii des calendes de juillet. Il fut inhumé avec les honneurs convenables, au-delà de la Sarthe, dans l'église des Apôtres, qu'il avait augmentée, exhaussée et décorée avec soin, auprès des tombeaux de saint Victur et de saint Victorius, dans l'endroit qu'il avait préparé lui-même pour sa sépulture. (Des miracles sans nombre précédèrent et suivirent sa mort; nous ne les avons point insérés ici pour éviter l'ennui du lecteur, ou de celui qui entendra lire ceci; mais si quelqu'un veut les chercher, il en verra le détail dans d'autres écrits où se trouvent les miracles des autres évêques du Mans) : il vit dans l'éternité avec Jésus-Christ; nous demandons très-humblement, quoiqu'indignes, la grâce de vivre avec lui dans les siècles des siècles. Ainsi soit-il.

Saint Innocent attira dans son diocèse un assez grand nombre de moines, et envoya même demander à saint Benoît des cénobites de son monastère; mais en arrivant, saint Maur, envoyé par ce vénérable patriarche des moines d'occident, trouva mort notre saint évêque et se retira auprès d'Angers avec ses compagnons. Le même prélat assista au second concile d'Orléans en 533, et au quatrième, en 541. L'année suivante, il mourut dans un âge très-avancé, le 19 juin, jour de la fête des saints Gervais et Protais, sous la protection desquels il avait placé sa cathédrale.

CHAPITRE XXI.

VIE DE SAINT DOMNOLE.

Des difficultés assez nombreuses se présentent par rapport à la vie de saint Domnole (1). Les Bollandistes (2) ont donné cette vie d'après un auteur contemporain, qui la composa par ordre de l'évêque saint Hadouin, et d'après une copie tirée des *Actes des évêques* et restée en manuscrit dans la célèbre abbaye de Saint-Calais. Ces savants l'ont accompagnée de notes très-précieuses pour la critique et pour les explications de détail : il en résulterait que la vie de saint Domnole, écrite par ordre dudit saint Hadouin, lequel ne faisait que suivre en cela une coutume observée par ses prédécesseurs dès le commencement, et par les évêques ses contemporains, comme nous l'avons expliqué précédemment ; que cette vie, disons-nous, entièrement imitée, en abrégé, dans le manuscrit de Saint-Calais et dans les *Actes des évêques*, serait seule bien authentique et mériterait une plus grande confiance que le passage interpolé, dit-on, dans Grégoire de Tours (3). Ainsi donc, saint Domnole n'aurait

---

(1) Ce nom a été quelquefois écrit par les légendaires : Anolei ou Anolet.
(2) Acta SS. Maii, T. III.
(3) Hist., l. VI.

point été abbé de Saint-Laurent auprès de Paris, proposé ensuite pour l'évêché d'Avignon, et enfin, promu à celui du Mans par la faveur du roi Clotaire, dont il aurait favorisé le parti en cachant ses émissaires. En outre, on ne sait sur quels monuments plusieurs s'appuient pour prétendre qu'après la mort de saint Innocent, un intrus nommé Scienfroi s'empara du siége vacant, ou seulement des biens qui en dépendaient.

Pour nous, qui avons les raisons les plus fortes pour nous ranger du côté des Bollandistes, et qui ne prétendons point dirimer la question en dernier ressort, nous traduisons le monument précieux que ces savants nous ont laissé, avec le même empressement qu'aux précédents chapitres, et nous nous plaignons seulement de ce que les auteurs modernes, pour les motifs que l'on connaît trop, n'ont point mis de côté de prétendus faits tendant à ternir une époque de la vie de notre saint. Nous ne rapportons point ici le passage attribué à saint Grégoire de Tours, pour des motifs contraires à ceux de nos devanciers des derniers siècles, et parceque ce même passage s'accorde peu avec les trois monuments anciens que nous possédons et qui nous semblent dignes d'une plus grande confiance. Permis néanmoins à chacun de former à ce sujet son opinion.

Les mêmes Bollandistes ont dit, avec moins de raison sans doute, que probablement ce ne sont point les reliques de saint Domnole, celles de *saint Dosme, évêque du Mans*, transportées à Chaumes en Brie. A les en croire, on pourrait encore ranger saint Dosme parmi ceux dont la vie n'est point parvenue jusqu'à nous, et qui comblèrent une partie de l'intervalle laissé entre l'épiscopat de saint Pavace et celui de saint Liboire.

Les bornes que nous nous sommes imposées dans cet ouvrage ne nous permettant pas d'insérer en entier le prologue placé en tête de la vie de saint Domnole, nous nous contentons d'extraire le passage suivant :

« Ce n'est point par témérité, mais par l'ordre et la volonté de notre vénérable évêque Hadouin, que nous entreprenons ce travail; c'est lui qui nous a commandé d'écrire, dût notre style rester impoli. Obéissant volontiers à l'ordre de l'évêque de notre ville et soutenu par ses ferventes prières, nous mettons la main à l'œuvre en invoquant humblement l'Esprit-saint qui remplit saint Domnole ; afin que ce même Esprit qui lui donna le don de faire des miracles et d'opérer des prodiges étonnants, nous donne le talent et la facilité nécessaires pour les raconter dignement, et cela pour sa gloire et pour l'édification des fidèles, » etc.

Saint Domnole, destiné par Dieu pour être évêque du Mans et orné des fleurs de toutes sortes de vertus, naquit en un autre pays de parents distingués, comme ses mœurs et sa conduite noble l'attestèrent; et tout ainsi que le fruit part de la racine, de même la nature de la racine se connaît par la saveur du fruit : et comme le fruit d'un arbre, quoique apporté de loin, ne perd point la saveur qu'il reçoit de sa racine, ainsi ce grand saint, de quelque pays, de quelque contrée qu'il soit venu parmi nous, ne nous a pu céler les douceurs de sa noblesse sainte. Quoiqu'il n'ait point été consacré pour évêque de notre diocèse, cependant la divine providence nous l'a donné pour le salut d'un grand nombre. A l'exemple du patriarche Abraham, à qui le Seigneur dit un jour : Quitte ton pays, tes parents, la maison de ton père, et viens dans la contrée que je te montrerai, saint Domnole, ordonné pour évêque déjà, quitte se patrie, ses parents, tous les biens qu'il possède, et se rend à Rome pour y visiter les églises des saints Apôtres, et y faire ses prières. Après avoir entièrement satisfait sa dévotion et après avoir longtemps voyagé, conduit par la main de Dieu, il arrive chez les Cénomans qu'il trouve plongés dans une grande affliction à cause de la mort de leur évêque.

Depuis quelque temps, en effet, saint Innocent était allé recevoir au ciel la récompense de ses labeurs, et aucun autre prélat n'avait encore été placé sur son siège. Aussitôt donc que les Cénomans eurent apperçu ce saint homme et eurent appris qu'il était ordonné évêque, les chefs et les premiers de la cité, le clergé avec tout le peuple de la ville et de la compagne, guidés par une inspiration divine, n'eurent qu'une voix et qu'un cœur unanime pour le supplier instamment de recevoir avec bienveillance la charge de gouverner leur ville et leur diocèse. Il accéda très-difficilement à cette demande; cependant il fut forcé de consentir à ce que le peuple, guidé par une inspiration céleste, exigeait ainsi de lui.

Ce fut donc entièrement contre son gré, et parce qu'il y était contraint, qu'il accepta les fonctions épiscopales en toute humilité; et pendant toute sa vie, aidé de la grâce de Dieu, il fit beaucoup pour le troupeau confié à ses soins. Enfin, le terme de sa vie montra ce qu'il avait été sur la terre, lui dont on peut dire à coup sûr toutes sortes de louages. Une des marques de sa noblesse, c'est que, nuit et jour il se montrait, avec un esprit joyeux et aimable, fidèle serviteur de Jésus-Christ, sans se laisser capter par la fumée d'une vaine gloire ou des louanges, à raison de la noblesse de son extraction et de la sainteté de ses œuvres : au contraire, tout en donnant de grands exemples de vertus, il déposa dans son cœur ses trésors, et s'attachant au Seigneur avec un cœur pur, il méprisa cordialement les pompes de ce monde.

Son humilité se faisait remarquer dans sa conversation ; son ardente charité paraissait pleine de douceur, sa chasteté brillait d'un vif éclat; il savourait les privations du jeûne. Fidèle observateur de la loi divine, il remplit les fonctions de sa dignité pontificale avec une grande piété, avec une grande dévotion. Il fut d'ailleurs uni par les liens d'une charité et d'une bienveillance réciproques avec l'illustre évêque de Paris, saint Germain, que souvent il alla voir, et dont il reçut de fréquentes visites ; et comme ils s'enflammaient mutuellement par des exhortations toutes célestes, par leurs paroles et par leurs exemples ils contribuèrent puissamment à édifier les peuples commis à leurs soins. Ils n'oubliaient point, en effet, cette parole du Sauveur : « Lorsque deux d'entre vous se réuniront sur la terre, tout ce qu'ils demanderont leur sera donné par mon Père. » Et cette autre : « Lorsque deux ou trois d'entre vous se trouveront rassemblés en mon nom, je serai au milieu d'eux. »

Cet amant si dévoué pour la sainte Eglise fit construire, dans le *suburbium* de la cité, un monastère pour être une des forteresses de la ville et pour y gagner à Dieu des âmes; il fut dédié en l'honneur des saints martyrs Vincent et Laurent, et à cette consécration on le vit requérir l'assistance dudit évêque saint Germain, afin que la dévotion du peuple fut excitée davantage par la consécration solennelle que faisaient ces deux saints. Après la dédicace de ce monastère, saint Domnole lui légua par un acte en forme beaucoup de biens du domaine de son église, avec l'agrément et la permission du roi des Francs, Chilpéric, des principaux de sa cour, d'un grand nombre d'évêques qui le lui conseillaient, saint Germain en tête, du clergé et du peuple qui le priaient de le faire, ainsi qu'il est marqué dans ses *Actes*. Saint Germain non seulement approuva, mais souscrivit même de sa main, avec plusieurs autres évêques.

Or, dans cette église, il déposa d'une manière fort honorable le chef de saint Vincent, martyr, avec une partie notable du gril sur lequel saint Laurent fut brûlé. Il voulut aussi que des moines, à la tête desquels il plaça Leusus comme Abbé, y vécussent en suivant les prescriptions de la règle et s'y appliquassent au service de Dieu. Enfin, il avait tant d'amitié pour l'évêque saint Germain, que dans cette église des saints martyrs Vincent et Laurent, il se mit à lui préparer un tombeau; mais pour certaines causes, il y fut inhumé lui-même et non saint Germain (1).

Comme ses soins se portaient à perfectionner l'état monastique, il augmenta d'une manière prodigieuse, dans la *celle* où saint Julien repose en corps, auprès du monastère de saint Victorius, sur le bord de la Sarthe, la fondation monastique qui depuis très-longtemps déjà s'y trouvait florissante. Il voulut que cinquante moines, ou à peu près, y

---

(1) Ces reliques de saint Vincent furent, dit-on, apportées au Mans par le roi Childebert Ier, lorsqu'il vint dans cette ville, au retour de son voyage en Espagne. Il reçut, en échange, des reliques de saint Julien, qu'il déposa dans sa basilique de Saint-Vincent, plus tard Saint-Germain-des-Prés. La riche et précieuse basilique de Saint-Vincent du Mans a été démolie depuis un assez petit nombre d'années; *elle était*, disait-on, *gothique!!* On s'est empressé d'élever plus loin un lourd pâté de maçonnerie, bien mieux en rapport avec les idées et l'enseignement du dernier siècle. Grâce à Dieu, le monastère est encore aujourd'hui l'un des plus beaux séminaires de France.

menassent la vie régulière, et il pourvut largement à procurer la nourriture nécessaire pour ces moines et pour les pèlerins et les voyageurs.

Il se mit également à fonder avec sagesse un petit monastère et un hospice, au-delà de la Sarthe, en l'honneur de la très-sainte vierge Marie, mère de Dieu ; il le dota des biens de son église et eut soin de statuer que l'on y recevrait tous les pauvres, les pèlerins et autres nécessiteux qui ne pourraient être admis dans la ville à cause de la garde que l'on faisait strictement. Il voulut que vingt-quatre moines y vécussent selon la règle monastique, appliqués perpétuellement à servir Dieu, à soigner les pauvres et à recevoir d'une manière douce et affable ceux qui réclamaient l'hospitalité. A ces moines il donna pour abbé un homme depuis longtemps éprouvé, nommé Padvin, et qui était alors prévôt de l'église de Saint-Vincent et Saint-Laurent. Il décréta que ce lieu lui serait soumis, à lui-même et à ses successeurs, et, sous les clauses les plus expresses, il statua que ce serait un hospice de la ville, sous la puissance des évêques, à perpétuité.

Mais Dieu seul, à qui tout est connu, peut dire combien, pendant qu'il vécut parmi nous, il macéra son corps par l'abstinence ; combien il l'usa par de continuelles veilles, et combien il fut généreux et prodigue en faisant l'aumône. Je ne pense même pas qu'aucun mortel puisse facilement découvrir ou rechercher simplement toutes ses belles actions, puisqu'il les faisait bien plutôt en secret qu'ouvertement ; et pour tout dire en un mot, la langue humaine se refuse à rapporter ce qu'il a été et ce qu'il a fait, tant il s'est montré supérieur à l'homme. Il se mortifiait tellement par les jeûnes et les veilles, que les jeunes gens les plus robustes n'auraient pu supporter cette rigueur. Son corps était tellement réduit à servir d'esclave à l'esprit, et tellement mortifié, que l'on peut justement lui prêter ce langage de l'Apôtre : « Ce n'est pas moi qui vit, mais le Christ qui vit en moi. »

Lorsqu'il chevauchait pour quelque voyage, sans cesse il parlait de Dieu, ou chantait à sa louange. Aux heures prescrites, il s'acquittait de son *Cours de prières* (c'est-à-dire des prières prescrites par les canons), et le reste du temps pendant le jour, il l'employait à psalmodier les chants sacrés, à lire ou à prier. Quand il se mettait à table, aussitôt un lecteur faisait entendre la parole sainte, afin qu'au moment où la chair s'engraissait, les convives reçussent aussi l'aliment bien préférable de l'âme. Jamais il ne laissait passer aucun instant sans travailler au bien des autres, ou sans ajouter à ses progrès dans la vertu. Si quelqu'un d'ailleurs veut rechercher avec plus de curiosité le détail de ses actions, il y trouvera des miracles sans nombre, indices de cette grande vertu : nous allons en donner un extrait, quoique fort abrégé.

Un jour de dimanche, après l'office solennel, le saint, selon sa coutume, allait se mettre à table; le serviteur avait apporté de l'eau qu'il lui versa sur les mains, et après qu'elles furent lavées, il emporta le vase et rencontra un aveugle nommé Siagrius, qui lui demanda de cette eau, tombée des mains du saint Pontife, pour s'en laver les yeux, et au nom de Jésus-Christ et par les mérites de saint Domnole il recouvra la vue, ensuite il se retira plein de joie. Moi-même, j'ai souvent vu cet aveugle, ainsi qu'un grand nombre de mes amis, et c'est de sa bouche que j'ai appris non seulement ce miracle, mais beaucoup d'autres de ce saint homme. Malgré les soins du vénérable pontife, le bruit de cet événement se répandit au loin de toutes parts. Ce saint vieillard, en effet, était doué d'une pureté de cœur et d'une humilité singulières ; et l'on ne peut douter que l'homme au cœur pur et sans artifices n'ait un grand pouvoir sur l'infinie miséricorde du Dieu tout-puissant, selon ces paroles du Sauveur : « Heureux ceux qui ont le cœur pur, car ils verront Dieu. »

Un homme appartenant à la noblesse et aussi distingué par ses richesses que par sa naissance, s'empara obstinément d'une *villa* de l'Eglise, confiée aux soins de saint Domnole ; cette *villa* se nomme Trans, elle est située dans la *condita* de Jublains. L'homme de Dieu l'exhorta souvent à venir à résipiscence et à se porter à de meilleures actions. Mais s'apercevant qu'il ne gagnait rien de cette manière, il se mit à conjurer le Seigneur de lui rendre les biens donnés à l'Eglise autrefois par les fidèles, pour la rémission de leurs péchés. Cependant ce ravisseur sacrilége des biens consacrés à Dieu, tomba sous le coup des vengeances divines ; il fut pris d'une fièvre qui le tourmentait sans relâche. Dans ce triste état, il ne voulait point encore restituer ce qu'il avait usurpé si injustement ; son châtiment devait aller à son comble. Mais tandis qu'il était en proie à cette fièvre cruelle, couché dans son lit, une nuit il lui sembla voir la Mère de Dieu (c'était à elle, ainsi qu'aux saints martyrs Gervais et Protais que l'on avait consacré ces biens, usurpés par cet homme) le frappant au front avec un marteau de fer. La terreur aussitôt le saisit ; il envoie prier saint Domnole de reprendre avec usure ce qu'il a enlevé ; mais la santé ne lui fut point rendue avant que le saint ne fut venu le trouver. A l'arrivée du même saint, il rendit le double de tout aux ministres de l'Eglise, et peu de jours après, par les mérites et les prières de l'homme de Dieu, la santé lui fut rendue ;

mais tant qu'il vécut, son front conserva la marque d'une blessure faite avec un marteau. Ce qui se fit afin que, par son exemple, il détournât les autres d'un crime semblable. Au reste, notre Eglise possède jusqu'à ce jour tout ce qu'alors il rendit double au saint.

Une fois, saint Domnole s'était retiré, pendant le carême, dans une cellule du monastère d'Anisolle pour vaquer au service de Dieu dans la solitude et le silence, lorsqu'un Franc, noble de naissance et très-aimé du roi, s'empara de la villa de l'Eglise, nommée Bonnelles (1), et située dans le pays d'Etampes. L'homme de Dieu laissa passer les fêtes de Pâques, et ensuite, ne pouvant tolérer une injustice semblable, et plein de douleur à la seule pensée que son église allait être dépouillée d'une partie de ses biens de son vivant même, il envoya deux diacres trouver ce Franc sacrilége et obstiné déjà d'une manière surprenante. Mais les diacres ne rapportèrent nullement une réponse telle qu'ils l'espéraient. Le saint homme alors se rendit sur les lieux lui-même, dans le dessein de recouvrer les biens confiés à sa fidélité, et comptant sur le secours du Dieu tout-puissant. Au jour même où ce Franc donnait un festin splendide dans cette villa ravie d'une manière sacrilége, et qu'il se trouvait entouré de ses parents et de ses amis, on lui vint annoncer que le saint évêque se présentait à la porte et réclamait les biens confiés à sa garde par le Seigneur. A cette nouvelle, son esprit s'émeut, il ordonne de repousser saint Domnole et de l'éloigner entièrement de la villa. Le saint prélat n'op-

---

(1) *Bonalla in pago stadinse*, vel aliàs stampensi. Il sera parlé plus au long de cette villa dans le testament de saint Bertrand.

pose aucune résistance, afin, selon l'avis de l'Apôtre, de laisser le champ à la colère; mais voici de quelle façon la colère divine sévit contre le sacrilége.

La nuit arriva, le saint évêque, selon sa coutume, restait en oraison, lorsque cet homme sacrilége fut pris par une fièvre qui le lendemain matin lui fit rendre son âme misérable. Il quitta la vie de cette manière déplorable, et fut enseveli dans un carrefour sans deuil et sans prières. Il méritait une telle mort assurément, pour avoir tant affligé ce saint et pour s'être approprié les oblations et les biens offerts à Dieu par les fidèles. Il s'en suivit que par les mérites du saint évêque, d'autres, craignant un sort semblable, se sentirent éloignés de commettre une telle faute, et que, d'un autre côté, plusieurs églises recouvrèrent les biens dont la témérité de semblables tyrans les avaient frustrées. Ceux-ci, frappés de crainte, n'osèrent retenir ces biens plus longtemps, et c'est ainsi qu'une horrible damnation servit beaucoup à les amener à résipiscence, et à les changer par la pénitence. C'est ainsi que par son fidèle serviteur, le Dieu tout-puissant fit rendre aux églises leurs biens, et un grand nombre de bons chrétiens adressèrent de grandes actions de grâces et de louanges au Seigneur, en chantant : *Le Seigneur est devenu notre aide et notre protecteur pour notre salut.*

Un jeune enfant, nommé Rainier, fut présenté au saint homme par ses parents. Il était aveugle, sourd, muet et boiteux. L'homme de Dieu lui fit une onction d'huile bénite, le fortifia par le signe de la croix, et aussitôt il revint à un état parfait de santé.

Un clerc de l'Hiesmois, nommé Eleuthère, à la vue de tant de miracles opérés par le saint, lui présenta son fils, qu'une fièvre diurne rendait très-malade ; saint Domnole se fait apporter de l'eau, invoque d'abord le saint nom de Jésus-Christ, fait sur cette eau le signe de la croix et la donne à boire à l'enfant. Il but, et avec la grâce de Jésus-Christ, il recouvra la santé par les mérites du saint évêque.

Un angevin, nommé Stritius, souffrait étonamment à la mâchoire d'une pustule enflammée ; il se présente au saint prélat et le prie de le guérir de cette infirmité : saint Domnole touche avec un peu de salive cette pustule, et le malade se trouve guéri.

Un jour, dans une villa de notre église, nommée Ballon, on présenta au saint évêque, qui y remplissait alors les fonctions épiscopales, un certain Magnatius, lequel ne s'étant point abstenu de travailler, un jour de dimanche, dans les limites de cette même villa, avait été privé de la vue par punition de Dieu. Le saint homme invoqua la très-sainte Trinité, fit sur lui le signe de la croix, lui rendit la vue et l'avertit de prendre garde de commettre à l'avenir une faute semblable.

En sortant un jour de notre ville, il entendit dans la prison la voix des condamnés et envoya dire au gardien de les délier et de les mettre en liberté. Celui-ci répondit qu'il n'osait le faire, craignant d'être contraint lui-même à prendre leur place. Alors l'homme de Dieu se met à prier pour eux le Seigneur, en versant des larmes, et voilà qu'au troisième jour, la prison s'ouvre d'elle-même ; les détenus sortent et viennent dans notre église.

Un clerc nommé Ragnion vint trouver le saint pontife et le prier de l'initier au sacerdoce. Saint Domnole s'informe de lui s'il vit chastement, et s'il a soin de ne pas se souiller par le commerce avec les femmes. Il répond constamment que jusqu'à ce jour il a servi le Seigneur sans tacher son corps d'aucune souillure ; mais le saint lui désigne le temps, le lieu et la femme, compagne de sa débauche. Le clerc, voyant qu'il ne pouvait se cacher de l'homme de Dieu, et accusé d'ailleurs par sa propre conscience, se jette à ses pieds et confesse sa faute. Dès que l'on eut connaissance de ce fait, plusieurs autres qui devaient être initiés au sacerdoce et qui se reconnaissaient coupables, n'osèrent pas se présenter devant lui pour demander les saints Ordres, persuadés qu'il connaissait le secret des cœurs.

Un jour saint Domnole se trouvait dans une villa de l'église, nommée Crissé, on lui amena deux démoniaques, et leurs parents le suppliaient de les guérir par ses prières. Le saint voulait savoir pour quelle cause ce malheur leur était arrivé ; mais les démons répondirent par leur bouche que sa présence les faisait souffrir, qu'ils ne pouvaient devant lui cacher leurs artifices, et ils le priaient, s'il voulait les chasser, de les laisser au moins aller dans le corps des pourceaux. Le saint homme y consentit, fit le signe de la croix et les chassa si bien, que tous les assistants en louaient le Seigneur, vraiment admirable dans ses saints. Un grand nombre d'autres furent également délivrés de l'obsession des démons. Le bruit de ces continuels miracles se répandait de toutes parts, et un jour que saint Domnole revenait, après avoir vaqué à certaines affaires concernant l'utilité du peuple commis à ses soins, il rencontra une foule nombreuse de gens qui lui présentaient des malades et des infirmes de toutes sortes qu'il guérit entièrement.

Mais si son nom était devenu célèbre e s'il avait acquis un grand degré de gloire, sa vertu n'en était que plus belle et plus éclatante : il servait, sans aucune offense, le Dieu qui assiste tous ceux qui l'invoquent dans la sincérité, fait la volonté, exauce les prières de ceux qui le craignent. Je pourrais assurément raconter un plus grand nombre de ses miracles; j'en omets beaucoup pour ne pas fatiguer le lecteur. Et non seulement on trouvait en lui cette grande vertu, mais une grande puissance animait ses paroles. Quand il annonçait aux peuples la parole sainte, c'était à peine si l'on trouvait un cœur de fer assez insensible pour ne pas verser des larmes. En entendant ses discours si pleins d'onction spirituelle, il semblait qu'ils sortaient de la bouche des anges, tant ils surpassaient l'entendement humain. Dans les fonctions de l'épiscopat, il se comporta de manière à illustrer ses ancêtres par une plus noble vie, et cependant jamais l'orgueil de sa naissance ou de sa dignité pontificale n'enfla son cœur; humble d'esprit, il mérita cette dignité par ses mœurs, avant d'y être élevé par le fait. Cet honneur sublime qui lui fut alors conféré n'augmenta point ses mérites; il les possédait quand cet honneur vint le trouver; avant de devenir prêtre, il était déjà formé à la vertu, et par le sacerdoce, elle ne fit que s'accroître. Pendant tout son épiscopat, il se montra dans ses paroles et ses exemples de vertu le modèle des pontifes.

Ensuite, il ne se croyait pas à l'abri de reproches, et même il craignait d'être jugé devant Dieu, si, après avoir vécu pour lui-même, lorsqu'il n'était qu'un homme privé, il ne vivait pas pour les autres depuis qu'il était évêque. C'est ainsi qu'il travaillait à ajouter à ses vertus, et que Dieu ajoutait à sa couronne, et c'est ainsi que tout en chantant graduellement ce cantique, il eut à cœur de ne pas monter seul dans la cité céleste, mais d'emmener, au contraire, un grand nombre d'assesseurs avec lui.

Dans cette voie, le serviteur de Dieu mêlait la prudence à la simplicité, la douceur avec la sévérité ; sa vie servait à recommander ses doctrines ; ses mœurs se faisaient distinguer par sa politesse et son affabilité ; son zèle, par sa science de la loi sainte, en sorte que l'amour du peuple et la faveur des chefs prêtaient encore à ses discours une nouvelle force. Malgré tout, il restait cependant humble et toujours le même, plein de vigilance et de circonspection contre cette vaine complaisance que gardent en secret les esprits élevés. Son visage restait le même, et son cœur n'était point ému, ni dans la prospérité, ni dans l'adversité. A l'exemple de l'Apôtre, il châtiait son corps, l'affligeait par des jeûnes et par un traitement difficile à décrire, afin de conforter son esprit et de faire oublier la chair à sa chair. Il ajoutait à cela des veilles saintes toujours accompagnées de gémissements profonds et de larmes abondantes, et c'est de cette sorte qu'il passait la plus grande partie des nuits. Il consumait, avec un cœur contrit et un esprit d'humilité, un holocauste agréable à Dieu.

S'il lui arrivait de ne pas faire, pendant le jour, quelque chose aussi bien qu'il croyait le devoir faire, et cela, parce qu'il se serait trouvé arrêté par les embarras du siècle, il y suppléait pendant la nuit. Ainsi, la nuit plus propice pour le secret de la prière et pour la contemplation, fournissait à cet homme de Dieu l'occasion et la facilité qu'il désirait pour offrir au Seigneur de telles hosties. Une conversation pieuse et le bien général occupaient la durée du jour, en sorte que les jours et les nuits étaient consacrés au service de celui qui fit le jour et la nuit.

Dans ses actions on ne trouvait rien qui ne se rapportât à Dieu et rien d'oiseux dans ses discours. Il monta rarement à l'autel sans verser des larmes; jamais il ne se mit à table sans avoir un lecteur, et sans avoir pour convives des pauvres. Il regardait comme dangereux de rassasier son corps sans nourrir aussi Jésus-Christ dans la personne de ses membres, et sans se nourrir intérieurement lui-même de la parole de Dieu. Que doit-on penser de ses rapports avec le prochain, lui qui, oublieux de ses propres injures, s'attristait même des injures faites à ses ennemis ? Comment aurait-il pu blesser quelqu'un par une parole ou une action, lui qui pardonnait facilement le mal dont on le frappait, et qui jamais ne vit le soleil se coucher sur sa colère ? Il ne voulait nuire à personne, mais au contraire, il voulait être utile à tous ; quelle âme plus douce que la sienne, où la paix et la charité faisaient leur demeure ! La grande bonté de son âme le portait aux œuvres de miséricorde et de bienfaisance ; il s'appliquait à soulager les affligés, à nourrir les nécessiteux, à vêtir ceux qui étaient dans la nudité, et s'il ne le pouvait en réalité, sa charité le portait à tout secourir.

Quelquefois il demeurait avec ces hommes qui se glorifient dans le mal et rejettent la parole sainte, et il apportait parmi eux la bonne odeur de Jésus-Christ. Conservant toujours le même caractère, il les flattait pour les amener à une conduite meilleure et il gourmandait avec sévérité ceux qui restaient obstinés. Disciple de la charité, c'est par la charité qu'il se conduisait en tout. Les vices des méchants ne lui inspiraient qu'un intérêt, celui de leur correction et de la haine de ces mêmes vices, qu'il eut à cœur de combattre et de réprimer par son autorité d'évêque. Il entourait d'une sainte et sincère affection les hommes de bien et ceux qui observaient les commandements du Seigneur, et par ses conversations pieuses il servit au salut des autres et profita lui-même.

Ainsi que nous l'avons déjà dit, il fut très lié avec l'évêque de Paris, saint Germain : souvent il allait le voir et souvent il recevait ses visites. Tout dans leurs entretiens et dans leurs actions se rapportait au salut des âmes qui leur étaient confiées. Soldats de Jésus-Christ, ils s'armaient mutuellement, bien pénétrés de cette pensée, que le démon notre ennemi nous circonvient pour nous dévorer. Forts dans la foi, ils lui résistaient et craignaient de ne pas être de dignes pontifes, si les autres par leur moyen ne venaient pas à bout de vaincre le prince des ténèbres, après qu'ils en avaient eux-mêmes triomphé. Ainsi donc, ces hommes miséricordieux employaient leur sollicitude à déjouer les attaques et les embûches que dresse l'ennemi chaque jour. Tous deux se livraient entièrement, soit en servant avec peine, à l'exemple de Marthe, soit en se reposant aux pieds de Jésus, comme Marie, à diminuer le règne du démon et à étendre l'empire de Dieu. C'est en ce dessein que, sur l'avis de saint Germain, saint Domnole fit construire un monastère dans le *suburbium* de la cité ; afin d'y laisser respirer en paix ceux que la vaste mer aurait rejeté de son sein et qui viendraient aborder au port tranquille du monastère, et afin de pouvoir se soulager lui-même du poids de ses sollicitudes et de ses labeurs dans le silence et la douceur de la contemplation. Ainsi que nous l'avons dit précédemment, il donna certaines possessions de son église, en faveur de ce monastère, pensant n'avoir rien fait s'il ne donnait le moyen de subsister à ceux pour lesquels il venait de construire une demeure.

Mais le terme du combat de cet athlète était arrivé : à l'approche de sa mort, ce saint homme tomba malade, et cependant la violence du mal ne put empêcher sa bouche de louer le Seigneur. Il convoqua ses disciples, leur annonça que le jour et l'instant même de sa mort approchaient, et leur recommanda de se garder des embûches de l'antique ennemi, de s'abstenir du mal et de ne s'attacher qu'aux bonnes œuvres. Ensuite, ce grand saint mourut en paix dans une vieillesse avancée, aux calendes même de décembre. Il fut inhumé par ses disciples dans l'église des saints martyrs Vincent et Laurent, au lieu où, longtemps auparavant, il avait érigé déjà un tombeau pour saint Germain. Dans ce même lieu, par les mérites et les prières de notre saint, un grand nombre de malades obtiennent leur guérison.

En effet, le troisième jour de la translation, on conduisit auprès de ce tombeau un énergumène qui se déchirait de ses propres mains; trois jours après, il retourna chez lui, accompagné de ses parents et entièrement délivré. Il est resté parmi nous plusieurs années et en pleine santé, se montrant un serviteur de Dieu très-dévoué. Au mois de février suivant, un samedi, une femme malade d'une fièvre quarte vint au même tombeau, après en avoir reçu le conseil en songe; elle y veilla pendant trois jours, y fit brûler des cierges et fut guérie par les mérites du saint : c'était la femme d'un des serviteurs de notre église.

Le quatrième jour également, trois aveugles vinrent en notre présence au tombeau du même saint, et se retirèrent après avoir recouvré la vue. Nous avons vu un grand nombre d'autres malades venir au même lieu et se retirer parfaitement guéris, grâce aux mérites de saint Domnole. Mais nous serions beaucoup trop long, si nous voulions rapporter tout ce que nous avons vu et appris; ce que nous avons dit suffit bien pour former la foi des fidèles à ce sujet.

Maintenant, nous prions le même saint, notre patron, d'implorer la clémence divine pour les fautes de notre vie passée, et de nous obtenir la grâce d'éviter le mal à l'avenir; afin que, réconciliés avec la sainte Trinité, quoique indignes de participer à la gloire, mais ayant reçu la rémission de nos péchés, nous soyons séparés des impies, par la grâce de notre Seigneur Jésus-Christ, qui, avec le Père et l'Esprit-saint vit et est glorifié comme Dieu dans les siècles des siècles. Ainsi soit-il.

Nous le répétons, la vie de saint Domnole tracée dans les *Actes des Evêques* et dans la copie du monastère de Saint-Calais, renferme l'abrégé de celle que l'on vient de lire, mais avec le détail des biens concédés en faveur de la basilique de Saint-Vincent du Mans. On y lit ensuite que le même saint Domnole occupa son siége pontifical quarante-six ans, onze mois et vingt-quatre jours; il fit soixante-quinze ordinations, trois cent soixante prêtres, deux cent cinquante diacres et d'autres ministres en nombre suffisant. Mais il y a erreur évidemment dans le nombre des années que dura l'épiscopat de notre saint. Son prédécesseur, saint Innocent, assistait au concile d'Orléans en 541, et vécut encore quelque temps après. Le siége ensuite vaqua longtemps, dit-on. Le successeur de saint Domnole assistait au concile de Mâcon l'an 585; par conséquent, on doit plutôt admettre le témoignage suivant de saint Grégoire de Tours :

« Après vingt-deux ans d'épiscopat, Domnole se voyant très-gravement malade du *morbus-regius* et de la gravelle, choisit pour son successeur Théodulphe, abbé; le roi y consentit, mais ayant changé d'avis peu de temps après, son choix se porta sur Badechisile, maire du palais. Celui-ci s'étant fait tonsurer, prit les ordres que reçoivent les clercs, et le pontife étant mort quarante jours après, il lui succéda (1). »

Ainsi donc, saint Principe mourut sous le consulat de Félix, en l'an 511 ; saint Innocent, le 16 juillet 542, et saint Domnole, l'an 581, après vingt-deux ans d'épiscopat.

Son tombeau ne fut ouvert que l'an 1124 par le B. Hildebert, qui plaça dans une châsse ses vénérables restes. Une partie a été conservée dans la même basilique de Saint-Vincent jusqu'à la fin du dernier siècle. Outre cette translation faite par le B. Hildebert, en présence du comte Foulques et d'un grand nombre de personnes de distinction, une autre fut faite en 1535 par l'abbé de Saint-Vincent, qui retira ces précieuses reliques de l'ancienne châsse de bois pour les déposer dans une autre d'argent doré ; mais le chef et plusieurs ossements avaient été déjà transportés ailleurs, en Brie, comme il paraît. De l'abbaye de Chaumes, où ces ossements furent déposés, il reste encore les édifices transformés en château, et, dans le parc, on voit encore la fontaine de saint Dôme, où le pèlerin va chercher un remède contre les fièvres. Tout auprès, dans une vigne, les saintes reliques avaient été enfouies pendant les guerres des Calvinistes. Enfin, l'an 1600, le 19 janvier, les autres reliques du monastère de Saint-Vincent, soustraites aux déprédateurs sacriléges pendant les mêmes guerres, furent placées dans la susdite châsse par un autre abbé. Elles y ont été conservées et exposées à la vénération des fidèles jusqu'au dernier siècle. Ne devrait-on pas redemander aujourd'hui une partie de ces ossements du plus grand nombre de nos saints, dispersés de tous côtés : à Chau-

---

(1) Greg. Tur. l. vi, c. 9.

mes, à Senlis, à Bray, à Château-Renard, à Blois, à Tulle, etc., etc., et le séminaire du Mans ne devrait-il pas se faire un devoir de placer, auprès des reliques de saint Vincent, celles de l'illustre saint à qui l'église du Mans est redevable de la fondation de ce monastère, un des plus célèbres dont elle s'honora dans tous les temps? (1).

Dans la collection des Bollandistes, la vie de saint Domnole est suivie d'une copie de son testament, copie très-abrégée et assez différente de celle qui se trouve deux fois répétée dans les anciens manuscrits des *Actes* de nos évêques. Cette dernière est difficile à comprendre pour ce qui regarde les limites de Tresson avec ses dépendances ; l'autre semble entrer mieux dans le cadre que nous avons adopté. Au reste, on verra par ces différentes pièces que nous allons produire, nos saints pontifes peindre eux-mêmes le fond de leur âme, pour ainsi dire, et l'on s'assurera jusqu'à quel point ils ont toujours porté leur déférence aux avis et au consentement de leur vénérable chapitre.

« Au vénérable clergé de l'église du Mans, Domnole, évêque.

« Nous avons jugé à propos de faire connaître à votre seigneurie un vœu qui nous tient à cœur, et si votre consentement vient correspondre à nos désirs et à la résolution que nous avons prise, nous sommes porté à croire que jamais en aucun temps personne ne pourra mettre obstacle

---

(1) Ne serait-ce pas là aussi une occasion de demander ce que sont devenus les tombeaux d'un assez grand nombre de personnages renommés par leur science et par leur sainteté, qui choisirent leur sépulture dans les cloîtres, dans le chapitre et dans l'église de ce monastère?

aux choses que nous avons résolues d'une manière aussi formelle.

« Ainsi donc, puisque dans notre témérité nous avons osé transférer les reliques des saints martyrs Vincent et Laurent, et leur ériger avec le secours de Dieu et le vôtre, un temple digne, dans le but de pourvoir au salut du peuple et à la garde même de la ville, nous demandons que le monastère soit soutenu par vos dons également ; et si vous consentez à nous donner cette marque de votre générosité, nous vous prions de confirmer cette donation par votre autorité.....

« Afin que ladite basilique obtienne et possède tout ce que nous avons légué par cet acte de donation et que l'abbé de ce monastère le revendique pour le posséder perpétuellement à titre de droit héréditaire. Si dans la suite des temps, l'évêque de cette ville ou toute autre personne veulent détourner du domaine de ladite basilique ce que nous donnons et livrons, que celui-là encoure la malédiction de Dieu, loin d'attirer ses bénédictions ; qu'il soit coupable de lèse-majesté envers notre Seigneur Jésus-Christ, envers sainte Marie toujours vierge, envers les saints Apôtres, tous les saints martyrs, les confesseurs et les vierges, et qu'avec le secours du Seigneur, notre volonté obtienne son effet à perpétuité. J'ai demandé l'insertion de cette formule, afin que celui qui agira contre ma volonté ainsi manifestée, encoure la malédiction annoncée par le Prophète au psaume 108, et que rien ne puisse invalider cet acte que j'ai confirmé en souscrivant de ma propre main ; ensuite, j'ai demandé à mes seigneurs et frères de le corroborer.

« Fait dans la cité des Cénomans, l'an onzième du règne de notre seigneur et maître, le roi Chilpéric, la veille des nones de mars. Domnole, évêque, a souscrit ; Germain, évêque, à la prière du clergé, a souscrit ; Audovée, évêque d'Angers, sur la demande de l'évêque Domnole, a souscrit. »

Suivent les noms de plusieurs prêtres et diacres dont le nombre et le nom même diffèrent dans les exemplaires que nous avons cités.

Par ce titre de donation, saint Domnole abandonnait au monastère de Saint-Vincent la villa de Tresson, tenue précédemment en bénéfice par Habundantius ; celle de la Fresnaye, etc. Dans un acte qui suit ce premier, le même saint donne en faveur dudit monastère la colonie de Chenon ou Coulongé.

« Au nom de Jésus-Christ, moi Domnole, évêque, ayant fait venir mon seigneur et frère Audovée, évêque d'Angers, pour visiter les saints parvis de l'évêque Victor, mon patron spécial, et même pour célébrer la solennité de ce même pontife, comme j'ai dressé déjà auparavant mon testament avec le consentement de tous mes frères prêtres, et que je n'ai pas encore accompli dans cet acte toute ma volonté, je souhaite que ce codicille obtienne une entière exécution. En conséquence, je donne également à la basilique des saints martyrs Vincent et Laurent la *Coulonge* surnommée *Pontificim Canon*, etc... Et je demande qu'après ma mort, celui qui sera abbé du susdit monastère ait soin de faire ma commémoration chaque année, etc. »

Cette pièce est suivie de deux autres qui concernent le monastère de saint-Calais, et enfin d'un diplôme du roi Théodebert pour le monastère de Saint-Martin de la cité.

Saint Domnole siégea au second concile de Tours en 566 ; il y souscrivit à la lettre adressée à sainte Radegonde, pour l'engager à retenir auprès d'elle Basine, fille de Chilpéric ;

il assista à la consécration de la riche cathédrale de Nantes, élevée par saint Félix.

Nous respecterons ici le silence des *Actes* de nos évêques, par rapport au successeur de saint Domnole, le trop coupable Badechisile, dont la vie est dépeinte par saint Grégoire de Tours (1). Ce même historien raconte également les crimes de la femme qu'il avait épousée avant d'entrer dans la cléricature, et juge à propos de taire une grande partie de ses honteux méfaits. Quelques-uns datent le commencement de l'épiscopat de cet évêque indigne, du 10 avril 582 jusqu'à la fin de décembre 586; mais saint Grégoire dit expressément que sa mort arriva lorsque la cinquième année de son épiscopat était entièrement accomplie, et que la sixième commençait. Nous nous croyons en droit de dire, d'après ce même historien, que Badechisile ayant été élu pour le siège du Mans, se fit tonsurer, prit les saints ordres, et quarante jours après, le 1ᵉʳ décembre 581, saint Domnole étant venu à mourir, il lui succéda; ce fut à la fin de ce même mois, sans doute, que cinq ans plus tard, il mourut au milieu des apprêts d'un grand festin. D'après le testament de saint Hadouin, il termina la basilique de Saint-Vincent, commencée sous son prédécesseur.

---

(1) Hist., l. VIII, c. 39.

CHAPITRE XXII.

VIE DE SAINT BERTRAND (1).

Gestes de saint Bertichramne, qui fut évêque du Mans dans les derniers temps de Chilpéric, fils de Clotaire, et sous le règne de Clotaire, fils de ce même Chilpéric, Viri illustres *qui furent rois des Francs* (2).

Saint Bertichramne, évêque de la ville du Mans, était issu de parents nobles, et originaires, d'un côté, de l'Aquitaine, et de l'autre, de la nation des Francs ; il fut tonsuré à Tours, et ensuite il demeura quelque temps auprès de l'illustre évêque de Paris, saint Germain, qui l'instruisit et le promut à quelques-uns des ordres sacerdotaux. Or ce même saint Bertichramne fonda de l'autre côté de la Sarthe une celle en l'honneur de son vénérable maître, l'illustre évêque de Paris, saint Germain ; il la dota des biens de Sainte-Marie et Saint-Gervais ; de quelques *vici* du domaine de ladite

---

(1) Nous avons cru devoir adopter de préférence cette manière d'écrire le mot Bertrand, comme étant celle qui semble aujourd'hui plus usitée. Cependant nous conservons le caractère antique de ce mot en traduisant les monuments qui se rapportent à la vie de notre saint.

(1) Anal. Mab., T. III.

église Sainte-Marie et Saint-Gervais, et il lui donna, selon les formes du droit ecclésiastique, d'autres biens qu'il put acquérir par lui-même. Et dans cette celle qu'il avait construite, consacrée et dotée en l'honneur de saint Germain, il établit quelques moines vivant sous la règle, et il y fonda un hôpital pour les pauvres et les nobles. Il soumit cette celle à son église cathédrale, Sainte-Marie et Saint-Gervais, et il la laissa pour être à l'avenir possédée et régie selon l'ordre des réguliers par ses successeurs et par les chanoines de Sainte-Marie et Saint-Gervais.

Ce fut également par ledit saint Bertichramne que la celle, nommée Etival et située dans les quintes de la ville, fut mise sous la juridiction et la domination de l'église Sainte-Marie et Saint-Gervais et des saints Apôtres Pierre et Paul, comme on peut encore le trouver maintenant dans le testament de saint Bertichramne; il l'arracha des mains d'un ecclésiastique nommé Bertigisèle, qui s'était emparé d'une manière tyrannique et au mépris des canons, à deux reprises différentes, de son siége épiscopal, et avait causé par sa négligence un tort considérable aux biens dépendant de l'évêché de saint Bertichramne et de l'église de Sainte-Marie et Saint-Gervais. Saint Bertichramne s'occupa donc, comme nous venons de le dire, de faire recouvrer par un acte en bonne forme ces biens ecclésiastiques; il les augmenta noblement, les améliora et y plaça de saintes moniales, vivant sous la règle; il soumit ce monastère à son église cathédrale, Sainte-Marie et Saint-Gervais, et il le laissa pour être possédé et régi à perpétuité avec un droit bien formel par ses successeurs.

Sur le territoire appartenant à l'église-mère, Sainte-Marie, Saint-Gervais et Saint-Protais, et sur les terres de la *villa* nommée le Vivier (1), auprès de la ville, il construisit noblement, en l'honneur des Apôtres saint Pierre et saint Paul, un monastère dans l'endroit qui lui avait été désigné par un ange, un jour qu'il veillait à prier dans l'église de Saint-Michel, église placée dans la ville, auprès de ladite église-mère, dans une des tours de la cité ; l'ange le lui avait montré visiblement au lever de l'aurore, un jour de dimanche. Pour édifier cette église des Apôtres, il la dota d'une façon merveilleuse tant des biens appartenant à l'église-mère de la cité, Sainte-Marie et Saint-Gervais, que des autres qu'il put recouvrer par les voies justes et légales, et obtenir de différents côtés, soit en biens de son héritage, soit en biens achetés ou acquis d'une autre manière ; cette donation fut faite légalement et par le consentement du roi Clothaire et par celui d'un grand nombre d'évêques.

Autour de ladite église, il construisit par la base un magnifique monastère avec cloîtres et autres édifices convenables. Il statua que ce lieu serait destiné à perpétuité pour un grand nombre de moines, soumis à la règle, et il fournit avec soin et piété à tout ce qui était nécessaire pour recevoir et nourrir les pauvres, les voyageurs, les pélerins et les immatriculés. Non loin de ce même monastère il éleva une église en l'honneur de la sainte Croix ; il y plaça des serviteurs de Dieu pour y célébrer l'office divin, et régla tout avec un ordre merveilleux pour y recevoir les pauvres et les hôtes.

Il soumit ce même monastère des Apôtres Saint-Pierre et Saint-Paul, ainsi que ladite église de Sainte-Croix, avec

---

(1) *Vivereus.* Cette villa paraît être la même que celle désignée dans les Actes de saint Julien sous le nom de *Viveregius.*

les dépendances, à son église cathédrale, Sainte-Marie et Saint-Gervais. Il appela en héritage cette église-mère de la cité, dite Sainte-Marie et Saint-Gervais, et la constitua héritière de tout son bien, tant de celui qui lui appartenait en propre, que de ses bénéfices ecclésiastiques ou de ce qui lui revenait par héritage. Il légua et abandonna, en faveur de ses successeurs, les évêques de l'église matrice, et des chanoines, ce même monastère de Saint-Pierre et Saint-Paul dans toute son intégrité, pour le posséder dans l'ordre prescrit par les lois ecclésiastiques, et le régir à perpétuité, en vertu d'un droit formel.

Le même saint Bertichramne fit construire ou restaurer sur les bords de l'Huisne un monastère ou hospice en l'honneur de Saint-Martin, dit de Pontlieue; il l'enrichit des biens dépendant de son évêché et d'autres qu'il obtint ou qu'il put acquérir par des voies justes et légales, et il statua que tout voyageur pourrait y prendre le nécessaire. Il y établit des moines obligés à suivre la règle, et des indigents *immatriculés*, d'après le nombre fixé et selon la teneur de son testament; il soumit ce même hospice à son église cathédrale et il l'abandonna pour être possédé à l'avenir par ses successeurs, conformément aux canons et au droit ecclésiastique. Au reste, tel est le décret contenu dans son testament, lequel fut fait avec les serments accoutumés, et dont on a jugé à propos de donner la copie à la suite de ceci.

Or, ce même saint Bertichramne était archevêque et portait le pallium selon l'usage des métropolitains; il était à la tête des évêques de tout le royaume et leur rendait des services (1).

---

(1) Les grands mérites de saint Bertrand, sa haute naissance et la faveur du roi purent lui obtenir l'honneur du pallium; peut-être aussi le

Il mourut en paix, plein de jours et après une heureuse vieillesse, la veille des calendes de juillet, et il fut inhumé avec les honneurs convenables par ses confrères et ses disciples, dans la susdite église qu'il avait construite en l'honneur des saints Apôtres Pierre et Paul. Il vit aussi dans le ciel avec les saints de Dieu : puissions-nous mériter par ses prières et par celles de tous les autres saints d'y parvenir et d'y vivre, grâce à notre Seigneur Jésus-Christ, à qui l'honneur et la gloire appartiennent dans tous les siècles des siècles. Ainsi soit-il.

L'an 587, Gontran, tuteur du jeune Clothaire II, ayant appris que les Bretons avaient fait une irruption dans le pays Nantais, envoya vers leurs chefs une députation pour les engager à se retirer. Saint Bertrand fut mis à la tête et réussit au-delà de toute espérance. D'après ce que nous avons dit à la fin du premier chapitre, cette année fut celle du commencement de l'épiscopat pour notre saint, qui mourut dans un âge fort avancé (1), le dernier jour de juin, l'an 624, selon l'avis de plusieurs. Fortunat loue dans ses vers le tendre attachement de saint Bertrand pour son troupeau, et l'amour des Cénomans à son égard ; il prodigue, aux poèmes qu'il composa, les plus grands éloges :

> Vix modo tam nitido pomposa poemata cultu
> Audit Trajano Roma verenda foro.

Ces poésies si fameuses au dire du poète, n'ont point traversé le cours des âges, et des œuvres de saint Bertrand

---

nom d'archevêque, et une certaine prééminence sur les autres évêques du royaume, mais non le titre de métropolitain.

(1) Un de nos anciens manuscrits contenant les Actes des évêques, porte en marge que ce saint mourut à l'âge de 90 ans accomplis.

il ne nous reste que son long testament, lequel ne peut assurément être cité comme modèle pour l'élégance et la clarté du style, et ne rappelle nullement les beaux siècles de Rome. Nous avons cru nécessaire de donner ici cet antique et très-précieux document, après l'avoir collationné sur les différents manuscrits et sur les copies imprimées (1). On y verra notre saint se peindre lui-même et raconter les traits les plus marquants de sa vie; on y admirera surtout sa piété douce et son ardente charité.

Après avoir subi plusieurs reconstructions, la magnifique église qu'il dédia en l'honneur de saint Pierre et saint Paul, est encore dans un état parfait de conservation (2). La crypte où son précieux corps fut déposé a été restaurée depuis quelques années (3). On y a retrouvé la *confession* ou le lieu du tombeau de ce même saint, dans l'enfoncement à voûte cintrée où la statue de l'illustre fondateur se trouve aujourd'hui couchée. Le trésor possède encore un os de sa jambe, un peu de cendres de son corps, dont les restes furent brûlés et jetés au vent par les calvinistes pendant les guerres de religion. Des tablettes d'ardoise, conservées dans son

---

(1) Si l'on en croyait sur parole l'auteur des Essais Historiques, etc., sur le Maine, l'original même aurait été conservé jusqu'à la révolution du dernier siècle, sur une suite de parchemins roulés, d'une longueur de 7 m. sur 0,50 m. de largeur.

(2) Auprès de cette église, aujourd'hui paroissiale de la Couture, on voyait naguère la fontaine dite de Saint-Bertrand. Les fidèles, en venant implorer les mérites du saint, puisaient de cette eau pour obtenir des guérisons.

(3) Quoique les plus savants archéologues ne puissent assurer si la construction de cette très-ancienne crypte remonte au viie siècle, cependant elle a été formée de matériaux qui appartiennent au moins à cette époque.

tombeau jusqu'en 1792 et déposées dans le trésor de la cathédrale, attestent par une inscription qu'au mois de juin 1564, un huguenot, pour avoir profané le corps du saint évêque, mourut dans des transports les plus violents deux jours après. La *Confession* fut rétablie après les troubles, comme on le lit sur une seconde tablette, et les cendres furent déposées dans un vase de grès, avec toute l'authenticité désirable. La même église conserve en outre un morceau de soie d'un dessin très-antique, regardé comme ayant été détaché du suaire de ce même saint. Espérons que le Seigneur, qui, par le moyen du chef puissant de la milice céleste, déclara qu'il voulait être servi et adoré dans ce lieu, l'entourera longtemps encore de sa protection spéciale, et que l'illustre saint Bertrand ne cessera de veiller sur son œuvre chérie et sur son tombeau.

Le monastère célèbre de la *Couture-de-Dieu* est, au contraire, devenu l'hôtel de la préfecture de la Sarthe; mais un des principaux prieurés qui en dépendaient a été depuis quelques années érigé en abbaye pour la nouvelle congrégation des Bénédictins de France; en sorte que, du haut du ciel, nos saints évêques du Mans, saint Innocent et saint Bertrand particulièrement, qui firent tant pour introduire et propager cet ordre, pourront encore sourire en le voyant refleurir au milieu de nous par de nouveaux et puissants rejetons.

L'église dédiée par saint Bertrand en l'honneur de Sainte-Croix fut détruite à la fin du dernier siècle; mais tout auprès une chapelle domestique vient d'être destinée à en rappeler le souvenir, sans parler de l'église conventuelle de Sainte-Croix qui s'élève en ce moment. L'antique église et l'hospice de Pontlieue laissent à peine aujourd'hui la trace de leurs débris.

Quoiqu'il soit certain que saint Bertrand mourut le dernier jour du mois de juin, sa fête cependant a été placée au sixième du même mois, jour de la translation de ses précieuses reliques, à cause de la commémoration de saint Paul. L'église paroissiale de Lavardin, près de Conlie, est placée sous le patronage de saint Bertrand.

Suit un exemplaire du testament fait par ledit saint Bertichramne, en faveur de l'église-mère du Mans et du monastère de Saint-Pierre, ainsi qu'on va le voir. Nous l'insérons, afin que s'il venait à être perdu, ce qu'à Dieu ne plaise, on puisse le trouver ici et savoir ce qu'il contient (1).

Au nom du Seigneur Jésus-Christ et du Saint-Esprit, à la date du VI des calendes d'avril, l'an 32 du règne de très-glorieux seigneur le roi Clothaire, moi Bertran, pécheur et indigne évêque de la sainte église du Mans, étant parfaitement sain, grâce à Dieu, et de corps et d'esprit, mais craignant avec raison les conséquences de la fragilité humaine, j'ai dressé mon testament et j'ai prié mon fils, le notaire Ebbon, de l'écrire sous ma dictée. Si pour une cause quelconque, ce mien testament devenait non valide, soit pour le droit civil, soit pour le droit prétorial ou par intervention de quelque loi nouvelle, je veux que ce testament ait au moins la valeur de codicilles *ab intestato*.

Ainsi donc, lorsque moi, Bertran, pécheur ci-désigné, j'aurai quitté la terre et payé ma dette à la nature, vous serez mes héritières, vous, très-sainte église du Mans, conjointement avec la sainte et vénérable basilique de Saint-Pierre et Saint-Paul, Apôtres, que j'ai élevée par mes propres soins vis-à-vis de la cité pour la protéger et pour servir à l'utilité publique. Je vous constitue et déclare mes héritiers ; que tous les autres soient déshérités. Cependant, à l'égard de tous ceux à qui j'aurai donné ou légué quelque chose par ce mien testament, je m'en rapporte à la bonne foi de mes

---

(1) Biblioth. du Mans. M. S. n° 224. — Anal. Mab., T. III. — Act. SS., T. I, jun. — Hist. des Ev. du Mans, par Corvaisier, etc.

héritiers pour le leur accorder, pour faire et exécuter ceci : en outre, lorsque j'ordonne de mettre en liberté certaines personnes, qu'aucune d'elles ne soit exceptée. D'ailleurs, l'illustre et très-haut seigneur, le roi Clothaire (que Dieu l'en récompense au centuple dans sa bienheureuse éternité), m'a donné, en vertu de son diplôme, confirmé par imposition de la main, pleine liberté de léguer de mes propres biens ce que je possède par succession de mes parents, ce que j'ai obtenu par ses largesses mêmes, ce que j'ai acheté, ce qu'avec l'aide de Dieu je pourrai acquérir encore et augmenter en valeur quelconque ou en personnel, et cela tant pour le repos de mon âme que pour mes proches et mes féaux.

En conséquence, je veux et ordonne que vous ayez, très-sainte église du Mans, mon héritière, la *villa* nommée *Bonalpha* (1), située au pays d'Etampes, près de la forêt d'Ivelines (2). Je l'ai reçue en présent de la munificence du très-haut seigneur, le roi Clothaire, et, conjointement avec lui, de très-haute dame Frédégonde, ci-devant reine, après que le seigneur Vaedola la leur eut rendue en justice : ils me la donnèrent à moi, leur humble serviteur, pour prix de la fidélité que je leur ai gardée; or, on sait que j'ai conservé toujours et constamment cette fidélité à l'égard du même prince. Après ma mort, vous pourrez posséder à perpétuité cette villa, avec les édifices, les serfs, les vignes, les forêts, les champs et tout ce qui en dépend de fait et de droit, avec les attenants, tant meubles qu'immeubles, à l'exception, toutefois, des serfs que plus tard il me plaira de mettre en liberté.

Item, *l'Ager Cultura* (3), acquis dans ces derniers temps. Je veux et ordonne que vous l'ayez, sainte église, mon héritière. La moitié de cette terre a été donnée, sur mes instances et pour les besoins du culte de sainte Marie, par Ingoberge, d'heureuse mémoire, ci-devant reine ; quant à l'autre moitié, je l'ai achetée autrefois à prix d'argent de son frère Magnulphe, afin que cette terre entrât tout entière dans le domaine de la sainte église.

Quant à la moitié de la *villa Celonica*, située au pays *Tri-*

---

(1) *Bonalpha*, *Bonalfa*, *Bonalcha*, *Bonalla*, Bonelles (*Seine-et-Oise*).

(2) *Æqualina Sylva*, forêt d'Ivelines, près de Rambouillet (*Seine-et-Oise*).

(3) *Cultura*, ou *Culturæ*, Couture, sur le Loir (*Loir-et-Cher*).

curino, et léguée à l'église par Bobolène, d'heureuse mémoire, j'ai eu à souffrir de grandes vexations au sujet de cette même moitié ; mais à force de soins, j'ai obtenu qu'elle ne sortît pas du domaine de la sainte église. Il avait légué l'autre moitié pour être possédée par sa femme et par ses héritiers, mais j'ai versé l'argent nécessaire pour que la terre vint en entier dans ma possession. Je veux, très-sainte église mon héritière, que vous jouissiez de toute cette villa. Il en sera de même pour le *Fanum-Vicinoniæ* (1) : tout ce que j'y ai acheté ou acquis par mes soins, avec la portion que j'ai eue dans le *Bructiago* et où j'ai construit des édifices et placé des serfs, avec tout ce que, Dieu aidant, je pourrai améliorer sur ces mêmes terres, je veux, très-sainte église, que le tout, y compris les serfs qui y demeurent, vous soit donné. *Item*, la *villa Brea* (2), qu'Adaulphe m'a procurée à titre de donation, mais qu'ensuite j'ai achetée ; que cette même villa reste, telle que je la possède maintenant, y compris tout ce que j'y ai annexé, dans le domaine de la sainte église du Mans, mon héritière. Mais par mes propres soins j'ai acquis pour vous, ô sainte église, tant de choses, que je ne pourrai me les rappeler. — Et quoique généralement l'on sache de quelle manière et combien, grâce à Jésus-Christ, j'ai travaillé fidèlement pour les intérêts de la sainte église et des monastères, et même dans toute autre affaire, cependant, seigneur évêque, à qui Dieu voudra confier après ma mort les mêmes intérêts, vous ignorerez peut-être combien, pendant mon administration, Dieu, au prix de mes soins et de mes peines, a daigné faire de grandes choses ; si vous vous mettez à en faire de bonne foi la recherche, vous verrez que je n'ai pas peu travaillé pour l'église confiée à vos soins. C'est pourquoi, si je laisse la jouissance à usufruit de quelques biens appartenant à sainte Marie, en faveur de quelques-uns de nos frères, prêtres, diacres ou lecteurs, ou bien en faveur de mes proches, de mes amis et de mes serviteurs, en un mot, si je donne quelques biens devenus la propriété de la sainte église, ou d'autres qui m'appartiennent en propre, vous ne devez pas le trouver injuste, puisque je n'ôte

---

(1) *Fanum-Vicenoniæ*, temple de la Villaine, auj. Saint-Aubin-du-Cormier (*Ille-et-Vil.*), voy. Hadr. de Valois.

(2) *Brea*, Brée, bourg sur la Jouanne (*Mayenne*).

point à la sainte église la propriété de ces mêmes biens, et que d'ailleurs je la constitue héritière de mes propres biens. Et comme le ci-devant évêque, le seigneur Domnole de sainte mémoire, légua quelques petits lieux faisant partie des terres de la sainte église, en faveur de sa basilique, dans laquelle il repose, nous étions affligé de nous voir dans l'obligation, pour le même motif, de diminuer une seconde fois les terres de l'église, d'en enlever une portion pour la donner à la basilique des Apôtres saint Pierre et saint Paul, construite par mes soins en leur honneur; mais cependant, en agissant d'après le conseil de nos vénérables frères, prêtres, diacres ou autres clercs, j'ai jugé à propos de distraire du domaine de l'église, en faveur de cette même basilique, une des terres, non seulement parce que cette basilique en a besoin, mais aussi comme prémices, par respect pour les saints Apôtres ci-désignés, et parce qu'il est convenable que la sainte église-mère soutienne et enrichisse les basiliques qui lui appartiennent. C'est ce dont nous sommes également convenu avec les seigneurs évêques rassemblés au jour où la bénédiction céleste est descendue sur cette même basilique, où les reliques des saints apôtres saint Pierre et saint Paul y ont été déposées; au jour où, par le secours de la grâce divine, elle a été doublement consacrée par de saints pontifes, en l'honneur des saints Apôtres; en un mot, au jour de la consécration de ce lieu.

Quant à la villa *Wibriaco*, que Basile et Baudegond fondèrent pour la sainte église et à qui elle devait appartenir après leur mort, nous avons employé tous nos soins pour qu'elle ne fut pas ravie dans la suite à ladite église. Je viens de déclarer ci-dessus combien par moi, simple et humble mortel, la sainte église a vu ses biens s'accroître et se multiplier, tant pour ce qui regarde ladite villa *Wibriaco* que pour la basilique des Apôtres saint Pierre et saint Paul, élevée comme on sait, par mes soins, dans le faubourg. Ainsi, cette villa devra rester à jamais pour la sainte église, avec la grâce de Jésus-Christ.

Il m'a plu d'établir ici en legs, quant à la villa de *Nimione* située au pays de Paris, avec les vignes que l'on connaît à *Frontanito* vers *Plastarias* et *Vinitores*, vignes qui m'ont été données par mon seigneur le roi Clothaire (1); une partie dépendait d'abord

---

(1) Suit une phrase difficile à expliquer : *quæ meo sepius dúm laïcus fui.*

du fisc, l'autre a été achetée ; qu'elles soient données en entier à la sainte église de Paris, sous le patronage de laquelle j'ai été élevé, et que ces biens soient possédés par elle.

Pour ce qui regarde la basilique des bienheureux Apôtres saint Pierre et saint Paul, constituée ci-dessus mon héritière conjointement avec la sainte église du Mans, et conformément à ma dévotion ; comme je désire que mon misérable corps soit déposé (le jour où il plaira à Dieu) dans ce même endroit, dans cette même basilique en l'honneur des saints Apôtres, et afin que ces mêmes Apôtres daignent par leurs suffrages me délivrer de la peine éternelle que j'ai à craindre pour toutes les fautes de ma vie dans le siècle ; afin que je mérite d'obtenir par leur intercession et leur patronage, sinon la gloire (ce dont je suis indigne), mais au moins mon pardon ; à cette fin, je donne à cette basilique quelques *villæ* situées sur le territoire Cénoman, sur celui d'Etampes et celui de Bordeaux, ou même ailleurs, et non seulement celles que j'ai données déjà, par titre de simple donation, à cette même basilique, le jour de sa consécration, mais encore celles que je lui donne par ce testament. Je dois ces *villæ* à la munificence du glorieux seigneur Clothaire, pour récompense de l'entière fidélité que je lui ai gardée, et par son diplôme, confirmé de sa main, il m'accorde tout pouvoir de donner ces *villæ* dues à sa générosité, en faveur de ce même lieu, pour le repos de mon âme et pour la stabilité de son règne. — Ces *villæ* sont : *Crisciago* (1), *Villa-Thedone* (2), *Colonica Telate* (3), puis d'autres *villæ* dans le *Buresaco* (4), et dans le Gâtinais (5), les mansions que nous avons eues de l'illustre Warnachaire, maire du palais, pour la villa de *Columbaria* (6). — Mais ce que je demande, ce que j'exige des abbés qui demeureront en ce lieu dans la suite des années, aussi longtemps que la puissance divine et la faveur des saints Apôtres permettront qu'il

---

(1) *Crisciacum*, Crissé (*Sarthe*) ; mot oublié dans les *Anal. de Mab.*
(2) *Villa-Thedonis*, Thion-Ville (*Seine-et-Oise*).
(3) Tallais, dans le Bordelais ?
(4) *Buresacum*, Bursay ou Bersay, auj. fôret de Jupilles (*Sarthe*).
(5) *Wastinensis*, pays de Gâtine, près du Loir (*Loir-et-Cher*).
(6) *Columbaria*, Colombiers (*Mayenne*). Warnachaire, maire du palais, en Bourgogne.

y en ait, c'est qu'une moitié de tout ce qui pourra provenir chaque année des *villæ* sus-désignées, en revenus et en suffrages, soit donnée en vêtements ou en pièces de monnaie aux pauvres, le jour de mon anniversaire, et que l'autre moitié serve à entretenir en tout temps dans la sainte basilique un éclairage suffisant et convenable; car il est juste que cette sainte basilique ne manque pas de lumière, même une seule heure de la nuit, et qu'il y en ait une qui brille sans cesse non seulement dans la basilique des saints Apôtres; mais encore dans l'église de Sainte-Croix, que j'ai élevée dans la suite, et dans la basilique de Saint-Martin, auprès de l'hospice situé à Pontlieue. J'en excepte cependant les revenus et redevances que l'on espère avoir de ces terres, pour les besoins de la sainte basilique et de son monastère, soit pour fournir à la nourriture des chanoines, soit pour fournir à celle des pauvres qui demeurent, comme on sait, auprès de la sainte basilique à la *Marelle* (1). Que chaque année, il soit pourvu suffisamment à leur nourriture et à leur vêtement, afin qu'ils s'appliquent entièrement à prier le Seigneur pour l'expiation de mes péchés, et que, pour ces biens dûs à la munificence du prince, ils lui obtiennent du roi du ciel la récompense au centuple dans l'éternité.

Pour l'église, mon héritière, je lègue la villa *Dolus* (2), que j'ai fondée par mes soins et que je suis parvenu à conserver par les efforts de mon industrie; tout ce que j'y ai fait faire, tous les édifices, les serfs, les champs, les prés, les terres cultivées et les terres incultes; tout ce qui en dépend ou se trouve dans sa circonscription; tout ce que j'y ai obtenu de vive force par un arrangement équitable; sainte église, je vous le lègue pour que vous le possédiez en entier.

Pour la basilique de Saint-Pierre et Saint-Paul, je lègue des *villæ* que j'ai achetées à prix, savoir : *Gaviacus* (3), *Colonica* (4), *Landolenæ* et *Ferrensis*, acquises par mes soins de côté et d'autre;

---

(1) *Ad Matricolam*. Nous avons cru pouvoir exprimer ce mot par Marelle, qui y correspond, mais qui ne semble guère usité maintenant.
(2) *Dolus*, Dolus, dans l'île d'Oléron (*Charente-Infér.*).
(3) *Gaviacus* ou *Gaujacus*.
(4) *Colonica*, Coulange.

ensuite, à *Cellis* et en *Samarciago* (1), auprès de la ville du Mans, et tout ce qui fut à *Portithorengo*, que j'ai reçu en tutelle, et ce que Ceta, Mancia et Guntha ont possédé en droit légitime et qui est venu en ma possession, tant vignes que colons et serfs pour la portion entière. *Item*, les *villæ* que j'ai achetées en l'honneur de la basilique de Saint-Pierre et Saint-Paul, de l'argent que nous a donné pour récompense de notre fidélité le glorieux seigneur Clothaire, ou bien que nous avons acquises de côté et d'autre. Ces *villæ* sont: *Campo Chunanæ, Ludina, Comariago* et *Cambariaco* (2). Les titres de vendition faite à ladite basilique en font foi, et déjà précédemment nous les lui avons livrées. Ensuite, le villier *Piciniacum* (3), que tenait autrefois le diacre Gondebault; puis *Hilliaco* (4), que nous avons eu de l'illustre maître Babison. Au nom de Dieu, je veux que ladite basilique possède ces *villæ*. Je veux aussi et statue que, pour toutes les choses de peu de valeur et de toutes sortes qui m'ont été données, tant celles qui sont spécifiées sur mes chartes, que celles oubliées par hazard dans cette feuille de mon testament, vous le partagiez en égale portion et le possédiez intégralement, vous, sainte église, et vous, vénérable basilique de Saint-Pierre et Saint-Paul.

Quant à la villa de *Morenaco* (5), acquise par mes soins et avec beaucoup de peine, villa dont Modeghisèle s'est emparé injustement et par violence, parce que je restais fidèle au roi; comme Dieu rendit justice à ce même roi, le seigneur Clothaire, elle est rentrée en ma possession, c'est-à-dire dans le domaine de la sainte église. J'établis ici, sainte église, que vous aurez cette villa et tout ce qui est de son ressort et se trouve compris dans ses limites. Vous ensuite, basilique de Saint-Pierre et Saint-Paul, vous aurez une portion que j'y possède, avec la *Colonica* que j'ai eue de Leodault, à titre de donation, avec les terres que j'y ai achetées

---

(1) *Samarciago*, mis peut-être pour *Sancto Marciaco*, Saint-Mars-la-Bruyère. *Quinto lapide à Cænomannis civitate.* Corv.

(2) Campugnan, Ludon, Coubeyrac et Cameyrac (*Gironde*).

(3) *Piciniacum*, Poussignac? (Gironde).

(4) *Hilliaco*, Illac? (*Gironde*).

(5) *Morenaco*, Mornac ((*Charente-Inf.*).

(6) *Colonica*, Coulange (*Charente-Inf.*).

ensuite sur le fonds même dit *Methense* et de *Voligione* ; tout l'ensemble, les portions de ce même fonds, les bornes desdites portions, les serfs, les biens meubles et immeubles; sainte basilique, vous en aurez la possession à perpétuité.

C'est un fait notoire pour tout le monde, qu'après la mort du feu roi Gontran, je prêtai un serment inviolable à mon seigneur le roi Clothaire, parce que, selon l'ordre légitime, la ville du Mans devait lui écheoir en partage après le décès du seigneur Gontran, comme faisant partie de l'héritage du ci-devant roi Chilpéric, son père, d'heureuse mémoire. Mais, par les suites de la cupidité, cette ville lui fut enlevée, et il essuya un grand échec pour le reste de son royaume. Pour moi, comme j'étais strictement lié par mon serment de manière à ne pouvoir l'enfreindre, j'ai facilement abandonné mes biens, la sainte église et tout ce qui m'appartenait, plutôt que d'être convaincu de parjure (ce qu'à Dieu ne plaise). Et tandis que, plein d'attachement pour ce prince, je lui demeurais fidèle, avant et après l'expoliation qu'il a soufferte injustement, ce même prince s'est vu obligé de nous accorder quelques dons pour fournir à nos besoins, pour nous nourrir, nous et nos pauvres; puisse le roi du ciel l'en récompenser pour nous! Or, comme nous n'avons, dans notre pauvreté, ni or ni argent pour vous rendre ces présents, très-glorieux Seigneur et roi Clothaire, cependant nous voulons mettre dans ce testament, sous les yeux de votre altesse, ce dont votre gloire a daigné nous gratifier.

En conséquence, nous offrons à votre couronne des biens dûs à vos largesses, en vertu de la permission que vous nous avez accordée par un décret confirmé de votre main, c'est-à-dire, de faire comme bon nous semblerait. Ces villæ sont : *Neolone* et *Walionno*, avec toute la circonscription, les choses attenant qui en dépendent et tout ce qui, dans la suite, a été amélioré par nous; que votre altesse reprenne ces biens en sa possession. *Item*, nous vous donnons, très-glorieuse dame et reine Bertrude, la *villa Penpinas*, dite *Cella*, que nous tenons en présent de votre époux, notre glorieux seigneur, en sorte qu'après ma mort, vous recevrez dans votre domaine et sans aucun empêchement, cette même *villa*, y compris les édifices, les serfs et toute l'étendue des limites.

Pour mon très-cher neveu Sigechelme et mon petit-neveu Thoring, s'ils me survivent, qu'ils partagent en portion égale la *villa Seuva* avec le villier *Ripariola*. *Item*, pour la *villa Briomilia*, elle nous était due à juste titre par succession de mes parents; mais pendant l'interrègne, elle nous fut longtemps ravie; cependant, lorsque Dieu donna dans la suite au seigneur Clothaire son royaume en entier, sa bonté nous a rendu cette même *villa*, dont il nous a confirmé en outre la possession par son diplôme. Je veux que cette *villa* soit donnée à mes très-chers neveux et fils Sigechelme, Leutran et Sichran (1). *Item*, pour la *villa* de *Castolione* (2), qui est située au pays de Saintes, et qui appartenait à mes parents et a l'illustre seigneur Sigelène; le glorieux seigneur et roi Clothaire nous en a assuré la possession par son diplôme, car pendant longtemps elle nous fut enlevée, à mon parent Sigelène et à moi. Si ce même Sigelène me survit, qu'il la reprenne en son pouvoir, et s'il ne me survit pas, je veux qu'elle soit donnée à ses fils, savoir : *Sichelecus* et *Berchelaïcus*. Pour les *villæ* nommées *Crisciago* et *Botilone*, qui nous appartiennent justement par succession de notre père, et que je devrais partager avec mes frères si la mort ne les atteignait pas avant moi, j'ordonne maintenant que vous, mon très-cher neveu Sigechelme, conjointement avec mon neveu Thoring, vous partagiez ces petites villæ. Quant à la *villa Bualone* (3), située au pays d'Etampes, près de la forêt d'Ivelines, villa que j'ai cédée, à titre de donation, à mon très-cher petit-neveu Leudran, le jour de ses noces; ainsi que l'acte de donation le comporte, je veux aussi que cette *villa* leur soit donnée par ce mien testament. Pour le lieu appelé *Fontanido* (4), que je tiens en présent du glorieux Clothaire, où Eusèbe, ci-devant laïque, a planté des vignes, et où nous ensuite, nous avons établi des serfs; que le sainte basilique de Saint-Pierre et Saint-Paul révendique en sa possession ce petit lieu avec toute son intégrité, tout ce qui en dépend, mais que mon petit neveu Leudran et son épouse jouissent à perpétuité de la moitié des vignes.

Je donne à la basilique de l'évêque Germain, mon parrain spécial, qui m'a élevé avec tant de douceur, et qui, par ses prières

---

(1) Ou autrement : à mon très-cher neveu et fils Sigechelme, (frère) de Leutran et Sichran?

(2) *Castalione*, Castillon.

(3) *Bualone*, Bullion (*Seine-et-Oise*).

(4) *Fontanido*, Fontenay, près de Bullion.

saintes, m'a promu aux honneurs du sacerdoce, s'il arrive que son saint corps repose dans la basilique de Saint-Vincent, je donne en l'honneur de sa sépulture la *villa* de *Bobane* (1), sur la rivière d'Ecolle, *villa* que j'ai reçue en présent du glorieux Seigneur et roi Clothaire, en sorte que, dans le cas où son corps resterait toujours dans la nouvelle basilique élevée par le feu roi Chilpéric, ou bien qu'il viendrait à être transféré ailleurs, cette même *villa* servira toujours pour le lieu où son corps aura été déposé, afin que ce même saint pontife daigne m'obtenir par ses prières le pardon de mes fautes. Illustre abbé de ce lieu, je demande que mon nom soit inscrit au *livre de vie*.

Quant à mon *villier* qui est situé au pays *Cramtenum* (2), aux sources de *Vendantia*, tel que je le possède maintenant et comme il m'a été rendu à titre légitime, provenant en effet de la succession de mon père et seigneur, je veux qu'après mon décès il soit donné à la basilique de Saint-Pierre et Saint-Paul, pour le repos de mon âme.

Je donne à mon très-cher petit-neveu Thoring, la *Coulonge*, nommée *Villa-Nova*, que j'ai achetée autrefois à prix, de mon fils Papolène; qu'il l'ait et la possède à perpétuité. Pour la *villa Idguino*, je veux qu'elle soit donnée à mon très-cher petit-neveu Segechelme, pour la posséder pendant son vivant; mais je veux qu'après sa mort elle appartienne aux fils qu'il a eus de Berthilde, fille de Leudran; qu'ils la possèdent sans partager avec leurs frères, dans le cas où mon neveu Sigechelme viendrait à avoir d'autres enfants dans la suite.

Pour les vignes et prés qui sont à *Ruillione* (3), et touchent aux vignes de la sainte église, puis celles qui se trouvent dans les limites de *Calimarcium* (4), et que j'ai achetées à prix, je veux qu'elles soient données à la sainte église. Item, la *Coulonge Satovera*, que possédait autrefois Vulfaire, et qu'*Aiga* nous donna

---

(1) *Bobane super Calla*, auj. Saint-Germain sur Ecolle (*Seine-et-Oise*).

(2) *Cramtenum territorium ad summa Vedantia*, pays de Cran, aux sources de la Vedée? (*Deux-Sèvres*.)

(3) *Ruillione*, Rouillon, près du Mans.

(4) *Calimarcium* ou *Calleforum*, Chaufour, près de Rouillon.

ensuite avec les mêmes clauses de vendition qu'il avait reçues de Vulfaire; pour ce qui est de ce même lieu avec les vignes et toutes les dépendances, vous l'aurez également, vous, sainte église, mon héritière. Mais pour le lieu nommé *Condomas*, que j'ai eu en retour et que j'ai concédé ensuite à titre de donation à la très-fidèle *Cottana*, je veux que cette même *Cotta* et ses fils le possèdent en entier à perpétuité.

Quant à la maison située dans les murs de la cité de Paris, maison bâtie autrefois et possédée par Eusèbe, maison qui m'a été concédée ensuite, comme l'on sait, par le très-haut seigneur et roi Clothaire, je statue qu'elle sera partagée également entre la sainte église du Mans et la sainte basilique, mes héritières, de manière à ce que l'on fournisse, avec le revenu provenant chaque année de la location des boutiques placées dans la maison, aux frais du luminaire dans la très-sainte église du Mans et dans ladite basilique de Saint-Pierre et Saint-Paul; elles posséderont également en commun les *arias* qui se trouvent hors de la ville. Nous faisons observer en outre que tout ce qui sera trouvé, au jour de mon décès, dans cette même maison de Paris, tant les objets réunis ensemble que tous les autres faisant partie de notre propriété, seront partagés en égale portion par mes héritières, la sainte église du Mans et la basilique de Saint-Pierre et Saint-Paul.

Grâce à Dieu, je me suis rappelé une chose que j'avais oubliée presque entièrement : pour ce qui regarde plusieurs petites vignes situées auprès des *Arènes* (1), vignes que j'ai reprises en majeure partie sur le désert et que j'ai même réunies, à partir desdites Arènes jusqu'à la voie pavée qui entoure l'enclos même et le terrain que possède présentement ladite basilique de Saint-Pierre et Saint-Paul. *Item*, les petites vignes; les petits prés et les terrains qui se trouvent à droite de la voie pavée se dirigeant vers Pontlieue, terrains que j'ai achetés de mon vénérable frère l'abbé Eolade; ensuite, ce qui se trouve dans l'*oppidum* de la même basi-

---

(1) *Arenœ*, les Arènes, ou amphitéâtre, près des murs de la cité du Mans. La voie dont il est ici parlé sous le nom de *Strata* était, comme il paraît, pavée en scories de fer, et, au-delà de la rivière, à Pontlieue, elle avait plusieurs embranchements vers Angers, Tours, Sougé, Orléans, etc.

lique avec le *Breuil*, que j'ai racheté, moyennant la somme de 40 sous, de mon frère l'abbé *Leusus*, et les petits champs que nous avons échangés avec le même abbé, puis ce que nous avons sur les bords de la Sarthe, ainsi qu'un pré situé au confluent; cette même basilique possédera, au nom de Dieu, tout cela en entier, avec les serviteurs que j'y ai placés, et ceux qu'avec la grâce de Jésus-Christ j'y pourrai placer dans la suite, ce que d'ailleurs elle possède déjà. Quant à la *Coulonge Vatinolonno*, j'en ai acheté de Beron, au nom de cette même basilique, une moitié; l'autre a été accordée en faveur du même lieu, à titre de donation, par l'illustre matrone Egydie. J'ordonne que le tout soit possédé, avec la grâce du Seigneur, par la susdite basilique qui le possède ainsi présentement, et qu'il en soit de même à perpétuité.

Chacun sait comment Berthégisile s'est assis illicitement sur son siège et contrairement aux décrets des canons; comment il s'est emparé des biens de sainte Marie et des miens propres, et quelle perte il nous a causée; il a restitué, il est vrai, mais non comme il aurait dû le faire. Il n'en a rendu que très-peu et au moyen de ce qui m'appartenait en propre, après qu'il l'avait eu détourné si injustement. Voici les lieux qu'il a restitués avec charte de vendition, à savoir : avec les maisons, *Campaniaco* (1) et *Stivale* (2); il nous a vendu sa portion entière. Et quand une autre fois on dressa des embûches pour priver de son royaume le glorieux seigneur Clothaire, j'eus encore à subir une dure captivité à cause de lui, et alors même ce Berthégisile, dont on ne devrait pas prononcer ici le nom, vint une seconde fois pour dévaster l'église, il trouva dans les archives de ladite église cette même charte qu'il avait faite précédemment, et il ordonna de la jeter au feu. Que le juge souverain et terrible le juge en conséquence! Pour nous, malgré sa résistance, quand notre seigneur fit, avec la volonté de Dieu, sa paix avec son très-haut cousin le roi Theudebert, et qu'il reçut volontairement les limites fixées pour ses états, nous avons révendiqué en notre possession ces mêmes biens. Ainsi, je lègue à

---

(1) *Campaniaco*, Champagné, près du Mans. *Campani-villa*. On lit sur le M. S. le plus ancien : *cum Bariaco*, et plus bas : *Campariaco*.

(2) *Stivale* ou *Æstivale*, Estival vers l'ouest de la même ville, *résidence d'été*.

ladite sainte basilique de Saint-Pierre et Saint-Paul *Campaniaco* et *Stivale* avec les maisons, les serfs, les vignes, les forêts, les prés, les eaux et cours d'eau, avec leur droit et tout le *pécule*.

Or, j'ai achevé la maison construite par mes soins dans l'enceinte des murs sur le côté droit de la *posteriola*, où se trouve construit un petit oratoire en l'honneur de saint Michel, archange; cette même maison aurait dû appartenir à la basilique de Saint-Pierre et Saint-Paul; mais tandis que nous étions retenu avec le seigneur et roi Clothaire, à cause de notre fidélité et de notre attachement pour lui, les *pétrins* de l'église furent construits devant cette maison, et tout auprès, dans ces mêmes lieux, la même église a ses *stipendia* et la *marelle* que j'y ai fait placer; je supplie humblement le seigneur évêque qui me succèdera d'y laisser toujours cette même *marelle*, comme elle a eu jusqu'à ce jour les *stipendia* (1); qu'elle soit toujours entretenue aux frais de l'église qui la possède, et que cette même maison soit destinée à recevoir les évèques et les religieux qui desservent le susdit oratoire, car on y a vu éclater des prodiges, et il doit être l'objet d'une vénération toute particulière. Nous prions le seigneur évêque qui me succèdera, nous le conjurons même par le Dieu en trois personnes, de rassembler chaque année dans cette même maison de saint Michel archange, ainsi qu'on l'a fait en notre temps, toutes les *décimes* en blé, vin, fromage et lard, provenant des *villæ* que j'ai léguées à la sainte église par ce mien testament, de celles qui ont été acquises de mon temps et de celles qui lui sont échues par donation; que ces provisions soient distribuées aux pauvres et aux pèlerins pour leur nourriture, afin que la sainte église n'ait à souffrir en cela aucun dommage, et afin que vous conserviez à perpétuité cette fondation faite avec soin par nous pour les pauvres, nous qui avons, quoiqu'indigne, occupé ce siége épiscopal.

D'un autre côté, nous donnons à la basilique de Saint-Pierre et Saint-Paul la *court* (2) et les *casæ*, tenues précédemment dans la ville du Mans par le prêtre Romolos, et cette maison que de notre temps il construisit sur les murs; nous lui avons prêté notre concours pour édifier cette maison, et nous l'avons ensuite achetée

---

(1) *Stipendia*, lieu où l'on payait?
(2) *Curtis*, métairie.

de sa nièce. Quant à ces maisons, telles qu'elles sont présentement possédées, au nom du Seigneur, par cette sainte basilique avec tous les travaux qui ont été faits de mon temps ou avant moi, que le tout soit intégralement possédé sans empêchement aucun, à perpétuité, par la susdite église.

A la sainte église, mon héritière, je donne la *villa* dite *Grande-Fontana*, que j'ai acquise à prix, de Waddolène, mon compère, fils de Bavon, y compris les dépendances et toute la circonscription.

A vous, sainte basilique de Saint-Pierre et Saint-Paul, je donne la *villa Conadacum* (1), que j'ai achetée à prix, de Belletrude et de la matrone *Bettane*, abandonnée précédemment par Maurin, avec les *Colicas*, *villas* que plus tard j'ai achetées à prix, de Betholène et de Mantharig, avec les forêts et toutes les dépendances qui y touchent, avec les maisons et les serfs, ainsi que déjà je vous ai livré dans l'acte de donation. Je veux que le tout vous soit donné, avec les meubles et immeubles et avec ce petit *ager* nommé *Utuniago*, que nous possédons à usufruit de mon fils et parent Bérulphe; après mon décès, réclamez-en la possession.

A mon très-cher neveu Sigechelme, quoique déjà je lui aie abandonné précédemment par titre de donation la *villa Murocincto*, qui me revenait en droit de la succession de mon seigneur et père; cependant, comme il est arrivé depuis, que, pour la punition de mes péchés, mon frère Bertulphe est mort dans une des expéditions du roi Clothaire, et que sa portion m'est échue légitimement, je veux et je le consigne ici dans mon testament, que le tout soit donné à ce même neveu : ce que déjà je lui ai abandonné, et ensuite ce qui m'est échu par la mort de mon frère, à savoir : cette même *villa*, les édifices, les serfs, les vignes, les champs, les prés, les forêts, les eaux et cours d'eau, les meubles et immeubles; qu'ils restent, lui et ses descendants, à perpétuité, possesseurs de ces biens, tels qu'il les possède présentement. Quant à la troisième portion de cette même villa *Murocincto*, laquelle était jadis à mon frère Ermenulphe, d'heureuse mémoire, qui me l'a donnée, je veux qu'après ma mort elle ap-

---

(1) *Conedacum*, Malicorne? (*Sarthe*).

partienne à mon très-cher petit-neveu Leudefride, fils de ce même Sigechelme, à l'exception des personnes que j'ai affranchies ou rachetées de l'esclavage ; qu'elles restent libres. Pour la *casa* située dans l'enceinte même de la ville du Mans et bâtie par mon seigneur et frère l'évêque *Chaimoalde* (1), lorsqu'il remplissait encore les fonctions d'archidiacre, ainsi que la petite *casa* possédée par le diacre Malaric, je veux que mon très-cher neveu Sigechelme, à qui je les ai données, les ait, lui et ses fils, à perpétuité. Or, l'on sait que les *Areæ* ont été achetées dans l'endroit où se trouve la *casa* neuve. Quant à la villa *Patriliaco*, auprès de *Ponto Chingane*, que j'ai achetée de Dolène, la vendition a été faite au nom des saints Pierre et Paul, ou de leur basilique, que déjà nous faisions construire alors ; j'ai légué ensuite cette terre à la même basilique sainte, et je veux qu'elle la possède à perpétuité, en y comprenant les *Coulonges* qui en dépendent.

A vous, sainte église, mon héritière, je veux que l'on vous donne en entier la *villa* de *Monciaco* (2) avec la *Coulonge* que j'ai fondée, et tout ce que j'ai acheté de côté et d'autre, puis réuni, dans les limites desdits *Conedaco* et *Monciaco*.

Mais pour les vignes que le saint pontife Lezin, de sainte mémoire, m'a données par sa tendre affection pour moi, vignes situées auprès de celles dites *Cariliacenses*, que nous avons achetées autrefois avec la terre de *Sargite* (3) *negotiante parte divinâ*, nous y avons planté des vignes et nous les avons renfermées dans un même enclos avec celles de la sainte église. Nous voulons que pour le repos de notre âme la sainte église du Mans possède ces biens. Ces terrains, auparavant, n'étaient point ainsi couverts de ces vignes, de médiocre valeur, et les seigneurs évêques qui m'ont précédé n'y avaient fait faire aucune augmentation ; mais nous, par amour pour la sainte église et dans le but d'accroître ses biens, nous y avons fait de notables augmentations, par négociation ou autre manière, nous en avons abandonné le profit, et nous désirons qu'il serve à la sainte église dans le fait et dans le droit.

---

(1) *Chaimoaldus*, *Aimoaldus*, *Annoaldus*, *Eunoaldus*, évêque de Poitiers alors, selon Lecointe.

(2) *Monciaco*, Moncé-en-Belin (*Sarthe*).

(3) *Negotiante parte divina*, phrase du M. S. difficile à rendre.

D'un autre côté, quant aux petites vignes qui sont dans le *Sabonarense*, que j'ai réunies de côté et d'autre, par donation ou par achat, et auxquelles je pourrai peut-être ajouter d'autres encore, avec les cultivateurs, leur famille et la maison que j'y ai bâtie, j'ordonne que vous les ayez, vous, sainte église de Saint-Pierre et Saint-Paul. Pour *Ponteleugua*, il dépend de la *marelle* et de l'hospice fondé en l'honneur de saint Martin; cette *marelle* est celle dudit Pontlieue.

Si l'on vient à examiner le grand nombre de fautes que nous avons commises pendant que nous étions encore dans le siècle, on trouvera que nous n'avons pas fait assez pour en obtenir la rémission; mais nous espérons que le Dieu tout-puissant, qui ne veut la perte d'aucun homme, agréera nos faibles dons offerts à notre Rédempteur dans la personne des pauvres, notre repentir et nos abondantes larmes, et que, par la grâce de sa grande miséricorde, il nous accordera le pardon de nos fautes, quelque soit leur énormité. Ainsi, comme c'est pour l'accomplissement du vœu fait dans le but de me délivrer et de me soulager, que nous avons dédié, en l'honneur du grand saint et notre patron spécial l'évêque saint Martin, la basilique de Pontlieue, et que nous y avons placé le lieu de son saint repos, je lègue également en faveur de ce saint lieu les petites localités ainsi nommées : *Logiagas*, *Noginto*, *Novavilla*, *Antoniaco*, la partie de *Monasteriolo* (1) que j'ai achetée, à prix, de *Leodelène*, et tout ce que j'y ai acheté d'*Avantus*, ou qui m'est échu de toute autre manière, avec les serfs, les biens meubles et immeubles, tous les droits qui y sont attachés, et tout ce que j'aurai pu acquérir et annexer à ces mêmes propriétés. j'ordonne et statue que tous ces biens resteront sous la dépendance de l'abbé et au pouvoir de la basilique de Saint-Pierre et Saint-Paul.

Mais nous avons donné si peu pour cet établissement, qu'il y a sans doute présomption de notre part à dire que ce soit un hospice; cependant Dieu est assez puissant et même le saint athlète du Christ pour y faire venir l'abondance des biens, afin d'y pour-

---

(1) *Logiacas*, incertain; *Noginto*, Nogent-sur-Loir; *Nova-villa*, Neuville-sur-Sarthe; *Antoniaco*, Antoigné-sur-Sarthe; *Monasteriolo*, Montreuil-sur-Sarthe.

voir les pauvres de nourriture et de vêtement, et d'y donner réception à tous nos amis et aux pèlerins, en mémoire de nous. Nous ordonnons présentement que l'on placera dans ce même lieu seize pauvres personnes dévotes à Dieu, choisies parmi les indigents, les aveugles et les gens débiles, et que chaque jour on leur administrera par portions la nourriture suffisante. Et comme nous l'avons dit ci-dessus, le tribut de *Talete* avec les suffrages de *Crisciago* et de *Cambariaco* (1), consistant en vêtements, lits et chaussures, seront, ainsi que nous l'avons ordonné plus haut, pour nosdits frères et immatriculés de Saint-Pierre, que l'on sait être soumis à la juridiction de ce monastère.

Pour vous, abbé de la basilique de Saint-Pierre et Saint-Paul, ayez un soin tout particulier d'exécuter pour eux ces dispositions par tous les moyens possibles, et si quelquefois il vous arrive (ce qu'à Dieu ne plaise) de montrer en cela de la négligence, devant le tribunal de Jésus-Christ vous en rendrez compte aux saints apôtres Pierre et Paul et au pontife saint Martin. De même, qu'aucun des évêques qui nous succéderont n'ose distraire du domaine de ce lieu et aux pauvres quelques biens de ceux que nous léguons; seulement, à la fête même, l'évêque et le clergé recevront un dîner convenable, et si quelqu'un venait à enlever quelque chose de ces petites propriétés, qu'il soit regardé comme un meurtrier des pauvres. Vous, vénérable abbé, ou ceux qui vous succéderont, ayez un aussi grand soin de l'*office canonial* (2) dans la sainte église de Saint-Martin que dans celle de Saint-Pierre et Saint-Paul; que l'on achète, des revenus provenant des *villæ* précitées, un luminaire suffisant pour la nuit, et que le surplus profite aux pauvres ou indigents de ladite basilique.

Quant à la villa *Blacciago* (3), située au pays de Bordeaux, au-dessous du château de *Blaivit* et au bord de la Garonne, depuis long-temps elle a été en la possession de mes parents, et pendant l'interrègne ou même pendant que ma mère était jeune encore, elle fut ravie à ses possesseurs légitimes par le fils de Maurilion, Aunulphe, qui s'en était emparé et qui, dans son testa-

---

(1) Cameyrac (*Gironde*).
(2) *Cursum*, le cours de prières, ou office canonial.
(3) *Blacciago*, Plassac-sous-Blaye (*Gironde*).

ment, légua injustement aux saintes églises de Bordeaux, de Tours et d'Angoulême, deux portions de cette même *villa* ; le frère de ce même Aunulphe, Arnulphe, possédait la troisième. C'est pourquoi nous avons eu des différents avec lesdits possesseurs, et ce dernier ayant reconnu, en présence des évêques desdites églises, regardés comme propriétaires de deux autres portions, que ce bien nous appartenait légitimement, nous rendit en entier la troisième partie de cette *villa*, et ensuite il nous en livra la possession par un acte confirmé de sa main et corroboré par la souscription des susdits évêques.

Et comme l'amour de Dieu me presse assez pour ne pas vouloir agir contre les intérêts de la sainte église, je parviendrai peut-être, à la faveur de mes seigneurs et confrères, à recouvrer toute cette *villa*. D'un autre côté, Agéric, évêque de Tours, nous a vendu la portion dépendant de Saint-Martin ; la vendition a été faite par lui et ses chanoines, et nous lui avons payé 60 sous, prix de l'estimation qu'il en faisait alors. Cette portion ayant été réunie à celle que nous avions obtenue par suite de notre différent, nous voulons que vous, sainte église du Mans, mon héritière, vous possédiez cette partie ; et si nous pouvons racheter encore quelque portion sur celles qui dépendent de la maison de l'évêque de Bordeaux, ou de celle de l'évêque d'Angoulême, vous revendiquerez le tout et entier pour le posséder.

Quant à la *coulonge Vincentia* (1), que dame ma mère a possédée et qui depuis m'a appartenu au nom de Dieu, *coulonge* située au-dehors du susdit territoire *Blacciaco* (2), je veux qu'elle soit donnée à la basilique de Saint-Pierre et Saint-Paul, avec les serfs, les vignes et les terres. *Item*, pour la *villa Floriaco* (3), située entre les deux mers, elle appartenait à mon père et à ma mère, qui la perdit en devenant veuve, et elle fut ensuite possédée injustement par Childegern ; j'ai racheté à prix, de Berthran ou Betton, fils de ce même Childegern, la moitié de cette *villa*, avec

---

(1) Saint-Vincent? (*Gironde*), Var. : *Vincentia nequæ*, *Vincentiana quæ*, etc.

(2) Plassac (*Gironde*).

(3) *Floriaco*, Loirac entre la Garonne, à son embouch., et l'Océan (*Gironde*).

les serfs, les édifices, les vignes, les forêts et toute la circonscription et les dépendances : je veux que cette même *villa*, qui appartenait à mes parents, soit possédée à perpétuité par la basilique de Saint-Pierre et Saint-Paul.

Quant à la maison placée dans les murs de la cité de Bordeaux, et que nous avons recouvrée, mon frère Ermenulphe et moi, nous ordonnons que cette même maison avec ses dépendances devienne la possession de notre très-cher neveu Sigechelme. Qu'il l'ait et la possède, et qu'ensuite il la laisse à ses descendants. Néanmoins, nous ordonnons que pendant tout le temps de leur vie, les gens envoyés par les seigneurs et vénérables de la sainte église du Mans, ou de la basilique de Saint-Pierre et Saint-Paul, seront reçus dans cette maison et obtiendront tout ce qui leur sera nécessaire, lorsqu'ils viendront négocier pour le poisson.

Quant au lieu nommé *Bræsetum* (1), au pays de Bordeaux, où nous avons des fabriques de poix (2) et que nous avons acheté à prix d'Arennoald ; après mon décès, sainte et vénérable basilique de Saint-Pierre et Saint-Paul, vous réclamerez la possession de la terre elle-même avec les *piccarii* qui y demeurent, avec leurs familles et avec les plantations de pins, comme je les possède présentement, afin que vous puissiez avoir de la poix chaque année.

Tout le monde sait que deux ou trois fois j'ai souffert spoliation dans mes biens propres et dans ceux de la sainte église, et Dieu sait que je ne me suis point attiré ce traitement par ma faute. J'ai voulu conserver une fidélité inviolable, et dans ces temps l'église a éprouvé de grandes pertes pour ses biens ; moi-même je me suis trouvé dépouillé du peu que je possédais, et c'est pour cela que je rougis de faire ici mention de ce qui me reste à donner. Pour l'argent dont je suis redevable à Dieu, au seigneur roi et à des amis, j'ai accommodé les choses de manière à ce que, conformément au *bref* écrit de ma main, vous receviez, très-sainte église, les deux tiers de cette somme acquise au prix de mes peines ; j'ordonne ensuite que vous ayez l'autre portion désignée dans le susdit bref, vous, basilique de Saint-Pierre et Saint-Paul, que j'ai instituée mon héritière en même temps que vous, ô sainte église.

---

(1) La Brède? (*Gironde*).
(2) Peccariæ. Voy. Duc. gloss.

Seigneur évêque qui me succéderez, et vous qui serez abbé lorsque Dieu me fera sortir de ce monde, je vous conjure, au nom du Père, du Fils et du Saint-Esprit, et je conjure également vos successeurs de veiller à ce que personne n'ôte rien de ces faibles dons faits par moi à la sainte église et à la sainte basilique pour la commémoration de mon nom : au contraire, que cet argent reste à perpétuité *ad mensam*, pour servir à l'ornementation de la sainte église et de ladite basilique. Pour le peu qui reste ou qui se trouvera dans ma cassette (1), au jour de ma mort, et pour tout ce que je n'aurais pas légué, à l'exception toutefois de l'argent de la sainte église, j'ordonne que ce que je possède maintenant et ce que je pourrai acquérir encore soit intégralement partagé entre la sainte église et la sainte basilique de Saint-Pierre et Saint-Paul ; que l'abbé fasse un bon emploi de la portion qu'il recevra, et en cas de besoin, pour orner mon tombeau, si je ne l'avais fait moi-même auparavant ; il prendra, pour ledit tombeau, sur la somme qu'il recevra, ainsi que l'évêque ; car si le Christ nous laisse vivre assez de temps, cet argent est destiné pour les mêmes travaux à faire dans ladite basilique.

Je statue également pour ce qui est des vêtements velus (2), que vous, mon cher, qui serez archidiacre alors, vous offrirez révérencieusement au seigneur évêque, mon successeur légitime, deux pareils vêtements velus. Je veux aussi, saint archidiacre, que vous preniez une bonne chasuble (3) et une pareille parmi ce qui m'appartient. Quant aux différents objets qui seront trouvés dans mon *regesturiolo* après mon décès, objets achetés de l'argent que je possédais

---

(1) *Regesturiolo*.

(2) Il n'est pas facile de traduire exactement le passage qui se trouve ici, parce que les copies offrent des différences assez notables. *Vestimenta damea* se traduirait assez bien, selon nous, par des vêtements de peluche. Avant la révolution dernière, les bénédictins de la Couture distribuaient comme reliques des morceaux d'une étoffe de soie en peluche, provenant, disaient-ils, de la chasuble de saint Bertrand. Une autre soierie extrêmement ancienne, couverte de lions peints, semble rester aussi comme morceau des vêtements du même saint. *Voir le trésor de l'église de la Couture.*

(3) *Amphiballum* (Corvaisier), chasuble; *Voy.* Duc. gloss. — *Caballum* se lit à la place sur les anciens M. S. et dans Mabillon.

en propre ou qui m'est provenu de mon industrie, avec les vêtements et les choses que j'ai obtenues ou acquises autrement, excepté toutefois ce qui appartient en particulier à la sainte église, j'ordonne d'en faire trois parts : une pour le seigneur évêque qui me succédera, l'autre pour la basilique de saint-Pierre et Saint-Paul, la troisième sera donnée aux pauvres. Ensuite je vous commande et vous conjure devant Dieu, ô archidiacre, de leur donner sans fraude et de votre main, le tiers des fruits de l'année que j'aurai laissés quand finira mon dernier jour.

Item, je veux et ordonne que tous les serviteurs de la sainte église qui sont employés maintenant, soit les miens, clercs ou séculiers vivant avec moi, soit les *ingenui*, les affranchis ou autres serviteurs, reçoivent un cheval chacun; et pour les autres chevaux, hongres ou non hongres et poulains (1), qui se trouvent maintenant ou se trouveront alors marqués au sceau (2) de la sainte église, l'évêque, ou plutôt la sainte église, les prendra tous. De ceux, au contraire, qui auront ma marque spéciale, de ceux que mes parents et mes amis m'ont donnés, la sainte église en aura la moitié; l'autre sera pour la basilique, et par-là même pour l'abbé qui y sera. J'ajoute encore à cette partie de mon testament, que pour les troupeaux de chevaux acquis ou augmentés de tous côtés par mes faibles soins, à l'exception des *vieilles juments*, on fera deux portions de ces troupeaux qui m'auront appartenu en propre, ainsi que nous l'avons dit plus haut : une de ces portions sera pour la sainte église, et la basilique de Saint-Pierre et Saint-Paul aura l'autre. Je veux ensuite que ce troupeau placé sous l'intendance de *Portinus* (3) *l'equitiarius*, sur le terrain de la sainte basilique de l'évêque saint Victurius, soit donné à la même basilique sainte; et pour les *juments* du pécule de Gallimer, on les donnera à ma fidèle Elopodie.

Je donne à mon très-cher neveu Leodechranne et lui transmets pour la posséder à perpétuité, la *villa Marciliaco* (4), située auprès du *vicus Diablintas*, avec ce que j'ai acheté à prix de Médeghi.

---

(1) *Warannonis, spadas, poledras.* Voy. Duc. gloss.
(2) *Characterio*, signe. Voy. ibid. — Sceau, Mabill. De re dipl.
(3) Variantes : *portionas equinarias, ad posternas equitiarias.*
(4) Marcillé-la-ville, auprès de Jublains (*Mayenne*). *Marcelli-villa.*

sèle et d'Ebertrade, ce que j'y ai joint de côté et d'autre et ce que je pourrai y annexer encore, avec les édifices, les serfs et toutes les dépendances, les prés, les pacages, les eaux et cours d'eau. *Item*, pour la *villa* située auprès du *vicus* de *Pacileno* et que le père de (1) Hludovic, tribun des Bessi, nous vendit pour mille sous, j'ordonne que vous ayez la terre avec tout ce qui en dépend, vous, mon très-cher neveu Sigramne. *Item*, je veux que la villa *Pauliaco* (2), achetée par moi la somme de trente sous d'or, de Bobène, vénérable abbé de la basilique de Saint-Aubin, soit possédée à perpétuité par mon très-cher neveu Leodechranne, et dans le cas où la basilique de Saint-Aubin, dans le cas où l'abbé qui aura succédé à Bobène, tenterait quelque recours, il devra rendre le double audit Leodechranne, et ne pourra reprendre cette *villa*, supposé qu'il voulut agir contre ce qui aura été réglé par son prédécesseur. Ainsi, elle sera revendiquée à perpétuité par mondit petit-neveu.

Pour la *villa* située, comme on le sait, auprès du *vicus* de Bérulphe, ce que j'ai acheté dans cette même villa de Bérulphe, qui la perdit autrefois, du fils d'Elnulphe, de Remoalde et de sa femme, je veux que le tout soit partagé également entre mes chers petits-neveux Leutfrède et Thoring, s'ils me survivent. En conséquence, après ma mort, qu'ils le revendiquent pour le posséder intégralement!

Je donne à la basilique du bienheureux saint Germain, évêque de Paris, qui m'a élevé avec douceur et par l'intercession duquel je suis parvenu à la dignité pontificale, sans l'avoir méritée; basilique que j'ai fait construire auprès de la cité du Mans en l'honneur de sa mort, où j'ai fait bâtir des *casæ* et placé d'humbles moines, dans le dessein d'y procurer, avec l'aide du Christ, l'office et le service divin à perpétuité; je donne à cette même basilique, en l'honneur dudit pontife, les *villæ* suivantes : *Charisago* (3), avec les vignes qui sont au *vicus* de *Silviaco* (4) et l'ex-

---

(1) Variantes : *Quam genitor Hludovicus tribunus Bessorum nobis pro solidis M. venum dedit.* (Corv.) — *Genitor Blado Victriberno bessorum pro soledus nostros unde det* (M. S.).

(2) *Pauliacum*, Pouellé (*Mayenne*). *Pauli-villa*.

(3) Chérizay (*Sarthe*), *Charis-villa*.

(4) Sillé (*Sarthe*). *Silvii-vicus*.

ploitation rurale nommée *Stirpiacum* (1), avec les petites vignes et le peu de serfs qui y sont. *Landolenas, Graciaco* et *Manciaco* (2), *villæ* que j'ai achetées à prix de côté et d'autre, ce que j'y possède maintenant et ce que je pourrai y améliorer dans la suite, je veux que le tout soit donné à ladite basilique sainte, dédiée en l'honneur du très-saint seigneur Germain. *Item*, pour les vignes situées à *Ruillione* et que tenait le diacre Aunigisèle, avec ce que j'ai ensuite acheté de côté et d'autre, et avec une moitié de pré auprès dudit Rouillon, j'ordonne que le tout appartienne à cette sainte basilique.

Quant à la *villa Comanico*, que j'ai achetée de mon fils spirituel et mon parent Ebroalde, et où j'ai fait construire des édifices et planter des vignes, je veux que vous l'ayez, vous, basilique dédiée en l'honneur de saint Pierre et saint Paul, constituée mon héritière pour une moitié dans tous mes biens, avec ce que j'y ai trouvé, avec tous les droits et les dépendances.

Pour la métairie nommée *Fontanas* (3), située dans les limites d'*Alauna*, fondée par le généreux seigneur Baudhegisèle et par Sancia, son épouse, qui m'en firent donation. De notre côté, nous les avons consolés autant qu'il a été en nous. Après notre décès, vous revendiquerez en votre possession cette terre, vous, sainte église, et vous vénérable basilique de Saint-Pierre et Saint-Paul; vous la revendiquerez dans l'état où elle a été possédée par ledit Baudeghisèle, et ainsi leurs noms devront être proclamés au livre de vie, dans la susdite basilique.

Quant à la *villa Redonatiogo* (4), qui toujours a dépendu de *Bonalla*, avec ce que nous y avons acquis plus tard en terres et en forêts que nous avons achetées à prix de Chargaire et de Ragnaric; comme cette *villa* dépendit toujours de *Bonnelles*, elle continuera d'en dépendre en entier, afin que la sainte église, mon héritière, en profite, et comme j'ai destiné précédemment dans ce testament tout ce que j'y ai acquis et réuni en champs, meubles

---

(1) *Stirpiacum*. *Voy*. Mabill. *De re diplomat.*
(2) Grassac, auprès de Mainzac (*Charente*).
(3) Fontaines, métairie sur le bord de la Sarthe, près d'Alonnes.
(4) D'après un ancien M. S. *Villare Donatiaco*, Argevilliers? (*Seine-et-Oise*).

et immeubles; ainsi j'ai légué le tout et en entier par ce passage de mon testament.

Comme le seigneur notre roi Clothaire ne nous oublia point dans ses grandes largesses, après qu'il eut recouvré tout le royaume des Francs par la miséricorde dont Dieu usa envers lui, nous ne devons point le passer sous silence. C'est ainsi que pour les *villæ* possédées par *Avitus*, d'heureuse mémoire, fils de Félix, autrefois évêque (1), qui épousa notre proche parente, ce Roi, dans sa générosité, nous les accorda pour être partagées entre le *vir illuster* Gondoland, maire du palais, et moi; tout ce que j'ai de mon côté, toute ma portion de ces biens situés soit dans le Berry, soit dans l'Albigeois, soit dans le pays de Cahors ou dans celui d'Agen, le tout et en entier, c'est-à-dire toute la moitié de ces terres qui me revient pour ma part; après ma mort, vous aurez ces *villæ*, vous, basilique de Saint-Pierre et Saint-Paul, que j'ai constituée mon héritière; je vous lègue ces biens en entier pour la rémission de mes péchés ou pour diminuer leur énormité. Mais, quant à la *villa Nociogilo* (2), que nous avons, le *vir illuster* Gondoland et moi, accordée à usufruit à ma fille et parente *Dundana*; après la mort de cette matrone, ainsi qu'il est convenu dans sa supplique, vous revendiquerez cette terre en votre possession pour la partager en portions égales et l'avoir en commun par moitié, vous, sainte église, et vous, basilique. Pour ce qui est de la *villa Vocriomno*, que j'ai reçue en présent du glorieux roi Clothaire, à cause de nos biens qu'Egulphe et Arnoald possédèrent injustement et qu'ils ravagèrent; comme le roi généreux nous en dédommagea amplement dans la suite, d'après son injonction j'ai abandonné ces biens à l'église de Metz, mystiquement en l'honneur de saint Etienne. Cependant j'ai demandé cette *villa* à mon seigneur et confrère l'évêque Arnulphe (3), afin que, comme il prenait les *villæ* qui furent à Egulphe et à Arnoald, nous, nous pussions avoir à perpétuité ladite *villa Vocriomno*, et qu'ensuite nous eussions tout pouvoir d'en faire ce

---

(1) Félix, évêque de Bourges.
(2) *Neogilo* (Corv.), Nieuil-lès-Saintes? (*Charente*).
(3) Saint Arnulphe ou Arnould, de Metz.

que bon nous semblerait. Ainsi, pour ce qui regarde cette même *villa*, je veux, tant pour le repos de l'âme du Roi que pour le repos de la mienne, et parce que la basilique de Saint-Pierre et Saint-Paul a peu de petites vignes ici, je veux en conséquence que ladite *villa*, avec tous ses droits et toutes ses dépendances, que le tout et entier vous soit donné, très-sainte basilique de Saint-Pierre et Saint-Paul, où je désire que mon petit corps soit inhumé.

Quant à la *villa Nociogilos* (1), dans le Poitou, sur les bords de la Loire, que Beatus, neveu de Babon, fils de Theudalde, avait eue comme bien de sa mère et qu'il céda précédemment par titre de donation, j'ordonne, très-sainte basilique de Saint-Pierre et Saint-Paul, que vous l'ayez après ma mort.

A l'égard de *Marogilo* (2), pour les *villæ Rufiniaco* (3) et *Marigilo*, qui me revinrent après l'action que j'intentai contre *Nunciana* pour avoir ravagé considérablement les possessions de la sainte église, laquelle villa nous fut accordée par le glorieux seigneur et roi Clothaire, après la mort de ladite *Nunciana*; j'ordonne que vous ayez cela, très-sainte église, mon héritière.

Quant au lieu nommé *Lucianus*, tout ce que l'on y doit à Hisigile, avec cette métairie appelée *Bauciallum*, située sur le Loir et que j'ai achetée de Berthegisile de Vendômois, de son épouse et de leurs gendres (4), je veux que cela soit donné à la basilique de Saint-Victur de la cité du Mans, avec les serfs et toutes les améliorations que l'on y a faites.

Pour la villa nommée *Tauriaco*, il y en avait une portion tenue précédemment par *Nunciana* et que nous avons maintenant, en vertu du diplôme accordé par notre seigneur, ainsi que pour *Marogilo* et *Rufiniaco*; l'autre portion nous a été vendue par *Auderic* et ses neveux, à savoir : le fils de son frère et celui de sa sœur; nous avons réuni ensemble ces portions, et le tout, la partie que tenait autrefois *Nunciana*, laquelle nous a été depuis livrée, et cette dernière portion, j'ordonne que vous l'ayez, très-sainte église, mon héritière.

---

(1) *Neogilo*, Lecory. Nueil.
(2) *Marogilo*, Mareuil (*Charente*).
(3) *Rufiniaco*, villa de *Rufin*, Rouffignac (*Charente-Inf.*).
(4) *Filiastri*.

Quant au lieu appelé *Luciacus*, je lègue à la basilique de Saint-Pierre et Saint-Paul, pour qu'elle le possède, tout ce que j'y ai acheté de Berthegisile, de sa femme et de ses fils; ce que j'y possède maintenant, tout ce que déjà j'y ai annexé, avec ce que je pourrai y joindre encore.

Pour les *villæ* suivantes, qui se trouvent au pays Dunois, à savoir : la *villa Pannonio*, que j'ai achetée à prix de l'abbé Jehan, pour la somme de 140 sous; la *villa Macirias* (1), qu'autrefois j'ai de même achetée de Bethon, fils de Baddon; vous aurez ces terres, mon très-cher neveu Sigechelme, après mon décès, et après le vôtre, vos fils devront se les partager en portions égales.

Pour les terres que dans son testament *Suadria*, sœur du ci-devant évêque Théodore, donna en faveur de la sainte église, à savoir : *Luciniaco* et *Monte* (2), terres qui furent ensuite réclamées par mes soins; très-sainte église, mon héritière, j'ordonne que vous les ayez. En outre, pour cette *villa*, située sur la Loire et achetée par moi de Dudon, neveu de Romain, pour la somme de 100 sous, très-sainte église, mon héritière, j'ordonne que vous ayez également cette terre, tout ce que présentement j'y possède, les édifices, les vignes, les champs, les serfs, la portion toute entière. *Item*, pour la *villa Brea* (3), que Theoalde m'a vendue, vous en revendiquerez également la possession, y compris les vignes, les serfs et tous les droits.

Quant à la *villa Kairaco* (4), que j'ai achetée du diacre *Eomerius*, pour 300 sous, et que je possède maintenant au nom de Dieu, je statue ici que vous l'aurez, sainte basilique de Saint-Pierre et Saint-Paul, que j'ai établie mon héritière conjointement avec l'église, y compris les édifices, les serfs, les vignes, les prés, les forêts, avec tous les droits et ce que peut-être je pourrai y améliorer encore; j'ordonne que vous possédiez le tout et en entier.

Pour vous, très-sainte église du Mans, mon héritière, je veux

---

(1) Mézières (*Eure-et-Loir*).
(2) Lugny et Montmain? (*Eure-et-Loir*).
(3) Brée (*Mayenne*).
(4) Cherré? (*Sarthe*).

que vous ayez la *villa Sitriaco* (1), que j'ai achetée à prix de Leugadie, et de plus, l'autre petite terre *Blaciacus* (2), y compris les dépendances, les édifices, les vignes, les champs, les prés, les forêts et tous les droits qui y sont attachés.

Quant aux *villæ Cresciaco* et *Vallis* (3), ainsi que nous en sommes convenu par lettre avec le seigneur Arnulphe, évêque de Metz, où l'église est en l'honneur de saint Etienne, ainsi que je l'ai décrété déjà auparavant par notre lettre, cette sainte église en l'honneur de saint Etienne revendiquera ce bien pour le posséder après ma mort ; je désire que celui qui sera évêque alors fasse écrire mon nom dans ce lieu sur le livre de vie.

J'ordonne ensuite que ladite basilique de Saint-Pierre, et celle de notre patron spécial Médard, pontife, aient après ma mort les trois parties de la *Coulonge* (4) que nous avons eue dans l'action contre Arnoald.

Pour la *villa Montiniaco* (5), tenue jadis par feu l'évêque Giboald, et qui est tombée plus tard en votre possession, je lègue cette *villa* avec tous ses droits, et je statue qu'elle sera maintenant du droit de la sainte église.

Quant aux *villæ* situées en Burgondie, et qui nous ont été données par le glorieux seigneur notre roi Clothaire, aux *viri illustres* Bradon et Marnehaiic, maires du palais, et à moi, *villæ* qui appartenaient autrefois à Leudegysèle : très-sainte église du Mans et vous, basilique de Saint-Pierre et Saint-Paul, mes héritières, vous aurez le tiers de ces *villæ*, lequel m'est légitimement dû, ainsi que pour ces *viri illustres*; je veux que vous partagiez avec eux en portions égales. De même, pour les *villæ* situées en Provence et qui nous furent données par ce bon roi, aux *viri illustres* Gondoland et Chugon et à moi, provenant de l'action contre *Aureliana*; il nous donna tout ce que nous pourrions en obtenir en justice et sans pécher. En conséquence, vous, mes héritières,

---

(1) Etriac (*Charente*).
(2) Plassac, auprès d'Etriac.
(3) Cressac et la Vallée (*Char.-Inf.*).
(4) Coulonges (*Char.-Inf.*).
(5) Montignac, près de Coulonges.

vous réclamerez avec ces *viri inlustres* ma portion de ces *villæ* pour la posséder.

Quant aux *villæ* qui me revinrent d'après l'action contre *Nunciana*, *villæ* situées dans le Poitou et dans le pays d'Erbauges ; quant à ces autres *villæ* du pays de Cahors, du Limousin et de tous côtés dans la Gothie, qui nous revinrent à Ghison, mon compère, et à moi, comme portion de *Nunciana*, j'ordonne, en raison de l'affection sincère et du *compérage* qui nous unissent, que vous ayez à partager en portions égales avec Thoring, votre neveu et le mien. Mais pour ces *villæ* que j'ai achetées à prix de l'évêque Dracoald (1), et qui sont dans la ville même où cet évêque fut tué, j'ordonne, mon très-cher Sigechelme, que vous les possédiez, ainsi que vos fils.

Pour mes très-fidèles Warnehaire et Walcon, fils de Tedemond, qui servirent autrefois avec une entière fidélité la sainte Eglise, et me servirent moi-même pendant leur jeunesse, ce qui n'est ignoré de personne, tout ce que je leur ai donné de biens en terres, serfs et vignes, et ce qu'ils ont acquis de mon temps, je veux que le tout leur soit accordé pour eux, pour leurs fils et leurs filles ; ils le conserveront tant qu'ils vivront, et je veux et ordonne que personne ne leur enlève rien. Nous confirmons en entier ce que nous avons autrefois donné à notre fidèle Chérulphe, pour lui et pour ses fils. Pour notre fidèle ami Chadelène, je veux que lui et ses fils possèdent à perpétuité tout ce que je lui ai donné ici dans le pays Cénoman ; car tout le monde sait qu'il a toujours servi fidèlement comme ministre de la sainte église, et qu'il se dispose à continuer pendant le temps de sa vie, et il est juste qu'il conserve à perpétuité ce qui lui revient en droit de l'église ou proviendrait du bénéfice de mes travaux pour cette même église.

A mon fils Betholène, fils de feu Condelène, je lègue tout ce que j'aurai donné à son père et tout ce que ledit Betholène a obtenu ensuite par nos largesses ; je veux que le tout soit donné audit Betholène, à sa femme et à ses enfants à perpétuité ; cependant, sa mère, tant qu'elle vivra, conservera tout ce qu'elle possède à usufruit, et à la mort de celle-ci, le susdit Betholène, et après lui ses fils, auront le tout à perpétuité ; qu'ils restent toujours

---

(1) Evêque d'Auch. *Mabill.*

amis de l'Eglise ! Mon désir et ma volonté sont aussi que mes amis, quelque nombreux qu'ils soient, et mes serviteurs fidèles ne perdent point le souvenir de mes bienfaits à leur égard, et se rappellent que je les ai nourris ; qu'ainsi ils aient à cœur, quand le jour de ma commémoration arrivera, d'y assister toujours et de donner des consolations à l'abbé, afin que l'on puisse dire : Il est heureux, cet homme qui a laissé de si bons amis sur la terre.

Je vous prie, mon très cher neveu Sigechelme, et je prie vos fils, je vous conjure même par le Dieu tout-puissant, tant qu'il permettra que vous soyez au monde, vous, vos femmes et vos enfants, lorsque votre santé ne s'y opposera point, de venir toujours deux ou trois fois chaque année, visiter le lieu de ma sépulture, et de soulager les pauvres autant que vous le pourrez. Je conjure aussi l'abbé de ce lieu de vous recevoir, vous et vos enfants, d'une manière très-honorable, eu égard aux services que j'ai rendus à la sainte Eglise, afin que vous vous fassiez un plaisir, vous et vos fils, de visiter souvent ce saint lieu, et d'y *commémorer* ma mémoire.

Je prie ensuite, et même je conjure mon seigneur l'évêque Cabimoald, mon parent, comme on sait, et que la divine miséricorde a élevé au sacerdoce suprême, de ne point oublier qu'il a partagé ma nourriture et qu'il a vécu sous le patronage de Saint-Pierre, où par la grâce de Jésus-Christ il a reçu sa dignité. Lorsque Dieu m'aura fait sortir de ce monde, qu'il me rende les honneurs de la sépulture, et que, de ses mains et assisté par les autres seigneurs nos confrères, il ensevelisse dignement mon petit corps ! ils recevront du ciel leur récompense, et le peuple chantera leurs louanges !

J'ordonne à celui qui sera archidiacre alors, de donner auxdits seigneurs qui daigneront ensevelir le pécheur, deux chevaux hongres, en y réunissant deux poulains, de manière à ce que ces seigneurs aient les deux pareils ; vous, seigneur Chaimald (1), vous aurez soin d'exécuter dignement ceci, conjointement avec l'archidiacre, et nous vous ordonnons de prendre également ce que vos confrères recevront ainsi. En outre, je vous prie de venir à ma commémoration, tant qu'il plaira à Dieu de vous laisser sur

---

(1) Chaimald ou Cabimoald, évêque de Poitiers (Mabillon).

la terre, et je prie le seigneur abbé, ainsi que la congrégation de Saint Pierre et Saint-Paul, de vous rendre les honneurs convenables.

J'ordonne de laisser libres ceux et celles que voici : Lebigisèle, avec sa femme et ses fils; Chinemond; Chrodosinde, avec sa femme et ses enfants; Théodogond, son fils *Lopo* et sa fille; Emmane, avec sa femme et ses fils; Ebrélène, son épouse et ses fils; Gaviulphe; Hiliand; Picoald, son épouse et ses fils; le fils et la fille de Maurel. *Item*, les esclaves de nation romaine ou de nation barbare, qui me servent, à savoir : Théodan, Bajon, Baudasind, Maur, Austrehaire, Audisgisile, Vetegisile, Bercchan, Quotan, Alagise, Leodegisèle et les fils de Théodonivie; j'ordonne qu'ils demeureront entièrement libres, conserveront tout le pécule qu'ils ont déjà, et celui qu'à l'avenir ils pourront acquérir encore, et ils obtiendront de vivre sous la protection de la sainte basilique des Apôtres Saint-Pierre et Saint-Paul, dans laquelle je désire laisser, au nom de Dieu, mon petit corps reposer. Qu'ils aient soin, au jour de ma *déposition*, de se rassembler tous! Ils offriront seulement les oblats en mon nom devant le saint autel, et rappelleront le ministère qu'ils ont rempli. Au nom de Dieu, que tous observent ceci au jour susdit; qu'ils donnent consolation à l'abbé de ce lieu; que le lendemain l'abbé leur donne un repas convenable, et qu'ensuite ils retournent chacun chez eux! Ceci regarde tous ceux dont les noms se trouvent ici, ceux de nation barbare que j'ai acquis plus tard, et ceux que je pourrai acquérir encore; que les enfants des deux sexes achetés par moi, et à qui j'ai délivré des lettres (1), restent aussi dans un entier affranchissement; qu'ils observent la même recommandation faite à leurs pères, et qu'ils restent sous la garde et la protection de saint Pierre! Ceux d'entre eux qui voudront demeurer avec ledit abbé et servir dans la basilique, afin d'avoir la satisfaction de rendre plus d'honneur à mon petit tombeau, et de servir dans la sainte basilique, pourront s'enrichir des biens de cette même basilique sainte. Ceux, au reste, qui demeurent ici sur le territoire Cénoman, savent qu'ils sont sous la protection de la sainte basilique

---

(1) *Epistolæ* signifie ici lettres d'affranchissement.

des seigneurs Apôtres Pierre et Paul, dans le cas où ils en auraient besoin.

Je désire que l'abbé, chargé à l'avenir de régir et d'administrer les biens de la basilique sainte qui ont été donnés par moi, mette à célébrer ma *déposition* et à fournir chaque année le *luminaire* pour mon tombeau, un soin tel, que d'autres personnes puissent se plaire à enrichir les saints lieux de présents très-considérables. S'il vient à se montrer négligent en cela, il en rendra compte aux seigneurs Pierre et Paul, devant le tribunal du Christ, et s'attirera une éternelle damnation. Quant à ceux qui dépendent de l'église, auxquels j'ai donné déjà, ou à qui je donnerai des lettres d'affranchissement à chaque fête *in Albis*, ainsi que leurs lettres le déclarent, ils resteront sous la garde et la protection de ladite église.

Comme la fragilité humaine nous rend défiant à l'égard d'un très-grand nombre de personnes, et comme je crains que l'injuste cupidité, source de maux, ne vienne, ce qu'à Dieu ne plaise, arrêter en quelque point ma dévotion, seigneur évêque que Dieu choisira pour me succéder, je vous conjure, au nom du jugement terrible, d'exécuter en tout les dispositions de ma volonté, afin que vous puissiez en avoir la récompense dans la béatitude éternelle, et que vous ne partagiez point la damnation avec Judas. Pendant tout le temps que Dieu vous laissera vivre, ayez à cœur d'observer toutes ces clauses ; celui qui désire que l'on exécute sa volonté manifestée, a la liberté de prendre de telles précautions.

Lorsque mon testament sera ouvert par mes seigneurs et *comprovinciaux*, je prie que l'on transmette, par les mains de l'archidiacre et par l'entremise du seigneur évêque de la ville de Tours, cent sous pour le tombeau de mon seigneur et mon patron spécial, l'évêque saint Martin ; c'est là que j'ai déposé ma chevelure, et chaque année je paye mon tribut. *Item*, cinquante sous seront transmis par les mains de l'évêque d'Angers à la basilique de l'évêque saint Aubin. Ces sous ont été mis à part dans de petits sacs, avec de petits *brefs* dans chacun desdits sacs, et déposés par moi entre les mains d'un dispensateur fidèle, ainsi que je l'ai dit plus haut, afin de les distribuer, conformément à cette page de mon testament.

Quant à vous, archidiacre, je vous prie et vous ordonne de donner à toutes les basiliques qui sont autour de cette ville, savoir :

à la basilique de saint Victurius, mon patron spécial, vous donnerez vingt sous ; à la basilique de Saint-Vincent, où saint Domnole, évêque, repose, vous donnerez vingt sous, en l'honneur dudit martyr et du seigneur évêque ; à la basilique de Sainte-Marie et de Sainte-Croix, vous donnerez dix sous. *Item*, dix sous à la basilique de Saint-Richomer ; à la basilique de Saint-Julien, évêque (1), vous donnerez ou un cheval, ou cinq sous en or ; vous donnerez cinq sous à la basilique de Saint-Hilaire ; aux oratoires du seigneur Martin, du seigneur Victorius et de Saint-Pierre, dans les murs, vous donnerez cinq sous en or ou en chevaux ; à la basilique de Saint-Etienne, martyr, vous donnerez cinq sous en or ou en chevaux. Je veux et ordonne aussi que vous donniez cinquante sous à tous nos clercs qui nous servent en quelque chose que ce soit ici à l'église : et ce que je demande spécialement, c'est que dans les lieux susdits, en faveur desquels j'ai légué quelque chose non dans une quantité convenable, mais autant qu'il était en mon pouvoir de le faire, les prêtres de ces mêmes lieux aient soin de faire écrire mon nom sur le livre de vie, et de le réciter à toutes les fêtes.

Ce que j'aurais dû intimer plus haut, c'est ce qui concerne ceux que l'on chargera de *desservir mes cendres*. Mais comme je n'ai point encore examiné quels seraient ceux dans ma *famille* à qui je pourrais confier ce soin, il me convient de statuer que l'on choisira dans toutes les *villæ* que j'ai léguées à la basilique de Saint-Pierre et Saint-Paul, quelque nombreuses qu'elles soient, un par chaque *villa* parmi ceux qui sont les plus polis ; et parmi ceux qui desservent fidèlement la sainte basilique, nous voulons que leurs noms soient transcrits dans une lettre qui sera confirmée de notre main, afin qu'ils soient délivrés entièrement de l'esclavage. Que leur principal soin, à eux, et en même temps à l'abbé, soit de veiller à mon petit tombeau, à mon *luminaire* et à mes cendres, jusqu'au dernier jour de leur vie ; qu'il en soit de même pour leurs descendans, pour ceux qui naîtront d'eux, à perpétuité : leur devoir sera de servir avec beaucoup de soin, et leur état d'affran-

---

(1) *Basilicæ sancti Juliani episcopi*, sic dans les différens M. S. ; ce qui prouve qu'avant le viie siècle, l'apôtre du Maine était qualifié de saint, et honoré d'un culte public.

chissement devra se continuer perpétuellement sous la défense dudit abbé. Ainsi, pour ce qui regarde nos cendres ou pour toute autre destination, nous n'osons pas renouveller ce que nos seigneurs et prédécesseurs ont fait : diminuer ou diviser le nombre des serviteurs de la sainte église. *Item*, j'ordonne de délivrer de l'esclavage ceux d'entre mes serviteurs ou d'entre ceux de mon frère Berthulphe dont le souvenir ne me vient pas à l'esprit, mais qui ont demeuré autrefois ou qui demeurent encore dans le Maine ; qu'ils soient sous la défense et la protection de la sainte basilique de Saint-Pierre et Saint-Paul, ainsi que mes autres affranchis. Mais, pour ceux que j'ai rachetés de la captivité, qui étaient auparavant de condition libre, et qui maintenant servent à gages, les hommes et les femmes de la *villa Boalcha*, que tous ceux-ci soient délivrés de l'esclavage

Aux *marelles* du chapitre (1), dans la cité, et à celles qui sont dans les basiliques (2), j'ordonne que l'on donne cinq sous par les mains de l'archidiacre, et comme je désire conserver par ce testament ma libre volonté, je vous supplie, seigneurs et pontifes, au nom du saint apostolat que vous avez reçu par une transmission divine, de prendre soin de ma basilique et de consoler l'abbé de ce lieu toutes fois qu'il en sera besoin ; fortifiez mon seigneur et successeur dans la résolution de ne diminuer en rien les dons que que je fais, pour le salut de mon âme, à la sainte basilique en l'honneur des Apôtres saint Pierre et saint Paul, et de n'exercer à cet égard aucune fraude en quoique ce soit, parce que je sais n'avoir causé aucune dépense à la sainte église. Je vous conjure aussi, au nom des victoires de nos très-cléments princes, vous tous qui avez en ce monde pouvoir d'agir auprès de nosdits seigneurs et princes, de ne point refuser le secours de votre protection pour ce qui concerne cette *paginule*, dans le cas où il en serait besoin.

Je me rappelle encore plusieurs petites choses que j'avais mises

---

(1) *Capituli*, Corv. — Capitalis, M. S.

(2) D'après ce que l'on vient de lire, il y avait alors dans la cité du Mans, outre l'église cathédrale, plusieurs oratoires, entre autres celui de Saint-Martin, desservi par des clercs réguliers, et dans les faubourgs, il y avait au moins douze basiliques également desservies par des religieux.

entièrement en oubli. — Pour ce qui regarde une maison bâtie à *Diablintes* (1) par mes soins, avec une métairie et une étable, des jardins et des *coulonges* ; tout ce que j'y ai acheté, soit du prêtre Boson, soit des héritiers du tribun Ebolène (2) ; puis le lieu nommé *Calviaco* (3) ; ce qui se trouve de côté et d'autre dans l'*oppidum* de *Diablintes*, ou sur les bords de la petite rivière d'*Aroene* (4) ; tout ce que j'ai acheté : terres, esclaves, forêts, prés, avec tous les droits, avec le plant d'ifs (5) que j'ai revendiqué contre Leutcher et ses héritiers ; je veux, très-sainte église, mon héritière, que vous ayez le tout et en entier, à l'exception cependant des anciennes propriétés de la sainte église de Jublains. De même, pour ces portions que j'ai eues de Gonthier, à titre de donation, dans tous ses biens et joignant ladite *casa* de Jublains, je veux, très-sainte église-mère, mon héritière, que vous les ayez.

Quant à ces petites *casæ* que le diacre Domnigisile, d'heureuse mémoire, a eues pendant notre vivant, et que cet homme pauvre y a fait construire, nous les avons accordées, après sa mort, à mon très-cher neveu Leudochramne, a savoir : toutes les petites *casæ*, les petites métairies, les petites vignes et les petits champs, en un mot, tout ce que le susdit diacre y possédait, y compris les serfs. Nous voulons que notre dit neveu, lequel se dispose, ainsi que nous l'avons demandé dans ce testament, à venir souvent, par amour pour nous, visiter la basilique de Saint-Pierre et Saint-Paul, nous voulons qu'il possède toujours ces biens avec l'agrément de l'évêque qui me succédera, et qu'après la mort du susdit, ces biens retournent au domaine de la sainte église.

Maintenant je le déclare ici : s'il se trouve quelqu'un assez téméraire pour s'opposer à l'exécution de mes volontés ainsi manifestées, qu'il soit frappé d'une excommunication perpétuelle, et que Dieu en montre sur lui les effets ; qu'il soit frappé de la lèpre,

---

(1) *Diablintes*, comme *Parisii*, le nom du peuple, Diablintes, pour le nom de la cité. Jublent, et auj. Jublains, ancien *oppidum*.

(2) Ce testament nous fait connaître deux tribuns militaires qui avaient des propriétés auprès de Jublains.

(3) Chelay, château près de Jublains.

(4) Rivière d'Aaron, à 4 kil. également de Jublains.

(5) *Taxonaria*, de *taxus*. Voy. Duc. gloss.

comme Naaman ; que la terre l'engloutisse comme Dathan et Abiron ; qu'il porte dans cette vie présente les marques de la vengeance divine, afin qu'il reconnaisse avoir mal agi, et qu'au jugement à venir, il n'obtienne point la grâce du pardon !

S'il se trouve quelques *litres* (1), quelques ratures, quelques lettres ajoutées ou corrigées, c'est moi qui l'ai fait ou qui ai ordonné de le faire, pendant que je réfléchissais souvent sur les dispositions de ma volonté; je reconnais toutes ces corrections en détail et je les approuve. Quant au testament, je l'ai soumis, conformément aux prescriptions de la loi, pour être confirmé par les signatures et les sceaux de sept honnêtes hommes, et pour confirmation entière du tout, j'ai ordonné d'appliquer lesdits sceaux.

Fait au Mans, les jour et an que dessus (2).

Bertichramne, au nom du Christ, évêque indigne, j'ai relu et signé mon testament, que j'ai dicté à mon fils Ebbon, notaire, lequel l'a écrit.

Guntinus Honoratus, j'ai souscrit à la prière du seigneur Bertichramne.

Dado, j'ai souscrit à la prière du seigneur Bertichramne. (*sceau.*)

Garrin, j'ai souscrit à la prière du seigneur Bertichramne.

Ibbolen, j'ai souscrit à la prière du seigneur Bertichramne.

Gaddon, j'ai souscrit à la prière du seigneur Bertichramne.(*sceau.*)

Hugues Honoré, j'ai souscrit.

Moi Ebbon, notaire, sur l'ordre et en présence de mon seigneur Bertichramne, évêque, j'ai écrit ce testament, je l'ai relu et signé; j'ai marqué le jour.

Et moi Bertichramne, évêque, je demande que, quand mon testament sera ouvert, il soit porté sur les registres municipaux sur la demande de mon fils l'archidiacre, conformément à la loi, afin que toujours il demeure valide.

---

(1) *Lituræ*, litres, renvois ; *Charaxaturæ*, ratures.
(2) C'est-à-dire, le 27 mars 615. (Hist. litt. de Fr., T. III, p. 530.)

CHAPITRE XXIII.

VIE DE SAINT HADOUIN (1).

Gestes (2) de saint Hadouin, qui fut évêque de la ville du Mans dans les derniers temps de Clothaire, fils de Chilpéric; dans le temps de Dagobert, fils de Clothaire, et dans les premiers temps de Chlovis, fils dudit Dagobert.

Saint Hadouin, évêque de la cité du Mans et successeur de saint Bertichramne, naquit de parents sortis d'une race illustre, francs et gaulois d'origine. Il restaura ou fit renouveller un grand nombre de monastères dans le diocèse du Mans, et il les institua de manière à y faire suivre les prescriptions de la règle.

En son temps, se trouvait un homme nommé Alain, lequel possédait en propre un grand nombre de terres : il n'avait qu'un fils unique et il l'aimait comme sa propre vie. Ce fils d'Alain chassait un jour dans une des *villæ* de sondit père, laquelle fut nommée depuis *Doliacus*, à cause de la

---

(1) Nous adoptons cette manière d'écrire le mot Hadouin, comme la plus usitée pour ce nom, et parce qu'elle se rapporte mieux au mot tudesque Had-win, Chad-win, ou peut-être Hard-win, *le grand conquérant*.

(2) Anal. Mabill., T. III.

douleur qu'y ressentit Alain ; auparavant, elle portait un autre nom. Il poursuivait une biche dans le breuil de cette même *villa Doliacus,* lorsque son cheval fut saisi d'épouvante, et ce même fils d'Alain mourut en tombant de ce cheval. Alain, qui se trouvait alors sur son *solarium*, en fut témoin, et il fut frappé de la plus vive douleur ; cependant, il put trouver assez de force pour en apprendre la nouvelle à son épouse et pour consoler cette mère du jeune homme, car il regardait sa mort comme étant survenue sans aucune des causes ordinaires. Alors il se mit à invoquer avec une grande dévotion le Dieu du ciel, en le priant de recevoir pour son culte les biens que lui-même possédait, et de l'inspirer dans la distribution de ces mêmes biens, de manière à ce qu'il suivit exactement en cela la volonté de son Dieu, et afin qu'en échange de ces biens, il méritât lui-même le royaume éternel.

Il se mit donc, avec son épouse, à visiter à pied les monastères et les lieux saints, à se rendre auprès des corps des saints, jour et nuit suppliant Dieu avec une grande ferveur de lui faire connaître par inspiration à quelle église son Créateur voulait qu'il donnât ses biens en offrande au Seigneur pour le repos de l'âme de son fils et pour son propre salut. Ainsi, tout rempli de cette ardente dévotion, il allait priant, faisant des aumônes, visitant les saints parvis, les reliques et les églises d'un grand nombre de saints, dans le but d'obtenir, comme nous l'avons dit, que Dieu lui fit connaître à qui léguer ses biens, car il devait laisser un grand héritage, et il ne lui restait plus d'héritiers, ni fils ni fille.

Un jour il revenait, poursuivant ce dessein, du monastère de Saint-Martin de Tours. Un grand nombre de serviteurs de Dieu l'avaient déjà prié de léguer ses biens en faveur des lieux des saints où ils se trouvaient eux-mêmes, et de plus, on offrait de lui en donner le prix, en sorte qu'il aurait eu double avantage; il aurait reçu leur aumône et leurs présents. C'était là ce que lui conseillait l'abbé du monastère de Tours, dans lequel repose le corps de saint Martin; il en était de même pour l'abbé du monastère dit des Deux-Gémaux et pour un grand nombre de prévôts, d'abbés et de serviteurs de Dieu; cependant son intention ne fut dirigée pour aucun de ces dits lieux, et sa dévotion n'était pas portée de ce côté : ce n'était pas sans doute la volonté du Seigneur ; car lui ne se sentait point inspiré de donner ses biens pour les susdits lieux, et cependant il cherchait avec beaucoup de dévotion à connaître en cela la volonté du Seigneur. Sur ces entrefaites, il revenait du monastère de Saint-Martin de Tours et se dirigeait vers la ville du Mans, dans le dessein de visiter la sainte église-mère de la cité, dédiée à la sainte mère de Dieu, Marie, et aux saints martyrs Gervais et Protais, église où le Seigneur opérait beaucoup de miracles en vue de leurs mérites. Comme il s'avançait et se rendait à l'hospice de Pontlieue, situé à un mille de ladite ville, des serviteurs de Dieu attachés audit hospice de Pontlieue et dépendant de l'évêque Hadouin, vinrent à sa rencontre, le reçurent silencieusement, l'emmenèrent en récitant des prières, et avec beaucoup de soin et d'empressement lui servirent tout ce dont il avait besoin ; ils le traitèrent avec beaucoup de distinction. Cet hospice de Pontlieue avait été construit, pour cette œuvre, en l'honneur de saint Martin, par saint Bertichramne, évêque de la même ville, de manière à ce que tous ceux qui arrivaient, riches ou pauvres, pouvaient y avoir une réception convenable et y trouver abondamment les aliments et toutes les choses nécessaires.

Alain sortant dudit hospice le lendemain, vint nud-pieds et très-dévotement prier dans ladite mère-église ; car pendant la nuit dernière, lorsqu'il se trouvait audit hospice de Pontlieue, appliqué avec beaucoup de ferveur à l'oraison, il sentit son cœur enflammé par inspiration divine du désir de donner tous ses biens en faveur de ladite église-mère de la cité, fondée et consacrée en l'honneur de la sainte mère de Dieu, Marie, de saint Pierre, apôtre, et des saints martyrs Gervais et Protais, et dans laquelle il venait prier : on ne peut douter que cela ne se fît par la volonté de Dieu. Dans le but de suivre le mouvement de cette inspiration, il envoya demander au susdit évêque saint Hadouin de venir à sa rencontre, afin qu'ils pussent tous deux s'entendre pour que lui, Alain, disposât de ses biens ; d'ailleurs il était très-connu de saint Hadouin et son ami fidèle. Saint Hadouin, obtempérant à sa demande, vint au-devant de lui, l'accueillit avec bonté, le conduisit dans les églises de la ville, pour y faire des prières en le traitant avec beaucoup de distinction et avec un grand respect.

Ils vinrent ainsi jusqu'à l'église-mère, et en y entrant, Alain et son épouse se mirent à prier en pleurant ; ils firent connaître leur volonté publiquement, les yeux pleins de larmes, et ils ne purent sortir de ladite église de Sainte-Marie, Saint-Pierre, Saint-Gervais et Saint-Protais, martyrs, avant d'avoir livré par actes dans des chartes, sous stipulation et suivant la teneur des lois, tous leurs biens propres audit saint Hadouin et à ses confrères dans le sacerdoce, aux *ministres* et à ladite église-mère. Cela fait, ils se trouvèrent remplis d'un esprit de joie et d'allégresse qui leur rendait le corps agile, et ils recouvrèrent la vigueur de leur première jeunesse par la vertu de Dieu et par l'intercession des saints susdits, de telle sorte que tous ceux qui en furent témoins se trouvaient stupéfaits, et en versant des larmes, ils avouaient que jamais ils n'avaient vu ni entendu raconter une merveille semblable ; nul doute que cela ne soit arrivé par la permission de Dieu Ce fut donc en cette circonstance que ledit Alain, cet homme de Dieu, par inspiration divine, donna au susdit évêque, en faveur de l'église-mère, douze excellentes *villæ*, avec leurs dépendances : Juillé (1), Loudon, Ruillé, le Rocher, Sablé, Gouy, Clefs, Béru, Tannie, ledit *Doliacus*, où son fils était mort, puis Chemiré, ensuite, par transmission, Asnières et d'autres *villæ* dont nous n'insérons point ici les noms pour ne point fatiguer et ennuyer les lecteurs. Cependant ces noms sont insérés *in extenso* encore aujourd'hui dans les polyptiques et registres de la sainte église-mère de ladite ville.

Bien plus, ce même Alain et son épouse se livrèrent entre les mains dudit évêque saint Hadouin et des serviteurs de Dieu occupés à servir le Seigneur dans la susdite église, afin que l'on prît un grand soin de leur âme et de leur corps ; afin que l'on nourrît leur corps et que l'on gagnât leur âme à Dieu. Saint Hadouin pourvoyait à leurs besoins avec un grand soin et leur fournissait suffisamment ce qui leur était nécessaire : de leur côté, ils le servaient comme un esclave sert son seigneur. C'est ainsi que ce même Alain et son épouse militaient jour et nuit pour le Seigneur avec beaucoup de zèle et de piété sous le pouvoir du saint évêque, et par ces bonnes œuvres, comme nous avons lieu de le croire, ils

---

(1) *Juliacum, Lucdunum, Ruliacum, Ruppiacum*, auprès d'Evron, *Sabololium, Guil, Clidas, Vernum, Vericium, Tanidam, Doliacum, Camariacum, Asinarias.*

obtinrent le royaume du Dieu qui leur accorde la vie éternelle. Ils vivent avec le Christ et ses saints dans la gloire des élus ; nous qui sommes en cette vie, puissions-nous, appuyés sur leurs prières, obtenir aussi du Seigneur la grâce de vivre dans l'éternité. Ainsi soit-il.

Les *Actes* nous apprennent ensuite que saint Hadouin abandonna au moine saint Longis, pour y construire un monastère, un des *vici* de son église, nommé autrefois *Busiacus* ou *Buxidus*, la Boisselière (1), et qui porte aujourd'hui le nom de ce même saint anachorète, venu de l'*Alamania*, sa patrie, dans notre diocèse. Non-seulement il obtint les droits de l'église sur ce bourg très-peuplé, situé auprès du lieu où l'on voit aujourd'hui la ville de Mamers, mais encore les propriétés qui l'environnaient avec leurs dépendances et même une partie de la *villa* de London. Il paraît que saint Thuribe avait fait élever autrefois dans ce *vicus* une église (2) qu'il dédia en l'honneur du chef des Apôtres, comme il le pratiquait ordinairement, lorsque ce même bourg fut donné à son église cathédrale : on la nomma depuis Saint-Pierre-des-Bons-Hommes. Saint Longis établit quelques cellules auprès et fit ensuite construire à peu de distance l'église qui porte encore aujourd'hui son nom. Mais nous réserverons pour la vie de saint Longis tous les autres détails et les documents que nous fournissent ici les *Actes*, par rapport à la fondation de son monastère. Dans la *villa Ruppiacus* (3),

---

(1) Le mot *Busiacus* répond très-bien au nom moderne Boessé ; mais *Buxidus* et *Bussogilum* donnés comme synonymes du premier, désignent un lieu planté de buis.

(2) Voy. pag. 191 de cet ouvrage. Au lieu de Boessé, l'on peut mettre la Boisselière.

(3) Le Rocher, *villa* auprès d'Evron.

saint Thuribe fit élever également une église, ainsi que nous l'avons rapporté plus haut, et comme les actes de saint Hadouin le mentionnent en cet endroit : « Un voyageur passant dans ledit diocèse et portant avec lui des reliques de la sainte mère de Dieu, arriva tout fatigué dans l'endroit nommé Evron. Il déposa ses reliques sur un arbre et ne put les ôter ensuite. Saint Hadouin vint sur le lieu et fut averti par Dieu d'y bâtir une église avec un monastère en l'honneur de sainte Marie (1). »

Ce même saint évêque fut assis sur sondit siége vingt-neuf ans, onze mois et vingt-trois jours ; il mourut en paix le treize des kalendes de septembre, et fut inhumé avec la pompe convenable, par ses prêtres et ses disciples, dans l'église des Apôtres, au-delà de la Sarthe, église où reposent saint *Victurius* et quelques autres évêques, ses prédécesseurs. Après sa mort on vit paraître plusieurs miracles (2).

Saint Hadouin siégeait au concile de Rheims, tenu l'an 625, 630 selon Sirmond, et à celui de Châlons en 644 ou 650, il envoya un abbé pour souscrire en son nom. Lorsque saint Aldric transféra dans sa cathédrale les reliques de saint Julien, « on enleva la terre qui recouvrait le sarcophage, on découvrit le corps du saint, dont s'échappa tout à l'entour une odeur merveilleuse, et auprès, les tombeaux de cinq autres saints, à savoir : saint Thuribe, à la droite ;

---

(1) Anal. Mab., T. III. — Telle est l'origine du monastère d'Evron. Les reliques dont il est ici parlé ont toujours été l'objet d'une très-grande vénération : leur culte public a été autorisé dernièrement encore. L'église abbatiale, devenue paroissiale aujourd'hui, est d'une construction remarquable.

(2) Anal. Mab., *ibidem*.

saint Pavace, à la gauche; plus loin, saint Romain, saint Hadouin, dont on trouva le corps entier avec ses habits sacerdotaux, et enfin, la plus grande partie des ossements de saint Liboire (1). »

Comme notre but principal a été de donner dans cet ouvrage la traduction littérale et fidèle, autant qu'il est possible, des principaux documents authentiques que nous possédons pour l'histoire de nos premiers évêques, nous ne pouvons nous dispenser de donner à la suite de ceci le testament de saint Hadouin, après avoir offert celui de de saint Bertrand au précédent chapitre.

Au nom du Seigneur Jésus-Christ et du Saint-Esprit, le vIII des ides de février, l'an v du règne de Clovis, roi très-glorieux, moi Hadouin, quoique pécheur indigne, évêque de la sainte Eglise de Dieu dans la cité du Mans, étant, grâce à Dieu, sain de corps et d'esprit, mais craignant, avec raison, les suites de la fragilité humaine, j'ai dressé mon testament et je l'ai dicté au diacre Cadulphe, qui l'écrit. Si ce testament devenait non valide pour une cause quelconque, soit pour le droit civil, soit pour le droit prétorial ou par intervention de quelque loi nouvelle, je veux qu'il ait au moins la valeur de codicilles *ab intestato*.

Ainsi donc, lorsque moi, Hadouin, évêque ci-désigné, j'aurai quitté les choses de la terre et accompli ma dette au temps à venir, alors, très-sainte et vénérable église, vous serez mon héritière ; je vous constitue mon héritière, et pour tout ce qui sera donné, légué ou recommandé de donner par ce mien testament, je veux que cela soit donné et se fasse, je m'en rapporte à votre fidélité, mon héritière.

Je vous donne, sainte et vénérable église des Cénomans, en l'honneur de sainte Marie et des saints martyrs Gervais et Protais, une *villa* de mon droit, nommée *Avoise* (2), acquise en donnant

---

(1) Anal. Mab, T. III.
(2) *Avesa*, Avoise, près de Sablé (*Sarthe*).

de mes biens propres, le tout, y compris les maisons, les édifices, les serfs, les vignes, les forêts, les prés et pacages, autant qu'il s'en trouve dans ce même lieu, avec les colons, avec toute l'étendue des limites, vous revendiquerez le tout dans votre domaine et votre droit pour le posséder à perpétuité.

Item, je donne à la basilique de saint *Victurius*, où l'on sait que ce saint repose, et où, si je le mérite, je désire avoir ma sépulture, la *villa* nommée *Aceruco* (1), achetée à prix d'argent, avec les maisons, les serfs, les vignes, les forêts, les prés et pacages, à l'exception des personnes que j'ai ordonné d'affranchir, pour le repos de mon âme; la susdite basilique fera réclamer, après mon décès, le tout et en entier dans son domaine, pour le posséder à perpétuité.

Je donne à cette même condition, à la basilique sainte des Apôtres Saint-Pierre et Saint-Paul, élevée par les soins de feu saint Bertichramne, évêque, auprès de l'*oppidum* de la ville du Mans, Écomoy (2), *villa* qui m'appartient en propre et se trouve dans le pays du Belin. Je l'ai achetée à prix, d'*Auserenus* et de sa mère; après ma mort, elle restera entre les mains des ministres de ladite basilique, qui la laisseront à ceux qui viendront dans la suite, et en disposeront à leur gré.

Item, je donne à cette même basilique des Apôtres Saint-Pierre et Saint-Paul, les *villæ* dont voici les noms : Toigné (3) et Martigné (4), que *Lupus* autrefois tenait de moi en bénéfice. Après ma mort, la susdite basilique aura ces *villæ* dans toute leur intégrité et avec les dépendances; que les ministres de cette basilique prennent alors ces biens en leur possession.

Item, je donne à la basilique de Saint-Vincent, martyr, élevée par les soins de l'évêque Domnole, de sainte mémoire, la *villa* Préau (5), qui est de mon droit, avec tout l'ensemble, avec tout ce que l'on a vu Domnola y posséder.

Item, je donne à la basilique de Notre-Dame-Sainte-Marie, du

---

(1) *Aceruco* (M. S.), *Acerveo* (Mab. — Corv.).
(2) *Iscomodiaco in pago Belini*.
(3) *Taudiniaco*, Toigné *(Sarthe)*.
(4) *Martiniaco*, Martigné *(Mayenne)*, *Martini-villa*.
(5) *Pratellus*, Préau ou Préaux.

vicus d'Evron, que j'ai élevée conjointement avec Agobert, abbé de Jublains (1), la *villa* de Jeune (2), que possédait autrefois le prêtre Sigulphe, et que notre fidèle Chaddon a tenue de nous en bénéfice. De même, pour Mésangé (3), situé auprès de Jeune, tenu jadis par Lupus, nous voulons que cette terre soit accordée au susdit Chaddon; cependant, s'il a des fils, elle restera en leur pouvoir, et s'il n'en a point, elle retournera dans le domaine et la possession de Notre-Dame du *vicus* d'Evron.

Item, pour la *villa Lastemariaco*, que nous avons accordée en don à notre fidèle défenseur, ce même Chaddon; je veux qu'il la possède à usufruit pendant sa vie, mais qu'après sa mort elle retourne à la sainte église du *vicus* d'Evron, avec tout ce dont on l'aura augmentée ou améliorée.

Item, nous voulons que Pouellé (4), qui fut autrefois à Roccolène, soit possédé par ladite basilique de Sainte-Marie, avec ce qui a été acquis du temps de ce dernier, et qu'il en soit de même pour la *villa* de Bais (5), que nous avons recouvrée soit par achat, soit par nos légitimes démarches; que ladite basilique de Sainte-Marie et ses ministres, à partir de ce jour, reçoivent en leur domaine, à perpétuité, cette *villa* avec les terres, les édifices, les esclaves, les forêts, les prés et pacages, avec les habitans et toutes les limites. Il en sera de même aussi pour la *villa Driaco* (6), située auprès de l'*oppidum* de ladite basilique, avec la coulonge *Lamariaco* (7), que j'ai donnée à la susdite église de Sainte-Marie, pour obtenir la rémission de mes péchés.

Item, pour Assé (8), qui appartenait à Dructulfe, avec ce que nous avons échangé des biens d'Edebert, je veux que cela lui soit également donné.

---

(1) *Abbas dirigiacensis, aliàs: diriaginsis, Diablentis*, abbé de Doucé, près de Jublains, selon une opinion commune.

(2) *Jona*, village qui donne son nom à la Jouanne, paroisse de Neau *Maycane*).

(3) *Mansionem*, Mesangé, près d'Evron, ou simplement une mansion.

(4) *Pauliaco*, Pouellé, auprès d'Evron.

(5) *Baudiace*, Bais, (*Mayenne*). *Aliàs Bediscum*.

(6) *Driaco*, M. S. — Mabill. — *Aliàs Briaco*.

(7) *Lamariaco*, M. S. — Mabill. — *Aliàs Hamarico*.

(8) *Ausciaco*, Assé-le-Béranger, *Tusciaco* (Corv.).

Item, Houellé (1) et Châtres (2), puis la *villa* Commer (3), que nous avons eue pour notre argent de l'illustre matrone Modenane, y compris les maisons, les édifices, les terres, les serfs, les forêts et les pacages; nous joignons ces terres au *vicus* de la basilique de Sainte-Marie du *vicus* d'Evron, avec la *colonie d'Appius* (4).

Item, je veux que la *villa* Froid-Font (5) en son entier, avec toutes les dépendances et ce qui s'y trouve, édifices, esclaves, habitants serfs, ou libres, forêts, terres, vignes, prés et pacages, eaux et cours d'eau, soit donnée à la basilique de Sainte-Marie, pour la rémission de nos péchés, et afin que par la miséricorde de notre Seigneur Jésus-Christ, nous méritions de l'obtenir.

Item, pour Verniette (6) avec les limites et tous les droits qui y sont attachés, et, de plus, les *coulonges* qui en dépendent, que ces biens soient à perpétuité au profit de la même basilique sainte. Et si quelqu'un venait dans la suite à présenter une lettre comme ayant été faite par nous, qu'elle soit regardée comme nulle et de nul effet. Ainsi, il nous plaît d'intimer, comme ci-dessus, que quiconque présenterait, en opposition à ce que nous avons fait, quelque charte de nos proches ou de nos héritiers, fut-elle confirmée même par imposition de la main de la part des *bons-hommes*, ainsi que l'amour des richesses pourrait le conseiller, que cette charte reste nulle et de nulle valeur, et que cette personne encoure la malédiction dont il est parlé plus haut!

Quant à la *villa* de Fontaines, dans le pays de Sillé (7), que notre fils et parent Bodilon jouisse de cette petite terre tant qu'il vivra; qu'il la possède pendant sa vie!

Au nom du Christ, moi Hadouin, évêque quoique pécheur, j'ai fait ce testament, j'ai demandé qu'il fut fait pour accomplir ma dévotion, puis je l'ai souscrit. Rosinde, j'ai souscrit; Berteghisèle, j'ai souscrit; Marse, j'ai souscrit; Austrebert, j'ai souscrit; Siran, j'ai souscrit; Audebert, j'ai souscrit.

---

(1) *Auliaco*, Houellé, village près d'Evron.
(2) *Castras*, Châtres (*Mayenne*).
(3) *Commetas*, Commer (*Mayenne*).
(4) *Colonia Appiaco*, Saint-Ulphace (*Sarthe*).
(5) *Frigido-fonte*, Froid-Font (*Mayenne*).
(6) *Vernicella*, *Vernietta*, Verniette (*Sarthe*).
(7) *Fontanas*, terre de la Fontaine.

Moi, Cadulphe, j'ai écrit ce testament par ordre du seigneur Hadouin, et après l'avoir rendu, je l'ai souscrit.

Ce testament était clos ainsi, mais au revers on lisait cette recommandation :

Aux illustres en Jésus-Christ et fils de la sainte Eglise, Bodilon et Audran.

Moi Hadouin, évêque, je demande de votre charité que vous alliez au Mans, lorsque le souverain Seigneur et Créateur m'aura ordonné de quitter la terre, et dans cette ville, quand on ouvrira mon testament, vous ferez vos diligences pour qu'il soit inscrit sur les registres publics de la municipalité, et que chacun des saints citoyens et de mes proches, à qui j'ai légué quelque chose par ce même testament, le reçoive de vos mains, selon son legs. Tout ce que vous ferez dans ce but devra être ratifié et demeurer en pleine vigueur. Nous avons confirmé de notre main ce *mandat* et nous avons demandé qu'on le contre-signât.

Fait au Mans, dans la cité, au nom du Christ, Ainsi soit-il.

Hadouin, évêque quoique pécheur, j'ai relu et souscrit ce *mandat*.

Rosinde, j'ai souscrit;

Berteghisèle, j'ai souscrit;

Marse, j'ai souscrit;

Austrebert, j'ai souscrit;

Audebert, j'ai souscrit;

Deffensor, j'ai souscrit;

Ursiman, j'ai souscrit;

Siran, j'ai souscrit;

Moi, Cadulphe, diacre, j'ai écrit et souscrit ce mandat.

CHAPITRE XXIV.

VIE DE SAINT BÉRAIRE.

Gestes de saint Béraire (1), *qui fut évêque de la ville du Mans, dans les derniers temps de Clovis, fils de Dagobert, et au temps de Clothaire et de Thierri, ses fils.*

Saint Béraire, évêque de la ville du Mans, était par son origine en partie Franc et en partie Aquitain, et ses parents des deux côtés étaient d'une haute noblesse. Il fonda et régla quelques monastères dans le diocèse du Mans; il y établit la discipline régulière. C'était le temps où Clovis, fils de Dagobert, tenait les rênes du royaume des Francs : ce prince était très-digne et très-versé dans l'administration des affaires publiques; et comme il menait une vie exemplaire, il accordait facilement et avec piété son consentement aux demandes qui lui étaient adressées par les serviteurs de notre Dieu. Par où il advint que de son temps un grand nombre de monastères furent construits dans son royaume, et que l'on augmenta considérablement les pratiques religieuses.....

Sous le règne heureux de ce roi des Francs, une révélation divine fut faite en même temps à deux fervents adora-

---

(1) *Anal. Mabill.*, T. III. — Pontifical M. S. n° 224. *Gesta Beati Berarii.*

teurs de Dieu, bien ressemblants pour leur vertu, mais éloignés corporellement à une grande distance : saint Béraire, évêque de la ville du Mans, et Mummole, vénérable abbé du monastère de Fleury au pays d'Orléans, au sujet des saintes reliques de saint Benoît et de sainte Scolastique; la même vision leur apparut à tous deux, et cependant l'un ignorait ce qui avait été révélé à l'autre. Ainsi donc, une nuit que le vénérable évêque saint Béraire veillait en oraison, selon sa coutume, il lui fut ordonné de la part de Dieu, comme nous venons de le rapporter, d'envoyer au pays de Bénévent, dans le lieu nommé le Mont-Cassin, de très-pieux serviteurs de Dieu, pour en rapporter le corps de sainte Scolastique, sœur du grand saint Benoît (ce corps était, il est vrai, abandonné depuis longtemps déjà par les hommes, mais il était visité par les anges), afin que dorénavant ce vénérable évêque le gardât dans la ville du Mans avec tout le soin et tout le respect possibles. Le susdit abbé Mummole avait en même temps, au monastère de Fleury, une semblable vision ; il lui était commandé d'envoyer des religieux dans la même province et le même lieu, pour en rapporter les saintes reliques de saint Benoît et les placer de même dans ledit monastère, lequel venait d'être fondé par la base ; ce qui en effet s'accomplit par la grâce de Dieu et par les mérites de ces ossements sacrés. Cependant, le vénérable évêque, saint Béraire, animé d'une foi vive et plein de perspicacité pour agir en cette heureuse affaire, conformément à l'ordre divin qu'il avait reçu, donna aux pieux serviteurs de Dieu toutes les instructions nécessaires et selon ce qu'il avait appris lui-même, puis il les fit partir sans retard.

Pendant ce temps, il se mit lui-même à construire par les fondements un monastère sur un terrain jusqu'alors inhabitable et dépendant de son église cathédrale, employant tous ses soins afin que, si ses envoyés réussissaient dans leur entreprise par la grâce de Dieu, ils trouvassent à leur retour un lieu convenable pour déposer ce précieux trésor tant désiré et pour le conserver avec tout le respect possible. Les hommes pieux envoyés par ce vénérable prélat reçurent ses instructions avant de partir pour aller où la volonté de Dieu les appelait ; ils se mirent en route, et étant entrés au monastère de Fleury pour y réclamer les soins de l'hospitalité, ils se joignirent de bon cœur aux religieux dont nous avons parlé. (*Suit une longue relation du voyage*).

A leur retour, le vénérable évêque saint Béraire, accompagné de ses prêtres en habits sacerdotaux et de clercs des différents ordres portant des croix, des candélabres, des encensoirs et toutes les bannières ecclésiastiques, alla recevoir avec une très-grande piété et en chantant de très-beaux cantiques les reliques de sainte Scolastique au milieu d'une foule innombrable de personnes de tout sexe et de tout âge. Se dirigeant ensuite vers la ville, il fit porter les reliques saintes avec le plus grand respect, pendant que l'on chantait des litanies, des hymnes, des psaumes et des cantiques sacrés, dans le monastère qu'il avait fondé pour cette œuvre et construit par la base d'une manière splendide sur un terrain inhabitable jusqu'alors (1) et dépendant de son église

---

(1) Ce monastère était situé entre les murs de l'enceinte gallo-romaine et la Sarthe, par conséquent auprès de l'église actuelle de Saint-Benoît ; mais nous ne savons pas d'une manière certaine s'il se trouvait auprès de la place dite de l'Eperon, ou auprès des anciens thermes. Selon Corvaisier, les ruines de l'église auraient été retrouvées de son temps auprès de la place précitée. Quant aux saintes reliques, il n'en reste plus que quelques parcelles à Saint-Benoît et à la Couture.

cathédrale ; il y plaça solennellement ces mêmes reliques derrière l'autel dans l'église qu'il avait dédiée déjà en l'honneur de saint Pierre. Il mit ordre à tout ce qui était nécessaire pour recevoir des femmes consacrées à Dieu et menant la vie régulière, et bientôt il eut rassemblé dans ce même monastère un grand nombre de dames nobles, cent cinquante au moins, qui, renonçant au monde, se consacrèrent au service de Dieu et à la milice de la sainte règle, pour porter humblement le joug du Seigneur et vivre sous sa conduite.

Il enrichit beaucoup aussi ce monastère des biens de son évêché, de ses biens propres et de tout ce qu'il put se procurer ou acquérir autrement. Il statua que ce monastère avec toutes ses dépendances serait soumis à perpétuité à sa cathédrale, l'église-mère, où il présidait, et il le laissa à ses successeurs, aux prêtres de ladite église-mère et aux autres chanoines, pour le posséder à perpétuité. Les mérites de l'illustre sainte Scolastique y brillent par d'éclatants et d'innombrables miracles, grâce à la sainte et indivisible Trinité à qui appartiennent toujours l'honneur, les louanges et la gloire dans les siècles des siècles.

Au temps dudit saint Béraire, évêque, il y avait dans ce même diocèse une dame très-pieuse nommée *Lopa*, qui, ayant abandonné le monde et étant remplie de l'amour de Dieu, voulut élever un monastère sur ses propres terres dans la *villa* nommée Tuffé, laquelle se trouve près de l'Huisne. Ne voulant point agir d'elle-même, elle vint souvent trouver saint Béraire pour pouvoir, par ses conseils et avec son secours, conduire à fin cette sainte œuvre. Dans ces entretiens et par ces conseils, ses désirs devinrent plus ardents encore ; et par attachement pour ledit saint Béraire, elle donna, conformément à ce qu'il désirait, en faveur de la sainte église-mère du Mans et au même saint Béraire, notre évêque, ladite *villa* de Tuffé avec toutes les dépendances et possessions ; elle n'avait point encore disposé de ces biens pour d'autres églises ou en faveur de ses proches ; elle les livra selon la teneur des lois, en vertu de chartes souscrites par un grand nombre d'évêques, d'abbés, de comtes et d'autres gens nobles, et avant le règne de Clovis, roi des Francs et fils de Dagobert ; c'est ce que l'on trouve conservé jusqu'à ce jour dans les archives de notre église-mère.

En vertu de cette donation solennelle faite selon la teneur des lois, avant ledit roi, qui la confirma par un diplôme signé de sa main, saint Béraire et *Lopa* se mirent tous deux à construire le monastère. Mais avant de s'y rendre pour élever une église nouvelle, la pieuse *Lopa* était remplie d'une si grande ferveur, qu'elle prépara pour le service de Dieu la maison même où elle habitait ordinairement, et qu'elle demanda au saint évêque de la consacrer comme église, en l'honneur de la sainte mère de Dieu, Marie. Saint Béraire connaissant que cette œuvre serait agréable à Dieu, consentit à sa demande et consacra canoniquement la *casa* de cette matrone, en église dédiée à la sainte mère de Dieu : cette église subsiste encore, et par la puissance divine et les mérites de la sainte mère de Dieu, Marie, de nombreux miracles y sont opérés.

Cette église étant terminée, ils se mirent tous deux à faire construire les autres édifices et à bâtir un *cloître*. Ils employèrent tous leurs soins pour y rassembler de nombreuses moniales, pour les former à la règle de saint Benoît et les accoutumer à la vie régulière. Saint Béraire tira des moniales, déjà bien éprouvées, de son monastère dédié à sainte Marie et placé entre la rivière de la Sarthe et les murs de la cité du Mans, monastère dont *Ada* ou Aldrechilde, parente du même saint Béraire, était alors abbesse, et il les établit avec la susdite matrone Lopa dans le monastère de Tuffé. Pour venir en aide à cette fondation, il donna des terres de son église cathédrale, quelques *vici* et quelques autres possessions qui sont restées jusqu'à ce jour dans le domaine dudit monastère, pour fournir à la nourriture et à l'entretien de la congrégation, pour servir à orner l'église, pourvoir abondamment et régulièrement à la réception des hôtes et des pélerins, et afin que l'on s'y appliquât fidèlement et régulièrement au service de Dieu. Il laissa en conséquence ce même monastère sous la dépendance de son église cathédrale, en statuant que les personnes qui y seraient, mèneraient la vie régulière sous la dépendance de ladite église, même avec augmentation des biens ; il rassembla dans ce lieu des moniales en grand nombre, puis des prêtres, auprès dudit monastère, puis d'autres serviteurs de Dieu avec leurs domestiques. Il confirma, par son testament, cette fondation à perpétuité (1). Ainsi, grâce à ses soins, les serviteurs de Dieu et les pauvres attachés au service de la sainte église-mère du Mans, reçurent plus abondamment la nourriture et l'entretien : puisse le Seigneur exaucer nos prières et lui en donner au centuple la récompense !

Ce même saint Béraire fit 61 ordinations, 405 prêtres, 228 diacres, des sous-diacres et d'autres ministres en nombre suffisant ; il occupa son siège 26 ans, 4 mois et 14 jours, et mourut en paix le XVI des calendes de novembre, dans la villa de Banech, au pays de Bordeaux, en

---

(1) L'église de Sainte-Marie ou Notre-Dame de Tuffé est encore conservée comme église paroissiale ; mais du vaste monastère, il ne reste plus que quelques édifices occupés par de simples familles.

Aquitaine. Son corps fut rapporté au Mans avec tout le respect convenable et déposé honorablement par ses prêtres et ses disciples dans l'hospice ou monastère de Pontlieue, restauré par ses soins (1). Grâce à ses mérites, un grand nombre de miracles s'y sont opérés, et ce saint a mérité de jouir du bonheur des élus. Puissions-nous, aidés par ses prières, obtenir aussi ce bonheur de la bonté du dispensateur et principe de tous les biens, et en jouir dans les siècles des siècles. Ainsi soit-il.

Cette vie de saint Béraire est suivie dans le *Pontifical* ou *Gestes des Evêques du Mans*, de plusieurs chartes et suppliques concernant le monastère de Saint-Calais, et d'une charte du même saint évêque *Bertecaire* pour la *villa* de *Cameyrac en Aquitaine*. Après la vie d'Herlemond I, quelques pages plus loin, on trouve le *testament que Béraire, noble évêque, fit en son temps pour le monastère de Châlons en faveur de la sainte église-mère, etc.*; mais il est certain que cet acte fait en 710 ne peut se rapporter à notre saint, dont la mort arriva vers l'an 680. Selon l'opinion la plus commune, fondée sur un passage de la vie du susdit Herlemond I, où l'on donne cet excellent prélat comme successeur du dernier évêque Béraire, fondée sur un ancien catalogue qui compte deux évêques du nom de Béraire et donne au second trois ans et demi d'épiscopat (2), appuyée, enfin, sur la teneur et la date de ce testament etc., après la mort de saint Béraire, Aiglibert occupa le siége épiscopal

---

(2) Cette église, nous l'avons déjà dit, vient d'être démolie : des fouilles profondes y ont été faites sous nos yeux, mais sans aucun résultat pour découvrir les vestiges du tombeau de saint Béraire.

(1) Voir le *Cenomania*, M. S. et le M. S. n° 99 (Bibl. du Mans).

du Mans, et eut pour successeur un second Béraire, qui bientôt se retira, laissant sa place à Herlemond I (1).

Au contraire, selon Mabillon, notre saint est le *Bertacharius* qui eut un différend avec les moines de Saint-Denys pour plusieurs possessions (2). Il souscrivit le *privilège* d'Emmon de Sens pour le monastère de Sainte-Colombe, l'an 3 du règne de Clothaire, et le *privilège* du même évêque pour le monastère de Saint-Pierre (3).

Nous croyons devoir rapporter ici les principaux traits de la vie du vénérable successeur de saint Béraire, l'évêque Aiglibert ; car quoique l'église du Mans ne l'ait pas rangé au nombre de ses saints pontifes, il est néanmoins certain, d'après les *Actes* tant de fois cités, que sa vie et sa mort furent celles d'un généreux confesseur de Jésus-Christ, et que, pendant sa vie et après sa mort, il opéra d'*innombrables miracles*.

L'illustre et vénérable Aiglibert (4) était, d'un côté, originaire d'Aquitaine : ses parents étaient distingués par leur

---

(1) *Anal. Mabil.*, T. III.

(2) *Anal. O. B.*, p. 501, *ad ann.* 670; mais ailleurs (*De re dipl.*), Mabillon montre que cet évêque possédait un autre siège, puisqu'il signe avec le successeur de saint Béraire.

(3) *Ibidem*, p. 449.

(4) Le nom de Bertrand a été écrit Bertran, Bertram, Berthramne, Bertichramne, Bertigran ; celui de Béraire, Bérar, Bérachaire, Berticaire, que l'on écrirait vraisemblablement aujourd'hui en style tudesque Bert-herr pour Be-rhumt-herr, répondant au *vir illuster* des latins ; c'est ainsi que Lothaire est écrit Lother, Illodher, Clothaire. Le nom d'Aiglibert a eu de même plusieurs variantes : Aglibert, Aighilbert, Anglibert, Engilbert, Gilbert ; mais dans plusieurs chartes qu'il a signées et qui nous ont été conservées en original (*De re dipl.*), il écrit d'une manière assez lisible : *Aygliberethus*.

noblesse ; il fut instruit parfaitement dans les divines Ecritures. Un de ses principaux soins fut d'agrandir le monastère de Tuffé, dans lequel il établit abbesse sa sœur Adibelgane, ou autrement, Adidole, Adeline, après la mort de *Lopa*. Il réussit à retirer des mains des ravisseurs le monastère de Saint-Georges-du-Bois, auprès de Lavardin, monastère fondé par le roi Childebert sous l'épiscopat de saint Innocent et terminé au temps de saint Domnole. Le roi Childebert I venait d'épouser Ultrogothe lorsque, selon l'usage des princes de sa race, usage établi généralement chez les Germains, il vint habiter quelque temps une *villa* du domaine public nommée *Mad-vallis* ou *Bona-vallis*, aujourd'hui Bonnevau, *villa* située dans la *condita* de Lavardin, et au milieu, pour ainsi dire, du vaste pays connu sous le nom de Gâtine. Un jour en chassant, Childebert trouva l'ermite saint Calais qui s'était établi au milieu des ruines de la *casa* de *Gajanus*-sur-Anisolle ; il lui concéda, comme nous l'avons rapporté plus haut, une portion assez considérable du susdit domaine de Matovall ou Bonnevau. La charte précieuse que nous conservons est datée de l'an ive de son règne et signée à Matovall. D'après les *Actes*, la reine Ultrogothe voulant établir sur ce même domaine un autre monastère en l'honneur de saint Georges, envoya des émissaires chercher un lieu convenable à ce dessein. Ils crurent l'avoir trouvé dans un lieu nommé *Biluria* ; mais saint Innocent, n'en ayant pas jugé de même, se mit lui-même à faire la recherche d'un autre. Il désigna, inspiré de Dieu, celui où se trouve maintenant le monastère, et il conseilla à la reine Ultrogothe d'acheter cette terre. Childebert y consentit et accorda beaucoup de biens dépendants du fisc.

Ce même monastère devint plus tard la proie des ravisseurs; mais le pieux pontife Aiglibert en obtint la restitution par un édit du roi; il le reconstruisit, le réédifia d'une manière merveilleuse, l'exhaussa et l'orna; il y plaça 60 moines sous la règle de saint Benoît, et pourvut à ce que l'on y reçut les pauvres, les pélerins et les indigents.

Il fonda également un autre monastère tant au-dedans qu'au-dehors de la cité; il le dédia en l'honneur de saint Aubin et de sainte Marie, et il y plaça des moniales vivant sous la règle (1).

Par ses ordres ou sur son avis, saint Siviard, abbé de Saint-Calais, construisit et orna dans son propre monastère une église en l'honneur de saint Pierre. Pour venir à son aide, l'illustre évêque donna quelques terres du domaine de la cathédrale : la *villa Lantionum*, qui n'était point alors séparée de la *villa* de Chavaigne, dépendant de ladite cathédrale, avec une autre terre nommée *Savonerolæ*, et de plus, Villiers (2).

Le pieux Aiglibert était archi-chapelain et à la tête des évêques du royaume, et c'est pour cela qu'il lui fut accordé d'avoir un co-adjuteur qui pût l'aider lorsqu'il serait retenu au service du roi; il choisit pour cette dignité de corévêque

---

(1) Il est presque impossible de déterminer positivement l'emplacement de cet ancien monastère, situé dans l'ancienne enceinte de la cité et connu plus tard sous le nom de Saint-Richmir; celui qui se trouvait hors la ville était, dit-on, auprès de l'église de la Chapelle-Saint-Aubin.

(2) On trouve encore auprès de la Grande-Rivière, dans les champs dits *les Brûlés*, les ruines d'une ancienne église : nouvelle preuve, peut-être, que la *villa* de *Lantionum* fut séparée de celle de *Cavania* ou Saint-Michel-de-Chavaigne; ensuite, auprès de Villiers on voit la terre de l'Abbaye-du-Gué, qui sans doute a remplacé les *Savonerolæ*.

et co-adjuteur un clerc, né à Champagné auprès du Mans de parents attachés au service de la cathédrale, ce qui suscita de la part des gens de noblesse de longues traverses à ce dernier. Quant au pontife illustre, il eut le titre d'archevêque et porta le pallium, selon l'usage réservé le plus ordinairement aux métropolitains. Tout son soin fut de mener une vie noble et sainte.

« On vit des miracles éclater après sa mort : par ses mérites, Dieu ne dédaigna pas d'en opérer pendant qu'il vécut et depuis qu'il s'est endormi dans le Seigneur. Il occupa son siège 24 ans, 6 mois et 11 jours ; il fit 75 ordinations, 500 prêtres, 510 diacres, 15 sous-diacres et d'autres ministres en nombre suffisant. Il donna un grand nombre de vases d'or et d'argent à différentes églises de son diocèse, et il fit beaucoup de bien à toutes. Il est monté dans les cieux, porté sur les ailes des anges, et il y jouit du bonheur des saints ; puissions-nous aussi, par les prières de tous ces mêmes saints, mériter de jouir de l'éternelle félicité, moyennant la grâce de celui qui vit et règne dans les siècles des siècles ; *fiat fiat !* (1) »

Dans l'ancien manuscrit nommé le *Pontifical*, on trouve au commencement un catalogue des évêques du Mans, écrit très-probablement au xiiie siècle, et vis-à-vis du nom de notre vénérable évêque Aiglibert, sur une seconde colonne, pour ainsi dire, on lit : *de son temps, Pierre fut corévêque*. Plus haut, sur la même colonne, on a voulu donner la liste des corévêques, et Pierre y figure encore en tête, comme étant le premier ; un peu au-dessous viennent les noms suivants, groupés et réunis par un trait : Scienfroi,

---

(1) *Anal. Mabill.*, T. III.

corévêque de Gauziolène ; Didier, corévêque ; Berthbode, corévêque, et Mérole ; puis après un intervalle : David, corévêque. Or, d'après le texte de ce même manuscrit, nous voyons que Pierre était corévêque du pieux Aiglibert ; que Scienfroi, Didier, Berthbode et Mérole furent successivement les co-adjuteurs de Gauziolène, et enfin nous savons par un auteur contemporain que David fut co-adjuteur de saint Aldric ; c'est pourquoi nous avons peine à comprendre l'erreur des copistes, qui, dans les *Analecta* de Mabillon, en donnant ce catalogue, n'ont mis qu'une seule colonne et placé Pierre pour corévêque de saint Principe, Berthbode et Mérole pour co-adjuteurs de Badégisile, et ainsi des autres. Depuis ce temps, la même méprise a été généralement répétée.

Le vénérable pontife Aiglibert eût pour second successeur Herlemond 1, Franc d'origine et né de parents nobles. Quoique nos anciens catalogues ne le mettent pas non plus au nombre des saints, plusieurs cependant lui ont accordé l'auréole des confesseurs pontifes. C'est à ses soins que l'on fut redevable de la fondation du monastère de Saint-Ouen-des-Fossés, au Mans ; il y établit douze moines avec des édifices pour recevoir des hôtes, nobles ou pauvres (1). Il y plaça pour abbé un de ses prêtres nommé Scienfroi, et il donna en faveur de ce monastère les bourgs d'Artins et de Javron avec quelques autres terres.

Il reconstruisit et orna merveilleusement le monastère de Saint-Symphorien (2), à la tête duquel il mit pour abbé *Qui-*

---

(1) Depuis longtemps ce monastère est occupé par le collége du Mans, et la paroisse est réunie à celle de la cathédrale, en partie, et à celle de Sargé pour l'autre partie.

(2) Saint-Symphorien-en-Champagne? (*Sarthe*.)

rinus. Il fit quelques donations en faveur du monastère de Saint-Vincent, et il établit vidame ou vicaire pour tout son diocèse, Chirmir, qui était archidiacre et abbé du même monastère. Il occupa 26 ans son siège, et il mourut en paix, le ix des calendes de novembre (1).

Après sa mort, ce même siège fut longtemps vacant à cause des troubles dont la province fut alors agitée. Pendant sa vie, le roi avait accordé à l'évêque, aux abbés et aux notables du pays, le droit d'élire le comte ou gouverneur du Maine; des dissensions et des rixes ne tardèrent pas à éclater. Roger, et Hervé son fils, s'érigèrent en tyrans; spoliations des biens de l'Eglise, outrages faits aux ecclésiastiques, incendies, adultères, assassinats, rien ne leur coûta. Pressé par les murmures du peuple, qui demandait un évêque, Roger fit sacrer son fils Gausiolène, ou autrement Gauzlin, et l'établit d'une manière anti-canonique; mais le roi Pépin, pour remédier aux maux de l'église du Mans, fit bientôt destituer ce dernier, et plaça sur son siège l'évêque Herlemond II. Celui-ci, pendant neuf ans, exerça son ministère avec tout le soin et toute la piété désirables; mais alors le perfide Gauzlin, l'ayant invité à un festin, lui fit crever les yeux pendant le repas, en sorte qu'il se retira dans le diocèse de Bayeux, au monastère des Deux-Gémeaux, dont son frère était abbé. On le voit, ce digne pontife mérite bien de figurer aussi sur la liste des généreux confesseurs de Jésus-Christ.

Le roi Pépin, outré de douleur, fit venir le traître et barbare Gauzlin qui paya la peine du talion; on lui permit

---

(1) *Anal. Mabil.*, T. III.

cependant de rentrer au Mans et de prendre pour co-adjuteur Seufrède ou Scienfroi, dont nous avons parlé ; quand celui-ci vint à mourir, Didier, puis Berthbode, et enfin Mérole, lui succédèrent dans la même charge (1). Mérole était sorti du monastère d'Evron ; il fut sacré selon les règles canoniques avec titre pour l'église de Sauges, peut-être parce que ce lieu représentait l'ancienne capitale d'un peuple, celui des Arviens ; au milieu du vi^e siècle, saint Céneré y avait exercé déjà la charge de prêtre-cardinal ou archi-prêtre. Pour la cité des Diablintes, au contraire, il paraît qu'elle était alors représentée par l'évêché de Dol. Après la mort de Gauzlin et l'abdication d'Hodingue, deux ans plus tard, Mérole occupa le siège de saint Julien par ordre de Charlemagne. Il vécut saintement et fut enterré dans la basilique des saints Apôtres, aujourd'hui l'église du Pré. On rapporte qu'au moment où se faisait la sépulture, son cercueil ne reçut pas même une goutte de la pluie qui tombait alors (2).

Mérole fut remplacé par Joseph, son archidiacre, né à Tours ; mais nous nous empressons, ainsi que nous l'avons fait pour Badégisile, de taire sa honteuse cruauté envers ses chanoines et sa mort déplorable. Francon I lui succéda étant déjà octogénaire ; cependant il gouverna le diocèse pendant longtemps encore et d'une manière bien digne. Il restaura sa cathédrale et fit instruire les clercs nobles dans les édifices destinés aux chanoines ; il consacra l'église de Ceaulcé et y plaça, selon le rit romain, les restes de saint Ernée dont il décora le tombeau avec soin. Il mourut centenaire et laissa

---

(1) *Anal. Mabil.*, T. III.
(2) *Ibidem.*

son siège à son neveu Francon II, qui dédia l'église du monastère de Saint-Calais, et y fit la translation des reliques de ce saint dans un endroit plus décent. Une épitaphe, mise sur le tombeau de ce même évêque, dans l'église de Saint-Vincent, fait l'éloge de ses bonnes qualités (1). Enfin l'an 832, l'église du Mans obtient saint Aldric pour évêque.

---

(1) *Anal. Mabil.* T. III.

CHAPITRE XXV.

VIE DE SAINT ALDRIC.

Au chapitre XVIIe de ce volume, nous avons essayé de constater, d'après la vie de saint Liboire, écrite au ixe siècle, que les *Actes* de nos évêques, avec leur forme conservée jusqu'à ce jour, sont antérieurs à ce même siècle pour les temps qui ont précédé saint Aldric. Arrivé à la vie de ce saint, Mabillon prend dans un recueil de Duchesne les actes de neuf évêques (1), lesquels, à l'exception de ceux dudit saint Aldric, font entièrement défaut dans le manuscrit nommé le *Pontifical*. En effet, dans ce travail qui paraît appartenir au xiiie siècle (2), ainsi que plusieurs fois nous l'avons avancé, l'auteur avait copié la vie de notre saint sur un autre manuscrit bien plus ancien que nous possédons également (3), et que Baluze a publié d'une manière fort incorrecte (4); mais la moitié environ de cette copie dans le *Pontifical* se trouve perdue, et l'on voit à la suite, en écriture plus moderne, les *Actes* des évêques depuis Vulgrin jusqu'à

---

(1) *Anal.*, T. III.
(2) Biblioth. du Mans, M. S., n.° 224.
(3) *Ibidem*, n° 99.
(4) *Miscellan*. T. III.

ceux de Geoffroi de Loudon, ce qui donne lieu de croire que cette seconde partie date seulement de la fin du xiiie siècle.

Quant au manuscrit publié par Baluze, et que nous allons suivre dans le récit de la vie de saint Aldric, il donne d'abord une liste des évêques du Mans, laquelle ne s'accorde pas entièrement avec celle du manuscrit précité, publiée par Mabillon. Au lieu du nom de saint Principe, on y lit celui de saint Séverien, ce qui prouve ce que nous avons avancé sur le double nom du même saint ; on y lit également le nom de saint Béraire, et après le vénérable évêque Aiglibert se trouve un nouveau Béraire avec la date de son épiscopat : trois ans et demi ; nous en avons parlé au chapitre précédent. Enfin, au bas du feuillet, sur une seconde colonne, se trouve la liste des corévêques telle que nous l'avons donnée ; ce qui prouve merveilleusement l'erreur commise par Mabillon. Sur ce même manuscrit des actes de saint Aldric, la liste s'arrête à Avesgaud, et l'auteur ne donne point la durée de son épiscopat ; plus bas, une autre main a ajouté le nom de Gervais, ce qui porterait à regarder ce travail comme appartenant à la moitié du xie siècle, à part le caractère de l'écriture, qui accuse facilement cette même époque. En le publiant, Baluze n'a point donné au public les pièces de vers et la préface qui précèdent la vie de saint Aldric, regardant cette partie comme peu intéressante et ajoutée, d'ailleurs, par une main peu habile. Quant au reste, de l'aveu de tous, ce travail fait par les disciples mêmes du saint, offre toutes les garanties d'authenticité désirables, puisque rien, pour ainsi dire, n'y est avancé sans être prouvé par des actes et des chartes en bonne forme ; ensuite, la copie que nous possédons offre toute confiance comme pièce authentique, puisqu'elle remonte à des temps assez rapprochés de ceux où l'original même fut écrit, et que, depuis le xie siècle, elle a toujours fait partie assurément des archives de la cathédrale. Mais laissons parler les auteurs de cet antique et précieux document (1).

Saint Aldric, évêque du Mans, était Franc ou Saxon d'un côté ; de l'autre, il était Allemand ou Bavarois. Son père se nommait Syon, Gerilde était le nom de sa mère ; il était de sang royal et issu de très-nobles parents. Dès l'enfance, il fut confié aux soins de plusieurs évêques qui le formèrent d'une manière noble et sage ; il embrassa volontiers la discipline ecclésiastique et s'y attacha autant qu'il était juste et convenable. Il avait atteint sa douzième année, lorsque son père le conduisit à la cour et le recommanda spécialement au glorieux Charles, roi des Francs, puis ensuite à Louis, son fils, qui lui fit un bienveillant accueil. Il était orné de tant de bonnes qualités, de manières si douces, et il se fit tellement tout à tous, que, grâce à Dieu, bientôt il s'attira l'affection du roi et de tous les grands qui l'entouraient. C'est ainsi que pendant le jour il militait pour plaire au roi et à ses féaux, tandis que la nuit, en secret, il s'appliquait entièrement à servir le Seigneur dans les veilles et la prière. Quand il pouvait en trouver l'occasion, il se plaisait à aller secrètement chanter des psaumes et réciter des prières dans l'église de Sainte-Marie, construite à Aix-la-Chapelle, et un jour qu'il était allé ainsi en secret dans

---

(1) *Miscellan.* Baluz, T. III. — Bibl. du Mans, n°s 99, 224, 11, etc. J. Moreau a donné l'abrégé de cette vie dans un M. S. de la même bibliothèque, n° 206 ; le docteur Vieil l'a traduit du latin (*Hist. de la vie, etc., des Saints*, par J. Tigeon, T. I, p. 183), puis Bollandus l'a traduit de nouveau sur cette même traduction (*Act. SS. Ian. vit. S. Aldrici*, T. I).

cette église de Sainte-Marie, chanter ses psaumes à la gauche de l'autel, il sentit intérieurement un avertissement divin qui lui disait d'abandonner la milice du siècle et de s'appliquer uniquement au service du Seigneur. Il était bien jeune alors, et arrivé seulement à l'âge de puberté. D'abord il craignit que ce ne fut une suggestion du démon, et partant, il se mit à prier Dieu très-ardemment par l'intercession de la bienheureuse vierge Marie, dans l'église de laquelle il priait, de lui faire connaître sûrement, selon sa miséricorde, si cet avertissement venait du ciel pour lui manifester la volonté divine, ou s'il n'était qu'une suggestion du démon. Cette prière, il la faisait de toute son âme, à genoux et en se frappant la poitrine devant l'autel de Sainte-Marie, demandant de pouvoir suivre la volonté du Seigneur et d'échapper aux séductions que le démon aurait pu lui susciter de ce côté. Mais une confortation céleste vint soumettre avec empire et corroborer pleinement son cœur pour le rendre docile à cette volonté. Ensuite il demanda avec instances à Dieu d'éloigner de lui cette pensée, si elle lui était suggérée par le démon, et, au contraire, de pouvoir suivre entièrement la volonté du Seigneur, si cet avertissement était une grâce céleste.

Pendant six mois presque entiers, son cœur fut ainsi livré à l'angoisse et enfin, animé par une confortation divine de la part des anges, il alla trouver le roi et lui demanda la permission de renoncer à la milice du siècle et d'embrasser, au contraire, la milice spirituelle et le service du Seigneur. Jusqu'alors il n'avait avoué son dessein qu'à un de ses plus intimes amis, personne remplie de l'amour de Dieu ; il craignait que ses parents et ses amis, en l'apprenant, ne missent entièrement obstacle à ce projet. A cette nouvelle, le roi fut très-affligé ; il lui promit de lui donner douze comtés, au moins, s'il voulait se désister et demeurer à son service. Saint Aldric répondit à ces paroles qu'il n'abandonnerait pas son projet, lors même que le roi consentirait à lui donner la moitié de son royaume. Voyant que ses efforts étaient incapables de le dissuader, celui-ci lui accorda la permission qu'il demandait et lui dit de choisir dans tout son royaume le lieu qu'il voudrait. Inspiré de Dieu, saint Aldric choisit la ville nommée Mediomatrix, ou autrement Metz, et demanda seulement une prébende avec deux clercs ; le roi accorda et promit de lui donner ce qu'il demanderait. Il lui donna un baiser, et saint Aldric, muni de cette permission, se hâta de se rendre dans la susdite ville, où chacun lui fit un pieux et très-aimable accueil. L'évêque de cette même cité, avec tout son clergé, chanta les hymnes sacrés, les bénédictions saintes, pour le ranger parmi les clercs ; il le revêtit de l'habit de clerc, lui fit, avec tous les prêtres, l'imposition des mains, lui donna la bénédiction cléricale et le plaça parmi les *sénieurs*.

En s'appliquant ainsi à servir Dieu nuit et jour de toutes ses forces, il gagna un grand nombre d'âmes au Seigneur. Il se mit humblement à apprendre le chant romain (1), les lettres et l'Ecriture sainte, et grâce à Dieu, maître de tout, il s'y instruisit parfaitement. Aussi, après deux ans de cléri-

---

(1) Que les temps sont changés ! Noble et sainte église de Metz, qu'est devenue ton école de chant romain, fondée alors par les glorieux empereurs et où la France allait chercher ses maîtres et recevoir ces leçons si vantées? Sainte église du Mans, comment as-tu donc pu rejeter en un instant loin de toi les sages et pieuses institutions liturgiques du saint primicier de Metz, lorsque tu les avais conservées avec tant de soin jusqu'à la fin du dernier siècle?

cature, Gondulphe, évêque de la ville précitée, l'ordonna diacre dans l'église de Saint-Etienne. Pendant trois ans presque entiers, chaque jour il s'acquitta de son office de diacre, et revêtu de cet ordre, il milita d'une manière admirable et faisant preuve de sa science. Cependant, Gondulphe qui l'avait ordonné vint à mourir, et Drogon, fils du très-pieux empereur Charles, lui succéda dans la même ville et fut ordonné pour le même siège : voyant les soins et l'application soutenue que le diacre saint Aldric mettait à remplir les devoirs de son ministère et même en tout, il l'engagea à recevoir le sacerdore. Ne pouvant refuser la consécration sainte que Drogon, évêque de ladite cité, le pressait très-souvent de recevoir, saint Aldric, choisi par le clergé et le peuple, fut ordonné prêtre par le susdit successeur de l'évêque qui lui avait conféré le diaconat.

On vit dès-lors ses vertus briller de plus en plus, et ses prédications et ses exhortations servirent à gagner des âmes sans nombre à Dieu et à la sainte Eglise. Ensuite, choisi également par ses confrères et pressé par Drogon, son évêque, il fut forcé d'accepter la charge de *chantre-sénieur*. Placé comme maître dans les écoles, il avait instruit parfaitement déjà un très-grand nombre d'élèves, et opéré de grands fruits dans la sainte Eglise de Dieu. Parvenu à la susdite charge, il instruisit merveilleusement un nombre prodigieux de personnes dans les sciences dont nous avons parlé. Le susdit évêque Drogon, le clergé et le peuple voyant saint Aldric ainsi rempli de zèle pour les diverses charges confiées à ses soins et pour la science, le forcèrent d'accepter la place de primicier, établie selon l'usage de Rome, et ordonnèrent que tout le clergé de la ville, des monastères et des paroisses lui serait soumis ; ils l'établirent à la tête de tout ce clergé. Dans ce nouvel emploi, il servit le Seigneur avec un grand zèle et se rendit utile à tous les gens de bien ; en sorte que les bons l'aimaient autant qu'eux-mêmes et faisaient volontiers tout ce qu'il leur commandait. L'empereur des Francs, Louis, en ayant eu connaissance, le fit venir et le constitua, bon gré, mal gré, *prêtre-sénieur* dans son palais et son confesseur. Là, comme partout ailleurs, il fut aimé de tous les bons officiers de la cour, et se faisant tout à tous, il fut généralement vénéré. Tous l'aimaient, s'il est possible autant qu'eux-mêmes, et lui obéissaient de bon cœur dans tout ce qui regardait son ministère de *sénieur*.

Il vécut ainsi quatre mois avec l'empereur dans son palais, servant avec amabilité ce prince, et sans pouvoir obtenir un seul jour la permission de le quitter et de retourner dans sa patrie. On le pourvut de l'évêché du Mans, sur le choix qui fut fait de lui par Landran, archevêque de la province, par le comte du Mans, Roricon, par tous les nobles de ladite province, les officiers de la cour et par le clergé et le peuple. Tous étant en prières et en présence du très-glorieux empereur Louis, qui avait été l'instigateur de cette promotion, le soin pastoral de ce diocèse fut confié à saint Aldric, et Landran de Tours, métropolitain de ce même diocèse, lui remit le bâton pastoral. Il refusa d'accepter ce siège ; mais, vaincu par les instances que tous lui firent, il fut forcé de recevoir ce ministère sacré. Ce même métropolitain, avec d'autres évêques distingués par leur noblesse et leurs vertus, se rassemblèrent, et après l'élection faite par le clergé et le peuple, ordonnèrent saint Aldric et le consacrèrent évêque dans l'église-mère de ladite ville, le 11 des calendes de janvier, l'an de l'Incarnation de N.-S. Jésus-Christ 832.

Trois jours après cette ordination, l'empereur Louis vint

au Mans et rendit grâce à Dieu de ce que saint Aldric avait été déjà sacré évêque. Ce même pontife reçut d'une manière bien digne l'empereur Louis ; il fit chanter des psaumes, des hymnes et des cantiques ; il fit porter des croix et d'autres objets sacrés ; il prit la main du prince pour le faire entrer dans l'église ; le conduisit aux différents autels et le recommanda dans ses prières à Dieu. Ce même saint s'appliqua ainsi à servir noblement et avec douceur l'empereur et tous les siens : ce fut en ce lieu que ce même empereur, Louis, célébra solennellement la Nativité de N.-S. Jésus-Christ ; saint Aldric, avec son clergé, officia d'une manière très-digne. L'empereur resta huit jours dans cette même ville, et pendant ce temps il rendit par un diplôme, audit évêque et à l'église de son siège, par-là même aux clercs et aux autres fervents chrétiens qui y servent le Seigneur, pour la posséder à perpétuité par un droit très-formel, la *villa* nommée le Breuil (1) et Neuville, avec toutes ses dépendances ; depuis longtemps elle avait été soustraite du domaine de la cathédrale et donnée en bénéfice.

Ce fut également pendant la première année de son pontificat que saint Aldric, grâce aux ressources de son génie, fit amener dans la cité du Mans de l'eau par un aqueduc (2) ; personne auparavant ne l'avait vue venir ainsi, et de cette manière il fournit de l'eau en quantité suffisante à tous ceux

---

(1) Cette *villa*, dit ailleurs saint Aldric, portait depuis longtemps le nom de *Broilus Casalis*, le Breuil-Châteaux ? C'est à peu de distance que ce même saint jeta les fondements de l'église, aujourd'hui paroissiale de Saint-Pavace-lès-le-Mans.

(2) Les traces de cet aqueduc ont disparu, dit-on, au commencement de ce siècle. L'eau prise auprès d'Isaac, était conduite par le vallon vers la place de la cathédrale.

qui en avaient manqué jusqu'alors et qui ne pouvaient s'en procurer qu'avec beaucoup de peine. Pour en avoir, on était obligé de payer un denier, pour un ou deux sceaux, à ceux qui l'apportaient de la Sarthe ou de quelque fontaine ; car il n'y avait pas même de puits.

Dans cette même année, il fit aussi construire un cloître où ses chanoines pussent vivre régulièrement et canoniquement : auparavant ils n'avaient jamais eu, dit-on, de cloître ; ils étaient logés de côté et d'autre dans la ville, erraient le jour et la nuit d'un domicile à l'autre, et partant, ne pouvaient arriver convenablement pour l'heure de l'office divin. Il leur abandonna sa maison afin qu'ils pussent y demeurer, puis ses celliers et les autres édifices dont il se servait ; mais comme cela ne pouvait suffire, il fit construire à l'entour les bâtiments convenables pour cette œuvre.

Ce même pontife était très-sage et plein de douceur; d'une élocution facile, il savait de mémoire tous les psaumes selon leur rang ; il était parfaitement exercé à trouver leur sens le plus sublime ; sa lecture était pleine de charmes ; il était l'âme de toutes les bonnes œuvres. En prêchant à son troupeau très-florissant les salutaires vérités de la foi catholique et apostolique, il corroborait le cœur des fidèles ; il se montra courageux défenseur et partisan de la foi orthodoxe; plein d'amour pour la pauvreté, non seulement il fut doux envers les pauvres, mais encore rempli pour eux d'une vive sollicitude. On le vit aussi racheter les captifs, et généreux envers les veuves et les orphelins, il suppléait à leurs besoins ; chérissant la règle, la vie religieuse, il avait une vive prédilection pour ceux qui voulaient vivre en religion et avec la crainte du Seigneur. Très-doux, très-aimable et plein de bonté, il aimait tendrement tous les hommes, tout le clergé et tout le peuple chrétien ; lent à se mettre en colère, prompt à pardonner, ne rendant à personne le mal pour le mal, et ne cherchant point à tirer vengeance de ceux qui la méritaient, il était, au contraire, plein de charité et de miséricorde pour tous, plein de prévenances et ne repoussant personne. Il parvint à rassembler un nombreux troupeau ; grâce à Dieu, il fit dans son diocèse et ailleurs des fruits nombreux, au sein de la sainte Eglise de Dieu, et il gagna un grand nombre d'âmes au Seigneur.

Dans le cloître susdit, saint Aldric construisit des toits neufs et doubles et y fit divers logements pour tout ce qui était nécessaire aux frères chanoines ; et dans ce même cloître, il bâtit une église à neuf et la consacra en l'honneur de saint Etienne et de tous les Saints, d'une manière solennelle, le v des ides de novembre. Lors de cette consécration, il se passa un fait miraculeux : pendant la cérémonie, un prêtre perdit ses gants, un clerc les trouva et allait les emporter furtivement, mais il ne put sortir de cette nouvelle église ; il fut obligé de jeter les gants dans l'église en présence de beaucoup de personnes, puis il s'échappa et prit la fuite. Saint Aldric érigea six autels dans cette même église : l'un au fond de l'abside, à l'extrémité supérieure, fut dédié en l'honneur de la sainte Sophie ; et des reliques de Notre Seigneur Jésus-Christ, de l'éponge et de ses sandales, furent déposées dans la confession de ce même autel. Ce saint pontife érigea et consacra un autre autel, également dans la partie supérieure et au côté droit de ladite église, en l'honneur de saint Sébastien, de saint Vincent, de saint Gervais, de saint Privat, de saint Quirinus, de saint Nabor et de saint Nectaire, martyrs du Christ, et il y plaça de leurs reliques d'une manière convenable. Dans la même partie supérieure, à la gauche de l'église, il érigea et consacra un troisième autel en l'honneur de la sainte mère de Dieu, Marie, de saint Clément, évêque de l'église de Rome et martyr; de saint Aubin, de saint Amant, de saint Arnoul, de saint Martin, de saint Clément, premier évêque de Metz, de saint Ouen, de saint Martial, de saint Benoît, de saint Paterne et de saint Sylvestre, confesseurs de Jésus-Christ, et il y plaça de ses mains des reliques d'un grand nombre d'autres saints.

Dans la partie inférieure, au contraire, à droite, il érigea et consacra un autre autel en l'honneur de saint Paul, de saint Jacques, Apôtres, et de saint Mathieu, Apôtre et Evangéliste ; dans la confession, il plaça de ses propres mains de leurs reliques, d'une manière convenable. A gauche, il consacra enfin un autre autel en l'honneur de saint Théodore, de saint Julien et de saint Lambert, martyrs, et dans la confession du même autel, il plaça de ses propres mains de leurs reliques. Ce fut l'an 854 de l'Incarnation de N. S. Jésus-Christ, indiction XIII, l'an 22e du règne de l'empereur Louis-le-Pieux, la troisième année de l'ordination du même saint Aldric, que ce pontife consacra solennellement ladite église, au même jour des calendes où, dans la ville métropolitaine de Tours, le soin de la ville du Mans et la sollicitude du peuple de ce diocèse lui furent confiés par ledit empereur Louis, d'après le consentement et l'élection de Landran, archevêque de ladite ville de Tours, d'un grand nombre d'abbés, de comtes et d'autres personnes prudentes. Nous prions humblement le Dieu tout-puissant de lui accorder, ainsi qu'à nous, le repos et la vie éternelle.

Dans cette même année de l'Incarnation de N. S. Jésus-Christ, le XI également des calendes de décembre, saint Aldric consacra solennellement, dans l'église-mère et *sénieure*, l'abside qu'il fit construire par la base et qu'il orna merveilleusement; il y érigea un autel admirablement travaillé. Il consacra cette abside et cet autel en l'honneur du saint Sauveur, de la sainte mère du même Dieu, Marie, des saints martyrs Gervais et Protais et de saint Etienne, et dans ce même autel, il plaça d'une manière bien convenable et avec beaucoup d'art, des reliques du saint Sauveur, de la mère du même Dieu, sainte Marie, des restes du propre corps des saints martyrs Gervais et Protais, et de saint Etienne. Il dédia également d'une manière solennelle et réconcilia dans l'église-mère de la cité, une autre partie dont le jour de la consécration était ignoré, au nom du saint Sauveur, N. S. Jésus-Christ, de la sainte mère de Dieu, Marie, et des saints martyrs Gervais et Protais. Il fit ériger dans cette même église-*sénieure* et il consacra le même jour dix autels nouveaux; il y fit inscrire les noms des saints en mémoire desquels il les consacra, et si l'on veut en faire avec soin la recherche, on peut encore aujourd'hui trouver ces noms en détail sur chacun desdits autels. Dans la partie supérieure, il éleva aussi des *deambulatoria* tout autour de ladite église, et il y érigea noblement cinq autels qu'il consacra; le premier, à droite, c'est-à-dire vers la partie orientale, et placé dans lesdites galeries, fut consacré en l'honneur de saint Martin, de saint Hilaire, de saint Germain, de saint Vaast, de saint Domnole, de saint Calais et de saint Rigomer, confesseurs du Christ; saint Aldric y déposa de ses propres mains de leurs reliques, selon le rit ecclésiastique. Il plaça un autre autel sur le même côté droit, au milieu de la galerie, et il le consacra en l'honneur de saint Pierre, de saint Jean, Apôtre et évangéliste, de saint André et de tous les saints Apôtres; il plaça également de leurs reliques dans le même autel.

Dans la partie occidentale de l'église, sur le *solarium* même, il consacra un autre autel en l'honneur de tous les saints, et il y déposa un grand nombre de reliques. Au côté gauche de ladite église, dans la galerie de gauche vers la partie orientale, il éleva et consacra un autel en l'honneur de saint Denys, de saint Laurent, de saint Rémi, de saint Médard, de saint Boniface, de saint Rustique et de saint Eleuthère, martyrs et confesseurs du Christ, et il y plaça de ses propres mains de leurs reliques. Au milieu de la galerie, dans le *solarium* gauche, il érigea et consacra un autre autel en l'honneur de sainte Marie, mère de Dieu, de sainte Anastasie, de sainte Cécile et de toutes les saintes Vierges; dans ce même autel il plaça de ses propres mains des reliques d'un grand nombre de vierges saintes. Dans la partie inférieure de ladite église, au côté droit ou oriental, il érigea et consacra un autel en l'honneur de saint Ambroise, de saint Benoît, de saint Grégoire, de saint Augustin, de saint Julien, de saint Jérôme et de saint Vigor, confesseurs du Christ, et il y plaça de leurs reliques décemment et selon le rit ecclésiastique. Hors du chœur, dans le côté droit de ladite église, il érigea et consacra un autel en l'honneur de saint Georges, de saint Félix, de saint Symphorien, de saint Sixte, de saint Tiburce, de saint Marcellin et de saint Pierre, et il y plaça décemment de leurs reliques. A gauche et dans le côté oriental, il érigea et consacra un autel en l'honneur de sainte Scolastique, de sainte Agnès, de sainte Lucie, de sainte Clodesinde, de sainte Afre et de sainte Aldegonde, vierges du Christ, et de ses propres mains il y plaça décemment de leurs reliques. Hors du chœur, mais à la gauche de ladite église, il érigea et consacra un autel en l'honneur de sainte Agathe, de sainte Félicité, de sainte Sabine, de sainte

Euphémie, de sainte Perpétue, de sainte Brigide et de sainte Geneviève, vierges du Christ, et il plaça également, de ses propres mains et d'une manière convenable, des reliques de ces mêmes saintes. Au milieu de cette église, enfin, il érigea un autel en l'honneur de la très-sainte Trinité, avec un crucifix d'or et d'argent, merveilleusement travaillé, qu'il éleva au-dessus.

Ce fut l'an 835 de l'Incarnation de N. S. Jésus-Christ, l'an 25 du règne de Louis-le-Pieux, l'an 3 de son ordination, indiction XIV, le XI des calendes de juillet, que ledit évêque de la ville du Mans, saint Aldric, consacra solennellement la partie occidentale de ladite église-mère et *sénieure* de la cité, laquelle partie fut entièrement construite dès la base, ornée merveilleusement et terminée par ses soins. Ce fut dans ce même côté qu'il érigea et consacra solennellement un autel en l'honneur de saint Jean-Baptiste, autel où il déposa de ses propres mains des reliques du même saint. Dans cette même partie occidentale, au côté droit, il érigea et consacra, également le susdit jour des calendes, un autel en l'honneur de saint Christophe, de saint Hyppolite, et de saint Saturnin, martyrs du Christ; et, dans la confession de ce même autel, il plaça de ses mains de leurs reliques. Dans cette partie occidentale de l'église-*sénieure*, au côté gauche, il consacra, le même jour, un troisième autel en l'honneur de saint *Victurius* et de saint *Victur*, de saint Brice, de saint Ernée, de saint Baumade, de saint Almir, de saint Ulphace, de saint Julien, premier évêque de la ville du Mans (1), de saint Thuribe, de saint Pavace et de saint

---

(1) Vers ce même temps où saint Aldric exposait ainsi dans sa cathédrale les reliques et la mémoire de son premier prédécesseur, à la véné-

Liboire, confesseurs du Christ, et de ses mains il y déposa décemment de leurs reliques. C'est également en ce même jour, le xi des calendes de juillet, que le même saint évêque Aldric est sorti du sein de sa mère : que Dieu, par l'intercession de ces saints et de tous les autres lui fasse la grâce de vivre avec eux dans la bienheureuse éternité ! Ainsi soit-il.

Cette partie des *Actes* de notre saint est suivie de pièces nombreuses que nous ne pouvons reproduire ici : dons faits par saint Aldric aux chanoines, pour faire un festin le jour de cinq fêtes principales qu'il désigne ; miracles opérés du temps du saint pontife pendant les premières années de la consécration de l'église : « Il faudrait, dit un des auteurs de ces *Actes*, des volumes entiers pour contenir le récit de tous ces miracles. » Viennent ensuite les différentes pièces produites pour une contestation au sujet des droits de l'évêque du Mans sur l'abbaye de Saint-Vincent ; puis la confirmation de ces mêmes droits sur les petits monastères ou celles de Saint-Aubin et de Saint-Ouen ; puis un diplôme de l'empereur pour la *villa* Neu-ville et le Breuil ; puis une autre charte pour les *décimes*, les restaurations des églises, le cens à percevoir sur les monastères, les celles, les *villæ*, etc.; puis un diplôme de l'empereur Louis pour le monastère de Sainte-Marie, situé entre le mur de la cité et la rivière ; puis

---

ration des fidèles, le célèbre Rhaban Maur écrivait dans la vie de sainte Madeleine, conservée à Oxford (*Hist. litt. de Fr.*, T. V), que ce même saint Julien était du nombre des soixante-dix disciples choisis par les Apôtres, ainsi que nos anciens *Actes* l'assurent, et dans un très-ancien manuscrit de la vie de sainte Madeleine également, saint Julien est nommé parmi les vingt-sept disciples envoyés pour les Gaules.

un autre pour le monastère de Sainte-Marie et Saint-Pierre, hors des murs, et enfin, un autre diplôme qui confirme les droits de saint Aldric sur les différentes celles, *villæ*, etc. Les *Actes* nous font connaître ensuite que ce même saint évêque fit un capitulaire, ou recueil des décrets des différents conciles, des *évêques du siège de Rome*, des évêques réunis en concile provincial et des capitulaires des *empereurs très-chrétiens* (1) ; il y mit une préface et donna cet ouvrage à ses clercs pour le retenir de mémoire. Maintenant nous allons laisser parler un des auteurs de ces mêmes *Actes*.

Ledit évêque, saint Aldric, fit faire un baldaquin, nommé autrement *ciborium*, au-dessus du maître-autel, dédié, nous l'avons dit, en l'honneur du saint Sauveur, de Marie, sa sainte mère, des saints martyrs Gervais et Protais, et en même temps de tous les Saints. Il fit faire admirablement ce *ciborium*, en or et en argent, tel qu'on le voit encore, et dessus il fit placer des girandoles d'or et d'argent, comme on le remarque aujourd'hui.

Dans un endroit habité jusqu'alors par les femmes de débauche, les voleurs et les chiens, sur le bord de la Sarthe, à un mille environ de la ville, il fonda un monastère en l'honneur du saint Sauveur, de la sainte mère du même Dieu, Marie, des saints martyrs Etienne, Gervais et Protais, et de tous les saints. Il fit construire à neuf le dortoir, à l'extrémité duquel il disposa une abside vers l'orient ; il y érigea un autel et le consacra le iv des ides de septembre, en l'honneur de l'illustre confesseur saint Benoît, après y avoir dé-

---

(1) Suivant cette idée, le capitulaire de saint Aldric était fort au-dessus de ceux qui nous restent, d'Isaac de Langres et d'Hrard de Tours, publiés au même siècle. (*Hist. litt. de Fr.*, T. V, p. 143.)

posé de ses reliques. Il voulut que, dans ces lieux où auparavant l'on entendait seulement les aboiements des chiens et les cris affreux des pauvres, dépouillés par les voleurs qui y habitaient, désormais l'on entendît retentir, le jour et la nuit, les hymnes angéliques, les cantiques des prophètes et les autres morceaux de l'Ecriture sainte. Dans ce même monastère, il fit construire également à neuf et d'une manière noble, un réfectoire qu'il accommoda avec soin, puis des celliers et tous les édifices nécessaires pour que ses moines pussent y habiter et y suivre les prescriptions de la règle. Ce fut aux calendes de mai qu'il jeta les fondements de l'église et du cloître; mais la bonté de Dieu se manifesta d'une manière miraculeuse, et cet ouvrage que l'on croyait ne pouvoir achever que dans deux ou trois ans, fut terminé, grâce à Dieu, en quatre mois et demi, c'est-à-dire, depuis les calendes de mai jusqu'au XVI des calendes d'octobre. Ce même jour des calendes, l'église fut consacrée et les moines commencèrent à manger dans le nouveau réfectoire et à dormir dans le nouveau dortoir, ce qui assurément n'aurait pu se faire sans une grâce et une miséricorde toutes particulières de Dieu. Qu'il en soit loué, le Dieu qui a fait un tel prodige! à lui l'honneur et la gloire dans les siècles des siècles. Ainsi soit-il.

Ledit évêque saint Aldric fit construire un autre monastère dans l'endroit où existait depuis très-longtemps déjà un monastère en l'honneur de sainte Marie. Il fit rentrer dans le droit de l'église, au moyen de décrets et de chartes qu'il obtint de l'empereur Louis, cette possession qui avait été négligée à tort. Ainsi, dans ce même lieu où l'on avait vu ledit monastère, entre le mur de la cité et la rivière de la Sarthe, saint Aldric se mit à élever un nouveau monastère avec tout le soin possible. Il y fit construire une église plus grande que celle qui avait servi précédemment et qui se trouvait détruite ; il la consacra solennellement, selon les règles canoniques, en l'honneur du saint Sauveur, de sainte Marie, mère du même Dieu, et des saints martyrs Etienne, Gervais et Protais, le IV des ides d'octobre. Comme ce monastère dépend de l'église-mère de la cité, consacrée en l'honneur du saint Sauveur, de sainte Marie et des saints martyrs Gervais et Protais, il crut devoir dédier ledit monastère au nom des mêmes saints, afin que tous à l'avenir vénérassent ainsi leur mémoire. Auprès de cette église, il fit construire avec soin un cloître, c'est-à-dire, un réfectoire, un dortoir, un cellier et tous les autres édifices nécessaires à un monastère. Il accommoda les choses de manière à ce qu'au milieu du cloître il y eût une fontaine d'eau vive qui allât distribuer ensuite ses eaux dans les cuisines. Il établit dans ce monastère, pour y suivre la règle de saint Benoît, des moniales qu'il fit venir d'Entrammes, avec la permission de l'empereur Louis et de l'impératrice Judith.....

Dans une *villa* de son diocèse, de la *condita* de Connerré (1), le même évêque saint Aldric établit un petit monastère avec église et cloître, aussi bien qu'il était possible de le faire alors ; il y plaça des moines vivant selon la règle et prépara

---

(2) *Condita Conedralinse.* — *Note de la page précédente* : Saint Aldric, dans son testament, écrit : *Quinta pars detur monachis qui sunt in monasterio Sancti-Salvatoris paulò minùs milliario ab urbe distante super fluvium Sarthæ.* (Bal., T. III, p. 85.) Il est clair que le monastère du *Broilus-Casalis*, était auprès de l'église de Saint-Pavace ; mais le Breuil et Neuville se trouvant réunis alors, quelques-uns ont avancé par erreur que le monastère était à Neuville.

des lieux réguliers pour ceux qui viendraient à l'avenir. Il statua que dans ce monastère on entretiendrait toujours des moines occupés à prier nuit et jour pour l'empereur, pour le saint Pontife lui-même, et pour toute l'Eglise ; qu'ils travailleraient au salut de leur âme et à celui des autres, et que toujours ils y mèneraient une vie sainte en suivant la règle......

Ledit évêque du Mans, saint Aldric, construisit aussi bien que possible pour le temps, un monastère dans la *condita* d'Oizé (1), au lieu nommé Theloché, sur le ruisseau du Rhone (2). Il employa tous ses soins à construire, à orner et accommoder sagement et noblement, dans ce monastère, une église en l'honneur de saint Pierre, avec un cloître pour les moines, des moulins et d'autres officines nécessaires pour ceux qui observent la règle. Dans ce même monastère de Theloché, il fit venir des moines de celui d'*Anisola*, dans lequel saint Calais repose en corps, pour qu'ils y vécussent régulièrement, occupés de leur propre salut, pour qu'ils y gagnassent un grand nombre d'âmes au Seigneur et qu'ils y priassent nuit et jour pour l'empereur Louis, pour Charles, son fils, pour ledit évêque saint Aldric, pour les personnes confiées à ses soins et pour tous les fidèles de la sainte Église de Dieu, afin que Dieu nous accorde à tous de faire sa volonté sainte et nous donne la vie éternelle. Ainsi soit-il. Dans ce même monastère de Theloché, il établit pour abbé et

---

(1) Le manuscrit publié par Baluze porte d'une manière très-lisible : *in condita Auciacense*, dans le canton d'Oizé (*Oxiacum, Auciacum, Avitiacum, Aviti-villa*).

(2) *Talipiacus super fluvium Rhodani*, Teloché sur le Rône, ou Rhone.

archiprêtre son prévôt Jacob, afin qu'il prit soin des moines et leur fit suivre la règle de saint Benoît ; afin qu'il y sauvât son âme et celle des autres (1)......

Plein de zèle pour la gloire de Dieu et rempli de son amour, ledit évêque de l'église-mère du Mans, saint Aldric, reconstruisit presque entièrement à neuf le monastère de Saint-Vincent, situé auprès de ladite ville du Mans, et il y mit des moines pour y vivre selon la règle (2)......

Le même évêque fonda deux hôpitaux dans la ville du Mans. L'un se trouva placé auprès de la cité, sur la rivière de la Sarthe, à la tête du pont de Sainte-Marie (3), à cause de l'abondance de l'eau et des pacages ; il fut destiné à recevoir les évêques, les comtes, les abbés et tous les voyageurs. Il y fonda également une église qu'il dédia solennellement en l'honneur de saint Etienne, et il construisit avec un soin et un ordre admirables tous les autres édifices convenables pour cette œuvre. Dans la cité, au contraire, auprès de l'église-mère et *sénieure*, il éleva un autre hôpital (4) pour les pauvres, les gens débiles, les aveugles, les

---

(1) Ceux qui voudront trouver de plus amples détails sur ces fondations auront recours aux actes publiés dans le tome troisième des *Miscel.* de Baluze.

(2) Nous ne donnons point ici les différentes pièces qui suivent : saint Aldric se construit une mansion pour y habiter, auprès de l'église de Saint-Pavace-lès-le-Mans ; il fonde 152 *maisnils* en divers lieux ; détail des biens possédés par le saint évêque ; chartes qu'il obtient pour confirmer la possession de ces mêmes propriétés ; le v des ides de mai, l'an 838, il consacre le maître-autel du monastère d'Anisole en l'honneur de la sainte Vierge et de saint Martin.

(3) On trouve encore à la tête du pont nommé maintenant Pont-Ysoir, la rue dite de l'Hôpitau.

(4) Hôpital des Ardents, conservé jusqu'à la fin du dernier siècle.

boiteux et autres infirmes, afin qu'un grand nombre de ces malheureux y reçussent d'une manière convenable des aliments et des lits. Il dota ces mêmes hôpitaux de biens dépendants de son église cathédrale, ainsi qu'on le voit dans les testaments qu'il fit pour ces hôpitaux......

Ce vénérable évêque de la ville du Mans trouva les corps de six saints que l'on avait presque entièrement négligés dans les églises (1) où ne se faisait plus l'office divin, où l'on n'entretenait plus le luminaire et où l'on ne fournissait plus aux besoins du culte divin. D'après l'avis de ses confrères dans le sacerdoce, il déposa dans la confession de l'autel de son église cathédrale les corps de ces mêmes saints, à savoir :

Le corps de saint Julien, premier évêque et apôtre de la susdite ville ; le corps de saint Thuribe, successeur du même évêque, saint Julien ; le corps de saint Pavace, évêque également de ladite ville et apôtre célèbre, le corps de saint Romain, prêtre excellent, neveu, dit-on, de saint Julien et ministre de la sainte église de Rome : quelques-uns attestent aussi qu'il était frère de sainte Julie ; le corps de sainte Ténestine, vierge célèbre, qui construisit, avec l'aide de saint Innocent, évêque de la susdite ville, le petit monastère de Sainte-Marie, sur un terrain de l'*église-sénieure* ; le corps de sainte Ade, ou autrement Adrehilde : elle sortit du monastère de Sainte-Marie de Soissons, à la prière de l'évêque du Mans (2), et vint audit monastère de Sainte-Marie, situé

---

(1) Les saintes reliques dont on fait ici mention se trouvaient donc dans plusieurs églises différentes, et tout porte à croire que sainte Ténestine et sainte Ade furent déposées dans les églises de leur monastère respectif.

(2) Le manuscrit porte, par erreur assurément, le nom de saint Innocent, au lieu de celui de saint Béraire.

dans le faubourg de la même ville, enseigner la règle de saint Benoît, et ordonner tout d'une manière convenable; une partie du corps de saint Liboire, évêque de ladite ville et confesseur célèbre, puis enfin, la plus grande partie du corps de saint Hadouin.

Saint Aldric plaça en ordre et avec soin ces reliques saintes dans la confession de l'autel de l'église-*sénieure*, qu'il avait dédiée en l'honneur du saint Sauveur, de sainte Marie, mère du même Dieu, des saints martyrs Gervais, Protais et saint Etienne, et en général de tous les saints, afin que l'on y satisfît pleinement aux exigences du culte dû à ces mêmes saints, et que rien ne manquât : office, luminaire et cérémonies saintes; afin de pouvoir à l'avenir placer chaque corps en particulier dans un monastère en leur honneur, aussitôt qu'il serait nécessaire d'en construire quelqu'un; afin d'entourer d'une plus grande vénération leur mémoire, et afin de multiplier de plus en plus, par leur culte et par leur puissante intercession, la gloire de Dieu en différentes manières; ce qui, par la grâce de Dieu, arriva effectivement dans la suite.

Le même évêque, saint Aldric, fit fondre pour l'église-mère et *sénieure* de la ville, douze cloches d'excellent métal; il les fit placer avec soin dans les clochers de ladite église-*sénieure* (1), de manière à ce qu'elles pussent, à toutes

---

(1) Naguère encore la haute tour de la cathédrale portait à son sommet, au haut des airs, la statue de saint Aldric, qui fut pour sa cathédrale et pour tout son diocèse un bienfaiteur si généreux. Aujourd'hui nos pieux concitoyens, remplis d'une juste vénération et d'une vive reconnaissance pour ce grand saint, cherchent presque en vain dans cette même cathédrale et dans ce même diocèse, une image ou une statue qui rappelle la mémoire de ce puissant patron.

les volées, sonner et retentir merveilleusement et en ordre. Son but était de convoquer ainsi le peuple d'une façon convenable et solennelle pour venir à l'église, et partant, procurer à Dieu une plus grande gloire ; c'était afin qu'avertis par ces cimbales harmonieuses, les fidèles louassent assiduement le Seigneur, et se souvinssent de leurs crimes, toutes les fois que leur doux son viendrait retentir à leurs oreilles ; c'était afin que par ces cloches la miséricorde divine fut invoquée sans cesse pour obtenir aux pécheurs la rémission et l'absolution de leurs fautes ; pour qu'ils devinssent purs de toute souillure et méritassent de parvenir à la gloire éternelle.

Saint Aldric fut tellement entouré de l'estime, de la vénération et de l'affection de tous, que la renommée en parvint jusqu'au siège de Rome, et le vénérable successeur des Apôtres sur le siège de l'église de Rome, Grégoire IV lui envoya de Rome au Mans son habit sacerdotal, c'est-à-dire, le vêtement qu'il portait à Pâques. Il lui envoya de même un bâton pastoral, que l'on nomme crosse, et en même temps une lettre par laquelle il l'invitait à venir le trouver, si cela lui était possible, et à lui demander les grâces et bénédictions qu'il voudrait obtenir du siège de saint Pierre, promettant de l'accorder volontiers et de bon cœur, ou par lui-même, ou par son légat. Ce saint évêque fut conseiller de l'empereur et un des premiers de sa cour, et il était tellement estimé de l'empereur et des grands du royaume, qu'ils avaient en lui une entière confiance et voulaient se montrer en tout pleins de déférence et de bienveillance à son égard. Mais c'était là pour lui un vrai sujet de peines, car très-souvent on le retenait à la cour, et dès-lors il ne lui était pas permis de s'acquitter de son ministère selon ses désirs et sa volonté. Très-souvent, en effet, il était presque une année entière sans pouvoir obtenir d'être congédié, et il se trouvait obligé de rester, quoique à regret ; aussi beaucoup de choses demeurèrent inachevées, ou ne purent être commencées, en ce qui concernait sa ville épiscopale, ses monastères ou son diocèse, beaucoup de choses qu'il se disposait à faire avec prudence et qu'il désirait terminer par rapport au culte divin, à la gloire du Dieu tout-puissant et à l'utilité de la sainte église de Dieu.

Ce saint évêque fit soixante ordinations aux divers temps réglés par les canons ; il sacra sept évêques, ordonna huit cents prêtres, neuf cents lévites, des sous-diacres et d'autres ministres dans les ordres inférieurs, autant qu'il était nécessaire. Nous ne donnons point ici leurs noms pour éviter la prolixité, pour ne pas ennuyer le lecteur ou celui qui écrira ces choses ; cependant nous avons inséré dans un autre écrit leurs noms, leurs témoins, leurs titres et autres choses qui les concernent : on y trouve tous ces détails, afin que si quelqu'un en voulait prendre connaissance, il puisse le faire, et afin que, s'il s'élevait dans la suite quelque contestation au sujet de leur ordination, l'on puisse trouver une déclaration formelle dans ce même écrit, et savoir comment et à quel titre ils ont été ordonnés. Au reste, on trouvera ce travail chez le sénieur-gardien de l'église-mère de la cité. Ce même pontife consacra également cent vingt vierges aux divers temps canoniques, et il les rangea parmi les moniales ou les chanoinesses : il consacra canoniquement soixante-cinq vierges moniales pour Entrammes ; trente-huit autres vierges moniales pour le monastère de Sainte-Marie, fondé et orné par ses soins, auprès de la ville, sur le bord de la Sarthe ; et enfin dix-sept vierges chanoinesses, vouées au service de

Dieu, pour différents lieux. L'an 840 de l'incarnation de
N. S. Jésus-Christ, indiction III; l'an 27ᵉ du règne de l'empereur Louis, 8ᵉ de saint Aldric, évêque de ce diocèse et
fondateur (1) du monastère de Saint-Sauveur ; le jour des
ides de juillet, ledit évêque, assisté de plusieurs autres prélats, de plusieurs prêtres et d'autres clercs dans les ordres
sacrés, fit la translation solennelle du corps de saint Pavace
et du bras droit de saint Liboire, dans cette même église de
Saint-Sauveur, et déposa ces reliques dans une très-belle
urne. Des miracles éclatèrent alors.....

A la mort de Louis, fils de l'empereur Charlemagne et
second empereur des Francs, l'an 840 de l'Incarnation,
indiction III, l'an 27ᵉ du règne de ce prince, les pays situés
entre la Seine et la Loire, et le Maine en particulier, tombèrent sous une domination tyrannique; saint Aldric était
alors dans la 8ᵉ année de son épiscopat. Le susdit empereur
avait cependant partagé ses états entre ses trois fils, du
consentement des premiers du royaume, ainsi qu'on le voit
dans les annales de ces mêmes princes. Lothaire eut le centre
de la France ; Louis, l'Austrasie, et Charles, la Neustrie et
l'Aquitaine. Notre saint pontife fut donc recommandé par
l'empereur à ce même Charles, son plus jeune fils. Mais la
province étant tombée pendant cette année même sous la
domination tyrannique dont nous avons parlé, saint Aldric,

---

(1) Le manuscrit porte : *fondateur de ce monastère.* Par où l'on voit
que les différentes pièces rapportées ici ont été écrites très-peu de temps
après la mort de saint Aldric et par ses disciples, ainsi qu'on le lit en
tête de ce manuscrit. Quant à l'église de Saint-Sauveur, où se fait la
translation de saint Pavace, on voit qu'il s'agit évidemment de l'église
de Saint-Pavace, située alors dans les limites de Neuville.

pour avoir gardé une inviolable fidélité à ce dernier prince, fut chassé de son siège et de son diocèse par les ennemis de la sainte Église de Dieu, par les siens et par lesdits tyrans; par où il advint que beaucoup d'affaires ecclésiastiques et autres, entreprises par amour pour Dieu, restèrent inachevées. En effet, ce même diocèse fut dévasté presque entièrement alors et réduit à néant. Saint Aldric avait commencé le cloître des chanoines et l'église-mère, qu'il élevait par la base, au milieu de la cité; il avait commencé la construction des portiques et du *paradis* (1), la plus grande partie de l'édifice était terminée; il construisait également les édifices de cinq monastères avec leurs cloîtres et leurs dépendances. Il avait rassemblé, pour enrichir ladite église et pour le soulagement des pauvres, de nombreux troupeaux de juments avec leurs étalons; de nombreux troupeaux de vaches, de brebis, de chèvres et de porcs; du blé, du foin, du vin, tant pour les différentes œuvres destinées aux hôtes et aux pauvres, que pour le besoin de ceux qui le servaient ou qui servaient l'église confiée à ses soins. Que pourrions-nous ajouter?..... Ce saint évêque avait porté les affaires ecclésiastiques ou autres dont il fut chargé, à un état de splendeur où jamais on ne les vit dans les temps anciens et de mémoire d'homme. Mais tous ces établissements et d'autres sans nombre furent alors détruits par les tyrans, et les sept hôpitaux qu'il avait fondés pour les hôtes et les pauvres, furent pillés et renversés de fond en comble. A cause de ces vexations et d'autres en grand nombre, on ne voit plus rien des œuvres multipliées qu'il commença dans

---

(1) *Paradisus*, partie de la nef d'une église. Voy. *Duc. gloss*.

son diocèse ou qu'il avait dessein de faire; le Seigneur en demandera compte à ceux qui les ont détruites et empêchées, et non au saint qui voulut les exécuter, et qui fut chassé par ces tyrans, de la race des anciens tyrans Hervé et Guy (1).

Les auteurs du cartulaire des gestes de saint Aldric, auxquels nous avons emprunté les détails précédents, semblent s'arrêter ici pour ne plus donner que les différentes chartes obtenues ou accordées par le même pontife et par plusieurs de ses prédécesseurs. Cependant ils publient à la suite de ce que l'on vient de lire, les *Actes* d'un synode de tous les prêtres, lévites et autres serviteurs de Dieu. Ces réglements établissent les messes et autres prières que l'évêque devait faire pour son clergé, le clergé pour son évêque, saint Aldric, et tous les ecclésiastiques, les uns pour les autres, pendant leur vivant et après leur mort. Ils ont joint à ces réglements les messes composées alors dans ce même but : il y en a pour les vivants et pour les morts, toutes sont remarquables, en ce qu'elles ont des préfaces propres et des clauses pour ajouter au canon. Du reste, leur forme liturgique est celle que la sainte Eglise Catholique Romaine a toujours conservée, et pour les confrères défunts, il était prescrit de chanter les vigiles avec neuf psaumes, neuf leçons et autant de répons, et de plus, l'office du matin, ainsi qu'il est d'usage même en nos jours. Enfin, le manuscrit ne contient plus que quelques chartes assez étrangères à notre récit. Néanmoins, nous ne pouvons passer sous silence un diplôme accordé à saint Aldric par l'empe-

---

(1) *Miscell.*, T. III.

reur Louis, à Aix-la-Chapelle, l'an 14° de son règne. Ce prince examine et reconnaît pour authentiques les chartes accordées par ses prédécesseurs Charlemagne, Pépin, Thierri et autres rois, qui concèdent aux évêques du Mans le droit d'une *monnaie publique dans ladite ville*, et il confirme ce même droit pour saint Aldric.

Notre saint pontife a laissé trois testaments, insérés dans le susdit cartulaire. Les deux premiers sont en date du saint jour de Pâques, premier avril 857; ils sont faits en faveur de diverses églises du diocèse du Mans, auxquelles saint Aldric assigne certaines terres, afin de les mettre en état de recevoir les processions de la ville ou de la campagne qui s'y rendraient aux jours de solennité. Ce qui rend ces deux pièces plus intéressantes encore, ce sont de sages réglements pour le bon ordre, la société, l'union, la bonne intelligence entre les clercs séculiers et les moines, réglements confirmés par la souscription de plusieurs prélats, tant archevêques que simples évêques. Le troisième testament du même saint se fait remarquer par la piété de l'auteur, qui éclate partout, et par une observation fidèle des règles du droit. Comme il porte en tête le consentement de l'empereur Louis-le-Pieux, il est certain qu'il fut fait avant la mort de ce prince (20 juin 840). Saint Aldric y marque ses dernières volontés touchant les biens qu'il pourrait laisser à son décès, et en dispose en faveur des églises, des monastères, des pauvres de son diocèse et de quelques-uns de ses amis (1).

Quant aux derniers traits de la vie de ce même saint

---

(1) *Miscell.*, T. III. — Hist. litt. de Fr., T. V, p. 143.

pontife, nous les trouvons tracés en grande partie dans l'ouvrage de Mabillon, tant de fois cité jusqu'ici (1).

Chassé violemment de son siège par les factieux, et sur le point d'être condamné par un parti d'évêques, saint Aldric se retire auprès du pape Grégoire IV, dont il avait éprouvé déjà la bienveillance. Il en obtient un rescrit adressé à tous les évêques de Gaule, de Germanie, d'Europe et de toutes les provinces, pour que sa cause ne soit jugée en dernier ressort que par le Saint-Siège. La paix ne tarde pas à renaître, et, muni de cette bulle où le pontife souverain rappelle avec beaucoup de précision ses propres droits sur les autres évêques, notre saint prélat reprend le gouvernement de son diocèse. L'an 843, indiction VI, quatrième année du règne de Charles, un concile s'assemble dans la maison épiscopale de Coulaines, sur les bords du Loir (2); on y traite, en présence du Roi, de Guérin et des autres grands de la cour, des moyens de rétablir dans le royaume la paix et la concorde, de conserver l'honneur des églises, de confirmer l'autorité royale, d'exercer la justice, etc. (3).

L'an 846, saint Aldric souscrit au concile de Paris, et à celui de Tours en 849; mais en 853, il écrit aux Pères du second concile de Soissons pour s'excuser de ne pouvoir siéger parmi eux, étant retenu par une paralysie. Il leur demande le secours de leurs prières, pendant sa vie et après sa mort. Les Pères accèdent volontiers à ses désirs, et enjoignent à son métropolitain Amaury de se rendre au Mans et de veiller aux intérêts de ce diocèse (4). Enfin, après un

---

(1) *Anal.*, T. III.
(2) *Cenomania* M. S.
(3) *Conc. Gall.*
(4) *Ibidem.*

épiscopat de vingt-trois ans, saint Aldric mourut en paix, le 7 janvier 857, et son précieux corps fut déposé avec les honneurs convenables dans l'église des saints martyrs Vincent et Laurent (1).

La même basilique reçut, vingt-six ans plus tard, le corps de Robert, successeur de saint Aldric. Ce pieux évêque vit tout son diocèse entièrement ravagé par les Scandinaves et les Bretons; il répara sa cathédrale incendiée, et mourut dans les sentiments d'une vive componction, après une longue maladie. Robert eut pour co-adjuteur d'abord, et ensuite pour successeur, le vénérable évêque Lambert, qui, après sept ans environ d'épiscopat, laissa son siège à Gonthier. Ce dernier prélat, cruellement persécuté par le comte Roger, de triste mémoire, fut obligé après quelques années, d'abandonner la ville du Mans, plongée dans la plus grande affliction. Hubert lui succéda, et vers l'an 940, le siège resta longtemps vacant. Mainard vint ensuite : il employa ses soins à enrichir sa cathédrale, qu'il consacra de nouveau, et il plaça les reliques de saint Julien dans une nouvelle châsse. Son successeur, vers l'an 960, fut Sigenfroi, qui mourut dans l'abbaye de la Couture, en 994. Son neveu, Avesgaud de Bellème, occupa ensuite le même siège; puis Gervais de Château-du-Loir, qui devint archevêque de Rheims en 1055; puis Vulgrin, le bon architecte, qui mourut l'an 1067, selon les uns, 1064 selon les autres; puis l'illustre et vénérable Arnauld, qui eut pour successeur, en 1085, le pieux évêque Hoël. Tous ces pontifes, sans presque aucune exception, se distinguèrent par la no-

---

(1) *Anal.*, T. III.

blesse de leur extraction, par leur science, par leur rang à la cour, par leur zèle pour les intérêts de leur diocèse, et par leur véritable piété. Si la plupart d'entre eux n'ont pas été jugés dignes d'un culte public, ils n'en ont pas moins de justes droits à nos louanges et à notre vénération pour leur mémoire.

Enfin, l'an 1097, le B. Hildebert vint s'asseoir sur le siège vacant par la mort d'Hoël. On ne s'étonnera point, sans doute, de voir que parmi nos devanciers dans les deux derniers siècles, il s'en est trouvé quelques-uns qui ont pris plaisir à rappeler, à envenimer d'odieuses calomnies contre la sainte mémoire du B. Hildebert : on sait trop quel esprit les animait alors, et avec quel triste zèle ils attaquaient le culte des saints les plus célèbres. Chose remarquable ! dans nos jours, des impies mêmes se font un devoir de repousser ces attaques coupables, et en effet, d'après la savante dissertation des auteurs de l'*Histoire littéraire de France*, il n'est plus permis à qui que ce soit de répéter de si odieux mensonges et de si singulières assertions Pour nous, qui voulons donner l'histoire et non l'accommoder à notre gré, nous traduisons ici la vie du B. Hildebert telle qu'elle se trouve sur le manuscrit du xiiie siècle, manuscrit inséré dans le *Pontifical,* un siècle seulement après la mort de ce saint pontife, et imprimé par le docte Mabillon, dans ses *Analecta*. Une nouvelle édition en a été donnée par Beaugendre, en tête des œuvres de notre illustre prélat ; on y a joint de précieuses notes.

CHAPITRE XXVI.

VIE DU BIENHEUREUX HILDEBERT.

Après avoir donné la vie d'Hoël, nous nous sommes mis également à écrire les actes du vénérable Hildebert, qui ne fut point d'un mérite inférieur à celui de son prédécesseur, de peur qu'un triste oubli ne vienne à cacher sa glorieuse mémoire; de peur que, faute d'un écrivain, l'obscurité ne s'attache au nom de celui qui, par ses excellentes exhortations dans ses écrits, amena un grand nombre de personnes à la lumière de la vérité, et de peur qu'il ne soit inconnu à la postérité.

Il naquit au château de Lavardin de parents, il est vrai, de condition médiocre, mais cependant honnête. Le vénérable évêque du Mans, Hoël, de pieuse mémoire, l'éleva aux dignités de maître des écoles et d'archidiacre; puis après la mort de cet illustre pontife, il fut placé sur son siège du consentement du clergé et du peuple, en considération de sa science et de l'honnêteté de ses mœurs. En effet, il est très-certain que ses mœurs étaient fort douces; la modestie brillait dans ses paroles et ses actions (1), et par son savoir

---

(1) A cette assertion d'un auteur presque contemporain, comme on va le voir, viennent se joindre les témoignages de saint Bernard, qui

dans les lettres, il se distinguait parmi tout le clergé de ce pays. Quoiqu'il se fut livré dès son enfance à l'étude de ces mêmes lettres avec beaucoup de soin, néanmoins, devenu évêque, il s'adonna de grand cœur à la lecture des saintes écritures; car son esprit, rempli de si sages principes, ne pouvait demeurer oisif. Comme le prophète, il méditait jour et nuit la loi du Seigneur; il lisait lui-même les livres qui renferment les divines écritures, ou bien il se les faisait lire devant lui; puis ensuite, comme une abeille industrieuse, il recueillait ces petites fleurs, prises dans ces sciences diverses, pour en tirer des sentences plus douces que le miel. Comme un distillateur habile, il en composait un breuvage de miel dont il abreuvait ses auditeurs, tantôt de vive-voix et tantôt par ses écrits. Il adressait à des personnes des deux sexes et d'âge différent, des épitres d'exhortations, dans

---

nomme le B. Hildebert *totius reverentiæ virum, magnum sacerdotem et excelsum in verbo gloriæ et magnam Ecclesiæ columnam*, etc.; de saint Anselme, *Ep.* II, 1. 4; de Pierre de Blois, *Ep.* 101; d'Yves de Chartres, *Ep.* 167; de Geoffroi de Vendôme, d'Orderic Vital, de Guillaume de Jumièges, de Marbode de Rennes et d'autres contemporains, qui tous ont chanté la gloire de notre saint évêque et ont rendu une justice éclatante à la pureté de ses mœurs. Dans quelques-uns des manuscrits contenant les épitres d'Yves de Chartres, on trouve, il est vrai, une accusation contre l'archidiacre *Adalbert*; mais Yves s'empresse d'y reconnaître une calomnie : *addunt huic calumniæ*, etc. Le B. Hildebert parle en quelque endroit de son neveu, qui devint archidiacre du Mans; celui-ci, dans un ancien titre, est désigné comme son fils spirituel; mais il est certain que notre saint prélat n'eut point de fils selon la chair. Parce que ce même saint fit l'éloge de Béranger, quelques-uns se sont empressés d'en conclure que celui-ci fut son maître, ce qui n'est nullement prouvé. Parce qu'il a donné la vie de saint Hugues, quelques-uns ont également prétendu qu'il fut moine de Cluny; mais il est impossible de justifier toutes ces étranges assertions par des titres formels.

lesquelles il se livrait à des discussions aussi utiles que pleines de subtilité, et, imitant le caractère des anciens, on le vit surpasser tous les écrivains de son siècle par la profondeur de ses sentences et par l'élégance des expressions. Lorsqu'il parlait dans l'église, le peuple, il est vrai, l'écoutait dévotement; cependant il était goûté davantage par le clergé, parce qu'il parlait en quelque sorte plus facilement en latin et avec plus de vivacité. Au reste, ses ouvrages, tant en prose qu'en vers, édités avec soin et répandus en divers lieux avec éclat, suffisent bien pour faire éloquemment son éloge dans les temps à venir, lors même que nous nous tairions ici.

Il n'avait pas atteint encore, si nous ne nous trompons, la quarantième année de son âge, lorsqu'il fut appelé à l'honneur de l'épiscopat. C'est pourquoi, craignant que, selon l'ordinaire, la chair ne se révoltât contre l'esprit et n'en amollît la vigueur par ses convoitises, il se mit à dompter son corps en lui donnant peu de nourriture et de boisson; il se mortifiait par la dureté de sa couche et la rigueur de son cilice, par la continuité de ses veilles et de ses méditations. Chaque nuit, à l'exemple du Prophète, il arrosait son lit d'un déluge de larmes, et par l'abondance de ses aumônes, il rachetait les péchés qu'il aurait pu commettre pendant sa jeunesse. Lorsqu'il montait à l'autel pour célébrer les saints mystères, il fondait en larmes, et il offrait ainsi aux yeux de Dieu l'hostie du salut avec un cœur contrit et un véritable esprit d'humilité. Il appelait toujours à sa table les pauvres et les pèlerins, et tous les samedis il leur lavait les pieds, à l'exemple de notre Sauveur. Quoique son plus grand désir eût été de vaquer uniquement, si cela lui eût été possible, aux douceurs de la contemplation, assis, comme Marie, aux pieds du Seigneur ; cependant il fut forcé de passer, à l'exemple de Marthe, aux sollicitudes de son office pastoral, et l'on ne peut dire avec quel soin et quel courage il s'appliquait à l'administration des choses extérieures ; il travailla avec un zèle infatigable à rétablir les choses qui avaient été détruites ou négligées par ses prédécesseurs. Dès le commencement on le vit construire par les fondements, avec une ardeur louable, la maison du Chapitre, qui depuis très-longtemps manquait ou était réduite à rien ; il l'orna de tous côtés de vitraux, et il se disposait à faire beaucoup plus, lorsqu'il en fut empêché par de grandes tribulations qui lui survinrent (1).

Dans ces temps, en effet, Guillaume le Roux, roi d'Angleterre, mécontent de ce que le B. Hildebert avait été élu évêque du Mans, malgré ses instances, envoie des troupes dans le Maine ; le comte Hélie se présente pour s'opposer à ces entreprises, mais au moment qu'il suivait sans précaution les ennemis envoyés contre lui, il est pris et conduit à Rouen ; on le charge de fers et on le jette dans la citadelle de cette même cité. Ceci se passait au mois de juin 1098. Bientôt la province tout entière est en alarmes. A cette nouvelle, Foulques-le-Réchin, comte d'Anjou, et Geoffroi, son fils, fiancé à la fille du comte Hélie, viennent mettre une garde au Mans. Guillaume, trompé par quelques perfides, se présente devant cette ville et place son camp auprès de Coulaines, *vicus* de l'évêque ; il livre aux flammes ce domaine et tout ce que l'évêque y possédait, mais le peuple sort de la ville et s'oppose courageusement à ses attaques.

---

(1) *Anal. Mabill.*, T. III.

Le roi comprend alors qu'il a été trompé par des conseils perfides, et le soir il se retire en secret avec son armée. Les citoyens le lendemain vont pour commencer le combat; ils trouvent le camp vide, et rentrent dans leurs foyers. Cependant Hélie, craignant avec raison que sa captivité ne fut ainsi prolongée indéfiniment, fit venir vers lui le vénérable évêque et plusieurs des principaux de la ville, pour les engager vivement à obtenir que le Mans fut livré au roi d'Angleterre, à la condition que ce même prince lui accorderait la liberté. Grâce aux soins du B. Hildebert, toutes ces choses se firent : le comte devint libre; Guillaume fortifia la ville et s'embarqua ensuite pour l'Angleterre.

Hélie se retira au Château-du-Loir ; mais l'été suivant, il lève une armée et se présente sur les hauteurs de Pontlieue. Les soldats du roi s'avancent à sa rencontre ; ils sont mis en fuite, et le comte les tient assiégés dans la citadelle. Averti par Robert de Bellême, Guillaume accourt, et à son approche Hélie s'enfuit avec une partie de la population justement effrayée. La loi des vainqueurs fut terrible pour ceux qui restaient encore, et si la générosité du roi n'eût mis un frein aux violences et à la tyrannie, la ruine de la ville était assurée. Guillaume, devenu possesseur paisible, retourna en Angleterre.

Mais quelques membres du clergé, qui dès le principe avaient vu d'un œil jaloux l'élévation du B. évêque, et qui chaque jour ourdissaient contre lui quelque trame, l'accusèrent devant le roi d'Angleterre de s'être rendu coupable de trahison pendant le siège tenu par Hélie contre les soldats de ce même prince. Guillaume exigea la démolition des tours de la cathédrale, dont on s'était servi, prétendait-il, contre ses intérêts, ou que le vénérable prélat le vint trouver en

Angleterre. Le B. Hildebert fut donc obligé de passer la mer, bon gré mal gré. Guillaume lui fit souffrir les vexations les plus dures; ensuite il eut recours aux présents : il lui offrit un poids considérable d'or et d'argent pour orner dignement le tombeau de saint Julien. Nous n'avons point, répond le saint évêque, d'ouvriers assez habiles pour de semblables travaux ; les vôtres excellent dans l'art de ciseler, vous pouvez vous charger de ces soins et de cette dépense. Il demeure inflexible ; mais pressé par les circonstances, il demande un délai pour aviser mieux sur ce qu'il aurait à faire, et obtient son retour. En revenant, il rapporta plusieurs vases précieux et des ornements *dont notre église se sert encore aujourd'hui*, ajoute l'auteur que nous abrégeons ici. Cependant, le saint prélat se trouve vivement inquiet sur l'état de son église : d'un côté, l'ordre formel du roi, de l'autre l'incendie de la ville, les maisons renversées, les citoyens chassés, les clercs expulsés par les violences du même Guillaume ; il adresse au ciel de ferventes prières, et bientôt la joie vient succéder à la sombre tristesse. Ce roi puissant, qui se glorifiait tant dans la force et le nombre de ses armées, fut blessé mortellement à la chasse par un des soldats qui l'accompagnaient. Hélie, à cette nouvelle, rentre au Mans avec le peuple qui l'avait suivi, et force les Anglais à se retirer.

Ayant enfin retrouvé la paix, le B. Hildebert se rendit à Rome. Il reçut un accueil flatteur du pape Pascal II, et en Sicile, du comte Roger, qui lui donna pour la cathédrale trois cents livres d'encens préparé de ses mains, des vases précieux, cent onces d'or pour achever l'œuvre de saint Julien, etc. Enrichi, en outre, de plusieurs autres présents, il revint au Mans, et trouva cette ville étrangement agitée par les coupables séductions de l'imposteur Henri. Ce clerc avait acquis quelque renommée par son élocution brillante et ses mœurs austères en apparence, et en partant pour Rome, le B. Hildebert lui avait accordé permission de prêcher dans son diocèse. D'après l'auteur des *Actes*, auteur presque contemporain, nous l'avons dit, et d'après le témoignage de saint Bernard (1), que l'on ne peut taxer ici d'exagération, puisqu'il s'accorde entièrement avec notre historien, Henri souleva le peuple contre le clergé et s'abandonna aux plus honteuses turpitudes (2). Le saint évêque vint le trouver à Saint-Calais, où il s'était retiré ; il le surprit en adultère le jour de la Pentecôte, et le força de quitter son diocèse.

Le 11 juillet, l'an 1110, le comté du Maine écheoit, par la mort d'Hélie, à Foulques le jeune, comte d'Anjou. Foulques, au lieu de reconnaître le roi d'Angleterre pour suzerain, prête serment au roi de France, et bientôt il repousse les troupes d'Henri, venues pour le châtier de sa rébellion. Rotrou, comte de Mortagne et gendre de ce même roi, est fait prisonnier ; il est enfermé au Mans. Ce prince perfide fait appeler le B. Hildebert ; il lui confie son testament et le supplie de partir pour aller remettre à sa mère cet écrit. A peine arrivé à Nogent, le saint évêque est jeté en prison ; il n'en peut sortir qu'environ quatre ans après.

Le B. Hildebert assista au concile d'Angoulême, l'an 1118,

---

(1) *Epist.* 252, *ad com. Hildef.*

(2) *Analecta*, T. III. — *S. Bern. op. loc. cit.* — Hist. de l'Egl. gallic., T. 7, p. 192, etc. Comment traiter de fables ou de calomnies les faits produits par des contemporains, lorsqu'il est impossible d'opposer aucun monument pour les démentir ?

et à celui de Rheims, tenu vers le même temps. L'an 1120, il fit la dédicace de sa cathédrale en l'honneur de la très-sainte Trinité, de la sainte Vierge, des saints martyrs Gervais et Protais et de saint Julien (1). L'an 1124, il confirma la fondation de l'abbaye de Beaulieu, et révendiqua ses droits sur plusieurs églises de son diocèse. Peu de temps après, Guilbert, archevêque de Tours, étant venu à mourir, le B. Hildebert fut pressé vivement par le clergé et le peuple de cette ville d'accepter le siège métropolitain devenu vacant. Il convoqua un concile provincial à Nantes, et fut obligé d'aller trouver le roi de France pour un différend qui s'était élevé entre eux deux, au sujet de la collation de deux dignités de son église. Il se prononça pour l'élection du pape Innocent II dans le schisme de Pierre de Léon, et après avoir accompli les plus louables travaux, il mourut vers l'an 1134, le 18 décembre.

Le B. Hildebert atteste lui-même qu'il fut archidiacre du Mans pendant cinq ans, et évêque de la même ville pendant vingt-huit autres années. D'après une charte publiée par Baluze (1), on voit qu'il était fils d'un gentilhomme nommé également Hildebert et très-lié avec Albert, abbé de Marmoutiers, et qu'il eut trois frères dont le dernier fut reçu bien jeune encore dans ce même monastère. Il assure lui-même qu'il n'accepta le siège de Tours que par l'ordre du souverain pontife. On s'accorde à dire qu'il fut un des plus grands prélats de son siècle tant pour sa science que pour sa piété; et si, au moment que son mérite le fit placer sur le siège du Mans, l'envie s'efforça de répandre quelques

---

(1) *Voy.* pag. 130 de cet ouvrage.
(2) *Miscel.*, T. 7, pag. 209.

nuages sur la pureté de ses mœurs, son innocence ne tarda pas à triompher de la calomnie. Notre compatriote Maan, auteur d'une histoire de l'Eglise de Tours, assure qu'après sa mort il se fit plusieurs miracles par son intercession, et un assez grand nombre d'écrivains (1) n'ont pas balancé à le mettre au rang des saints ; d'autres, au contraire, lui donnent seulement le titre de Bienheureux ou celui de Vénérable. Sa mémoire, d'ailleurs, est toujours restée en grande vénération parmi les fidèles. Ses écrits consistent en lettres, en sermons, en poésies et en quelques vies des saints ; ils ont été publiés par D. Beaugendre et analysés par les auteurs de l'histoire littéraire de France. Sans parler du mérite de cet illustre et saint prélat comme théologien sublime et philosophe très-profond, on est forcé d'avouer que pour son style, il est peu d'écrivains de son temps sur lesquels il ne l'ait emporté en écrivant, soit en vers, soit en prose.

Le B. Hildebert eut pour successeur sur le siège du Mans le breton Guinmer, ou autrement Guy d'Estampes, né à Ploërmel d'une famille noble, élevé à l'école du célèbre Anselme. Il dirigea plusieurs écoles en Angleterre et en France ; ensuite il fut nommé archiprêtre et chef de l'école du Mans, et bientôt choisi pour évêque. Rien ne peut égaler son zèle et son ardeur pour la prière, les veilles, les larmes et les austérités de la pénitence ; en mourant il distribua tout ce qu'il possédait à son église et aux pauvres.

Hugues de Saint-Calais, né de parents distingués par leur noblesse et formé dans l'école célèbre du Mans, fut placé ensuite sur le siège de cette ville, où il se distingua par sa

---

(1) P. de Noëls, M. de la Bigne, Baronius, Gouget, Demoncher, etc.

science, sa piété et toutes les qualités les plus précieuses, pour l'esprit et le corps. Son successeur, Guillaume de Passavant, se fit remarquer de la même manière : naissance, talents, beauté, science et piété, rien ne lui manquait. Renault, après avoir été archiprêtre et grand chantre du Mans, vint à succéder à Guillaume ; puis le même siège fut occupé par le pieux Hamelin, qui mourut presque centenaire. Ses successeurs furent Nicolas, puis Maurice, dont la sainteté fut prouvée, au rapport de quelques auteurs, par de nombreux miracles, puis Geoffroi de Laval, dont les vertus, la douceur, la piété et la charité furent vraiment étonnantes, et enfin, le B. Geoffroi de Loudon. Nous allons rapporter ici en abrégé la vie de ce saint évêque d'après un auteur contemporain des faits qu'il y mentionne. Cette vie se trouve insérée dans le *Pontifical*, et D. Mabillon l'a publiée.

CHAPITRE XXVII.

VIE DU B. GEOFFROI DE LOUDON.

Le vénérable père et pasteur de l'église du Mans, Geoffroi de Loudun (1), seigneur de Trèves, au diocèse d'Angers, fut encore plus illustre par sa sainteté que par sa naissance. Son père, sa mère et ses deux frères étant venus à mourir, il eut la baronnie de Trèves, qu'il administra très-bien pendant toute sa vie. Dès sa plus tendre jeunesse il fut initié à l'étude des lettres, et à l'âge de quatorze ans il abandonna les fictions des poètes et les autres ouvrages des payens pour cueillir des fruits bien plus précieux dans l'étude des saintes lettres. Plein d'une juste préférence pour les biens éternels et d'un juste amour pour l'honnêteté, il sut toujours se mettre en garde contre les voluptés séduisantes de la chair. Accoutumé dès sa jeunesse à porter ainsi le joug du Seigneur, il préludait à la dignité de l'épiscopat qui lui était réservée, et pendant ses études il porta toujours sa cape fermée. Si dans le monde il prit les habits convenables à son rang, c'était

---

(1) Le M. S. porte *de Loduno*; ordinairement on écrit le B. Geoffroi de Loudon.

pour satisfaire, autant qu'il le pouvait devant Dieu, aux devoirs de sa position et non par un vain luxe, afin de rendre à César ce qui était dû à César, et à Dieu ce qui lui était dû. Sa bonne réputation ne fut point ignorée de l'évêque du Mans, Maurice, qui savait appeler alors auprès de lui de savants théologiens, des hommes discrets et habiles, dont la plupart devinrent évêques ou archevêques. Heureux, si nous savions imiter nos pères et marcher sur les traces qu'ils nous ont laissées (1)! Ce saint prélat confia la dignité de grand chantre de son église au B. Geoffroi, qui lui succéda l'an 1234. Celui-ci prêta serment de fidélité au roi, dans le mois de novembre de cette même année. En défendant les droits de son église contre Juhel, son métropolitain, il fut déclaré par lui suspens de ses fonctions; il se rendit à Rome, où le pape Grégoire IX le reçut très-bien, lui donna gain de cause et lui confia la charge de légat pour toute la France. On ne peut dire avec quel zèle, avec quelle charité il gouverna son diocèse, et avec quelle humilité il s'acquitta de ses devoirs de légat! Jamais on ne le trouvait oisif; il s'appliquait sans cesse à l'étude des saintes Ecritures, à la prédication, genre où il s'était acquis de la célébrité, à l'oraison et à la contemplation; il savait se rendre affable pour tout le monde, même pour les petits.

Le B. Geoffroi employa tous ses soins à la fondation d'une chartreuse, auprès de Saint-Denys-d'Orques, où il choisit le lieu de sa sépulture. Il orna de verrières le chœur de la cathédrale, et l'an 1254, il fit la translation solennelle des reliques de saint Julien, ainsi que nous l'avons rapporté

---

(2) *Anal. Mab.*, T. III.

dans un précédent chapitre. On vit des fidèles accourir de tous les côtés de la France pour vénérer les reliques saintes et voir ce beau monument, objet d'une juste admiration. Un différend s'étant élevé entre l'illustre fils du roi de France, le prince Charles, et l'église du Mans, le saint évêque partit pour Rome, afin d'y négocier les intérêts de son église. Il trouva le pape et les cardinaux à Anagny, où la mort vint le surprendre. Son précieux corps fut déposé avec pompe dans le couvent des frères mineurs de cette même ville, et quelque temps après il fut rapporté à la chartreuse fondée par ses soins. Sa mort arriva l'an 1255, après vingt ans et dix mois d'épiscopat. Il enrichit de dons très-précieux plusieurs églises, et en particulier la cathédrale et la collégiale de Sillé. L'auteur de sa vie entre dans le détail de tous les riches ornements et de tous les vases précieux dûs à la libéralité de ce saint évêque, et parle de ces objets comme les ayant sous les yeux. Il fit de grandes réparations à ses maisons épiscopales, et il acquit à Paris un vaste édifice auprès de l'église Sainte-Geneviève.

Nous regrettons vivement de ne pouvoir rapporter plus au long les particularités qui concernent la vie du même saint évêque et celle de ses illustres successeurs. Le premier de ceux-ci fut Guillaume Roland, qui mourut à Genève, l'an 1260, après quelques années d'épiscopat, et fut inhumé dans l'abbaye de Champagne. On voit par l'épitaphe de son tombeau que ce prélat, né au Mans, se distingua par toutes sortes de vertus, par sa sagesse, sa fermeté, ses austérités et son ardente piété, qui lui faisait verser des larmes au saint autel. Nous aimerions à célébrer les pieuses actions et les libéralités des cardinaux Thibault et Philippe de Luxembourg, Louis de Bourbon, Jean Dubellay et Charles d'Angennes, qui vinrent illustrer tour à tour le même siège. Nous aimerions à vanter les grandes vertus, le zèle, la piété, la charité, les austérités du saint évêque Emeri-Marc de la Ferté; la généreuse constance de nos derniers prélats, entre autres de Mgr de Gonssans, au milieu des épreuves les plus pénibles; le noble zèle de Mgr Carron, qui fit tant pour son diocèse et en si peu d'années, et enfin, nous aimerions à vanter bien haut les précieuses qualités qui distinguent le vénérable et très-laborieux pontife chargé maintenant de nous gouverner, et de perpétuer l'œuvre de tant de saints (1); mais nous sommes contraint de nous arrêter; nous nous contentons de donner à la suite de ceci la liste de tous les évêques du Mans, connus jusqu'ici, avec la date présumée de leur épiscopat. Au reste, les anciennes listes des manuscrits sont incomplètes et ne s'accordent guère; ensuite, parmi ceux qui ont donné de semblables catalogues, on trouve autant d'opinions que d'auteurs, et souvent autant d'assertions diverses que d'éditions du même ouvrage, pour le nombre des évêques et le temps de leur pontificat. Nous proposons à notre tour la liste suivante, après avoir consulté la plupart des manuscrits et des auteurs différents, entre autres le P. Lecointe.

Que le Seigneur, témoin de nos efforts et de la droiture de nos désirs, daigne bénir cet ouvrage et le faire fructifier

---

(1) A d'autres le soin de vanter la justesse de la voix et le feu du regard de ce digne successeur de tant de saints; à nous celui de célébrer sa bonté de père, lorsqu'il était à la tête de son séminaire, son ardeur infatigable pour le travail, son extrême prudence, sa soumission au Pontife souverain et sa persistance à refuser de quitter son siège pour les honneurs de l'archiépiscopat.

dans le cœur des pieux pasteurs et des fidèles auxquels nous le destinons ! Que sa majesté sainte daigne nous accorder, par les mérites de ces illustres confesseurs pontifes, d'imiter leurs vertus sur la terre, et de jouir avec eux du bonheur éternel ; par le même Jésus-Christ, notre Seigneur, qui vit et règne avec le Père et l'Esprit-Saint dans les siècles des siècles. Ainsi soit-il.

CATALOGUE

DES ÉVÊQUES DU MANS.

S. Julien.	1er siècle?	Gervais de Château-	
S. Thuribe.	2e siècle?	du-Loir.	1036—1055.
S. Pavace.	2e siècle?	Vulgrin.	1055—1064.
S. Liboire.	336—385?	Arnauld.	1067—1081.
S. Victur.	385—428?	Hoël.	1785—1097.
S. Victorius.	428—469?	Le B. Hildebert de	
S. Sévère-Principe.	482—511?	Lav.	1097—1125.
S. Innocent.	511—542?	Gui d'Estampes.	1126—1135.
S. Domnole.	559—581?	Hugues de S.-Calais.	1136—1142.
Badechisile.	582—586?	Guill. de Passavant.	1143—1186.
S. Bertrand.	586—624?	Renault.	1186—1190.
S. Hadouin.	624—654?	Hamelin.	1191—1214.
S. Béraire.	654—680?	Nicolas.	1214—1216.
Le V. Aiglibert.	681—715?	Maurice.	1219—1231.
Béraire II.	715—719?	Geoffroi de Laval.	1231—1234.
Le V. Herlemond I.	719—746?	Le B. Geoffroi de	
Gauziolène.	753—772?	Loudon.	1334—1255.
Herlemond II.	755—764?	Guillaume Roland.	1256—1260.
Hodingue.	772—774?	Geoffroi Frélon.	1260—1272?
Mérole.	774—784?	Geoffroi d'Assé.	1274—1277.
Joseph.	784—793?	Jean de Tanlai.	1277—1292.
Francon I.	794—816?	Pierre Leroyer.	1293, 3 m.
Francon II.	816—832.	Denis Benaiston.	1296—1298.
S. Aldric.	832—856.	Robert de Clinchamp	1298—1309.
Robert.	857—883.	Pierre de Longueil.	1309—1326.
Lambert.	883—890?	Gui de Laval.	1326—1338.
Gonthier.	890—913?	Geoffroi de la Cha-	
Hubert.	913—940?	pelle.	1339—1348.
Mainard.	940—960?	Jean de Craon.	1348—1355.
Sigenfroi.	960—994.	Michel de Breiche.	1355—1363.
Avesgaud.	994—1036	Gonthier de Baignaux	1363—1385.

Pierre de Savoisy	1385—1398.	Philibert - Emman. de Beaumanoir	1648—1671.
Adam Chastelain	1398—1439.	Louis de Tressan	1671—1712.
Jean d'Hierray	1439—1451.	Pierre Rogier du Crévy	1712—1723.
Martin Berruyer	1452—1465.	Charles - Louis de Froulay	1723—1767.
Thibault de Luxembourg	1465—1474.	Louis-André de Grimaldi	1767—1779.
Philippe de Luxembourg	1477—1507. 1509—1519.	François - Gasp. de Gonssans	1779—1797.
François de Luxembourg	1507—1509.	Michel - Joseph de Pidoll	1802—1819.
Louis de Bourbon	1519—1535.	Claude-Madel. de la Myre	1820—1828.
René du Bellai	1535—1546.	Philippe-Marie-Th.- G. Carron	1829—1833.
Jean du Bellai	1547—1556.	Jean - Baptiste Bouvier	1834—
Charles d'Angennes	1556—1587.		
Claude d'Angennes	1588—1601.		
Charles de Beaumanoir	1610—1637.		
Emeri Marc de la Ferté	1637—1648.		

COR-EVÊQUES.

Pierre, co-adj. du V. Aiglibert.
Scienfroi, co-adj. de Gauziolène.
Didier, co-adj. de *id*.

Berthbode, co-adj. de Gauziolène.
Mérole, co-adj. de *id*.
David, co-adj. de S. Aldric.

FIN.

CORRECTIONS.

Page 46. — Chapitre III, *lisez* : chapitre IV.
Page 65. — Gauronno, Gorron, *lisez* : Gavronno, Javron.
Page 66. — Verno, Vernie, *lisez* : Verno, S.-Côme-de-Ver?
Page 87. — y ont reçu, *lisez* : reçus.
Page 93. — l'Huisne, *lisez* : l'Orne?
Page 104. — Roger de Crévy, *lisez* : Rogier du Crévy.
Page 115. — maintenant leurs habits, *lisez* : alors leurs habits.
Page 118. — hef-d'œuvre de Robinet, *lisez* : chef-d'œuvre, etc.
Page 138. — N. S. Jésus-Christ assis sur son trône, *lisez* : l'Esprit-saint assis, etc.
Page 139. — le néophyte plongé...., etc., *lisez* : le Sauveur plongé...., etc.
Page 154. — qu'il s'est associé, *lisez* : qu'il s'est associés.
Page 173. — Touros ou Touris, *lisez* : Thouros ou Thouris.
Page 199. — Persor, *lisez* : Persora.
Page 221. — a péri, *lisez* : ont péri.
Page 243. — il n'était occupé que, etc., *lisez* : celui-ci n'était occupé.
Page 257. — Bibl. du M., M. S. no 242, *lisez* : M. S. n° 224.
Page 293. — impoli, *lisez* : non poli.
Page 302. — souffrait étonamment, *lisez* : étonnamment.
Page 380. — Saint-Symphorien-en-Ch...., *lisez* : St.-Symphorien de Connerré?
Page 386. — le docteur Vieil, *lisez* : le docteur Viell.

TABLE

DES MATIÈRES.

—

Introduction. . . . . page v.

CHAPITRE I. — Origine des Cénomans. — Ils appartenaient à la grande famille des Vénètes, sortis des bords de la mer Caspienne et des chaînes du Taurus. — Ils dûrent apporter des mêmes lieux le magisme des Druides. — On a tout lieu de croire qu'ils vinrent s'établir dans les Gaules environ mille ans avant notre ère. Ils avaient pour voisins dans la Celtique, les Arviens et les Diablintes, qui s'unirent entièrement avec eux. — Ils fondèrent des colonies des deux côtés des Alpes. — Etymologie très-probable de leur nom de *Cénomans*. — Leur résistance contre la conquête des Romains. — Ils ne sont soumis qu'à la ville de Lyon comme métropole, jusqu'à la fin du quatrième siècle. — Au cinquième siècle, ils reçoivent un des rois Francs, et bientôt ils sont forcés d'obéir à Clovis. — Au temps des Romains, le Mans ne le cédait à aucune autre des cités voisines pour ses établissements. — Sous les Carlovingiens, cette ville passait pour l'une des plus considérables de France ; — sous le rapport religieux, elle le dispute à bon droit aux cités les plus vantées. . . . . 1.

CHAP. II. — Introduction du christianisme dans les Gaules. — Dispersion des Apôtres. — Saint Pierre exerce pendant vingt-cinq ans à Rome son apostolat. — Il fonde un très-grand nombre d'églises en Italie, en Sicile, etc. — Il est impossible de croire que la Gaule Transalpine, si voisine de Rome par la mer, ait été seule exceptée, lorsque le christianisme se répandit dans toutes les provinces, et surtout dans la Germanie, le Tyrol, la Bavière, la Grande-Bretagne, l'Espagne et l'Afrique proconsulaire. — Premiers apôtres des Gaules. — Deux opinions sur l'époque de leur mission. — Témoignages formels pour croire qu'ils vinrent au premier siècle. . . . . 17.

CHAP. III. — MISSION DE SAINT JULIEN. — Opinion téméraire du moine Lethald. — Témoignages nombreux et formels des *Actes des évéques du Mans*. — Usages des premiers temps du christianisme qui confirment les détails donnés sur la vie de saint Julien. — Ce saint était évêque; il a dû faire des miracles pour convertir toute une province. — Opinion de ceux qui le regardent comme étant Simon le lépreux, dont parle l'Evangile. — Nous ne pouvons préciser l'époque de sa mission. — Les premiers historiens de l'Eglise n'ayant pu s'accorder pour nous transmettre la liste de succession des Papes et le temps de leur pontificat, il n'est pas étonnant que l'histoire des évêques du Mans présente de grandes difficultés et des lacunes pour le commencement. — D'après l'opinion la plus conforme aux anciens manuscrits, saint Julien naquit l'an 21, et fut évêque du Mans depuis l'an 70 jusqu'au 27 janvier de l'an 117. . . . . 30.

CHAP. IV. — VIE DE SAINT JULIEN. — Traduction de l'ancien M. S. connu sous le nom de *Pontifical*, ou *Gestes des évêques du Mans*. — Saint Julien né à Rome de parents nobles; ordonné par les Apôtres au nombre des soixante-dix disciples du second ordre; sacré évêque par saint Clément, qui l'envoie prêcher dans les Gaules, accompagné d'un prêtre et d'un diacre; il arrive au Mans et fait jaillir une fontaine miraculeuse. — Il convertit la ville entière avec le chef en tête, et il fonde sa cathédrale dans le palais où celui-ci tenait son conseil. — Dotations faites pour la même église par les premiers de la cité. — Fondation d'églises dans les bourgs principaux. — Voyage de saint Julien à Rome. — Nouvelles donations pour la cathédrale, et fondation de la basilique du Pré. — Ordinations faites par saint Julien. — Durée de son épiscopat, sa mort, sa sépulture. — Vie du même saint expliquée d'après les détails contenus dans les manuscrits. — Bourgs obligés à un cens annuel pour la cathédrale au temps dudit saint Julien. . . . . 46.

CHAP. V. PREMIERS MIRACLES DE SAINT JULIEN. — Il convertit une province entière. — Témoignages des anciens historiens par rapport aux nombreux miracles opérés de leur temps. — Saint Julien fait jaillir une fontaine à la porte de la cité du Mans. — Il baptise un grand nombre de fidèles.

— Il convertit le chef de la cité, après avoir rendu la vue à un aveugle aux portes du palais de ce gouverneur. — Il ressuscite le fils d'un des premiers de la même ville. — Il ressuscite encore un mort dans un autre lieu du même diocèse ; puis enfin, un troisième à Pruillé-l'Eguillé. — Il guérit à Ruillé une jeune fille possédée de l'esprit immonde. — Au bourg d'Artins, il renverse une énorme statue de Jupiter. — En revenant au Mans, il délivre un enfant d'un gros reptile qui le pressait de ses replis ; en arrivant, il guérit deux énergumènes et délivre plusieurs prisonniers. . . . . 67.

CHAP. VI. — Autres miracles de saint Julien. — Il apparaît après sa mort au gouverneur de la cité du Mans. — Lorsque l'on transportait son corps précieux vers la même ville, les chevaux attelés à la litière eurent à peine les genoux mouillés, tandis que les autres traversèrent difficilement la même rivière. — Une femme, pour voir passer le cortège, laissa son enfant dans une chaudière où elle le lavait ; en rentrant elle trouva son fils sain et sauf au milieu de la chaudière bouillante. — Miracles sans nombre opérés au tombeau du même saint, jusqu'au moment de nos derniers troubles civils. — Miracles qui éclatèrent au moment de la première translation des mêmes reliques, sous saint Aldric, et lorsque d'autres translations se firent dans la cathédrale, surtout au temps de l'évêque Hamelin et au temps du B. Geoffroi de Loudon. — On doit s'empresser de rétablir le tombeau de saint Julien et d'y rassembler ses saintes reliques. — Regrets sur la perte de ses ouvrages. . . . . 84.

CHAP. VII. — Office de saint Julien. — Regrets sur l'ancienne liturgie du diocèse du Mans, abandonnée vers la fin du dernier siècle.—Traduction, avec texte en regard, des parties qui étaient propres pour l'office dudit saint. — Explication liturgique de ces prières et regrets sur l'abandon du chant romain, qui relevait beaucoup la dignité de ce même office. — Cérémonial observé pendant la fête de saint Julien. — Vœux pour que l'exposition de ses reliques se fasse comme elle avait lieu jusqu'à nos derniers temps. . . . . 104.

CHAP. VIII. — Cathédrale de saint Julien. — Préliminaire sur la fondation des premières basiliques ou temples chrétiens.

— Saint Julien élève un autel dans la salle où le chef de la cité tenait son conseil ; il transforme ce palais en cathédrale. — Saint Innocent, au viᵉ siècle, emploie ses soins à agrandir et à orner la même église, où saint Victeur avait déposé des reliques des saints martyrs Gervais et Protais. — Au ixᵉ siècle, les deux évêques Francon et saint Aldric firent des réparations considérables au même édifice. Leur successeur, Robert, se hâta de réparer les dévastations des Normands.— L'évêque Vulgrin entreprit au xiᵉ siècle la reconstruction de sa cathédrale ; mais sous l'épiscopat d'Arnauld, qui lui succéda, les travaux s'écroulèrent ; celui-ci recommença sur d'autres fondements, et son successeur Hoël termina l'œuvre que nous voyons dans la nef actuelle. — Le B. Hildebert fit construire la maison du chapitre, la sacristie et la tour, en partie. — Sous l'épiscopat d'Hamelin et du B. Geoffroi de Loudon, construction du chœur et des croisées, qui ne furent terminées qu'au temps d'Adam Chastelain, vers l'an 1440. — Dons faits à la cathédrale par différents évêques et par différents princes. — Déprédations des Calvinistes. — Réparations ou dégradations modernes. — Caractères architectoniques du monument. — Explication des figures symboliques sculptées en dehors de l'édifice. — Réparations à entreprendre. — Rétablissement de l'office canonial. — Droit d'asile, exercé jusqu'au xviᵉ siècle dans ladite cathédrale. — Don fait par Louis de Bourbon. . . . . 121.

CHAP. IX. — Autres églises dédiées a saint Julien. — Basilique du Pré, fondée par le même saint dans le cimetière des chrétiens, selon l'usage des premiers siècles du christianisme, restaurée et agrandie au viᵉ siècle par saint Innocent. — Monastère de saint Victeur ou Victor, père de saint Victorius, construit auprès de ladite basilique. — Au xiᵉ siècle, Lezeline rétablit l'église actuelle du Pré, renversée par les Normands, et y fonde un monastère de bénédictines. — Caractères architectoniques de cet édifice. — Vœux ardents pour le rétablissement de la crypte et du tombeau de saint Julien. — Eglises diverses placées sous le patronage du même saint. . . . . 146.

CHAP. X. — Remarques sur les actes de saint Thuribe. — Difficultés que présentent plusieurs passages de ces actes.

— Usages suivis dans les premiers siècles du christianisme pour les prêtres placés auprès de l'évêque. — On ne doit point point s'étonner de voir saint Thuribe faire jaillir une fontaine à sa voix, et fonder quatre maisons de clercs destinés à évangéliser les parties éloignées de son diocèse. — Dès le temps des Apôtres, il y avait des vierges, des laïques et des prêtres menant la vie ascétique. — La première maison de clercs fondée à Saint-Jean-sur-Mayenne; la seconde, près de Jublains; la troisième, à Pontlieue? la quatrième, à Saint-Calais; détails sur cette dernière fondation, consignés dans les actes susdits et appuyés par l'existence de ruines très-antiques. — Difficultés relatives à la date de l'épiscopat de saint Thuribe. — Critique trop sévère des écrivains ecclésiastiques dans les deux derniers siècles. . . . **159**.

CHAP. XI. — VIE DE SAINT THURIBE. — Philosophe romain, issu de parents nobles, il devint disciple des Disciples de Jésus-Christ, et fut envoyé comme archi-prêtre pour aider saint Julien dans sa mission. Après la mort de ce même saint, il monta sur son siège. — Discours qu'il tenait à son peuple. — Ses grandes qualités et ses vertus. — Il convertit le puissant *Cajanus*, regardé comme duc par ceux du pays, et il le baptise avec quatre cent douze personnes de sa maison. Il guérit toute une famille entière, et opère un grand nombre d'autres miracles. — Sa mort, sa sépulture dans l'église du Pré; miracles opérés à son tombeau. — Attestation de *Charus*, fils de Sévère, qui a écrit cette vie en abrégé. — Actes du même saint, tels qu'ils sont contenus dans le *Pontifical* et les *Analecta* de Mabillon. — Eglise fondée par saint Thuribe auprès d'Evron; fontaine miraculeuse d'Assé-le-Béranger; chapelle dudit saint auprès de Saint-Marceau; fontaine de Saint-Calais. — Bourgs obligés à un cens annuel pour la cathédrale au temps de saint Thuribe. . . . . · . . **173**.

CHAP. XII. — REMARQUES SUR LES ACTES DE SAINT PAVACE. — Il est impossible de préciser la date et la durée de l'épiscopat de ce saint. — Usages observés aux premiers temps du christianisme par rapport aux diacres. — Saint Pavace disciple de saint Julien. — Que penser d'un long serpent détruit par le même saint Pavace? — Eglise de Saint-Jean d'Angers. — Diverses translations des reliques du susdit saint : à Saint Pavace-lès-le-Mans ; à Persora , en Angleterre; à Bray-sur-Seine et à Château-Renard. — Guerres déclarées au culte des saints et de leurs reliques dans nos derniers temps ; vœux pour voir abolir les déplorables innovations des deux derniers siècles. . 193.

CHAP. XIII. — Vie de saint Pavace. — Issu de la noblesse de Rome, il suivit la discipline des Apôtres et fut donné pour aide à saint Julien par saint Clément, en qualité d'archidiacre. Après la mort de saint Thuribe, il fut sacré évêque du Mans. — Miracles qu'il opéra pendant sa vie. Il guérit une dame du Maine, nommée *Casta*, puis un paralytique. — Il délivre une contrée de son diocèse d'un gros serpent qui jetait au loin l'épouvante. — Il guérit deux fils jumeaux, puis un homme dans le gosier duquel un reptile s'était introduit. — Miracles opérés au tombeau de saint Pavace. — Attestation faite par l'auteur de la vie du même saint; il assure l'avoir écrite par ordre de saint Liboire. — Abrégé de la même vie d'après le *Pontifical*. — Bourgs obligés à un cens annuel pour la cathédrale, au temps de saint Pavace. . . . . 205.

CHAP. XIV. — Remarques sur les actes de saint Liboire. — Difficulté pour expliquer une lacune fort considérable qui se trouve dans la liste des évêques du Mans entre saint Pavace et saint Liboire. — Ravages des barbares. — Etablissement des Saxons. — Lacune dans la liste des évêques de Tours, par saint Grégoire. — Date supposée de l'épiscopat de saint Liboire. — Diverses translations des reliques du même saint. — Ouvrage de Bollandus sur saint Liboire.. . . . . 220.

CHAP. XV. — Vie de saint Liboire. — Ce saint naquit d'une famille illustre dans la Gaule et se distingua dès son enfance par de grandes vertus. — Il est choisi d'un concert unanime par le peuple pour évêque. — Ses travaux et ses austérités. — Il fonde dix-sept églises nouvelles et en exige un cens annuel pour la cathédrale. — Durée de son épiscopat ; ordinations de prêtres , etc. — *Actes des évêques du Mans* cités par l'auteur de la vie de saint Liboire au ixe siècle. — Saint Martin de Tours vient assister saint Liboire à ses derniers moments, et après avoir pris soin des funérailles, le saint métropolitain ordonne pour évêque saint Victur ou Victor. — Bourgs obligés à un cens annuel pour la cathédrale, au temps de saint Liboire. . . . . 232.

CHAP. XVI. — Miracles de saint Liboire. — Préliminaire donné par l'auteur de la vie de saint Liboire, écrite au ixe siècle sur d'anciens actes qu'il cite. Il assure qu'il tient de la bouche même d'un prêtre, témoin oculaire, le détail des miracles opérés au moment de la translation des reliques dudit saint évêque. — Détails très-précis sur cette même translation. — Miracles qui éclatèrent au Mans, auprès d'Yvré, à Saint-Mars, à Connerré, à Saint-Chéron près de Chartres, à Paris, auprès de Montmartre, auprès d'un bourg nommé Gebalboha, enfin auprès de la ville de Paderborn. — Autres miracles qui éclatèrent lorsque les reliques saintes furent déposées au château de Neuvilliers, près de Nancy, et lorsque des parcelles furent envoyées en Italie et à Rome même. — Détails contenus dans Bollandus sur l'authenticité des reliques déposées à Rome et des miracles opérés par les mérites de saint Liboire. . . . . 246.

CHAP. XVII. — Vie de saint Victur. — Nouvelles remarques sur les *Actes des évêques* ou *Pontifical.* — Orthographe que l'on devrait suivre pour les noms de saint Victur ou Victeur et de son fils. — Dissertation sur la cité de Jublains et sur le titre de ville épiscopale qui lui est attribué faussement par quelques écrivains modernes. — Remarques sur les actes de saint Victur. — Vie du même saint. 257.

CHAP. XVIII. — Vie de saint Victorius. — Sur le point d'arriver au Mans, saint Martin aperçoit au loin un sous-diacre occupé à sa vigne ; il connaît par révélation que ce clerc, saint Victur, doit succéder à saint Liboire, dont il était disciple. Le saint métropolitain le fait venir à lui et s'empresse de lui remettre son bâton pastoral à la main. Après les funérailles de saint Liboire, il propose ce même sous-diacre pour évêque du Mans, et il l'ordonne avec l'assentiment du peuple. Il donne le voile à *Maura*, femme dudit saint Victur; il baptise leur fils, saint Victorius, qu'il adopte pour filleul et qu'il emmène comme son disciple. — Arrivés au bord de la Loire, saint Victorius rend la vue à un aveugle, par ordre de saint Martin.

Vertus du même saint Victorius. — Après la mort de son père, il est choisi pour lui succéder, et sacré comme évêque du Mans. — En revenant de Tours, il guérit un malade, et en entrant dans la cité, il délivre plusieurs prisonniers. — Miracles du même saint prélat attestés par saint Grigoire de Tours. — Conciles auxquels il assista. — Abrégé de sa vie d'après le *Pontifical*. — Remarques sur la durée de son épiscopat et sur le lieu de sa sépulture. — Translation des reliques de saint Victur, auprès de Blois. — Restauration de la cathédrale, entreprise par saint Victorius. . . . . 265.

CHAP. XIX. — Vie de saint Principe. — Remarques sur les actes de ce saint. — Invasions des Germains. — Saint Principe naquit au pays de France, de parents nobles. Il fut le successeur de saint Victorius. — Ses miracles. — Eglises qu'il fonda ou fit reconstruire. — Persécutions qu'il endura. — Ses austérités; son ardente piété; sa vive charité pour les pauvres et les malades. — Il ordonna un grand nombre de prêtres et d'autres ministres, et consacra plus de trente églises. — Sa mort; sa sépulture; miracles avant et après son trépas. — Durée de son épiscopat. — Vacance du siège. — Translation des reliques de saint Principe; concile d'Orléans, auquel il assista. . . . . 279.

CHAP. XX. — Vie de saint Innocent. — Ce saint évêque était d'origine gauloise; il fut un des successeurs de saint Victorius, dont il fut le filleul et le disciple. — Il termine la reconstruction de la cathédrale, entreprise par le même saint évêque. Fondation du monastère de Saint-Calais; du monastère de Sainte-Marie de Gourdaine et du monastère de Saint-Georges, près de Montoire. — Durée de l'épiscopat de saint Innocent. — Sa mort; sa sépulture; miracles qu'il opéra pendant sa vie et après son décès. — Conciles auxquels il assista. . . . . 286.

CHAP. XXI. — Vie de saint Domnole. — Remarques sur les actes de ce saint. — L'évêque saint Domnole passant au Mans, cède aux vives instances qui lui sont faites, et accepte le siège de cette ville. — Ses vertus. — Fondation du monastère de Saint-Vincent du Mans. — Agrandissement du monastère de Saint-Julien du Pré. — Fondation du monastère et hôpital de Saint-Pavin-lès-le-Mans. —

Miracles de saint Domnole. — Sa mort ; sa sépulture ; miracles qui s'opérèrent à son tombeau. — Durée de son épiscopat. — Translations de ses reliques. — Testament du même saint. — Concile auquel il souscrivit. — Badechisile lui succède. . . . . 291.

CHAP. XXII. — Vie de saint Bertrand. — Par sa naissance, ce saint évêque était Aquitain d'un côté, et Franc de l'autre ; il fut tonsuré à Tours et il s'instruisit sous la discipline de saint Germain de Paris. — Fondation du monastère de Saint-Germain, au Mans. — Restitution du monastère d'Etival. — Fondation du monastère de Saint-Pierre et Saint-Paul, nommé plus tard la Couture. — Fondation de l'église de Sainte-Croix-lès-le-Mans. — Restauration du monastère de Pontlieue. — Prééminence de saint Bertrand. — Sa mort; sa sépulture. — Poésies attribuées au même saint. — Reconstruction de son tombeau — Traduction de son testament, daté du 27 mars, l'an 615. — Il constitue pour principales héritières, sa cathédrale et l'église dite aujourd'hui de la Couture. — Il donne à la cathédrale : Bonelles (Seine-et-Oise), Couture (Loir-et-Cher), *Celonica*, au pays *Tricurino*, Saint-Aubin-du-Cormier (Ille-et-Villaine), Brée (Mayenne), Yvré (Sarthe), Dolus (Charente-Infér.), Mornac (Charente-Infér.), des vignes situées près de Rouillon et d'autres près de Chaufour (Sarthe), la coulonge *Satovera*, Grande-Fontaine, Moncé-en-Belin (Sarthe), Plassac (Gironde), la moitié de Fontaines près d'Alonnes (Sarthe), Argevilliers ? (Seine-et-Oise), la moitié de Nieuil-lès-Saintes ? Roussignac (!Charente-Infér.), Thoré ? (Loir-et-Cher), Lugny et Montmain ? (Eure-et-Loir), une villa sur la Loire, Brée, Etriac et Plassac (Charente), Montignac (Charente-Infér.), une maison avec une métairie à Jublains, Chelay et autres terres, également auprès de Jublains (Mayenne), etc., etc. — Le même saint donne à l'église des Apôtres, aujourd'hui la Couture : Crissé (Sarthe), Thionville (Seine-et-Oise), Tallais (Gironde), des villas dans la forêt de Bersay et dans le pays de Gâtine (Sarthe), *Gaviacus*, *Colonica*, *Landolenæ* et *Ferrensis* ; des terres à Sceaux et à Saint-Mars-la-Bruyère (Sarthe), Campugnan, Ludon, Coubeyrac et Cameyrac (Gironde), Poussignac ? et Illac (Gironde), Fontenay (Seine-et-Oise) ; Villier, au pays de Cran, une maison située à

Paris, pour la partager avec la cathédrale, les vignes près des Arènes, au Mans, le Breuil, la coulonge *Vatinolonno*, Champagné et Etival (Sarthe), quelques maisons dans la ville même du Mans, Malicorne (Sarthe), *Patriliaco*, des vignes dans le *Sabonarense*, Saint-Vincent? (Gironde), Loirac et la Brède? (Gironde), *Comanico*, *Kairaco*, Coulonges (Charente-Infér.), etc., etc. — Il fait encore des dons nombreux à différentes églises, à la cathédrale de Paris et à celle de Metz; aux églises du Mans, et en particulier à celles de Saint-Germain, de Sainte-Croix et de Pontlieue ; ensuite à ses parents, à ses fidèles serviteurs, etc., etc. . . . . 315.

CHAP. XXIII. — Vie de saint Hadouin. — Ce saint évêque, successeur de saint Bertrand, naquit de parents nobles, Francs et Gaulois d'origine ; il restaura plusieurs monastères dans son diocèse. — Donation faite à la Cathédrele par un riche seigneur, nommé Alain, des villas suivantes : Juillé, Loudon, Ruillé, le Rocher, Sablé, Gouy, Clefs, Saint-Côme-de-Ver, Béru, Tannie, *Doliacus*, Chemiré et Asnières. — Fondation du monastère de Saint-Longis, près de Mamers, et de celui d'Evron. — Mort et sépulture de saint Hadouin. — Conciles auxquels ce même saint souscrivit. — Translation de ses reliques. — Son testament. — Il donne à la cathédrale, Avoise ; à la basilique de saint Victorius, *Aceruco*; à celle des Apôtres, Ecomoy, Toigné et Martigné ; à celle de saint Vincent, Préaux ; à celle d'Evron, Jeune et Mésangé ; *Lastemariaco*, Bais, *Driaco*, *Lamariaco*, Assé, Houellé, Châtres, Commer, Saint-Ulphace, Froid-Font,Verniette, etc. 357.

CHAP. XXIV. — Vie de saint Béraire. — Il était d'un côté Franc, et de l'autre, Aquitain d'origine, et ses parents étaient illustres par leur noblesse. Il fonda quelques monastères dans son diocèse. — Il envoie chercher les reliques de sainte Scholastique en Italie, et il les dépose dans un monastère qu'il venait de construire auprès de l'église actuelle de Saint-Benoît, au Mans. — Fondation du monastère de Tuffé. — Ordinations que fit saint Béraire ; durée de son épiscopat ; sa mort ; sa sépulture et ses miracles. — Remarques sur les actes de Béraire II, attribués faussement au premier saint Béraire. — Vie du vénérable Aiglibert. — Restauration du monastère de Saint-Georges, près de

Montoire. — Mort sainte et miracles attribués au vénérable Aiglibert. — Remarques par rapport aux corévêques ou co-adjuteurs. — Le vénérable Herlemond I et ses successeurs, jusqu'à saint Aldric. . . . . 369.

CHAP. XXV. — Vie de saint Aldric. — Remarques sur les différents M. S. qui contiennent la vie de ce saint. — Il était de sang royal, et jeune encore, il fut conduit à la cour de Charlemagne. — Appelé à l'état ecclésiastique, il demande un canonicat dans la cathédrale de Metz, où bientôt il remplit les charges de premier chantre et d'archi-prêtre — L'empereur Louis-le-Débonnaire l'appelle à sa cour et lui fait accepter l'évêché du Mans. — — Saint Aldric fait restituer à son église saint Pavace et Neuville. — Il fait construire au Mans un aqueduc et le cloître des chanoines. — Vertus du même saint. — Il fonde l'église de Saint-Etienne, et consacre solennellement la cathédrale. — Il fonde le monastère de Saint-Pavace, et restaure celui de Sainte-Marie de Gourdaine. — Il fonde le monastère de Teloché, etc. — Il élève deux hôpitaux au Mans. — Translation des reliques de la basilique du Pré et des autres basiliques délaissées. — Cloches pour la cathédrale. — Présents faits à saint Aldric par le pape. — Estime que l'on faisait du même saint à la cour de l'empereur.— Ordinations faites par saint Aldric. — Persécutions qu'il endura; chassé de son siège, il se réfugie à Rome. Tout son diocèse est dévasté; toutes ses fondations sont détruites. — Il obtient du Pape une bulle ou rescrit, et il reprend le gouvernement de son église. — Concile de Coulaines et autres conciles auxquels il souscrit. — Sa mort et sa sépulture. — Noms de ses successeurs jusqu'au B. Hildebert. . . . . 384.

CHAP. XXVI. — Vie du B. Hildebert. — Né à Lavardin, près de Montoire, d'un simple gentilhomme, il fut élevé à la dignité de maître des écoles et à celle d'archidiacre dans la cathédrale du Mans; puis à celle d'évêque, après la mort d'Hoël. — Ses grandes qualités et ses vertus; sa science profonde; la pureté de ses mœurs indignement calomniées; ses ouvrages. — Ses austérités; son zèle. — Persécutions qu'il eut à endurer; sa fermeté.—Dédicace de la cathédrale. — Fondation de l'abbaye de Beaulieu. — Le B. Hildebert accepte le siège métropolitain de Tours.

— Miracles arrivés par son intercession, après sa mort. — Ses successeurs jusqu'au B. Geoffroi de Loudon ou Loudun. . . . . 415.

CHAP. XXVII. — VIE DU B. GEOFFROI DE LOUDON. — Il naquit de parents nobles, et eut en sa possession la baronnie de Trèves, en Anjou. — Il s'adonna de bonne heure aux saintes lettres et à la vie cléricale. — L'évêque du Mans, Maurice, l'appela pour lui conférer la dignité de maître-chantre dans sa cathédrale, et il fut choisi pour succéder à ce même évêque. — Ses vertus et ses travaux. — Fondation de la chartreuse de Saint-Denis-d'Orques. — Mort du B. Geoffroi, à Anagny. — Dons qu'il fit à la cathédrale et à l'église collégiale de Sillé. — Noms des plus célèbres successeurs du même saint évêque jusqu'à nos jours. — — Catalogue de tous les évêques du Mans. . . . . 430.

FIN DE LA TABLE.

Le Mans, Imprimerie de MONNOYER. — 1844.